I0681589

G 4 4 8

8°·G.
AAO

S181058

MÉLANGES

D'HISTOIRE ET DE VOYAGES

CALMANN LÉVY, ÉDITEUR

ŒUVRES COMPLÈTES

D'ERNEST RENAN

FORMAT IN-8°

———

MÉLANGES

D'HISTOIRE ET DE VOYAGES

PAR

ERNEST RENAN

MEMBRE DE L'INSTITUT

C · L

PARIS

CALMANN LÉVY, ÉDITEUR

ANCIENNE MAISON MICHEL LÉVY FRÈRES

RUE AUBER, 3, ET BOULEVARD DES ITALIENS, 15

LA LIBRAIRIE NOUVELLE

1878

Droits de reproduction et de traduction réservés.

AVIS DE L'ÉDITEUR

Nous sommes assez heureux pour avoir obtenu
de M. le comte d'Haussonville l'autorisation de
réunir en un volume différentes études politiques
et littéraires, publiées à diverses époques par cet
éminent écrivain, et qu'il était difficile de retrouver dans les journaux et les revues où elles
ont paru d'origine. Nous croyons qu'on nous
saura gré de remettre au jour certains morceaux
de l'honorable académicien, auxquels on a fait,
dans ces derniers temps, de si nombreux emprunts. Notre recueil comprend en outre les
discours que M. le comte d'Haussonville a pro-
noncés à l'Académie française, et une très-curieuse
notice sur la vie de son père.

PRÉFACE

Les morceaux réunis dans ce volume n'ont qu'un seul lien qui les rattache les uns aux autres, c'est le goût de la vérité historique et des méthodes qui permettent de la trouver. Quelques-uns de ces morceaux sont fort anciens, et remontent à un temps où, sans hésiter sur ma voie (je n'ai jamais compris le devoir et le plaisir que d'une seule manière), j'hésitais encore sur l'application particulière que je donnerais à mes facultés de travail. Quand on est jeune, on croit pouvoir tout embrasser, et, comme pour un esprit vraiment philosophique tout est également digne d'être connu, on ne se résigne que tardivement

à limiter son horizon, à évacuer des terres qu'on
s'était adjugées et que l'on croyait même avoir con-
quises. Toute existence un peu active, rentrée dans
son lit naturel, abandonne ainsi derrière elle comme
des lais de mer, que le flot ne visitera plus. Il y a
plaisir, quand on vieillit, à revenir sur ces souvenirs
d'une curiosité qui fut sincère. Le public, d'ailleurs,
a toujours été pour moi si indulgent que c'est un
peu sa faute si je n'ai pas fait, en composant ce volume, la part plus large à l'oubli.

Ce fut surtout à partir de 1852 que, introduit par
Augustin Thierry à la *Revue des Deux Mondes*, et par
M. de Sacy au *Journal des Débats*, je cédai au goût du
temps pour ce genre d'études critiques qui interdit
les longues démonstrations, mais n'exclut pas une
certaine philosophie générale. C'était le temps où
MM. Laboulaye, de Sacy, Taine, Rigault, Prévost-
Paradol donnaient une vie nouvelle à l'article *Variétés*
et transportaient à la troisième page du journal
l'intérêt que la première, consacrée à la politique,
ne pouvait plus avoir. Nous essayions de sauver au
moins la liberté intellectuelle, religieuse, littéraire,
si fortement compromise, et peut-être fûmes-nous
assez heureux pour y contribuer dans une certaine
mesure. Plusieurs morceaux du présent volume sont

de ce temps et en rappellent l'esprit. D'autres remontent à ces dernières années de l'Empire, où l'on put croire qu'un avenir meilleur commençait à s'ouvrir. Quelques-uns sont des jours néfastes où la consolation de l'étude a été plus nécessaire que jamais à ceux qui aiment leur pays. Deux ou trois, enfin, appartiennent à un passé fort ancien, à 1847 et 1848, à ces années d'études ardentes où je regrettais que la vie ne fût pas comme un char à six ou huit chevaux, que j'aurais conduits à la fois. C'est mon digne maître et ami M. Egger qui faisait insérer au *Journal de l'instruction publique* ces élucubrations de jeune homme, qu'on était bien bon d'accepter, car elles étaient écrites d'une façon singulièrement inexpérimentée. J'ai éprouvé cependant tant de joie à les relire, que je me suis laissé aller à les réimprimer. J'y ai trouvé naïvement exprimées les idées qui ont été plus tard l'âme et le soutien de ma vie [1].

Ce m'a été une grande consolation de voir que presque tous les vœux que je formais il y a vingt et trente ans pour l'avenir des études philologiques et historiques se sont en grande partie réalisés. Un

1. Il ne reste plus de cette époque à publier que *l'Avenir de la science*, que je composai en 1848 et 1849.

immense progrès, qui date de la seconde moitié de
l'empire, s'est accompli dans ces études. Une jeunesse pleine d'ardeur est entrée dans les voies
de la critique, et il n'est presque aucune branche
des sciences philologiques qui ne soit maintenant
cultivée chez nous selon les saines méthodes qui ont
prévalu depuis trois quarts de siècle. Les plus beaux
jours s'annoncent pour ces études, et l'avenir en
est si bien assuré, que, moi et ceux de mon âge,
nous pourrions tous entonner notre *Nunc dimittis*,
n'était le désir bien naturel d'assister à la pleine
éclosion de ce que nous avons désiré et appelé.
Que cette vivante et forte jeunesse me permette
seulement deux conseils. Le premier est d'éviter
l'ingratitude qu'il y a d'ordinaire à laisser croire
qu'on a inventé la science et créé l'esprit humain. Les bonnes méthodes philologiques ont toujours eu en France d'illustres représentants. Sans
parler des siècles passés, n'avons-nous pas eu, à
l'époque qu'on rabaisse le plus, Silvestre de Sacy,
le créateur de la grammaire arabe; Abel Rémusat, le
créateur de la science du chinois; Champollion, le
créateur de l'égyptologie; Eugène Burnouf, comparable aux créateurs les plus éminents des études
aryennes; Fauriel, doué d'un sentiment si profond

de l'histoire littéraire ; Augustin Thierry, qui avait
à un si haut degré l'intuition du passé? Ne donnons
pas lieu de croire que nous ne comprenons plus de
pareils maîtres. Évitons un autre défaut, je veux
dire ce pédantisme déplacé, qui croit servir la science
en lui donnant un air hautain et farouche. Il ne faut
faire aucun sacrifice à la frivolité des gens du monde ;
mais il ne faut pas non plus les rebuter. Certes,
la vérité a son prix en elle-même ; elle n'est cependant quelque chose de vivant et de réel que quand
elle est comprise et aimée par la portion compétente
de l'humanité. Ne nous y trompons pas. Le progrès
de l'esprit critique est encore partiel et indécis. La
bataille n'est pas gagnée. Il y a un progrès remarquable chez les travailleurs; il n'y a guère de progrès
dans le public. L'autorité scientifique n'a pas gagné.
Il y a plus de préjugés que jamais contre des méthodes qu'on est convenu d'appeler allemandes, afin
d'avoir un prétexte pour les repousser. Autant d'esprits que jamais, surtout en province, continuent de
faire de la science un jeu stérile ou puéril. L'idée qu'il
y a une science vraie, qui doit être enseignée, pro-
tégée, patronnée par l'État, à l'exclusion de la science
fausse, perd du terrain, par suite de l'affaiblissement
général des idées de gouvernement. Pour faire son

chemin, comme elle le mérite, la vraie science a
besoin de beaucoup de prudence et d'habileté. C'est
parce que notre jeune école ne l'a pas suffisamment
compris, que sa place n'est pas ce qu'elle devrait
être, et que, si elle n'y prend garde, sa réussite
extérieure pourrait être compromise en partie.

Voilà près de huit ans écoulés depuis les terribles
épreuves que nous avons traversées, et il est maintenant permis de voir quelle direction notre pays a
définitivement choisie dans l'alternative cruelle où
l'avait mis sa destinée. La France avait l'option
entre deux partis opposés[1]. Elle pouvait adopter un
système de réformes analogues à celles que s'imposa la Prusse après la bataille d'Iéna, réformes
austères, tendant à donner à tous les services de la
force et de la vigueur, sacrifiant dans une large
mesure l'individu à l'État, fortifiant l'État et admettant son action dans tous les ordres ; comme condition de ces réformes, un gouvernement plus sérieux
que brillant, un parlement réduit au rôle de conseiller intime, une monarchie ayant son droit en
dehors de la volonté de la nation ; comme conséquence, l'inégalité sociale, une telle organisation

1. *La Réforme intellectuelle et morale*, p. 62 et suiv., 82 et suiv
(Paris, 1871).

supposant des classes en apparence privilégiées, en
réalité mises à part pour le service de la nation. — A
cette voie de pénitence et de retour en arrière la
France pouvait préférer la continuation du programme démocratique, où l'État, constitué par l'universalité des individus, n'ayant d'autre but que le
bonheur des individus entendu comme les individus l'entendent, s'interdit toute visée au delà de ce
que conçoit et sent l'universalité des individus. La
conséquence d'un pareil état de choses est la poursuite du bien-être et de la liberté, la destruction
de tout ce qui reste de privilèges et d'esprit de
classe, l'affaiblissement du principe de l'État. L'individu et les groupes subordonnés à l'État, tels que
le département et la commune, se trouveront bien
d'un tel régime; mais il est à craindre que la nation, la patrie, la France enfin, y perde chaque jour
quelque chose de son autorité et de sa forte cohésion.

Il est clair que la seconde hypothèse a complètement remporté la victoire sur la première. A deux
tentatives, auxquelles n'a manqué ni la hardiesse ni
la résolution d'aller jusqu'au bout, la France a
opposé un Non absolu. A toute autre tentative du
même genre (et il est probable qu'il y en aura), le
pays répondra sans doute de la même manière. Une

réforme dans le sens monarchique et gouvernemen-
tal ne se fera donc pas avec l'assentiment spontané
de la France. Où prendre la force pour contraindre la
France, pour lui faire accepter ce dont elle ne comprend pas la nécessité? A l'intérieur? L'armée, c'est la
France même. Une armée ne se sépare de la nation
d'où elle sort que par l'effet du sentiment prédomi-
nant qui l'attache à un général victorieux. Et même
alors, les coups d'État (le 18 brumaire, le 2 décembre,
par exemple) se font dans le sens voulu, à tort ou
à raison, par la majorité de la nation. — Deman-
derait-on à l'extérieur l'appui nécessaire pour la
réaction? L'extérieur, c'est l'Allemagne. L'Allemagne
jouit du privilége de la victoire; elle a l'hégémonie
en Europe pour le temps ordinaire que durent les
hégémonies. Sa volonté est celle de Jupiter, d'ici
à vingt ou vingt-cinq ans. Or l'intérêt de l'Allemagne n'est nullement que la France se réforme
comme elle le fit elle-même à partir de 1808.
L'intérêt de l'Allemagne est bien plutôt (elle le
croit du moins ainsi) que la France reste dans l'état
d'affaiblissement politique et militaire qu'entraînent
à certains égards la démocratie et le gouvernement
républicain.

Voilà ce que M. Thiers vit à Bordeaux, et en somme

il vit bien. Le hasard des élections de février 1871,
hasard qui nous domine encore, l'Assemblée de 1871
ayant trouvé moyen de s'imposer à l'avenir, a rendu
jusqu'à ces derniers temps le résultat douteux. En
1873, notamment, il y eut un moment où l'on put
croire que, moyennant un accord avec la maison de
Bourbon, une restauration du vieux système national
n'était pas impossible. La conduite de M. le
comte de Chambord trancha la question. A partir de
novembre 1873, la position de la France fut ce qu'aurait été celle de la Prusse, si Frédéric-Guillaume III
et sa dynastie avaient abdiqué après la bataille d'Iéna.
Les réformes dans le genre de celles dont nous parlons
ne peuvent s'accomplir dans un pays qu'avec la collaboration de sa vieille dynastie nationale. — Quant à
la tentative de 1877, il n'y faut voir que le rêve de
personnes obstinées, à qui leurs principes arrêtés en-
lèvent toute vue claire de la réalité et de la possibilité, ces deux pôles uniques sur lesquels le politique
doit se guider.

Ainsi la restauration de la nation à la façon prus-
sienne n'aura pas lieu. Il faut, pour réaliser un tel
programme, une union que nous n'avons pas ; il
faut surtout une monarchie et une noblesse. Aucune
des réformes que l'on avait pu concevoir dans ce sens

n'est faite ; aucune ne se fera. Faut-il désespérer et
ne plus admettre pour notre patrie aucun avenir ?
Non, certes. Les choses humaines sont multiples et
diverses, riches en volte-face étranges. Un pays
fécond en ressources a toujours un grand rôle à
jouer. Ce qui a été pendant quelque temps un désavantage devient ensuite un avantage. La période
que nous allons traverser peut et doit être une période
de liberté à l'américaine ; dans ce nouvel exercice,
la France peut montrer des prestesses inattendues.
L'essentiel dans la vie est de ne pas vouloir des
choses contradictoires. Ce que nous aurons pourra
être fort agréable, fort brillant, fort aimable, pourvu
que nous ne prétendions pas qu'on peut joindre aux
douceurs du laisser aller les avantages du gouvernement fort. La république n'est forte que par la
terreur, et la terreur, heureusement, est à mille
lieues de nous. Un gouvernement vraiment fort est
celui qui, sans entreprendre la tâche absurde de con-
trarier la nation, conduit la nation, est accepté d'elle
comme un guide doué de lumières supérieures. Un
tel gouvernement dirige l'opinion, règle l'instruction
publique, a une politique, une diplomatie et, dans
une certaine mesure, une histoire, une philosophie.
Un tel gouvernement ne se contente pas de tout

encourager, de sourire à toute chose; il regarde comme une partie de sa tâche de décourager, d'empêcher, — de décourager la science fausse, le charlatanisme, — d'empêcher les directions funestes à la bonne discipline des esprits. Personne n'a plus le bras assez ferme pour cela. Le parti conservateur s'abandonne à des alarmes puériles, en s'imaginant que nous sommes à la veille de scènes de pillage et de violence. Ce qui nous est réservé, ce n'est pas la violence; c'est la mollesse. Pour les initiatives individuelles, l'ère qui paraît s'ouvrir pourra être un temps excellent; pour la grande direction politique, ce sera un temps presque nul. Si les événements extérieurs nous laissent en paix, nous pourrons donner le spectacle d'une des productions les plus riches et les plus variées qui se puissent imaginer; mais de maîtrise exercée par une autorité quelconque, il n'y en aura pas. Une sorte d'indulgence universelle laissera tout passer; à la longue, un dissolvant général détruira toute influence magistrale venant d'une classe aristocratique ou de groupes d'élite.

Ce qui fait qu'on doit envisager une telle perspective sans trop de crainte, c'est qu'il est probable que tous les pays viendront, chacun à leur tour, à l'état où nous sommes. Les progrès de la réflexion

chez le peuple, favorisés par l'instruction primaire,
par l'exercice des droits politiques, par les progrès
de l'industrie, par l'augmentation de la richesse,
rendront l'individu de moins en moins capable des
miracles d'abnégation dont les masses inconscien-
tes du passé nous ont donné l'exemple. La nation
vit des sacrifices que lui font les individus ;
l'égoïsme toujours croissant trouvera insupportables
les exigences d'une entité métaphysique, qui n'est
personne en particulier, d'un patriotisme qui implique plus d'un préjugé, plus d'une erreur. Ainsi
nous assisterons dans toute l'Europe à l'affaiblissement de l'esprit national, qui, il y a quatre-vingts
ans, a fait dans le monde une si puissante apparition. La nationalité allemande, créée la dernière,
résistera la dernière, d'abord à cause de ses récentes victoires, puis à cause de l'esprit particulier de
soumission de la race allemande ; mais elle finira
par suivre la voie du reste du monde. Sa gloire lui
deviendra un fardeau ; elle trouvera, comme la
France de 1813, que la prédominance militaire
d'une nation s'achète bien cher ; écrasée sous le
poids de charges intolérables, elle portera envie à
ses vaincus. Elle démontrera une fois de plus cette
vérité, établie par les règnes de Louis XIV et de

Napoléon Ier, que la grandeur des nations est le plus
souvent en raison inverse du bonheur des peuples.
Il arrivera peut-être ainsi que la France, qui, à la
fin du dernier siècle, a proclamé l'idée de nation,
aura été la première à réagir contre ce que cette
idée avait d'exagéré. Cela sera dans l'ordre. Notre
spirituelle vivacité, notre logique fiévreuse, nous
font éprouver avant les autres les symptômes des
crises qui se préparent dans le grand corps européen. Honneur dangereux !

Après tout, nous n'avons pas le droit d'être bien
difficiles. Les partis réactionnaires et monarchiques ne
nous ont pas traités de telle façon que nous soyons obligés de prendre le deuil avec eux. Déjà, dans les dernières années du règne de Louis-Philippe, on voyait
poindre cette faiblesse générale qui a corrompu chez
nous la haute culture intellectuelle. Rappelons-nous
ces lugubres années de 1849, 1850, 1851, où l'esprit
humain fut régenté par ses ennemis, et les dix
premières années de l'Empire, où tout ce qui n'était
pas médiocre ou frivole passait pour dangereux. Nous
ne serons jamais les flatteurs de la démocratie ; nous
avouons cependant qu'il ne lui sera pas difficile d'é-
galer les aristocraties de ces temps-là. Maintenant
du moins, nous sommes libres, or nous ne l'avons

pas toujours été. Ne nous faisons pas d'illusion :
nous ne dirigerons rien, nous ne réformerons rien,
nous n'organiserons pas grand'chose; mais soyons
modestes, on ne nous importunera pas; c'est beaucoup. Si nous avons pu rêver une force dont nous
disposerions, laissons ce rêve. Le monde est entraîné
par un penchant irrésistible vers l'américanisme,
vers le règne de ce que tous comprennent et appré-
cient. Galilée de nos jours n'aurait plus à craindre
la géhenne et les cachots. Il assisterait au triomphe
de M. Raspail. Certainement, il serait assez philosophe pour y être peu sensible, et même pour voir
que cela est légitime à beaucoup d'égards.

Profitons donc et jouissons de l'heure présente;
elle est bonne et douce. Tâchons tous de nous sur-
passer. Ne boudons pas notre patrie, quand elle n'est
pas de notre avis. C'est peut-être elle qui a raison.
Pauvre France! *malo tecum errare quam cum ceteris
recte sapere.*

MÉLANGES

D'HISTOIRE ET DE VOYAGES

DE LA PART DES PEUPLES SÉMITIQUES

DANS

L'HISTOIRE DE LA CIVILISATION.

DISCOURS D'OUVERTURE

DU COURS DE LANGUES HÉBRAÏQUE, CHALDAÏQUE ET SYRIAQUE
AU COLLÉGE DE FRANCE

Prononcé le 21 février 1862.

En reproduisant ce discours, je regarde comme un devoir pour moi d'exprimer ma reconnaissance aux auditeurs bienveillants et éclairés qui m'ont aidé à le prononcer. Avec beaucoup de tact, ils ont compris qu'il s'agissait d'une question de liberté. Interrompre un ouvrage d'esprit auquel on n'est pas forcé d'assister, me paraît toujours une action illibérale ; c'est s'imposer violemment à l'opinion d'autrui, c'est confondre deux choses profondément distinctes, le droit très-réel de distribuer le blâme selon son goût ou sa conscience, et le droit prétendu d'étouffer de

sa propre autorité les idées que l'on croit blâmables.
Qui ne voit que cette dernière prétention est la source de
toutes les violences et de toutes les oppressions ? Dans
l'enseignement du Collège de France, entouré de tant de
garanties, cette suppression de la parole me semble particulièrement déplacée. La nomination des professeurs de
cet établissement se fait sur la présentation de MM. les
professeurs du Collège réunis en assemblée et de la classe
compétente de l'Institut. Cette double présentation n'est
point un brevet indiscutable. Mais elle suffit au moins
pour que celui qui en est honoré ne puisse être accusé de
téméraire intrusion, quand il monte dans une chaire à
laquelle le désignent des suffrages si autorisés.

Je ne voudrais pas que la forme de cette première
leçon trompât le public sur la nature de mon enseignement. Depuis Vatable et Mercier jusqu'à M. Quatremère,
la chaire à laquelle j'ai eu l'honneur d'être présenté et
nommé a offert un caractère technique et spécial. Sans
enchaîner en aucune façon ma liberté ni celle de mes
successeurs, je croirais rendre un mauvais service à la
science en sortant habituellement de cette respectable
tradition. Que deviendront les études sérieuses si elles
n'ont au Collège de France un sanctuaire inviolable ?
Que deviendra la haute culture de l'esprit humain, si
les expositions générales, seules admises en présence d'un
public nombreux, étouffaient les enseignements d'une
forme plus sévère, dans un établissement surtout qui est
destiné à continuer l'école des grands travaux scientifiques ? Je serais tout à fait coupable, si on pouvait
m'accuser dans l'avenir d'avoir contribué à un tel changement. Le progrès de la science est compromis si nous ne

revenons aux longues réflexions, si chacun croit remplir les devoirs de la vie en ayant à l'aveugle sur toute chose les opinions d'un parti, si la légèreté, les opinions exclusives, les façons tranchantes et péremptoires viennent supprimer les problèmes au lieu de les résoudre. Oh! que les pères de l'esprit moderne comprenaient mieux la sainteté de la pensée! Grandes et vénérables figures des Reuchlin, des Henri Estienne, des Casaubon, des Descartes, levez-vous pour nous apprendre quel prix vous faisiez de la vérité, par quels labeurs vous saviez l'atteindre, ce que vous souffrites pour elle. Ce sont des spéculations comprises de vingt personnes au XVIIe siècle qui ont changé de fond en comble les idées des nations civilisées sur l'univers; ce sont les travaux obscurs de quelques pauvres érudits du XVIe siècle qui ont fondé la critique historique et préparé une totale révolution dans les idées sur le passé de l'humanité. J'ai fait une trop sensible expérience de l'intelligente pénétration du public, pour ne pas être assuré que tous ceux qui m'ont appuyé hier m'approuveront de suivre cette voie, la plus profitable assurément pour la science et la bonne discipline de l'esprit.

24 février 1862.

Messieurs,

Je suis fier de monter dans cette chaire, la plus ancienne du Collège de France, illustrée au XVIe siècle
par des hommes éminents et occupée de nos jours par
un savant du mérite de M. Quatremère. En créant au
Collège de France un asile pour la science libre, le roi
François Ier posa comme loi constitutive de ce grand
établissement la complète indépendance de la critique,
la recherche désintéressée du vrai, la discussion impar-
tiale, ne connaissant d'autres règles que celles du bon
goût et de la sincérité. Voilà justement, messieurs, l'esprit que je voudrais apporter dans cet enseignement. Je
sais les difficultés inséparables de la chaire que j'ai l'honneur d'occuper. C'est le privilège et le danger des études
sémitiques de toucher aux problèmes les plus importants
de l'histoire de l'humanité. Le libre esprit ne connaît
pas de limites; mais il s'en faut que l'espèce humaine
tout entière soit arrivée à ce degré de contemplation sereine où l'on n'a pas besoin de voir Dieu dans tel ordre
particulier de faits, justement parce qu'on le voit en
toute chose. La liberté, messieurs, si elle était bien
comprise, ferait vivre côte à côte ces exigences opposées.
J'espère que, grâce à vous, ce cours en sera la preuve.
Comme je ne porterai dans mon enseignement aucun
dogmatisme, comme je me bornerai toujours à faire appel
à votre raison, à vous proposer ce que je crois le plus
probable, en vous laissant la plus parfaite liberté de
jugement, qui pourra se plaindre? Ceux-là seuls qui

croient avoir le monopole de la vérité. Mais il faut que
ceux-là renoncent à être les maîtres du monde. Galilée,
de nos jours, ne se mettrait plus à genoux pour demander pardon d'avoir trouvé la vérité.

Vous me permettrez, dans l'accomplissement de ma
tâche, de descendre jusqu'aux plus menus détails, et
d'être habituellement technique et austère. La science,
messieurs, n'atteint son but sacré, qui est la découverte
de la vérité, qu'à condition d'être spéciale et rigoureuse.
Tout le monde n'est pas destiné à être chimiste, physicien, philologue, à s'enfermer dans des laboratoires, à
suivre durant des années une expérience ou un calcul;
tout le monde participe pourtant des grands résultats
philosophiques de la chimie, de la physique, de la philologie. Présenter ces résultats dégagés de l'appareil qui
a servi à les découvrir est une chose utile et que la
science ne doit pas s'interdire. Mais telle n'est pas la
destination du Collège de France; tout l'appareil de la
science la plus spéciale et la plus minutieuse doit être
ici déployé. Des démonstrations laborieuses, de patientes
analyses, n'excluant, il est vrai, aucun développement
général, aucune digression légitime : tel est le programme
de ces cours. C'est le laboratoire même de la science
philologique qui est ouvert au public, pour que des
vocations spéciales se forment et que les personnes du
monde puissent se faire une idée des moyens qu'on
emploie pour arriver à la vérité.

Aujourd'hui, messieurs, je dérogerais à l'usage et je
tromperais votre attente, si je débutais par des développements trop techniques. J'aurais voulu rappeler parmi
vous le souvenir du confrère illustre que j'ai l'honneur

1.

de remplacer : M. Étienne Quatremère. Mais ce devoir
ayant été rempli ici-même d'une manière qui ne me
permet pas d'y revenir, je consacrerai cette première
leçon à m'entretenir avec vous du caractère général des
peuples dont nous étudierons ensemble la langue et les
littératures, du rôle qu'ils ont joué dans l'histoire, de la
part qu'ils ont fournie à l'œuvre commune de la civilisation.

Le résultat le plus important auquel les sciences historiques et philologiques sont arrivées depuis un demi-
siècle a été de montrer dans le développement général
de l'humanité deux éléments en quelque sorte, qui, se
mêlant dans des proportions inégales, ont fait la trame
du tissu de l'histoire. Dès le xvii° siècle et presque dès
le moyen âge, on avait reconnu que les Hébreux, les
Phéniciens, les Carthaginois, les Syriens, Babylone, au
moins depuis une certaine époque, les Arabes, les Abyssins, avaient parlé des langues tout à fait congénères.
Eichhorn, au siècle dernier, proposa d'appeler ces langues *sémitiques*, et ce nom, tout inexact qu'il est, peut
continuer d'être employé. Dans les premières années de
notre siècle, on fit une découverte autrement importante et délicate. Grâce à la connaissance du sanscrit,
due aux savants anglais de Calcutta, les philologues de
l'Allemagne, en particulier M. Bopp, posèrent des principes sûrs, au moyen desquels on démontra que les anciens idiomes de l'Inde brahmanique, les différents dialectes de la Perse, l'arménien, plusieurs dialectes du
Caucase, les langues grecque et latine, avec leurs déri-
vés, les langues slaves, germaniques et celtiques, forment

un vaste ensemble, profondément distinct du groupe sémitique, et qu'on appela indo-germanique ou indo-européen.

La ligne de démarcation révélée par l'étude comparée des langues ne tarda pas à être fortifiée par l'étude des littératures, des institutions, des mœurs, des religions. Quand on sait se placer au point de vue d'une comparaison délicate, on reconnaît dans les littératures antiques de l'Inde, de la Grèce, de la Perse, des peuples germaniques, des genres communs tenant à une profonde similitude d'esprit. La littérature des Hébreux et celle des Arabes ont aussi entre elles beaucoup de rapport; au contraire, elles en ont aussi peu que possible avec celles que j'énumérais tout à l'heure. On chercherait vainement une épopée ou une tragédie chez les peuples sémitiques; on chercherait vainement chez les peuples indo-européens l'analogue de la *kasida* des Arabes et ce genre d'éloquence qui distingue les prophètes juifs et le Coran. — Il faut en dire autant des institutions. Les peuples indo-européens eurent, à l'origine, un vieux droit, dont les lambeaux se retrouvent dans les *Brahmanas* de l'Inde, dans les formules des Latins, dans les coutumes celtiques, slaves et germaniques; la vie patriarcale des Hébreux et des Arabes fut soumise, sans contredit, à des lois toutes différentes. — Enfin, la comparaison des religions est venue jeter sur cette question des lumières décisives. A côté de la philologie comparée s'est fondée en Allemagne, il y a quelques années, une *mythologie comparée*, laquelle a démontré que tous les peuples indo-européens eurent à l'origine, avec une même langue, une même religion, dont chacun a emporté, en se séparant du berceau commun, les membres épars. Cette religion, c'est le culte des forces et des phénomènes de la nature, aboutissant par le développement philosophique à une sorte de panthéisme. Les développements religieux des peuples sémitiques suivirent une ligne opposée. Le judaïsme, le christianisme, l'islamisme, offrent un caractère de dogmatisme, d'absolu, de monothéisme sévère, qui les distingue profondément des cultes indo-européens, ou, comme nous disons, des cultes païens.

Voici donc deux individualités parfaitement reconnaissables qui remplissent en quelque sorte à elles deux presque tout le champ de l'histoire, et qui sont comme les deux pôles du mouvement de l'humanité. Je dis presque tout le champ de l'histoire; car, en dehors de ces deux grandes individualités, il y en a encore deux ou trois qui se dessinent déjà suffisamment pour la science, et dont l'action a été considérable. Laissons de côté la Chine, qui est un monde à part, et les races tartares, qui n'ont agi que comme des fléaux naturels, pour détruire l'œuvre des autres. L'Égypte a eu une part considérable dans l'histoire du monde; or l'Égypte n'est ni sémitique ni indo-européenne. Babylone n'est pas non plus un fait purement sémitique; il y eut là, ce semble, un premier type de civilisation, analogue à celui de l'Égypte. On peut dire même en général que, avant l'entrée des peuples indo-européens et des peuples sémitiques sur la scène de l'histoire, le monde avait déjà des civilisations fort anciennes, auxquelles les nôtres doivent, sinon des éléments moraux, au moins des éléments industriels et une longue expérience de la vie matérielle. Mais tout cela est encore peu dessiné aux yeux de l'histoire ; tout cela pâlit d'ailleurs auprès de faits comme la mission de Moïse, l'invention de l'écriture alphabétique, la conquête de Cyrus, celle d'Alexandre, l'envahissement du monde par le génie grec, le christianisme, l'empire romain, l'islamisme, la conquête germanique, Charlemagne, la Renaissance, la Réforme, la Philosophie, la Révolution française, la conquête du monde par l'Europe moderne. Voilà le grand courant de l'histoire ; ce grand courant est formé par le mélange de deux fleuves, auprès desquels tous les autres confluents ne sont que des ruisseaux. Essayons de démêler dans cet ensemble complexe la part de chacune des deux grandes races qui, par leur action combinée et le plus souvent par leur antagonisme, ont amené l'état du monde dont nous sommes les derniers aboutissants.

Une explication est d'abord nécessaire. Quand je parle du mélange des deux races, c'est uniquement du mélange des idées, et, si j'ose le dire, d'une sorte de collaboration historique qu'il s'agit. Les peuples indo-européens et les peuples sémitiques sont encore de nos jours parfaitement distincts. Je ne parle pas des Juifs, auxquels leur singulière et admirable destinée historique a donné dans l'humanité comme une place exceptionnelle ; et encore, si l'on excepte la France, qui a élevé dans le monde le principe d'une civilisation purement idéale, écartant toute idée de différence de races, les Juifs presque partout forment encore une société à part. L'Arabe du moins, et dans un sens plus général le musulman, sont aujourd'hui plus éloignés de nous qu'ils ne l'ont jamais été. Le musulman (l'esprit sémitique est surtout représenté de nos jours par l'islam) et l'Européen sont en présence

l'un de l'autre comme deux êtres d'une espèce différente,
n'ayant rien de commun dans la manière de penser et
de sentir. Mais la marche de l'humanité se fait par la
lutte des tendances contraires, par une sorte de polari-
sation, en vertu de laquelle chaque idée a ici-bas ses
représentants exclusifs. C'est dans l'ensemble que s'har-
monisent toutes les contradictions, et que la paix suprême
résulte du choc des éléments en apparence ennemis.

Cela posé, si nous recherchons ce que les peuples sémitiques ont donné à ce grand ensemble organique et
vivant qu'on appelle la civilisation, nous trouvons que
d'abord, en politique, nous ne leur devons rien du tout.
La vie politique est peut-être ce que les peuples indo-
européens ont de plus indigène et de plus propre. Ces
peuples sont les seuls qui aient connu la liberté, qui
aient compris à la fois l'État et l'indépendance de l'individu. Certes, ils sont loin d'avoir toujours également
bien concilié ces deux nécessités contraires. Mais jamais
chez eux on ne trouve ces grands despotismes unitaires,
broyant toute individualité, réduisant l'homme à l'état
d'une sorte de fonction abstraite et sans nom, comme on
le voit dans l'Égypte, à Babylone, en Chine, dans les
despotismes musulmans et tartares. Prenez les unes après
les autres les petites républiques municipales de la Grèce
et de l'Italie, la féodalité germanique, les grandes organisations centralisées dont Rome a donné le premier
modèle et dont la Révolution française a repris l'idéal,
vous y trouverez toujours un vigoureux élément moral,
une forte idée du bien public, le sacrifice à un but
général. L'individualité à Sparte était peu garantie; les
petites démocraties d'Athènes et de l'Italie du moyen âge

étaient presque aussi féroces que le plus cruel tyran ; l'Empire romain arriva (en partie, du reste, par l'influence de l'Orient) à un despotisme intolérable ; la féodalité germanique aboutit à un vrai brigandage ; la royauté française, sous Louis XIV, atteignit les excès des dynasties sassanides ou mongoles ; la Révolution française, en créant avec une vigueur incomparable le principe d'unité dans l'État, a souvent fortement compromis la liberté. Mais de promptes réactions ont toujours sauvé ces peuples des conséquences de leurs fautes. Il n'en est pas de même en Orient. L'Orient, surtout l'Orient sémitique, n'a jamais connu de milieu entre la complète anarchie des Arabes nomades et le despotisme sanguinaire et sans compensation. L'idée de la chose publique, du bien public, fait totalement défaut chez ces peuples. La vraie et complète liberté, telle que les peuples anglo-saxons l'ont réalisée, et les grandes organisations d'État, telles que l'Empire romain et la France les ont créées, leur furent également étrangères. Les anciens Hébreux, les Arabes, ont été ou sont, par moments, les plus libres des hommes, mais à la condition d'avoir le lendemain un chef qui tranche les têtes selon son bon plaisir. Et, quand cela arrive, nul ne se plaint d'un droit violé : David arrive à régner par les moyens d'un énergique *condottiere*, ce qui ne l'empêche pas d'être un homme fort religieux, d'être un roi selon le cœur de Dieu ; Salomon parvient et se maintient au trône par les procédés des sultans de tous les temps, ce qui ne l'empêche pas de passer pour le plus sage des rois. Quand les prophètes battent en brèche la royauté, ce n'est pas au nom d'un droit politique, c'est au nom de la théo-

cratie. Théocratie, anarchie, despotisme, tel est, messieurs, le résumé de la politique sémitique; ce n'est heureusement pas la nôtre. La politique *tirée de l'Écriture
sainte* (fort mal tirée, il est vrai) par Bossuet, est une
détestable politique. En politique, comme en poésie, en
religion, en philosophie, le devoir des peuples indo-européens est de rechercher la nuance, la conciliation des
choses opposées, la complexité, si profondément inconnues aux peuples sémitiques, dont l'organisation a toujours été d'une désolante et fatale simplicité.

Dans l'art et la poésie, que leur devons-nous? Rien
dans l'art. Ces peuples sont très-peu artistes ; notre art
nous vient tout entier de la Grèce. — En poésie, sans
être leurs tributaires, nous avons pourtant avec eux plus
de lien. Les psaumes sont devenus à quelques égards
une de nos sources poétiques. La poésie hébraïque a pris
place pour nous à côté de la poésie grecque, non comme
ayant fourni des genres déterminés de poésie, mais
comme constituant un idéal poétique, une sorte d'Olympe
où tout se colore, par suite d'un prestige accepté, d'une
auréole lumineuse; Milton, Lamartine, Lamennais n'existeraient pas, ou n'existeraient pas tout entiers sans les
psaumes. Ici encore, cependant, tout ce qui est nuancé,
tout ce qui est délicat, tout ce qui est profond est notre
œuvre. La chose essentiellement poétique, c'est la destinée
de l'homme; ce sont ses retours mélancoliques, sa recherche inquiète des origines, sa juste plainte contre le
ciel. Nous n'avons en besoin d'apprendre cela de personne. L'éternelle école à cet égard, c'est l'âme de chacun.

Dans la science et la philosophie, nous sommes exclusivement Grecs. La recherche des causes, savoir pour

savoir, est une chose dont il n'y a nulle trace avant la Grèce, une chose que nous avons apprise d'elle seule. Babylone a eu une science; mais elle n'a pas eu le principe scientifique par excellence, la fixité absolue des lois de la nature. L'Égypte a su de la géométrie; mais elle n'a pas créé les *Éléments* d'Euclide. Quant au vieil esprit sémitique, il est de sa nature antiphilosophique et antiscientifique. Dans *Job*, la recherche des causes est presque présentée comme une impiété. Dans *l'Ecclésiaste*, la science est déclarée une vanité. L'auteur, prématurément dégoûté, se vante d'avoir étudié tout ce qui est sous le soleil et de n'y avoir trouvé que de l'ennui. Aristote, à peu près son contemporain, et qui avec plus de raison eût pu dire qu'il avait épuisé l'univers, ne parle pas une fois de son ennui. La sagesse des nations sémitiques ne sortit jamais de la parabole et des proverbes. On parle souvent d'une science et d'une philosophie arabes, et, en effet, pendant un siècle ou deux, au moyen âge, les Arabes furent bien nos maîtres; mais c'était en attendant que nous connussions les originaux grecs. Cette science et cette philosophie arabes n'étaient qu'une mesquine traduction de la science et de la philosophie grecques. Dès que la Grèce authentique se lève, ces chétives traductions deviennent sans objet, et ce n'est pas sans raison que tous les philologues de la Renaissance entreprennent contre elles une vraie croisade. A y regarder de près, d'ailleurs, cette science arabe n'avait rien d'arabe. Le fond en est purement grec; parmi ceux qui la créèrent, il n'y a pas un vrai Sémite; c'étaient des Espagnols, des Persans écrivant en arabe. — Le rôle philosophique des Juifs au moyen âge est aussi celui de simples interprètes. La philosophie juive de cette époque, c'est la philosophie arabe sans modification. Une page de Roger Bacon renferme plus de véritable esprit scientifique que toute cette science de seconde main, respectable assurément comme un anneau de la tradition, mais dénuée de grande originalité.

Si nous examinons la question au point de vue des idées morales et sociales, nous trouverons que la morale sémitique est parfois très-sainte et très-pure. Le Code attribué à Moïse renferme de belles idées de droit. Les prophètes sont par moments des tribuns fort éloquents. Les moralistes, Jésus fils de Sirach, Hillel, atteignent une surprenante hauteur. N'oublions pas enfin que la morale de l'Évangile a été d'abord prêchée en une langue sémitique. D'un autre côté, le caractère sémitique est en général dur, étroit, égoïste. Il y a dans cette race de fortes passions, de complets dévouements, des caractères incomparables. Il y a rarement cette finesse de sentiment moral qui semble être surtout l'apanage des races germaniques et celtiques. Les sentiments tendres, profonds, mélancoliques, ces rêves d'infini où toutes les puissances de l'âme se confondent, cette grande révélation du devoir qui seule donne une base solide à notre foi et à nos espérances, sont l'œuvre de notre race et de notre climat. Ici donc l'œuvre est mêlée. L'éducation morale de l'humanité n'est le mérite exclusif d'aucune race. La raison en est toute simple; la morale ne s'apprend pas plus que la poésie; les beaux aphorismes ne font pas l'honnête homme; chacun trouve le bien dans la hauteur de sa nature et dans l'immédiate révélation de son cœur.

En fait d'industrie, d'inventions, de civilisation maté-

rielle, nous devons, sans contredit, beaucoup aux peuples
sémitiques. Notre race, messieurs, ne débuta point par
le goût du confortable et des affaires. Ce fut une race
morale, brave, guerrière, jalouse de liberté et d'honneur,
aimant la nature, capable de dévouement, préférant beaucoup de choses à la vie. Le négoce, l'industrie ont été
exercés pour la première fois sur une grande échelle par
des peuples sémitiques, ou du moins parlant une langue
sémitique, les Phéniciens. Au moyen âge, les Arabes
et les Juifs furent aussi nos maîtres en fait de commerce. Tout le luxe européen, depuis l'antiquité jusqu'au XVIIe siècle, est venu de l'Orient. Je dis le luxe
et non point l'art; il y a l'infini de l'un à l'autre:
la Grèce, qui, sous le rapport du goût, a une immense
supériorité sur le reste de l'humanité, n'était pas un pays
de luxe; on y parlait avec dédain de la vaine magnifi-
cence des palais du grand roi, et, s'il nous était permis de
voir la maison de Périclès, il est probable que nous la
trouverions à peine habitable. Je n'insiste pas sur ce
point, car il y aurait à examiner si le luxe asiatique, celui
de Babylone, par exemple, est bien le fait des Sémites;
j'en doute pour ma part. Mais un don incontestable qu'ils
nous ont fait, un don de premier ordre, et qui doit placer
les Phéniciens dans l'histoire du progrès, presque à côté
des Hébreux et des Arabes, leurs frères, c'est l'écriture.
Vous savez que les caractères dont nous nous servons
encore aujourd'hui sont, à travers mille transformations,
ceux dont les Sémites se servirent d'abord pour exprimer
les sons de leur langue. Les alphabets grecs et latins, dont
tous nos alphabets européens dérivent, ne sont autre
chose que l'alphabet phénicien. Le phonétisme, cette idée

lumineuse d'exprimer chaque articulation par un signe et
de réduire les articulations à un petit nombre (vingt-
deux), est une invention des Sémites. Sans eux, nous nous
traînerions peut-être péniblement encore dans l'hiéroglyphisme. On peut dire en un sens que les Phéniciens,
dont toute la littérature a si malheureusement disparu, ont
posé ainsi la condition essentielle de tout exercice ferme
et précis de la pensée.

Mais j'ai hâte d'arriver, messieurs, au service capital
que la race sémitique a rendu au monde, à son œuvre
propre, et, si l'on peut s'exprimer ainsi, à sa mission
providentielle. Nous ne devons aux Sémites ni notre vie
politique, ni notre art, ni notre poésie, ni notre philosophie, ni notre science. Que leur devons-nous? Nous leur
devons la religion. Le monde entier, si l'on excepte l'Inde,
la Chine, le Japon et les peuples tout à fait sauvages, a
adopté les religions sémitiques. Le monde civilisé ne compte
que des juifs, des chrétiens ou des musulmans. La race
indo-européenne en particulier, si l'on excepte la famille
brahmanique et les faibles restes des Parsis, a passé tout
entière aux religions sémitiques. Quelle a été la cause de
ce phénomène étrange? comment les peuples qui tiennent
l'hégémonie du monde ont-ils abdiqué leur symbole pour
adopter celui de leurs vaincus?

Le culte primitif de la race indo-européenne, messieurs,
était charmant et profond comme l'imagination de ces
peuples eux-mêmes. C'était un écho de la nature, une
sorte d'hymne naturaliste, où l'idée d'une cause unique
n'apparaît que par moments et avec beaucoup d'indéci-
sion. C'était une religion d'enfants, pleine de naïveté et
de poésie, mais qui devait crouler dès que la réflexion

deviendrait un peu exigeante. La Perse la première opéra sa réforme (celle à laquelle on rattache le nom de Zoroastre) sous des influences et à une époque que nous ignorons. La Grèce, au temps de Pisistrate, était déjà mécontente de sa religion et se tournait vers l'Orient. A l'époque romaine, le vieux culte païen était devenu tout à fait insuffisant. Il ne disait plus rien à l'imagination ; il disait très-peu de chose au sentiment moral. Les anciens mythes sur les forces de la nature s'étaient changés en anecdotes, parfois amusantes et fines, mais dénuées de toute valeur religieuse. C'est justement à cette époque que le monde civilisé se trouve face à face avec le culte juif. Fondé sur le dogme clair et simple de l'unité divine, écartant le naturalisme et le panthéisme par cette phrase merveilleuse de netteté : « Au commencement, Dieu créa le ciel et la terre, » possédant une loi, un livre, dépositaire d'enseignements moraux élevés et d'une haute poésie religieuse, le judaïsme avait une incontestable supériorité, et il était possible de prévoir dès lors qu'un jour le monde deviendrait juif, c'est-à-dire quitterait la vieille mythologie pour le monothéisme. Un mouvement unique en son genre, qui se produisit à cette époque dans le sein du judaïsme lui-même, décida la victoire. A côté de ses grandes et incomparables parties, le judaïsme contenait le principe d'un formalisme étroit, d'un fanatisme exclusif et dédaigneux de l'étranger ; c'était l'esprit pharisien, qui est devenu plus tard l'esprit talmudique. Si le judaïsme n'eût été que le pharisaïsme, il n'aurait eu aucun avenir. Mais cette race portait en elle une activité religieuse vraiment extraordinaire. Comme toutes les grandes races, d'ailleurs, elle réunissait les contraires ; elle savait réagir

2

contre elle-même et avoir au besoin les qualités les plus
opposées à ses défauts. Au milieu de l'énorme fermentation
où la nation juive se trouva plongée sous les derniers As-
monéens, l'événement moral le plus extraordinaire dont
l'histoire ait gardé le souvenir se passa en Galilée. Un
homme incomparable — si grand que, bien qu'ici tout
doive être jugé au point de vue de la science positive, je
ne voudrais pas contredire ceux qui, frappés du caractère
exceptionnel de son œuvre, l'appellent Dieu, — opéra une
réforme du judaïsme, réforme si profonde, si individuelle,
que ce fut, à vrai dire, une création de toutes pièces. Parvenu au plus haut degré religieux que jamais homme
avant lui eût atteint, arrivé à s'envisager avec Dieu dans
les rapports d'un fils avec son père, voué à son œuvre
avec un total oubli de tout le reste et une abnégation qui
n'a jamais été si hautement pratiquée, victime enfin de
son idée et divinisé par la mort, Jésus fonda la religion
éternelle de l'humanité, la religion de l'esprit, dégagée de
tout sacerdoce, de tout culte, de toute observance, accessible à toutes les castes, absolue en un mot : « Femme,
le temps est venu où l'on n'adorera plus sur cette montagne ni à Jérusalem, mais où les vrais adorateurs adore-
ront en esprit et en vérité. » Le centre fécond où l'humanité devait pendant des siècles rapporter ses joies, ses
espérances, ses consolations, ses motifs de bien faire,
était constitué. La source de vertu la plus abondante que
le contact sympathique d'une conscience sublime eût fait
jaillir dans le cœur des autres hommes était ouverte. La
haute pensée de Jésus, à peine comprise de ses disciples,
souffrit bien des déchéances. Néanmoins le christianisme l'emporta tout d'abord, et l'emporta de l'infini sur les

autres cultes alors existants. Ces cultes, qui ne prétendaient à aucune valeur absolue, qui n'avaient pas de forte
organisation et ne répondaient à rien de moral, se dé-
fendirent faiblement. Quelques tentatives faites pour les
réformer dans le sens des besoins nouveaux de l'humanité
et pour y introduire un élément de sérieux et de moralité,
la tentative de Julien, par exemple, échouèrent complétement. L'Empire, qui voyait non sans raison son principe
menacé par la puissance d'un principe nouveau, l'Église,
résista d'abord énergiquement ; il finit par adopter le
culte qu'il avait combattu. Tous les peuples grécisés
et latinisés devinrent chrétiens ; les peuples germaniques et
slaves se rallièrent un peu plus tard. Seules dans la race
indo-européenne, la Perse et l'Inde, grâce à leurs institutions religieuses très-fortes et intimement liées à la politique, conservèrent, fort altéré, il est vrai, le vieux culte
de leurs ancêtres. La race brahmanique, surtout, rendit au
monde un service scientifique de premier ordre, en conservant, avec un luxe de précaution minutieux et touchant, les plus vieux hymnes de ce culte, les Védas.

Mais, après cette incomparable victoire, la fécondité religieuse de la race sémitique n'était pas épuisée. Le christianisme, absorbé par la civilisation grecque et latine, était
devenu une chose occidentale ; l'Orient, son berceau, était
justement le pays où il rencontrait le plus d'obstacles.
L'Arabie en particulier, au viie siècle, ne pouvait se décider à se faire chrétienne. Flottant entre le judaïsme et
le christianisme, les superstitions indigènes et les souvenirs du vieux culte patriarcal, choquée des éléments mythologiques que la race indo-européenne avait introduits
dans le sein du christianisme, elle voulut revenir à la re-

ligion d'Abraham ; elle fonda l'islamisme. L'islamisme
apparut à son tour avec une immense supériorité au milieu des religions abaissées de l'Asie. D'un souffle il ren-
versa le parsisme, qui avait été assez fort pour triompher
du christianisme sous les Sassanides, et le réduisit à l'état
de petite secte. L'Inde, à son tour, vit, mais sans se con-
vertir, l'unité divine proclamée victorieusement au milieu
de son panthéon vieilli. L'islamisme, en un mot, conquit
au monothéisme presque tous les païens que le christianisme n'avait pas encore convertis. Il achève sa mission, de nos jours, par la conquête de l'Afrique, qui se
fait, à l'heure qu'il est, presque toute musulmane. A part
des exceptions d'importance secondaire, le monde a été de
la sorte conquis tout entier par l'apostolat monothéiste des
Sémites.

Est-ce à dire que les peuples indo-européens, en adoptant le dogme sémitique, aient complétement abdiqué leur
individualité? Non certes. En adoptant la religion Sémitique, nous l'avons profondément modifiée. Le christianisme, tel que la plupart l'entendent, est en réalité notre
œuvre. Le christianisme primitif, consistant essentiellement dans la croyance apocalyptique d'un royaume de
Dieu qui allait venir ; le christianisme tel qu'il était dans
l'esprit d'un saint Jacques, d'un Papias, était fort différent de notre christianisme, chargé de métaphysique par
les Pères grecs et de scolastique par le moyen âge,
réduit à un enseignement de morale et de charité par
les progrès des temps modernes. La victoire du christianisme ne fut assurée que quand il brisa complétement
son enveloppe juive; quand il redevint ce qu'il avait été
dans la haute conscience de son fondateur, une création

dégagée des entraves étroites de l'esprit sémitique. Cela est si vrai, que les juifs et les musulmans n'ont que de l'aversion pour cette religion, sœur de la leur, mais qui, entre les mains d'une autre race, s'est revêtue d'une poésie exquise, d'une délicieuse parure de légendes romantiques. Des âmes fines, sensibles et imaginatives comme l'auteur de *l'Imitation*, comme les mystiques du moyen âge, comme les saints en général, professaient une religion sortie en réalité du génie sémitique, mais transformée de fond en comble par le génie des peuples modernes, surtout des peuples celtes et germains. Cette profondeur de sentimentalité, cette morbidesse en quelque sorte de la religion d'un François d'Assise, d'un Fra Angelico, étaient justement l'opposé du génie sémitique, essentiellement sec et dur.

Quant à l'avenir, messieurs, j'y vois de plus en plus le triomphe du génie indo-européen. Depuis le XVIᵉ siècle un fait immense, jusque-là indécis, se manifeste avec une frappante énergie : c'est la victoire définitive de l'Europe, c'est l'accomplissement de ce vieux proverbe sémitique :

> Que Dieu dilate Japhet,
> Qu'il habite dans les tentes de Sem,
> Et que Chanaan (Cham?) soit son esclave.

Jusque-là le sémitisme était maître encore sur sa terre. L'Orient musulman battait l'Occident, avait de meilleures armées et une meilleure politique, lui envoyait des richesses, des connaissances, de la civilisation. Désormais les rôles sont changés. Le génie européen se développe avec une grandeur incomparable; l'islamisme, au contraire, se décompose lentement; de nos jours, il s'écroule

avec fracas. A l'heure qu'il est, la condition essentielle
pour que la civilisation européenne se répande, c'est la
destruction de la chose sémitique par excellence, la
destruction du pouvoir théocratique de l'islamisme, par
conséquent la destruction de l'islamisme; car l'islamisme
ne peut exister que comme religion officielle; quand on
le réduira à l'état de religion libre et individuelle, il
périra. L'islamisme n'est pas seulement une religion
d'État, comme l'a été le catholicisme en France, sous
Louis XIV, comme il l'est encore en Espagne; c'est la
religion excluant l'État, c'est une organisation dont les
États pontificaux seuls en Europe offraient le type. Là
est la guerre éternelle, la guerre qui ne cessera que
quand le dernier fils d'Ismaël sera mort de misère ou
aura été relégué par la terreur au fond du désert. L'islam
est la plus complète négation de l'Europe; l'islam est le
fanatisme, comme l'Espagne du temps de Philippe II et
l'Italie du temps de Pie V l'ont à peine connu; l'islam
est le dédain de la science, la suppression de la société
civile; c'est l'épouvantable simplicité de l'esprit sémitique,
rétrécissant le cerveau humain, le fermant à toute idée
délicate, à tout sentiment fin, à toute recherche rationnelle, pour le mettre en face d'une éternelle tautologie :
Dieu est Dieu.

L'avenir, messieurs, est donc à l'Europe, et à l'Europe
seule. L'Europe conquerra le monde, et y répandra sa
religion, qui est le droit, la liberté, le respect des hommes,
cette croyance qu'il y a quelque chose de divin au sein
de l'humanité. Dans tous les ordres, le progrès pour les
peuples indo-européens consistera à s'éloigner de plus en
plus de l'esprit sémitique. Notre religion deviendra de

moins en moins juive ; de plus en plus repoussera toute organisation politique appliquée aux choses de l'âme. Elle deviendra la religion du cœur, l'intime poésie de chacun. En morale, nous poursuivrons des délicatesses inconnues aux âpres natures de la Vieille Alliance ; nous deviendrons de plus en plus chrétiens. En politique, nous concilierons deux choses que les peuples sémitiques ont toujours ignorées : la liberté et la forte organisation de l'État. A la poésie nous demanderons une forme pour cet instinct de l'infini qui fait notre charme et notre tourment, notre noblesse en tout cas. A la philosophie, au lieu de l'absolu scolastique, nous demanderons des échappées sur le système général de l'univers. En tout, nous poursuivrons la nuance, la finesse au lieu du dogmatisme, le relatif au lieu de l'absolu. Voilà, suivant moi, l'avenir, si l'avenir est au progrès. Arrivera-t-on à une vue plus certaine de la destinée de l'homme et de ses rapports avec l'infini ? Saurons-nous plus clairement la loi de l'origine des êtres, la nature de la conscience, ce qu'est la vie et la personnalité ? Le monde, sans revenir à la crédulité et tout en persistant dans sa voie de philosophie positive, retrouvera-t-il la joie, l'ardeur, l'espérance, les longues pensées ? Vaudra-t-il encore un jour la peine de vivre, et l'homme qui croit au devoir trouvera-t-il dans le devoir sa récompense ? Cette science, à laquelle nous consacrons notre vie, nous rendra-t-elle ce que nous lui sacrifions ? Je l'ignore. Ce qu'il y a de certain, c'est que, en cherchant le vrai par la méthode scientifique, nous aurons fait notre devoir. Si la vérité est triste, nous aurons du moins la consolation de l'avoir trouvée selon les règles ; on pourra dire que nous aurions mérité de la trouver plus conso-

lante ; nous nous rendrons ce témoignage que nous aurons
été avec nous-même d'une sincérité absolue.

À vrai dire, je ne puis m'arrêter sur de telles pensées.
L'histoire démontre cette vérité qu'il y a dans la nature
humaine un instinct transcendant qui la pousse vers un
but supérieur. Le développement de l'humanité n'est pas
explicable, dans l'hypothèse où l'homme ne serait qu'un
être à destinée finie, la vertu qu'un raffinement d'égoïsme,
la religion qu'une chimère. Travaillons donc, messieurs.
Quoi qu'en dise l'auteur de *l'Ecclésiaste*, à un de ses
moments de découragement, la science n'est pas « la pire
occupation que Dieu ait donnée aux fils des hommes ».
C'est la meilleure. Si tout est vanité, celui qui aura
consacré sa vie au vrai ne sera pas plus dupé que les
autres. Si le vrai et le bien sont quelque chose, et nous
en avons l'assurance, c'est sans contredit celui qui les
aura cherchés et aimés qui aura été le mieux inspiré.

Nous ne nous retrouverons plus, messieurs, à partir
de ma prochaine leçon, je vais m'enfoncer dans la philologie hébraïque, où la plupart d'entre vous ne me
suivront pas. Mais que ceux qui sont jeunes et à qui je
peux me permettre de donner un conseil veuillent bien
m'écouter. Le mouvement qui est en vous, et qui s'est
trahi plus d'une fois dans le cours de cette leçon d'une
façon si honorable pour moi, est louable en son principe
et de bon augure ; mais ne le laissez pas dégénérer en
agitation frivole. Tournez-vous vers les solides études ;
croyez que la chose libérale par excellence, c'est la culture de l'esprit, la noblesse du cœur, l'indépendance du
jugement. Préparez à notre patrie des générations mûres

pour tout ce qui fait la gloire et l'ornement de la vie. Gardez-vous des entraînements irréfléchis, et souvenez-vous qu'on ne conquiert la liberté que par le sérieux, le respect de soi-même et des autres, le dévouement à la chose publique et à l'œuvre spéciale que chacun de nous est chargé dans ce monde de fonder ou de continuer.

L'ANCIENNE ÉGYPTE.

AU DIRECTEUR DE LA *REVUE DES DEUX MONDES*.

Sur le Nil, d'Assouan au Caire, décembre 1864.

J'ai vu l'Égypte, et je peux vous dire mon impression d'ensemble sur cet étrange pays. Mon voyage dans la haute Égypte, en compagnie de M. Mariette, n'a fait que confirmer les vues que je m'étais formées tout d'abord lors de ma première course à Sakkara et aux Pyramides. La solidité parfaite de l'histoire d'Égypte est pour moi une chose démontrée. J'avais quelques hésitations : je craignais que l'on ne donnât la valeur de dates absolues à des séries toutes relatives, qu'on n'étendît démesurément les origines et qu'on ne prît pour historiques des données fabuleuses. La vue des monuments, Hérodote et Manéthon lus sur place, par-dessus tout les entretiens de

M. Mariette[1], ont dissipé mes doutes. Je crois voir maintenant la suite de cette histoire avec une grande clarté.

Les synchronismes certains entre l'histoire égyptienne d'un côté, les histoires grecque, perse, assyrienne, hébraïque de l'autre, se continuent jusqu'au xᵉ siècle avant Jésus-Christ. Au viᵉ siècle avant Jésus-Christ, la chronologie égyptienne se suit à un ou deux ans près. La conquête de Cambyse, qu'on plaçait autrefois en 525, est déterminée maintenant à l'an 527 par une stèle du Sérapéum découverte par M. Mariette. Les épitaphes des Apis, trouvées dans le même Sérapéum, ont permis de calculer l'avénement de Psammétique Iᵉʳ (commencement de la vingt-sixième dynastie) à quelques jours près (665 ans avant Jésus-Christ). Sésac, qui prend Jérusalem sous Roboam (vers 970 avant Jésus-Christ), est le premier souverain de la vingt-deuxième dynastie; la chronologie biblique, vers ce temps, flotte dans des limites d'erreur assez resserrées. Par conséquent, avant l'an 970 ou à peu près, il faut de toute nécessité caser vingt et une dynasties, et trouver de l'espace pour presque tout le développement de la grandeur égyptienne. En effet, loin que l'Égypte, au temps de Salomon, traverse sa période la plus florissante, il faut dire qu'à ce moment elle est en pleine décadence. Les pressions du dehors l'enserrent de toutes parts; elle est à moitié vaincue déjà par l'Asie. Tous les ouvrages insignes des cinq ou six « Louis XIV » qui ont couvert la plaine de Thèbes des monuments de leurs vic-

---

1. On sait que M. Mariette, après avoir commencé ses fouilles en 1850 avec une mission du gouvernement français, les continue depuis 1858 pour le gouvernement égyptien. Le précieux musée de Boulaq, près du Caire, est un des résultats de ces fouilles.

toires et de leur orgueil sont notoirement antérieurs à l'an 1000 avant Jésus-Christ. Cette grande ère des dix-huitième, dix-neuvième, vingtième dynasties, des Amosis, des Aménophis, des Touthmès, des Séthi, des Ramsès, nous a laissé une masse énorme d'inscriptions, et on peut dire que nous la connaîtrions avec autant de certitude que l'état de l'empire romain au m° siècle de notre ère, si le nombre des savants qui copient et traduisent les textes égyptiens était plus considérable. Thèbes aux cent pylônes [1] est le livre toujours ouvert de cette triomphante histoire. Je suis resté quatre jours en cette bibliothèque sans égale, guidé par M. Mariette, mon admirable « exégète [2] », d'obélisque en obélisque, de chapelle en chapelle. Sans doute une foule de réserves sont ici à faire. Plus d'une fois, à la vue de ces fils de vaincus humiliés ou exterminés par le pharaon, j'ai pu regretter que les vaincus aussi n'aient pas su peindre. Le style officiel des scribes royaux me faisait involontairement songer à cette relation chinoise de l'une des dernières expéditions anglaises, où l'on voit la défaite des barbares, ceux-ci se jetant aux pieds de l'empereur pour lui demander grâce, et l'empereur, par pitié pure, leur accordant un territoire. Dans le *Pentaour* lui-même [3], que j'ai vu gravé en deux endroits, quelle basse flatterie, quelle éloquence de *Moniteur!* quel style de journaliste officiel! mais aussi quelle pleine sécurité sur l'authenticité

1. Et non « aux cent portes », car la ville n'était pas fermée.
2. On appelait « exégète », dans les temples anciens, la personne qui montrait aux étrangers les curiosités du temple, leur en racontait la légende, leur en lisait les inscriptions.
3. Poëme sur une campagne de Ramsès II, traduit par M. de Rougé.

du texte! quelle certitude directe et, si j'ose le dire,
documentaire! Or cette grande époque des Aménophis,
des Touthmès, des Ramsès commence dix-sept cents ans
avant Jésus-Christ. Ce n'est pas ici de la conjecture. Les
listes de rois soit grecques, soit égyptiennes, sont pour
l'époque dont il s'agit en parfait accord les unes avec les
autres. Qu'on veuille bien consulter le *Kœnigsbuch* de
M. Lepsius, on n'aura nul doute sur ce point. Ainsi, à
une date où la conscience nationale de la Grèce et celle
de la Judée n'existent qu'en germe, où Ninive et Babylone
ne sont pas encore entre les mains des races qui feront
leur puissance, l'Égypte est en pleine possession d'elle-
même, que dis-je? en un état de maturité voisin de la
décadence. L'histoire positive nous permet du reste de
remonter bien au delà.

Avant la dix-huitième dynastie en effet s'étend une
période dont le caractère est parfaitement connu. C'est
l'époque des *Hyksos* ou « Pasteurs », époque d'invasion
violente et de conquête. L'Égypte, comme la Chine, reçoit des hordes d'étrangers, les absorbe, se les assimile,
leur impose avec le temps ses institutions et ses lois. On
pouvait soupçonner tout cela avec les seuls textes grecs;
les fouilles de M. Mariette à Sân (Tanis) ont répandu sur
ces siècles obscurs un jour inattendu. Nous avons sans
doute des monuments des Pasteurs dans ces colosses étranges, dans ces sphinx aux formes toutes particulières,
dont quelques-uns sont déjà au musée de Boulaq. L'origine
sémitique des Hyksos a été mise dans une évidence de
plus en plus frappante. Il n'est pas permis de parler de
synchronismes rigoureux pour une époque aussi reculée.
Peut-on oublier cependant que le grand mouvement des

peuples sémitiques du nord de la Mésopotamie vers la
Syrie et l'Arabie paraît s'être opéré vers ce temps, que
c'est vers ce temps qu'il commence à être question d'Hébreux, de Phéniciens, enfin que le passage des Israélites
en Égypte répond au règne des Hyksos? Peut-on oublier
surtout ce curieux synchronisme, établi au chapitre XIII
des *Nombres*, v. 22, entre la fondation d'Hébron et celle
de San ou Tanis? La conquête des Hyksos semble n'avoir
été que le contre-coup du mouvement qui jeta sur la
Syrie et l'Arabie ces peuples nouveaux. Pleins de force
et d'élan, ils auront momentanément conquis à leur profit la vieille civilisation égyptienne; mais celle-ci les
aura conquis à leur tour, et, retrouvant elle-même toute
sa force, elle aura pris sa revanche durant la brillante
période dont nous parlions tout à l'heure, et dont les
vestiges se sont conservés dans la plaine de Thèbes avec
un éclat sans égal.

Manéthon évalue la durée du règne des Pasteurs à cinq
cent onze ans, ce qui porte leur entrée en Égypte à l'an
2200 environ avant Jésus-Christ. Il n'y a pas une ombre
de raison de douter de ce chiffre; mais qu'on le réduise
si l'on veut, il faudra toujours placer avant l'an 2000
tout un vieil empire ayant duré des siècles. Manéthon en
effet compte avant l'arrivée des Pasteurs quatorze dynasties, formant un total de deux mille huit cents ans. Quand
on a soigneusement réfléchi sur les listes des rois trouvées à Abydos, à Thèbes, à Sakkara[1], cette assertion n'a

---

1. Ces listes sont au nombre de cinq : le papyrus de Turin, la
salle des Ancêtres de Touthmès III à la Bibliothèque nationale à
Paris, la première table d'Abydos au Musée britannique, la table de
Sakkara au musée de Boulaq, enfin une nouvelle table découverte

rien qui surprenne. Manéthon n'étant en défaut sur aucun
des points où l'on peut le contrôler, pourquoi rejeter son
témoignage sur cette partie ? Je ne nie pas cependant que
des réductions plausibles en apparence ne puissent ici
être proposées. Plusieurs savants croient qu'il est possible
que Manéthon ait présenté comme successives des dynasties partielles simultanées : possible, assurément; mais des
faits presque démonstratifs établissent que cela n'est pas.

Et d'abord, dans la partie de la liste de Manéthon qui
se rapporte aux temps postérieurs à l'invasion des Pasteurs, nulle trace de dynasties simultanées présentées
comme successives. Pour cette partie, nous avons le
contrôle perpétuel des historiens grecs, hébreux, et des
textes hiéroglyphiques. Loin que Manéthon, dans cette
partie, cède au penchant d'allonger sa liste en mettant
bout à bout des dynasties simultanées, on le voit au
contraire suivre dans la formation de son canon royal un
principe strictement « légitimiste », c'est-à-dire qu'il
n'admet à un moment donné qu'une seule dynastie légitime, même quand il y a eu d'autres dynasties tout aussi
réellement existantes. Manéthon, en d'autres termes, a
déjà fait sa réduction, et ce qu'il nous présente n'est
qu'une liste réduite, à peu près comme la liste classique
des rois de France à l'époque mérovingienne omet des
rois tels que Gontran, qui ont aussi bien régné que Clo-
taire ou tout autre, mais qui ne sont pas nécessaires pour
dresser une série ne laissant aucun vide, ou bien encore
de même que la liste des papes, selon le système ultra-
montain, exclut les papes de l'obédience française. Ce

dans le grand temple d'Abydos par M. Mariette, et qui est encore
à sa place primitive.

qui prouve que Manéthon procéda bien de la sorte, ou, pour mieux dire, que la série officielle des anciens rois, acceptée du temps des Ptolémées, avait subi beaucoup d'éliminations, c'est que les différentes listes de rois que nous possédons en caractères hiéroglyphiques, et en particulier la plus importante de toutes, la nouvelle liste que M. Mariette a récemment découverte à Abydos, contiennent un grand nombre de rois dont il n'y a pas de trace dans Manéthon. Nous en avons une autre preuve pour l'époque des Pasteurs. Durant la domination de ces étrangers, il se conserva dans diverses parties de l'Egypte, surtout dans la Thébaïde, de petites dynasties indigènes. Les Pasteurs cependant, à cause de leur puissance, ayant fini par passer pour légitimes (à peu près comme la dynastie carlovingienne, bien que purement allemande, est adoptée par les historiens légitimistes dans la série des « rois de France »), Manéthon, suivant son principe, qu'à un moment donné il n'y a eu qu'une seule dynastie légitime, omet toutes les autres et ne parle que des Pasteurs. M. Mariette a réuni d'autres exemples de ces éliminations[1] ; mais voici un fait bien plus grave, et qui, j'ose le dire, est à lui seul presque décisif.

Il est clair que le système des dynasties locales et simultanées est renversé par la base, si l'on trouve dans toutes les parties de l'Egypte des monuments des dynasties qu'on prétend avoir été locales. Or c'est ce qui a lieu. Dans la plupart des systèmes, la cinquième dynastie règne à Éléphantine pendant que la sixième règne à Memphis. Si cela était vrai, chaque dynastie aurait eu

1. *Aperçu de l'histoire d'Égypte.* Alexandrie, 1864, p. 73.

son territoire propre ; aucun monument de la cinquième dynastie ne devrait se trouver sur le territoire de la sixième, ni réciproquement. Or les fouilles de M. Mariette ont révélé des monuments de la cinquième dynastie à la fois à Éléphantine et à Sakkara, et des monuments de la sixième à la fois à Sakkara et à Éléphantine. Si l'on en croyait les partisans des dynasties simultanées, la quatorzième dynastie, originaire de Xoïs, aurait été contemporaine de la treizième, originaire de Thèbes. Or M. Mariette a trouvé des colosses de la treizième dynastie à Sân, à quelques kilomètres seulement de Xoïs, ce qui suppose notoirement que la dynastie thébaine qui les fit élever possédait la basse Égypte. M. Mariette pense que de nombreux faits de ce genre démontreront un jour avec évidence que les quatorze premières dynasties de Manéthon représentent une suite chronologique aussi rigoureuse que les règnes de l'époque postérieure aux Pasteurs.

Est-ce à dire que le tissu de l'histoire égyptienne soit pour cette antique période aussi solide que pour les temps qui suivent ? Non certes. Il y a quatre dynasties dont on n'a pas de monuments, la septième, la huitième, la neuvième et la dixième. La septième et la huitième ont été de courte durée ; quant à la neuvième et à la dixième, elles ont régné à Héracléopolis (Ahnas), où l'on n'a jamais fait de fouilles. M. Mariette espère que des recherches en cet endroit lui rendront de précieux débris. Qu'obtient-on d'ailleurs par ces éliminations, qui ont au moins l'inconvénient d'être arbitraires ? Des réductions relativement insignifiantes. M. Brugsch réduit le chiffre de Manéthon de cinq cents ans, M. Lepsius de quatorze cents. Pour le premier, le commencement de la royauté égyptienne est porté à l'an 4500 ; pour le second, à l'an 3600 avant Jésus-Christ. Prenons ce minimum ; n'est-il pas déjà fort extraordinaire ? Eh bien, ce minimum, on a toute sorte de raisons de le trouver insuffisant ; mais bien certainement il n'y a pas un homme attentif et instruit qui puisse songer à y faire de nouvelles réductions.

En effet, la onzième, la douzième et la treizième dynastie (ces deux dernières indubitablement universelles) forment un ensemble d'histoire parfaitement suivi. On voit, au moins sous les deux dernières, l'Égypte forte, unie, florissante, ayant déjà son centre à Thèbes et en possession de toute sa civilisation. L'origine de quelques-unes des formes classiques de l'architecture égyptienne paraît être de ce temps. Le plus ancien obélisque, celui de Matarieh (Héliopolis), est de 2800 ans avant Jésus-Christ. L'ordre architectonique des tombeaux de Beni-Hassan, qui semble avoir servi de modèle au dorique, est de la même époque. Les Osortasen et les Aménemha, les Nofréhotep et Sébekhotep (douzième et treizième dynastie) ressemblent pour la puissance aux Touthmès et aux Ramsès ; plusieurs éléments du Sésostris des Grecs (personnage artificiel composé de pièces et de morceaux) sont empruntés à ces rois. Or ces rois, il faut de toute nécessité les placer de l'an 3000 à l'an 2200 avant Jésus-Christ. Les monuments de ce temps ne manquent pas. J'ai vu à Thinis les colosses d'Osortasen Iᵉʳ et d'Osortasen III. A Sân, il y en a de bien plus grands, des Osortasen, des Aménemha et des Sébekhotep. Quoi de plus frappant que ces hypogées de Beni-Hassan, où l'Égypte de la douzième dynastie est en quelque sorte prise sur le fait ? L'agriculture, la navi-

gation, le bien-être domestique ne furent jamais portés
plus loin. Dans un de ces tombeaux, le mort lui-même
prend la parole et raconte sa vie. Comme général, il a
fait une campagne dans le Soudan; il fut en outre chef
d'une caravane escortée de quatre cents hommes qui
ramena à Keft l'or provenant des mines du Gébel-
Atoky[1]. Comme préfet, il mérita les louanges du souverain par sa bonne administration. « Toutes les terres,
dit-il, étaient labourées et ensemencées du nord au sud.
Rien ne fut volé dans mes ateliers. Jamais petit enfant
ne fut affligé, jamais veuve ne fut maltraitée par moi. J'ai
donné également à la veuve et à la femme mariée, et je
n'ai pas préféré le grand au petit dans les jugements
que j'ai rendus. » Ce qu'il y a de plus extraordinaire,
c'est de voir, dès cette époque reculée, des peuples au
type fortement accusé, au nez aquilin, aux gros yeux, à
la mine patriarcale, venir avec leurs femmes, leurs
enfants, leurs pauvres ustensiles de nomades, leurs instruments de musique, demander au gouverneur égyptien
des terres pour les mettre à l'abri de la famine. Voici
sans doute les premiers venus pacifiques de la terrible
invasion de races nouvelles qui changera, quelques siècles
plus tard, la face de l'Asie occidentale et mettra l'Egypte
elle-même en désarroi pour cinq cents ans. Ainsi, dès le
troisième millénaire avant Jésus-Christ, on entend déjà
dans l'histoire égyptienne l'écho des pas des autres
grandes races; mais désormais il faut dire adieu à tout
synchronisme. C'est seule, et comme en une planète dé-
serte, que l'Egypte va poursuivre l'énorme tronçon d'his-

1. Montagnes près de Suez.

toire qu'elle a encore derrière elle, et pour laquelle il
faut de toute nécessité trouver du temps.

Nous avons presque atteint, en notre examen rétro-
grade, l'an 5000 avant Jésus-Christ avec les dynasties
parfaitement historiques de la première époque thébaine.
Je sais ce que ces chiffres énormes ont d'effrayant et les
appréhensions naturelles qu'ils soulèvent. J'ai partagé ces
appréhensions ; mais que faire contre des séries concordantes données à la fois par Manéthon, par Ératosthène,
par les tables égyptiennes d'Abydos, de Thèbes, de
Sakkara, par le papyrus de Turin? Je voudrais que les
incrédules vissent le couloir du grand temple d'Abydos
déblayé par M. Mariette. Ce couloir présente une
nouvelle liste de rois analogue à celles que l'on connaissait déjà, mais cette fois admirablement conservée. Le
monument est du temps de Séthi Ier (1200 ans avant
Jésus-Christ). Le nombre des rois prédécesseurs qu'on a
jugé à propos de rappeler est de soixante-seize ; la liste
débute comme celle de Manéthon, comme celle du papyrus de Turin, par Ménès et Atothis. C'est donc un minimum de soixante-seize règnes qu'il faut placer avant
Séthi, et certes ce minimum est bien inférieur à la réalité. Cette liste, en effet, comme celle des soixante et un
rois ancêtres auxquels Touthmès III (vers 1500) fait des
offrandes dans le précieux monument que possède la
Bibliothèque impériale, cette liste, dis-je, est un choix,
non une suite complète. Cela est indubitable, puisque les
monuments des diverses provinces de l'Égypte présentent,
en dehors de ces listes, beaucoup de souverains qui n'y
sont pas mentionnés.

Mais je vais beaucoup plus loin. Supposons que Mané-

thon et toutes les listes de rois nous manquent au delà
de l'an 3000, que nous soyons réduits aux monuments
encore existants sur le sol : je dis que nous serions
presque forcés d'admettre pour l'Egypte, avant ce terme
reculé, environ 2000 ans d'histoire. Nous avons bien
rendu compte de tous les monuments de Thèbes ; mais,
sans parler de quelques-uns de ceux qu'on voit à Thinis, un
colossal ensemble nous reste encore à expliquer et à caser :
c'est l'ensemble des Pyramides et de Sakkara, l'ensemble
de Memphis en un mot. Ces restes prodigieux qui
s'étendent sur la rive gauche du Nil, à partir de Gizeh,
seraient-ils de la période classique des Touthmès et des
Ramsès, de la période des Pasteurs, de la période des
Osortasen et des Aménemha ? Une telle hypothèse serait
absurde, puisque les monuments dont il s'agit portent
des noms royaux étrangers à ces dynasties, que lesdites
dynasties ont été universelles, et que les dynasties memphites à leur tour, comme en général les premières de
Manéthon, ont régné sur toute l'Egypte. Une des dynasties
memphites, par exemple, la quatrième de Manéthon, représente une splendide époque, analogue à celle des Osortasen,
des Ramsès ; c'est le temps de Chéops, de Chéphren, des
grandes pyramides. La sixième dynastie, celle d'Apapus,
qui eut son siége à Eléphantine, a laissé des monuments à
Eléphantine, à Abydos, à Tanis. Force est donc de créer
encore un « ancien empire », renfermant les dix premières dynasties de Manéthon, s'étendant approximative-
ment de l'an 5000 à l'an 3000 avant Jésus-Christ, ayant
ses centres à Thinis, à Memphis, à Eléphantine, comprenant toute l'Egypte, et développant une civilisation complète au milieu d'une sorte de vide de tout le reste de

l'humanité. C'est l'Égypte des Pyramides, cette Égypte que nous voyons respirer et vivre avec une vérité sans pareille dans les tombeaux dits « tombeaux de l'ancien empire ». Les fouilles de M. Mariette ont prodigieusement élargi ce qu'on savait de cette époque. Grâce à lui, nous possédons un nombre énorme de sculptures, d'inscriptions, de statues, remontant à 4000 ou 4500 avant Jésus-Christ. Il faut, pour se bien figurer ceci, avoir vu Sakkara, le pied des Pyramides et le musée de Boulaq. Je n'ai jamais éprouvé d'impression aussi forte, pas même dans la haute Égypte. Il s'agit d'un monde antérieur de 4000 ans à tout ce que nous connaissons, et se décelant lui-même à des signes d'une évidence absolue. Ailleurs hautement utiles et fructueuses, les fouilles de M. Mariette ont amené ici des résultats hors ligne. Suivez-moi pas à pas. Je veux vous faire comprendre combien ce point capital du monde renferme de trésors et de révélations.

Nous abordons au village de Bedreschin, sur la rive gauche du Nil, à quarante-six kilomètres environ au sud du Caire. Nous sommes ici probablement sur l'emplacement d'un des quais de Memphis ; mais tout a disparu. Des murs en briques crues encore assez bien conservés se voient çà et là ; seulement toute la pierre de taille a été enlevée pour bâtir le Caire. On se croirait à peine sur le site d'une ville antique sans ce gigantesque colosse d'Aménophis III, maintenant renversé et couvert d'eau, que nous laissons sur notre gauche. Nous arrivons au village de Sakkara, au pied de la chaîne libyque, vers le milieu de cette file de pyramides qui s'étend sans interruption d'Abou-Roasch au Fayyoum, sur une longueur de vingt-cinq à trente lieues ; il y en a en tout de soixante à soixante et dix. La plus voi-

sine de nous est à gradins et bâtie de la façon la plus
étrange, composée qu'elle est d'épaulements successifs se
recouvrant comme les enveloppes d'un noyau. M. Brugsch
conjecture avec toute vraisemblance que c'est la pyramide
de *Cochomé*, laquelle fut bâtie par le quatrième roi de la
première dynastie. Ce serait donc ici le monument le plus
ancien de l'Égypte et du monde; mais c'est là un témoin
bien muet auprès de ceux que nous allons consulter.
Négligeons même, à deux pas de nous, le Sérapéum,
cette première et surprenante découverte de M. Mariette,
malgré sa haute importance scientifique. N'ayons d'attention que pour les tombeaux dont le sable est parsemé,
et dont la plupart ont été trouvés également par notre
infatigable ami.

Ces tombeaux offrent la physionomie la plus caractérisée [1]. Ce sont de petits pylônes ou des pyramides tron-
quées, formant par leur rapprochement des rues étroites,
des impasses, une vraie ville des morts. La façade est
décorée de longues rainures prismatiques, terminées par
des feuilles de lotus liées en bouquet par le pédoncule [2].
La porte est très-étroite et n'est jamais au milieu de la
façade. Elle est surmontée d'un tambour cylindrique présentant le nom du mort. Le mot qui désigne ces monuments, en égyptien, signifie « maison éternelle ». L'intérieur varie beaucoup pour le nombre et la distribution
des pièces; mais l'idée qui a présidé à la construction de
cette « maison éternelle » est toujours la même. C'est bien

1. M. Mariette les a parfaitement décrits dans son Catalogue du
musée de Boulaq, p. 20 et suiv.
2. Voyez des spécimens de ces curieux monuments dans Lepsius,
Denkmæler aus Ægypten und Æthiopien, première partie, pl. 25 et 26.

la demeure du mort pour l'éternité. On venait l'y voir à
certains jours. Il est là au milieu des siens, de sa femme,
de ses enfants, de ses domestiques, de ses scribes, de ses
chiens, de ses singes verts, représentés en petite imagerie
sur les parois de chaque chambre. Le portrait du défunt,
en bas-relief, se trouve à la place d'honneur ; d'ordinaire
il est répété plusieurs fois. Une grande stèle donne ses
titres et quelquefois sa biographie. S'il y avait dans la
maison un personnage offrant un trait caractéristique, une
infirmité par exemple, on le représente, pour que les
souvenirs du mort ne soient pas dérangés. Tous les détails de la vie du temps se voient à l'entour : cette vie
est presque uniquement agricole ; elle se passe dans des
fermes ou édifices légers portés sur des colonnettes élégantes. Le nombre des animaux domestiques que possédait le défunt (bœufs, ânes, chiens, singes, antilopes, ga-
zelles, oies, demoiselles de Numidie, canards, cigognes
domestiques, tourterelles) est soigneusement écrit sur le
mur [1]. A ces détails domestiques se mêlent tous les souvenirs de la carrière du mort, de ses voyages, de son
commerce. Jeux, danses, luttes, joutes sur des barques,
chanteurs, danseuses aux cheveux tressés et ornés de
plaques d'or, rien n'y manque. Tout cela est d'un réalisme absolu, d'une jolie petite sculpture peinte très-fine,
visant surtout à être expressive ; des légendes hiéroglyphiques expliquent surabondamment ce que les images
auraient d'obscur. Jamais une trace de vie militaire avant
la douzième dynastie, assez peu de religion, aucune trace

---

1. On ne voit figurer ni chevaux, ni chameaux, ni girafes, ni éléphants, ni moutons, ni chats, ni poules.

de ces chapitres du rituel qui plus tard seront la décoration obligée de toutes les sépultures. La Divinité n'est
représentée par aucune image, ni désignée par aucun
nom. Anubis est déjà le gardien de la « maison éternelle ».
Quant à Osiris, le dieu funèbre par excellence, on ne le
voit jamais représenté à cette époque. Ces tombeaux ne
sont nullement des chapelles funéraires consacrées à un
dieu. C'est le mort qui est le maître et en quelque sorte
le dieu de céans ; tout est pour lui, tout converge vers
lui. D'un autre côté, rien ne ressemble moins au tombeau
de famille, à ces sortes de grandes salles communes, où
venaient se coucher tour à tour les générations, comme
on en trouve chez les Hébreux et les Phéniciens. Le
tombeau ici est tout individuel ; la femme même, sauf
quelques exceptions, n'y est pas admise avec son mari! Ce
sont, en un mot, des maisons imaginaires, que l'âme du
mort habite, qu'il hante, où il trouve ses aises, ses habitudes. Aucune lumière n'y pénétrait quand la porte était
fermée. On n'y entrait qu'à certains anniversaires et pour
renouveler les objets d'offrande. On partait de cette idée,
en effet, que le mort conservait des goûts et des besoins
analogues à ceux qu'il avait eus de son vivant. On lui
servait des mets, on mettant à sa disposition des ustensiles. Noble et touchante obstination! ces aliments, ces
objets eurent beau chaque fois rester intacts; durant des
milliers d'années, on n'eut pas d'yeux pour voir. Aujour-
d'hui encore, malgré l'islamisme, ces pieuses croyances
n'ont pas disparu. Quelque temps après la mort d'une
personne regrettée, le fellah va manger près de son tombeau, y dépose des oignons. D'autres, à l'article de la
mort, consentent à révéler leur trésor, à la condition qu'on

en laissera une partie pour subvenir à leurs nécessités dans l'autre vie.

Au premier coup d'œil, rien absolument, dans les singulières constructions que nous venons de décrire, ne rappelle un tombeau. Ce sont des maisons, et c'est ici que l'on comprend la parfaite justesse de ce passage de Diodore de Sicile : « Les Égyptiens appellent les demeures des vivants des gîtes, parce qu'on y demeure peu de temps; les tombeaux, au contraire, ils les appellent « maisons éternelles », parce qu'on y est pour toujours. Voilà pourquoi ils ont peu de souci d'orner leurs maisons, tandis qu'ils ne négligent rien pour la splendeur de leurs tombeaux[1]. » Le cadavre, en ces maisons mortuaires, est soigneusement dissimulé. Au plus épais de la maçonnerie, à l'endroit que l'on pouvait le moins soupçonner, se trouve un puits vertical, toujours carré ou rectangulaire, d'environ vingt-cinq mètres de profondeur; au fond de ce puits s'ouvre un couloir horizontal menant à une chambre : là est le sarcophage monolithe, immense cuve en granit ou en calcaire blanc, dont les pans sont quelquefois décorés de rainures prismatiques et d'autres ornements analogues à ceux de la façade extérieure du tombeau. La préoccupation qui domine est de mettre le corps à l'abri de toute profanation. On sent que, dans la croyance générale, une telle profanation est un immense malheur, que le salut éternel du mort est compromis, si le cadavre est dérangé de son repos, que l'âme, au jour de la résurrection, aura besoin de trouver le corps intact,

[1]. Diodore de Sicile, I, 51. Comparez *beth olam* chez les Hébreux et chez les Phéniciens, *domus æterna* dans l'Afrique carthaginoise, ainsi que dans l'épigraphie juive et chrétienne.

principe qui se trahit du reste si naïvement dans l'usage
de la momification. Une autre particularité non moins
importante a été découverte par M. Mariette. Dans l'épaisseur de la maçonnerie, également dissimulés avec soin,
ont été ménagés des réduits complétement obscurs, où
se trouvent des statues en ronde bosse du mort, statues
semblables, au mode de travail près, à celles qui se
voient dans les chambres ouvertes du tombeau. Ces précieux spécimens de la sculpture égyptienne 4000 ans
avant Jésus-Christ, tantôt en bois, tantôt en granit, tantôt
en calcaire, sont maintenant fort nombreux ; ils forment
la principale richesse du musée de Boulaq. A l'époque où
M. Mariette travaillait pour la France, il en envoya plusieurs au Louvre. Vous connaissez cet admirable petit
scribe du musée Charles X, et vous savez par conséquent
quelle finesse d'exécution, quel réalisme minutieux, quelle
précision ethnographique, si j'ose le dire, les artistes égyptiens y ont portés. Tout cela est laid, commun, vulgaire,
assurément ; mais jamais on n'a mieux fait ce qu'on voulait faire. C'est un prodige sans égal que cette statue de
bois du musée de Boulaq, à laquelle les fellahs donnèrent
tout d'une voix, quand ils la trouvèrent, le nom de
cheik-el-beled, « le cheik du village ». C'est la statue
d'un certain Phtah-sé, gendre du roi. La statue de
sa femme a été trouvée près de lui. L'expression de con-
tentement naïf répandue sur la figure souriante de ces
deux bonnes gens est chose indicible. On dirait deux
Hollandais du temps de Louis XIV. On ne peut douter, à
la vue de ces statues, qu'avant sa période de royauté des-
potique et somptueuse, l'Égypte n'ait eu une époque de
patriarcale liberté. L'art officiel et pompeux des Touthmès

et des Ramsès ne se fût pas abaissé à des représentations
d'une telle bonhomie, pas plus que les artistes de Ver-
sailles ne se fussent pliés à peindre des « magots ». Ces
deux étonnants morceaux sont en effet de la quatrième
ou de la cinquième dynastie.

Est-ce là un art primitif, direz-vous, et est-il croyable
qu'on ait débuté par de telles minuties dans la carrière
des représentations figurées? Considérez d'abord, je vous
prie, que l'art égyptien, au temps dont nous parlons,
n'en est pas à ses débuts; il est à sa perfection. Ce qu'il
y a de plus extraordinaire dans cette civilisation mysté-
rieuse, c'est qu'elle n'a pas d'enfance. On cherche en
vain pour l'art égyptien une période archaïque. Cela
s'explique sans peine pour l'architecture, laquelle arrive
d'ordinaire bien plus vite que les arts plastiques à trouver des moyens suffisants pour rendre son idée; mais,
pour que la sculpture réussisse à se débarrasser de toute
raideur et de toute gaucherie, il faut des siècles : la
Grèce, l'Italie du moyen âge en font foi. Or, une statue
comme celle de Chéphren, dont je vous parlerai tout à
l'heure, et en général toutes les statues sépulcrales de
l'ancien empire ne sont nullement en style moyen âge.
Elles sont en style définitif. Vu la mesure du génie de la
nation, on ne pouvait faire mieux. L'Égypte, à cet égard
comme à tant d'autres, contredit les lois auxquelles nous
ont habitués les races indo-européennes et sémitiques.
Elle ne débute pas par le mythe, l'héroïsme, la barbarie.

L'Égypte est une Chine, née mûre et presque décrépite,
ayant toujours eu cet air à la fois enfantin et vieillot que
révèlent ses monuments et son histoire. La divine jeu-

nesse des Yavanas [1] lui fut toujours inconnue. Qu'elle
ait débuté par le réalisme, par la platitude, cela ne m'é-
tonne pas plus que de la voir débuter par le bon sens,
la bonne économie domestique, le droit sens de dignes
fermiers sachant exactement le nombre de leurs oies
et de leurs ânes. Nous ne sommes point ici en la terre
d'Homère et de Phidias ; nous sommes en la terre de la
conscience claire et rapide, mais bornée et stationnaire.
Ce prêtre de Saïs que vit Solon crut sans doute faire une
amère critique de la Grèce : « Vous êtes des enfants ; il
n'y a pas de vieillards parmi vous ; vous êtes tous jeunes
d'esprit. » Erreur profonde d'un conservateur étroit, fier
de ce qui fait son infériorité. Il est permis de n'être plus
jeune ; mais il faut l'avoir été. Ces gardiens inintelligents
de lettres mortes ne voyaient pas ce qui faisait la force et
la beauté de la Grèce, comme beaucoup d'esprits pesants
de nos jours croient avoir tout dit contre la France,
lorsqu'ils lui ont appliqué l'épithète de révolutionnaire.

Les tombeaux que nous venons de décrire, si nombreux
dans le sable de Sakkara et au pied des Pyramides, sont
tous datés des six premières dynasties, et, ne le seraient-
ils pas, ils porteraient l'indication de leur âge relatif
dans leur style et dans l'ordre d'idées qu'ils expriment.
Qu'on les compare à ceux des grottes de Beni-Hassan
(2500 ans avant Jésus-Christ). L'idée qui a présidé à la
construction de ces derniers tombeaux est encore en un
sens la même. Le mort est le dieu de sa maison éternelle ;
cette maison est une grande chambre gaie, peuplée,
vivante, sans représentations superstitieuses, sans ter-

---

1 Nom primitif des Grecs au sein de la famille aryenne. *Yavanas*
= Iônes, les jeunes.

reurs. Aux tombeaux de Biban-el-Molouk, près de Thèbes,
lesquels sont en moyenne de 1500 avant Jésus-Christ, tout
est changé. Ces deux classes de tombeaux ne se ressemblent pas plus qu'un tombeau païen ne ressemble à un
tombeau chrétien. Le défunt n'est plus chez lui. Un panthéon nombreux a envahi la demeure des morts. Les images
d'Osiris et les chapitres du rituel couvrent les murs. On
prêtait évidemment des vertus surnaturelles à ces images
et à ces grandes pages d'interminable catéchisme, puisqu'elles étaient destinées à une nuit éternelle et qu'elles
sont néanmoins gravées avec autant de soin que si le
public avait dû les lire. D'horribles fictions, les plus folles
qu'un cerveau humain en délire ait jamais conçues, se
déroulent sur les parois. Le prêtre l'a emporté; ces
effroyables épreuves que l'âme traverse sont pour lui
autant de bonnes aubaines; il a le pouvoir d'abréger les
épreuves de la pauvre âme. Quel cauchemar que ce tombeau de Séthi Ier! Qu'on est loin de cette première religion de la mort, résultat d'une croyance simple et invincible en une survivance, sans rien de sacerdotal, sans
aucune de ces longues séries de noms divins qui devaient aboutir à la plus sordide superstition! Je le répète,
un tombeau de nos cathédrales gothiques diffère moins
de l'un des tombeaux de la voie Appienne que les tombeaux de Sakkara ne diffèrent de ceux qui remplissent
cette étrange vallée de Biban-el-Molouk.

Et voyez comme tout cela est en parfait accord avec
l'esprit qui a présidé à la construction des Pyramides,
comme les tombeaux que nous venons de décrire d'une
part, les Pyramides de l'autre, procèdent bien de la
préoccupation de se bâtir à soi-même une demeure inac-

cessible pour l'éternité. La pyramide n'est autre chose
que la « maison éternelle » des rois ou des personnes de
la famille royale. Toutes les particularités en apparence
bizarres et parfois encore inexpliquées de ces dernières
constructions n'ont qu'un but : dissimuler soigneusement
la place du cadavre, créer une chambre introuvable où le
corps attende en repos le jour de la résurrection. De là
ces entrées habilement bouchées et qu'on a soin de ne
jamais placer au milieu des faces du monument; de là
ces couloirs intérieurs remplis de blocs, ces ruses, ces
efforts pour dépister le profanateur et l'éloigner de la
cellule royale, ces échappées en forme de puits, ména-
gées afin de faire sortir les ouvriers qui avaient travaillé
au dedans à combler les couloirs. Les précautions étaient
si bien prises que, pour la grande pyramide, la chambre
de Chéops n'a été trouvée que sous le calife Mamoun.
Chéops y a donc reposé en paix, selon son désir, plus de
cinq mille ans. Tout ici respire en effet la haute antiquité; tout est simple, fort, naïf, exagéré quant au choix
des moyens, scrupuleux dans l'exécution. Quel chef-
d'œuvre que cette chambre intérieure de la grande pyramide! Le poli et le jointoiement des blocs de granit rose
qui lui servent de revêtement ne le cèdent en rien aux
ouvrages les plus parfaits de l'antiquité. Malgré l'épouvantable poids que porte cette chambre, elle n'a pas
fléchi d'un millimètre; le fil à plomb n'y accuse pas la
moindre déviation. Pas un ornement. La beauté n'est
demandée qu'à la seule perfection de l'exécution. Sincérité absolue; nul ne devait entrer dans cette chambre;
tout le soin qu'on a pris de la construction est uniquement par respect pour le mort. Au milieu de la pièce

est le sarcophage en granit, colossal, sans aucun ornement. La partie conservée du revêtement de la seconde
pyramide porte également le cachet d'un art primitif, ne
donnant rien à l'ostentation ni à l'apparence, supposant
un sérieux parfait, ne trichant ni avec Dieu ni avec les
morts. Comparez cela aux grandes constructions de
Thèbes, plus modernes de trois mille ans. La différence
se voit au premier coup d'œil. Je ne puis vous dire la
déception que causent ces temples, d'ailleurs si étonnants,
de Thèbes et d'Abydos, quand on en étudie la construction en détail. L'ensemble est des plus grandioses, mais
l'exécution est souvent fort médiocre ; il semble qu'on a
surtout en vue de fournir un soutien à la peinture déco-
rative : matériaux peu choisis, pierres posées en délit,
irrégularité choquante des assises, joints verticaux dispo-
sés sans nulle précaution, tous les signes de la négligence
et de la précipitation s'y font remarquer. On sent une
hâte extrême ; la personnalité du souverain, qui a voulu
que l'édifice élevé à sa gloire fût vite fini, perce à chaque
instant. Pressé, bâtonné peut-être, l'architecte a assemblé
les pierres comme elles lui venaient de la carrière, au
jour le jour, sans s'occuper de celles qui lui arriveraient
le lendemain, faisant les lits comme il le pouvait, calcu-
lant si peu d'avance, qu'à chaque instant il aboutit à
des impasses, d'où il sort par des moyens désespérés. Ces
édifices, dont l'importance scientifique est de premier
ordre, trahissent une époque où l'architecture est déjà un
art gâté, c'est-à-dire où la perfection de l'exécution passe
pour une chose secondaire, une époque, dis-je, qui bâtit
pour l'effet, bâtit à tout prix, sans trêve ni repos, et qui
par cela même se résigne à bâtir mal. L'architecte croit

4

son but atteint si l'édifice tient debout; le scrupule, cette
condition de la perfection dans tous les arts, lui est inconnu; le choix, l'assemblage irréprochable des matériaux, lui paraissent des choses insignifiantes : c'est de
la décadence; mais aux Pyramides il en est tout autrement. Grâce à M. Mariette, cet ensemble, depuis si longtemps connu et admiré, s'est augmenté d'un inappréciable monument, que je mets pour ma part en tête des
résultats dont l'archéologie égyptienne s'est enrichie depuis un demi-siècle.

Vous connaissez par de nombreuses photographies, en
particulier par celles de M. Maxime Du Camp, ce sphinx
gigantesque, ou, pour mieux dire, ce rocher taillé en
sphinx, dont la tête se dresse si bizarrement dans la
petite vallée qui est au pied de la grande pyramide.
Qu'était-ce que ce « père de la terreur », comme l'appellent les Arabes? il était évident, avant toute recherche, que ce n'était pas ici un accessoire, un simple
décor d'un autre édifice. Ce sphinx en effet est isolé; il
existe par lui-même et pour lui-même. Une assertion de
Pline, qui s'est trouvée n'être qu'une grosse bévue, tendait à faire croire que dans l'épaisseur du monstre était
enseveli un prétendu roi Armaïs. Cela était étrange et
peu croyable. Quelques relations modernes néanmoins
parlant de chambres trouvées dans le sphinx, un homme
dont le nom est mêlé à presque toutes les grandes
découvertes archéologiques de notre siècle, M. le duc
de Luynes, invita M. Mariette, alors au début de ses
travaux en Égypte, à fouiller en cet endroit. Le résultat fut la découverte, à vingt ou trente mètres sud-est
du sphinx, d'un vaste temple, absolument différent de

ceux que l'on connait ailleurs. L'édifice n'est encore déblayé qu'à l'intérieur. Cet intérieur, qui rappelle beaucoup
la chambre de la grande pyramide, est en forme de T.
L'aile principale est divisée en trois travées, l'aile
transversale en deux. Les murs sont revêtus de granit
rouge; les architraves, en albâtre, posent sur des piliers
carrés, monolithes, en granit rose. Pas un ornement, pas
une sculpture, pas une lettre. Quelle confirmation frappante de ce passage du précieux traité « De la déesse
de Syrie », faussement attribué à Lucien : « Autrefois,
chez les Égyptiens, il y avait aussi des temples sans
images sculptées! » Et n'étaient-ce pas des édifices comme
celui dont nous parlons que Strabon avait en vue quand
il dit que « à Héliopolis et à Memphis, il y a des édifices
d'un ordre barbare, à plusieurs rangées de colonnes,
sans ornements ni dessin » ? Voici un de ces temples
primitifs, monument absolument unique et séparé par un
intervalle énorme des temples de l'époque classique
des Aménophis et des Touthmès. L'extérieur est encore
caché par le sable; il est en énormes blocs de calcaire
et rappelle beaucoup, par le mode de construction, la
chapelle qui est en face de la seconde pyramide. Il ne
faut pas s'attendre, quand on le dégagera, à le trouver
d'une belle conservation; mais une conjecture ingénieuse
de M. Mariette, conjecture vérifiée par les fouilles déjà
faites, permettra de le compléter. L'entrée des tombeaux
de l'ancien empire, en effet, offre, comme nous l'avons
déjà dit, la figure d'édicules qui ne sont sans doute que
des réductions de façades de temples. Un sarcophage
surtout du musée de Boulaq présente cette décoration
d'une façon si juste et si précise, qu'il est permis provi-

soirement de le regarder comme fournissant une image
de la façade du grand temple dont nous parlons. Des
fouilles ultérieures trancheront la question; mais il est
bien probable qu'elles révéleront sur les blocs de calcaire
de grandes lignes verticales terminées en feuilles de lotus
et relevées par la polychromie.

Je ne crains pas d'exagérer en disant que ce temple ne
ressemble pas plus à ceux de Thèbes et d'Abydos qu'une
église catholique d'Espagne ou de Naples ne ressemble
au temple de Jérusalem. Qui l'a bâti? A qui était-il
dédié? Il est permis de répondre à ces questions : C'est
Chéphren, le troisième roi de la quatrième dynastie, le
successeur de Chéops, qui l'a fait élever. Cela résulte, en
premier lieu, de divers rapprochements singuliers existant entre ledit temple et la pyramide de Chéphren, en
second lieu d'une circonstance tout à fait décisive. Dans
un puits faisant partie du temple ont été trouvées, entassées et à demi brisées, plusieurs statues en diorite,
toutes à peu près semblables entre elles, toutes portant
le cartouche de Chéphren. Nul doute que ce ne soient
là les statues du fondateur, lesquelles, dans un moment
de révolution, auront été renversées et précipitées. Ces
statues, dont M. Mariette a fait transporter au musée de
Boulaq les spécimens les mieux conservés, sont sûrement
les plus anciennes statues que l'on connaisse; car le
grand sphinx, qui est encore antérieur, mérite à peine le
nom de statue. Elles sont exécutées avec une rare habileté; ce sont des portraits pleins de vie et d'accent.

A qui le temple était-il dédié? Sans nul doute au
sphinx, ou mieux à la divinité représentée par le sphinx,
Horem-hou ou *Armachis*. Le temple, il est vrai, ne fait

pas face directement au sphinx ; mais le couloir d'entrée
s'incline à dessein vers le monstre colossal. Il est probable qu'une construction antérieure aura empêché de
mettre le temple en rapport plus direct avec l'image
du dieu auquel il était dédié. Toute cette première naissance de la chaîne libyque était couverte de temples. Une
inscription trouvée là même par M. Mariette, et maintenant au musée de Boulaq[1], mentionne les constructions
qu'y fit Chéops, les temples qu'il restaura, les réparations
qu'il fit au grand sphinx. Ce grand *Hou* ou sphinx apparaît ainsi comme la plus ancienne idole du monde[2].
Chéops, 4,500 ans avant Jésus-Christ, le répare. Cet
être étrange a cent soixante-dix-sept pieds de long ; il
était autrefois complété par de la maçonnerie ; la stèle
du musée de Boulaq dont je parlais tout à l'heure présente son image telle qu'elle était du temps de Chéops.

Vraiment je m'étonne moi-même quand je me sur-
prends à parler avec assurance d'une antiquité aussi reculée. Pendant la moitié au moins de mon voyage, je me
sentais retenu par toute sorte de considérations sceptiques. Le principe de Heyne : « Toute histoire d'ancien
peuple commence par des mythes, » me revenait sans
cesse à l'esprit. Chaque fois que M. Mariette me parlait

---

1. Cette inscription est toutefois si bizarre qu'on peut garder
quelques doutes.

2. Ce nom de *Hou* fait naître bien des conjectures. Je n'ose m'arrêter à l'hypothèse qui y rattacherait le nom propre du dieu des
Israélites, *Ihoua*, nom si bizarre chez un peuple où le trait essentiel
de la Divinité est de n'avoir pas de nom propre. Il est remarquable que l'ancienne Diospolis s'appelle encore aujourd'hui *Hou*.
On sait que les noms arabes des villes ou villages de l'Égypte sont
presque toujours les anciens noms égyptiens ; mais je me garde
d'insister.

avec fermeté du premier roi Ménès, je l'arrêtais : « Toutes les vieilles listes royales, lui disais-je, débutent par des
dieux transformés en rois, selon le procédé évhémé-
riste de l'antiquité. N'est-il pas probable qu'en votre
Égypte, comme partout ailleurs, les premiers rois sont
des dieux, que plus tard on aura pris pour des hommes?
Et voyez en effet votre roi Ménès et son successeur Atothis ; ils jouent le rôle de législateurs primitifs, d'anciens sages, d'anciens révélateurs, comme Manou, Minos,
Romulus, Numa, Thésée et autres personnages sans réalité ou d'une réalité fort douteuse. » Impossible de s'arrêter à de tels doutes. Ménès n'a rien de mythique.
C'est bien réellement, non certes le plus ancien roi
d'Égypte, mais le premier dont les annalistes égyptiens
retrouvèrent le cartouche. Ce cartouche en effet se lit
encore sur divers monuments; mais aucun de ces monuments n'est contemporain de Ménès lui-même. Quand
on dressa le canon historique des rois (et cela se fit à
une époque fort ancienne), on le mit en tête, ce qui ne
veut pas dire qu'il n'y eût pas eu de rois avant lui. Il
ne faut pas poser de principe absolu en critique historique. Telle loi qui est vraie dans le sein de la famille
indo-européenne n'est pas vraie dans le sein de la famille
sémitique. Ce qui est vrai de la famille indo-européenne
et de la famille sémitique peut se trouver totalement
faux, si on l'applique à l'Égypte et à la Chine. Une distinction capitale en tout cas doit être faite entre les peuples qui ont écrit de très-bonne heure, Chinois, Égyptiens, Babyloniens, et les peuples qui ont écrit tard, tels
que les peuples sémitiques et surtout les peuples indo-
européens. Chez ces derniers, le mythe, la légende occu-

pent toutes les avenues de l'histoire. Chez les premiers,
on entre tout de suite dans le monde positif. Est-ce à
dire que l'histoire égyptienne et l'histoire chinoise n'aient
pas besoin d'être rectifiées par la critique? Elles en ont,
en un sens, plus besoin qu'aucune autre. Ce sont des
histoires officielles, fausses par conséquent : comme tous
les *Moniteurs* du monde, elles n'offrent qu'une vérité relative; mais de là aux fables qui composent les origines
grecques, romaines, hindoues, iraniennes, hébraïques,
arabes, il y a l'infini. Certes je ne veux pas dire que les
traditions des peuples indo-européens et celles des peuples sémitiques soient moins intéressantes que les textes
fournis par l'égyptologie. L'importance du rôle joué par
ces deux grandes races est telle que leurs fables ont en
somme plus de prix que l'histoire la plus authentique des
Égyptiens et des Chinois ; mais, s'il s'agit d'histoire documentaire, l'Égypte et la Chine ont une immense supériorité. Ces peuples, chez lesquels l'écriture est presque
contemporaine de la parole, qui depuis une incalculable
antiquité eurent l'hiéroglyphe comme partie intégrante
du langage, nous ont légué leurs annales avec une suite
que n'ont pu égaler les peuples chez lesquels l'écriture a
été une invention tardivement connue.

Notre grand principe : *A mythis omnis priscorum homi-
num historia procedit*, est-il d'ailleurs complétement dé-
menti en Égypte? Expliquons-nous. Le règne de Ménès
n'est pas pour les annalistes égyptiens le début de l'histoire d'Égypte. Avant Ménès, il y a, selon eux, le règne
des dieux, des demi-dieux, des mânes (*Necyes*, *Refaïm*,
géants). Osiris, Anubis, Typhon règnent des milliers
d'années. L'évhémérisme, inhérent à toutes les traditions

sur les origines des peuples, trouva sa place en ces supputations imaginaires. A partir de Ménès, au contraire, on
est en pleine histoire : plus de surnaturel, plus d'impossibilités. Il n'est nullement invraisemblable, du reste, que
quelque monument contemporain de ces âges reculés
vienne un jour trancher les doutes, en nous offrant les
noms des rois de la première dynastie comme ceux de souverains existants et doués de la plus incontestable réalité.

L'identité étonnante de la religion, de l'écriture, de
l'esprit national, des mœurs, pendant l'énorme durée que
nous prêtons à l'empire égyptien, n'est pas davantage
une objection. Cette identité n'est, sur bien des points,
qu'apparente. Sur d'autres, elle tient à ce que l'Egypte se
copia indéfiniment elle-même. Il n'est pas plus singulier
de voir les temples ptolémaïques ou romains d'Edfou,
d'Esneh, d'Ombos, de Denderah, de Philæ, rappeler les
formes architectoniques des temples de Thèbes, qu'il
ne l'est de voir telle église bâtie de nos jours, Saint-
Vincent-de-Paul par exemple, ressembler aux basiliques
constantiniennes. Les sculptures de Denderah rappellent
beaucoup celles d'Abydos; or il est indubitable qu'il y a
quinze cents ans de distance de l'un de ces deux temples
à l'autre. Pourquoi de Séthi Ier aux premières dynasties
le même esprit de conservation n'aurait-il pas produit le
même résultat d'apparente similitude. Les formes extérieures du catholicisme oriental ont peu varié depuis seize
cents ans. La royauté française a eu pendant mille ans
des usages, des traditions identiques? La ressemblance
qu'il y a entre les hiéroglyphes de l'ancien empire et
ceux des époques modernes est, au premier coup d'œil,
très-surprenante. Elle s'explique cependant. Une écriture

consistant en images d'objets réels varie moins qu'une
écriture linéaire. Je comprends que l'*aleph* phénicien et
notre *a* ne se ressemblent guère, bien que le second
vienne sûrement du premier, car, depuis l'invention de
l'alphabétisme, chaque lettre n'est plus qu'un signe absolument sans relation avec ce qu'il signifie; mais l'image
d'un ibis, d'un épervier, sera la même à des siècles de
distance. Le style de la gravure changera seul; il y aura
des révolutions de glyptique, non de paléographie.
Encore faut-il à cet égard, ne rien exagérer. Il existe des
monuments égyptiens d'écriture archaïque renfermant des
caractères qui sont tombés plus tard en désuétude :
par exemple, le tombeau d'Amten, au musée de Berlin;
celui de Tothotep, découvert par M. Mariette. Il y a, d'un
autre côté, dans les inscriptions tracées sous les Ptolémées
et sous les Romains, des caractères nouveaux qu'on chercherait en vain dans les inscriptions du temps des Pharaons.

Ne prenons donc pas pour mesure du mouvement chez
ces races étranges l'échelle de progression à laquelle nous
ont habitués les histoires qui nous sont le plus familières.
L'Egypte fut de tous les pays le plus conservateur. Pas
un révolutionnaire, pas un réformateur, pas un grand
poëte, pas un grand artiste, pas un savant, pas un philosophe, pas même un grand ministre ne s'est rencontré
en son histoire. Si des hommes capables de jouer de
tels rôles s'élevèrent en son sein, ils furent étouffés par
la routine et la médiocrité générale. Le roi seul existe, a
un nom. Ne dites pas que cela est arrivé par la faute des
annalistes et des biographes, que l'Egypte eut peut-être
aussi des grands hommes, mais qu'il ne s'est pas trouvé
d'historien pour nous raconter leurs actions et nous re-

tracer leur caractère. C'est là précisément la plus sévère
condamnation de ce pauvre pays. L'oubli le plus souvent
est juste à sa manière. Une grande civilisation a toujours
de grands historiens. « Il y a eu des braves avant Aga-
memnon, et pourtant tous, à jamais écrasés par la nuit,
dormiront sans qu'on les pleure, car ils n'ont pas eu
de poëte sacré[1]. » C'est ce poëte sacré qui a manqué aux
grands hommes de l'Égypte, et, s'il leur a manqué, ce fut
leur faute. Il leur a manqué, car eux-mêmes n'eurent
pas cette haute originalité qui transporte un siècle, s'im-
prime en la mémoire des hommes, commande le génie
à l'artiste, à l'écrivain, s'impose à l'avenir, triomphe
de la mort. Les grands hommes de la Grèce ont eu des
poëtes et des historiens immortels, car ils appartenaient
à un monde noble, fier, léger, distingué, aristocratique
dans le vrai sens du mot. Là, tout était du même ordre.
Miltiade, Thémistocle, Cimon, Périclès, procédaient du
même souffle divin qu'Eschyle, Hérodote, Thucydide,
Phidias. Socrate trouvait Xénophon pour l'écouter, Platon pour l'idéaliser, Aristophane pour le railler. En
Grèce, le poëte et l'historien font le grand homme;
mais le grand homme, de son côté, fait le poëte et l'historien. Il n'en est pas de même en Égypte. Dans cette
triste vallée d'éternel esclavage, on dura des milliers
d'années, on cultiva son champ, on fut bon fonctionnaire,
on porta sa pierre sur son dos, on vécut fort bien sans
gloire. Un même niveau de médiocrité intellectuelle et
morale pesa sur tous. Voilà la cause qui a produit ce
phénomène de persistance extraordinaire dont les his-

1. *Caret quia vate sacro.* Horace.

toires grecques, romaines, germaniques, modernes, nous
laissent à peine concevoir la possibilité.

Et c'est ici que s'offre à nous un rapprochement qui,
depuis que je suis en ce pays, m'obsède et m'apparaît
chaque jour plus frappant : je veux parler des rapports
entre la civilisation égyptienne et la civilisation chinoise.
L'Égypte et la Chine sont vraiment deux sœurs en histoire,
non en ce sens qu'il faille chercher entre elles aucune
analogie de langue ni de race, mais en ce sens qu'elles
ont suivi des lignes de développement parallèles. De part
et d'autre, l'usage de l'écriture, d'abord idéographique,
puis hiéroglyphique, se perd dans la nuit des temps
et se rattache presque aux origines de la parole. Une
conséquence de ce fait capital fut, des deux côtés, une
historiographie très-riche, remontant, non par des fables,
mais par des récits positifs, à une haute antiquité, — des
annales en un mot infiniment mieux tenues que celles
d'aucune autre race. De part et d'autre encore, nous
trouvons une royauté de sages, sans aucun caractère
féodal ou militaire, une société gouvernée par une sorte
d'académie des sciences morales et politiques, une nuée
de fonctionnaires, une administration très-développée,
une notion fort limitée des droits de l'individu, une idée
énormément exagérée des droits de l'État, un grand bon
sens, une certaine douceur de mœurs, moins de sang
répandu que dans toutes les vieilles histoires; avec cela
nulle science, nulle philosophie, nulle critique, nul progrès.
— règne absolu de la médiocrité. Le principe de telles
sociétés, en effet, n'était pas l'individu énergique, libre,
violent, mais l'État personnifié dans le roi. Le roi n'est
point ici, comme au moyen âge, le représentant d'une

conquête; il est censé l'homme le plus sage de son royaume.
A ce titre, il s'occupe de tout, règle tout. L'absence d'esprit militaire enlevait à ce pouvoir tout contre-poids. La
vitrine qui surprend le plus au musée de Boulaq est
celle des armes. Elles sont de la onzième dynastie, trouvées à Thèbes, et toutes en bois. Grâce à de telles institutions, l'Egypte était florissante, riche, savamment
organisée, quand les ancêtres des peuples indo-européens
et ceux des peuples sémitiques ne formaient qu'un petit
nombre de familles pastorales errant dans les steppes de
la Tartarie et vivant à peu près comme les Kirghiz d'aujourd'hui, c'est-à-dire sans rien de ce que nous appelons
civilisation, dans une indépendance absolue, n'ayant d'autre gouvernement que celui de la famille et de la tribu,
pleins d'une fierté indomptable, animés d'un profond
sentiment de l'infini. Deux mille cinq cents ans avant
Jésus-Christ, quand les pasteurs représentés dans les
grottes de Beni-Hassan vinrent demander l'hospitalité aux
gouverneurs de l'Egypte, ceux-ci sourirent probablement
de la simplicité de ces bonnes gens. Les Beni-Israël (1800
ou 1900 ans avant Jésus-Christ), les Hyksos, phéniciens
et arabes, vers le même temps, sont traités de barbares.
Quelques siècles après, pendant que les Touthmès, les
Aménophis, les Séthi, les Ramsès, couvrent leurs pylônes
d'images orgueilleuses, certes, s'ils avaient pu connaître
les pauvres tribus d'origine hyperboréenne qui chantaient
les Védas sur les bords du haut Indus, la tribu énergique
et passionnée qui, bien plus près d'eux, courait les aventures héroïques à la suite de Barak et de Débora, ils auraient eu peine à croire qu'à ces misérables poignées de
nomades appartenait l'avenir. Cela était vrai cependant.

Au vii⁰ siècle, l'Égypte, désorganisée, ne reprend un peu d'ordre que grâce à une bande de mercenaires grecs jetés par hasard sur ses côtes et enrôlés par Psammétique. En 528, il suffit de l'apparition d'une armée achéménide pour l'abattre; Alexandre et ses successeurs inaugurent définitivement pour elle ce long régime de servitude qui ne finira plus.

Voilà la signification de l'Égypte dans le développement de l'humanité. Elle forme à elle seule le premier livre de toute philosophie de l'histoire. Sans doute elle ne fut pas, à ces époques reculées, un phénomène aussi unique qu'elle le paraît. La Chine, Babylone, eurent de très-bonne heure de grandes monarchies administratives; mais on n'osera parler avec assurance de la chronologie chinoise que quand les principes de la critique moderne y auront été appliqués : il y faudrait un sinologue qui fût à la fois un Wolf et un Mommsen. Ce que nous savons de Babylone et de l'Assyrie ne remonte pas à beaucoup près aussi haut que ce qu'il nous est donné de connaître de l'Égypte; l'archéologie et la philologie assyriennes sont d'ailleurs bien moins avancées que l'égyptologie. L'Égypte reste donc, dans l'antiquité, comme un grand tronçon historique isolé, comme une sorte de Nil sans affluents, sans bassin, sans vallées adjacentes, coulant seul au milieu du désert. Essentiellement original, surtout par ce qui lui manqua, ce premier essai de société constitue une expérience d'un prix sans égal. Ah! quand aurons-nous aussi une Chine étudiée philosophiquement? Comment l'Allemagne, qui semble prendre pour elle presque tout le fardeau du travail de la critique, ne donne-t-elle point à cette branche capitale de la philologie une escouade

de vaillants travailleurs, comme elle en fournit à toutes
les autres branches du savoir humain?

Ce que nous avons dit de l'état d'isolement où vécut
l'Égypte depuis Ménès jusqu'au triomphe du christianisme
signifie-t-il que, durant cet immense espace de temps, elle
n'ait rien donné au reste du monde, ni rien reçu de lui?
Nullement. Dans sa longue carrière de nation, l'Égypte
reçut peu, il est vrai, mais donna beaucoup. C'est le sort
de tous les pays profondément pénétrés de l'idée de leur
supériorité. La base de la civilisation égyptienne, comme
celle de la civilisation chinoise, était l'opinion enracinée
que le reste du monde était barbare, ou, en d'autres termes, qu'on était barbare quand on n'avait pas les manières et les idées regardées dans le pays comme celles
d'un homme bien élevé. Ces sortes de civilisations exclusives ne supportent pas d'être touchées. Elles résistent
longtemps; elles croulent dès qu'on veut les réformer.
L'Égypte en particulier se défendit avec une opiniâtreté
sans égale. Les Grecs et les Romains, si forts à s'imposer,
les premiers par la séduction de leur génie, les autres par
la puissance de leur gouvernement, ne l'entamèrent pas.
Sous les Ptolémées, sous les Romains, l'Égypte garda son
style en architecture et en sculpture. Hors d'Alexandrie,
il n'y eut guère de monuments grecs ou gréco-romains.
L'écriture hiéroglyphique se conserva jusqu'au IIIe siècle
de notre ère; du moins le dernier cartouche d'empereur
que l'on connaisse est celui de Dèce.

Mais, si l'Égypte fit peu d'emprunts aux civilisations
étrangères, on ne peut nier que ces civilisations, à l'inverse, ne lui doivent des éléments considérables. La Phé-
nicie, je l'ai établi par mes recherches, fut, dès la haute

antiquité, sous la dépendance de la civilisation égyptienne.
Les Hébreux, qui ont donné au monde leur religion, ont
beaucoup pris à l'Egypte en fait de matériel religieux.
L'arche est sûrement une chose égyptienne. Presque tous
les temples égyptiens de l'époque classique en présentent
l'image gravée sur leurs pylônes; le temple de Chons, à
Thèbes, en possédait une des plus célèbres, qui fit des
voyages lointains. Ces arches portatives sont ombragées,
comme l'arche des Hébreux, par des sphinx (*cherub*) aux
ailes repliées en avant. — Le temple de Salomon était,
quant à ses traits essentiels, un temple égyptien. — Et
la grande idée monothéiste, que le peuple juif a la gloire
d'avoir prêchée et répandue dans le monde entier? Autrefois je la regardais comme l'apanage propre du Sémite
nomade. Je n'abandonne pas cette idée, que je crois fondamentale dans l'étude comparée des religions, car, en
supposant que d'autres peuples aient eu la même doctrine,
ce ne sont pas eux qui l'ont fait triompher; ce n'est pas
leur monothéisme que le monde a adopté, c'est le monothéisme sémitique, prêché par des juifs, des chrétiens ou
des musulmans. Une idée du même genre cependant ne
se cachait-elle pas au fond de ces temples sans images,
sans idoles, comme celui que M. Mariette a découvert
près des Pyramides? Je ne sais. — Certes, l'Egypte n'est
pas le pays du rationalisme; il n'y faut chercher rien
d'analogue à la philosophie des Grecs : mais elle eut un
puissant génie religieux. Après la religion juive et le
christianisme, la religion égyptienne, avec son Osiris
rédempteur, fut celle qui fit dans le monde antique, à
l'époque romaine, le plus de prosélytes. Elle n'était plus
à cette date qu'un amas de superstitions, un polythéisme

intéressé, bassement populaire, presque grotesque, une
religion de vœux, de pèlerinages, de guérisons miracu-
leuses. Mais que fut-elle à l'origine? Je comprends
très-bien le principe de la religion aryenne, religion toute
de poésie, naturalisme profond, touchant, plein d'une
haute moralité; je crois bien comprendre le principe de
la religion des Sémites nomades, telle que le livre de Job
nous la présente, telle que le musulman de race arabe la
pratique encore de nos jours; je comprends même jusqu'à un certain point ces cultes bizarres de Babylone et
de la Syrie, cultes non sémitiques, encore moins aryens,
répondant à des sensations d'un ordre à part : l'idée première de la religion égyptienne m'échappe. Peut-être ici
encore l'analogie avec la Chine se retrouverait-elle. Une
hypothèse qui satisferait, après tout, à la plupart des données qu'on a pu réunir sur le culte primitif de l'Egypte
serait d'y voir une sorte de religion naturelle, s'exprimant
en symboles, qui très-vite auraient été pris pour des réalités. Cette marche, je le sais, ne s'aperçoit pas chez les
peuples sémitiques, lesquels ont toujours eu en horreur
les symboles sculptés. Chez les Aryens, ce n'est nullement
le déisme qu'il faut placer à l'origine; mais l'esprit
humain a des variétés infinies : il n'y a pas deux points
de l'espace et de la durée où il ait agi de la même manière. La Chine a bien débuté par où les autres peuples
finissent, par des aphorismes de moralistes et une pleine
indifférence pour toute croyance surnaturelle. Il ne faut
jamais dire *a priori* qu'une combinaison est impossible
en histoire. C'est vraiment dans le sein de l'humanité que
tous les possibles ont existé ou existeront. Les races
plates, comme l'Egypte, la Chine, bien que très-inférieures

aux races idéalistes, les ont devancées en bien des choses et sont parfois arrivées du premier bond aux résultats qui chez ces dernières ont été le fruit lent de la maturité ou de la décrépitude.

Et la Grèce, cette mère glorieuse de toute vraie civilisation, de toute science, de tout art, de toute philosophie, de toute éloquence, de toute vie noble, ne dut-elle pas quelque chose à l'Égypte ? Elle lui devrait beaucoup, s'il fallait en croire les assertions des Grecs eux-mêmes ; mais, chose étrange, les Grecs sont en pareille matière ceux qui doivent être le moins écoutés. Les Grecs, comme toutes les races fines, spirituelles, dégagées de préjugés, admiraient beaucoup les civilisations étrangères et volontiers les préféraient à la leur. Pendant que l'Égyptien borné s'imaginait, comme le mandarin chinois, que le cercle étroit où régnaient ses habitudes d'éducation était la limite du monde, les Grecs, guidés en ceci par une vue juste de l'antiquité de la monarchie des bords du Nil, aimaient à s'attribuer une origine égyptienne, et trouvaient en cette origine prétendue un titre de noblesse. Ne voyons-nous pas de même l'Anglais, à l'esprit lourd, étroit et absolu, n'admirer que l'Angleterre, ne parler que de l'Angleterre, tandis que le Français, libre de préjugés, ouvert à toutes les idées, passe sa vie à critiquer son pays, à simuler l'anglomanie ? Le fait est que, ni dans les découvertes de la philologie comparée, ni dans les renseignements positifs fournis par l'égyptologie, rien n'est venu donner une ombre de vraisemblance à ces colonies égyptiennes rattachées aux noms fabuleux d'Inachus, de Cécrops, de Danaüs. C'est à une époque relativement moderne, à l'époque de la dynastie saïte (665-

5

527 avant Jésus-Christ[1]), que la Grèce commence à faire
des emprunts à l'Égypte. Ces emprunts, à ce qu'il semble,
portèrent principalement sur l'art de bâtir. Bien certainement les ancêtres des Grecs, quand ils arrivèrent sur
les bords de la mer Égée, ne construisaient pas de temples. L'idée d'élever une maison aux dieux n'est nullement aryenne. Le temple aryen, c'est le *temenos*, l'enclos
en plein air, le bois sacré. Les Sémites nomades prati-
quaient aussi leur culte au milieu de la libre nature, à
la face du ciel. L'idée de loger la Divinité suppose ou
une imagerie religieuse déjà fort développée, ou un culte
fixé et devenu traditionnel depuis des siècles. Cette idée,
nous la voyons naître avec une naïveté charmante chez
les Hébreux, quand ils commencent à s'asseoir d'une manière durable, 1,000 ans environ avant Jésus-Christ.
« Quoi, dit David, je suis logé dans un palais de cèdre,
et Jéhovah n'a qu'une tente! » De là le temple de Jérusalem. L'idée analogue naquit-elle chez les Grecs spontanément ou par une influence étrangère? Je l'ignore; mais
ce qui me paraît probable, c'est que, dans le choix des
modèles, ils s'adressèrent à l'Égypte. Plusieurs des données matérielles du temple grec me semblent avoir été
empruntées au temple égyptien. Le naos, de part et d'autre, est la partie génératrice de l'ensemble. Le pronaos,
parfois même le péristyle, sont conçus des deux côtés de
la même manière. La colonne égyptienne et la colonne
grecque, avec leur fût diversement calibré, leur chapiteau

1. Saïs est, en effet, donnée comme le point de départ de la colonie de Cécrops, et mise en rapport direct avec Athènes. — Voyez le
Timée et ce qu'Hérodote dit des propylées de Saïs.
2. *Templum* est le même mot que *temenos*. Selon moi, le *nemet*
celtique a la même origine.

aux formes végétales, leur polychromie, partent du même
type organique, en opposition avec la raideur du pilier.
Les cariatides et les Atlas ou Télamons de la Grèce, de
la Sicile, de l'Italie, font penser aux colosses osiriens de
l'Égypte; mais ce qui est bien plus frappant, c'est l'ordre
d'architecture égyptienne que Champollion nomma « pro-
todorique », et dont le modèle le plus parfait se voit aux
grottes sépulcrales de Beni-Hassan (2,500 ans avant Jésus-Christ). Le galbe général, la cannelure, le chapiteau,
l'architrave, les mutules, rappellent tout à fait le dorique
grec. Certes ce n'est pas à des monuments aussi secondaires
que ceux de Beni-Hassan que les Grecs firent un emprunt
aussi important; mais l'ordre dont nous parlons eut en
Égypte une grande extension. Memphis et Saïs étaient
probablement bâties en ce style. Là peut-être les Grecs
en virent des spécimens et en comprirent la solide beauté.
Sous le rapport du goût, du sentiment de la proportion
et de l'harmonie, de la perfection exquise de l'exécution,
les Grecs gardent une immense supériorité; emprunter de
la sorte, c'est vraiment créer. Cependant il est certain qu'en
ce qui concerne les règles essentielles de l'architecture,
ils furent devancés; à vrai dire, cet art est de telle nature, que, les principes en étant une fois trouvés, on ne
les réinvente plus.

Il en fut de même pour l'industrie. J'ai sous les yeux
des objets d'albâtre datés de la sixième dynastie. Ce
sont des petits chefs-d'œuvre, égalant les meilleurs produits de l'art chinois. Les Grecs atteindront à peine une
telle perfection. Ces grands maîtres de l'idéalisme seront
des industriels de second ordre. Le génie et l'habileté de
main sont choses si diverses!

Et quand on songe que cette civilisation, vieille au moins de six mille cinq cents ans, n'a pas d'enfance connue, que cet art, dont il reste d'innombrables monuments, n'a pas d'époque archaïque, que l'Égypte de Chéops et de Chéphren est supérieure en un sens à tout ce qui a suivi, on est pris de vertige. On se demande si la race qui a peuplé l'Égypte n'était pas déjà complétement civilisée quand elle entra dans la vallée du Nil, ou si toutes les lois qui président d'ordinaire aux origines ne sont pas ici renversées. A vrai dire, j'incline à croire que tout cela naquit sans beaucoup de tâtonnement. Ce qui est médiocre est ce qu'on trouve tout d'abord. Les statues de « l'ancien empire » sont infiniment supérieures pour le savoir-faire à celles de l'art grec primitif, et cependant l'essai le moins réussi des vieilles écoles grecques a bien plus de valeur aux yeux de l'artiste que ces chefs-d'œuvre d'habileté pratique. Les peintures des tombeaux de Sakkara indiquent moins d'inexpérience que celles de Giotto ; auprès d'aussi fins ouvriers, ce grand homme n'était qu'un maladroit. Et pourtant quelle différence d'avenir! D'un côté, le réalisme infécond ; de l'autre, l'aspiration invincible vers l'idéal. La Grèce n'a pas reculé parfois devant la représentation des scènes ordinaires de la vie ; témoin cette frise occidentale du Parthénon, où l'on voit les scènes les plus naïves, un homme passant sa tunique, un cheval chassant les mouches qui le piquent. Cela ne porte nulle atteinte à la noblesse du style. Ces Athéniens qui se préparent à la fête, en quelque sorte derrière la coulisse, ont plus de vraie majesté que le mieux drapé des empereurs romains. L'ensemble de la représentation est conçu d'une façon si peu réelle

qu'à quelques pas de là les dieux et les êtres allégoriques
s'y mêlent. Pour l'artiste grec, le trait réaliste est destiné
à mieux faire ressortir l'idéal. L'artiste égyptien, au contraire, se complaît dans les scènes communes, représentées d'une façon commune. Content de son ouvrage, il
ne rêve rien de plus ; il est satisfait à la façon des hommes vulgaires que ne tourmente pas la soif du divin. On
ne sent pas en lui ce désespoir de ne pouvoir mieux faire,
cette espèce d'effort pénible, qui ne laisse point de repos
à l'artiste grec archaïque, à l'artiste italien du xiii° et du
xiv° siècle. Ces étonnantes statues de Sakkara sont impossibles à améliorer, car le problème de l'art y est mal
abordé. Fourvoyé dans l'impasse du médiocre, cet art,
durant des siècles, se répétera indéfiniment, sculptera
des kilomètres de surfaces lisses, couvrira d'images des
fûts de colonnes innombrables, et cela sans progrès, sans
luttes d'écoles, sans arriver au parfait. Et pourquoi y arriver ? Le roi, le prêtre, de qui vient la commande, ne
font pas la distinction de ce qui est passable ou exquis.
Une grande partie de ces ouvrages ne sera jamais sérieusement regardée[1]. Rien ici d'analogue à ce merveilleux
public grec, à cette *agora* d'Athènes, où l'artiste trouvait
ce qu'il lui faut pour l'encourager et le guider, l'admiration des uns, la raillerie des autres, l'émulation de ses
rivaux, la rage de bien faire, un peuple possédé tout entier de la sainte fièvre du beau. Oui, la Grèce a inventé
l'art comme elle a inventé la science. On sculptait, on

---

1. On a découvert à Denderah et ailleurs des hypogées dont l'entrée était complètement dissimulée, où personne par conséquent ne
devait ni ne pouvait entrer. Ces hypogées sont sculptées avec le
même soin que les parties exposées aux regards.

bâtissait, on faisait de la géométrie pratique quatre mille
ans avant elle. Seule néanmoins, elle a eu un Phidias, un
Archimède; seule, elle mérite d'être appelée la terre des
nobles origines. Une exception doit être faite pour la religion. Notre religion vient de Jérusalem, non d'Athènes.
Pour tout le reste, la Grèce a tracé le contour vrai de l'esprit humain, contour susceptible d'être indéfiniment élargi,
mais parfait en ses proportions. — Notre médecine, notre
physique, notre astronomie sont supérieures à la médecine, à la physique, à l'astronomie des Grecs; mais elles
n'en sont que la continuation. — Notre art n'est qu'une
tentative, d'avance condamnée à l'infériorité, pour renouveler en un monde laid et bourgeois ce que la Grèce
fit un jour, sous l'influence d'un rayon de grâce divine,
en un monde jeune, noble et beau. Quant à la philosophie, elle est à la fois science et art. En tant que science,
nous l'avons fort développée; mais l'art exquis de jouer
de la lyre sur les fibres les plus intimes de l'âme, de poser sans les résoudre les problèmes de l'ordre transcendant, — la philosophie, dis-je, entendue comme la
musique sacrée des âmes pensantes, quel chef-d'œuvre
produira-t-elle jamais comparable aux dialogues qu'ont
entendus les jardins de l'Académie et les bords de l'Ilissus?

Revenons à l'antiquité égyptienne. Elle est en d'excellentes mains. M. Mariette a vraiment fondé la plus grande
entreprise scientifique de notre siècle. Il la dirige avec
un jugement sûr et une fermeté inflexible, sans faire
aucune concession à la frivolité des gens du monde,
à la sottise du public, à cette vaine recherche des objets
de musée qui fait dégénérer la science en un chétif amusement. Jamais on ne fut plus loin de l'archéologie de

brie-à-brac, des petites manies du curieux. M. Mariette
emploie des mois, occupe des centaines d'ouvriers pour
trouver une stèle, dont les savants seuls peuvent comprendre l'importance. A peine se détourne-t-il pour recueillir ces objets d'apparat dont le badaud s'émerveille.
Il s'est imposé surtout pour loi absolue de ne jamais
enrichir son musée aux dépens des monuments. Tandis
que la collection égyptienne de Berlin, par exemple,
a été formée en portant la scie et la hache dans de
précieux monuments qui n'offrent plus, depuis le passage
de M. Lepsius, que l'aspect de la destruction, l'inappréciable musée du Caire n'a pas amené la démolition d'un
seul édicule. On s'est borné à prendre les objets détachés
et qu'on ne pouvait songer à laisser sur place. Il faut
louer hautement le gouvernement égyptien de la droiture d'esprit dont il a fait preuve en tout cela. Non-
seulement Saïd-Pacha et son successeur Ismaïl-Pacha ont
compris qu'en un pays comme l'Egypte le service des
antiquités doit compter au nombre des premiers services
publics; mais, avec une intelligence dont peu de gouvernements européens se seraient montrés capables, ils
n'ont pas cherché une seule fois à faire dévier M. Mariette
de sa grande ligne sérieuse pour lui demander de ces
choses voyantes ou puériles qui captivent l'admiration des
gens peu éclairés. Les gouvernements qui veulent bien
patronner la science ne font rien, si en même temps ils
ne la laissent libre de suivre ses directions, ne lui deman-
dant autre chose que la solide gloire qu'elle sait conférer.

Les difficultés contre lesquelles M. Mariette a dû lutter
pour arriver à ces résultats sont inouïes. Depuis plus d'un
demi-siècle, les antiquités égyptiennes étaient au pillage.

Ce qui a été détruit en ce laps de temps est incalculable.
Les pourvoyeurs de musées ont couru le pays en vrais
vandales; pour obtenir un lambeau de tête, un fragment
d'inscription, on a réduit en morceaux de précieux
monuments. Presque tous revêtus d'un titre consulaire,
ces avides destructeurs ont traité l'Égypte comme leur
propriété. Plus d'une fois M. Mariette s'est vu arrêté dans
ses fouilles par des gens qui sont venus alléguer des priviléges ou des droits prétendus sur les objets à découvrir
en tel ou tel endroit. Cependant le pire ennemi des antiquités égyptiennes, c'est encore le voyageur anglais ou
américain, systématiquement protégé dans tous ses méfaits
par son consul. Les noms de ces idiots iront à la postérité, car ils ont pris soin de les écrire eux-mêmes, sur les
monuments célèbres, en travers des dessins les plus délicats.
C'est ainsi que les peintures inappréciables des grottes
de Beni-Hassan ont presque disparu. Les plus beaux
tombeaux de Biban-el-Molouk sont odieusement lacérés.
Un endroit inappréciable des sculptures de Deir-el-Bahari
(à Thèbes) fut volé quelques jours après que M. Mariette
venait de le rendre au jour. On a proclamé le sage principe que les antiquités sont la propriété du gouvernement;
des surveillances consciencieuses sont établies; mais que
faire contre un brutal étranger, qui arrive se moquant
de toute loi, ne tient aucun compte du gardien, brûle
la porte du monument, s'il y en a une, casse tout à son
aise, et, si le gardien ose le toucher, se plaint à son
consul, qui fait bâtonner le pauvre homme? Les capitulations sont ainsi faites que de tels abus ne peuvent
guère être réprimés.

Les destructions cependant se sont bien ralenties depuis

quelques années. Ce qui le prouve, c'est que les gens
du pays qui vivaient en servant la sotte curiosité des
voyageurs se sont rabattus sur la fabrication des fausses
antiquités. Nous avons vu un de ces établissements, et
nous étions tentés de l'encourager. Ces objets apocryphes
en effet, suffisants pour satisfaire le touriste, ne sont pas
de nature à induire en erreur la science sérieuse. La
vente des morceaux authentiques s'est presque arrêtée;
mais, hélas! je vois poindre pour cette antiquité, venue
jusqu'à nous par miracle, des dangers mille fois plus
terribles. Les prodigieux monuments de la haute Égypte
disparaîtront à leur tour, et peut-être le jour de leur
destruction n'est pas bien éloigné.

Ce qui en effet a valu à la haute Égypte une situation privilégiée pour la conservation des monuments de
l'antiquité, c'est l'état de mort et d'isolement où elle fut
placée depuis son adjonction aux grands empires romain.
byzantin, musulman, turc. Cette longue bande verte,
parfois de quelques mètres de largeur, s'étendant au bord
du Nil, jouit, grâce à la protection des grands empires,
d'une paix absolue. Toute la vie se concentra dans la
basse Égypte. Alexandrie dévora Saïs; les immenses constructions du Caire furent fatales à Memphis, à Héliopolis;
au delà, tout mouvement disparut. Les croisades, qui
firent en Syrie une si grande destruction des monuments
anciens, ne pénétrèrent pas en Égypte; on n'y bâtit pas
de ces forteresses colossales qui ont été le tombeau de
l'antiquité; il ne s'y éleva pas de grandes villes. Or on
ne déplace et on ne débite de grands matériaux antiques
que pour s'en servir. Les révolutions, les guerres, les
sièges, l'action du climat, auxquels on a coutume d'at-

tribuer la démolition des monuments, y contribuent assez
peu. Le climat compte à peine. Combiné avec la mauvaise qualité de la pierre, il peut bien émousser les
inscriptions, détruire la délicatesse des ornements; mais
il faut des circonstances bien particulières pour qu'il mine
une grande construction. La guerre n'atteint non plus que
la surface. Désunir les blocs d'un édifice, jeter à bas les
pierres du sommet, n'est pas le détruire au point de vue
de l'antiquaire. Un architecte, par une étude de quelques
heures, a bientôt réparé le tort causé par le plus farouche conquérant. Détruire un édifice, pour l'archéologie,
c'est en faire disparaître les matériaux. Or des pierres de
plusieurs mètres de long se font respecter. Jamais il ne
s'est trouvé d'armée conquérante qui, au lendemain de
la victoire, se soit donné de gaieté de cœur le plaisir de
charrier ou de dépecer de tels blocs. Il en faut dire autant des Révolutions. Les révolutions ont rarement le temps
de détruire les édifices; on a durant ces mois de fièvre
bien autre chose à faire. Les destructions qu'on met sur le
compte de la révolution française en particulier ont eu lieu
sous l'Empire, ou même sous la Restauration, quand l'industrie et la prospérité publique commencèrent à renaître.

Une seule cause, à vrai dire, détruit les monuments
anciens : c'est le mouvement qui, après la ruine d'une
civilisation, développe sur le même sol une autre civilisation exigeant de nouvelles constructions. Les pays où
l'antiquité s'est le mieux conservée, par exemple le Hauran,
la Pérée, Palmyre, la région de Lambèse, en Algérie,
sont les pays occupés par des tribus qui vivent sous la
tente, en d'autres termes ceux où, depuis la ruine de la
civilisation antique, on n'a point bâti. Ce qui a fait dis-

paraître tant de belles églises romanes ou gothiques, c'est l'usine qui, dans les premières années de ce siècle, s'est établie dans le voisinage. Ce qui, à l'heure présente, fait abattre dans les villes de province tant de beaux remparts antiques, c'est le conseil municipal, qui veut ce qu'on appelle dans le jargon moderne « un boulevard ». En ce qui concerne l'Égypte, l'activité extraordinaire qui s'y est développée depuis Méhémet-Ali a plus détruit de monuments en un quart de siècle que les Perses, les Grecs, les Romains, les chrétiens, les musulmans réunis. Les sucreries, les usines à vapeur, les palais ont dévoré plus de dix temples. Un ingénieur conseilla la destruction de la grande pyramide à Méhémet-Ali. Cela est triste à dire; mais cette gigantesque construction, le miracle de la force humaine en ce monde, est plus sérieusement menacée qu'elle ne l'a jamais été. Qu'un moment l'Europe savante cesse de peser de son autorité morale pour la garde de tels trésors, et cette masse de belles pierres taillées sera exploitée comme une carrière pour la construction de digues, de ponts, de barrages! L'œuvre de Chéops court aujourd'hui les plus grands dangers qu'elle ait traversés depuis six mille ans.

Pour moi, j'estime au nombre de mes grandes jouissances d'avoir contemplé ce monde étrange, peu attrayant, si l'on veut, mais saisissant au plus haut degré, et d'avoir eu pour guide, en ce voyage chez les plus vieux d'entre les morts, celui qui a ouvert l'accès de leurs tombeaux.

VINGT JOURS EN SICILE.

LE CONGRÈS DE PALERME.

AU DIRECTEUR DE LA *REVUE DES DEUX MONDES*.

Ischia, 20 septembre 1875.

Cher monsieur,

Vous m'avez demandé de vous dire quelque chose du congrès de Palerme, où nous avons trouvé tant de sympathie, et du voyage de Sicile qui a suivi. Dans le séjour tranquille d'Ischia, et à la distance de quelques jours, ce rapide voyage nous apparaît comme un songe. Tant de monuments, tant de souvenirs, tant de vie, tant de passion se sont déroulés devant nous, que par moments nous croyons rêver d'un autre monde. En vingt jours, nous avons fait ce qui, dans d'autres conditions, eût exigé des mois. Nous l'avons fait surtout en renonçant au sommeil. Maintenant que nous avons reposé paisiblement, nous craignons, en rappelant ces images d'une course féerique, d'être dupes d'une illusion.

La lettre de mon confrère et ami M. Amari, qui m'invitait au congrès de Palerme, me surprit juste au moment où je pensais revoir ces mers méridionales, que je me figure toujours comme des sources de jeunesse et de vie. Ce mauvais été s'était montré pour moi plein de traîtrises. Il m'avait rendu des douleurs que je croyais endormies; pour la première fois je pensais à la vieillesse, je me plaignais qu'elle fût prématurée, tout en reconnaissant que, mon œuvre essentielle étant à peu près achevée, je devais me mettre au nombre des privilégiés du sort. Comme protestation contre une infirmité précoce, je songeais à un grand voyage, le dernier sans doute.

Extremum hunc, Arethusa, mihi concede laborem,

disais-je, et voici qu'Aréthuse elle-même venait m'inviter à visiter son beau rivage. J'acceptai, et, le 24 août, je m'embarquai à Gênes pour Palerme avec deux jeunes amis, M. Gaston Paris et le marquis Joseph de Laborde, dont les fraîches sensations me rappelaient celles que j'éprouvai il y a vingt-six ans en touchant pour la première fois la terre d'Italie.

I

La vue de la Sicile, à la hauteur de Palerme, nous frappa d'admiration. Ce n'est ni la Syrie ni la Grèce; c'est plutôt l'Afrique, quelque chose de torride et de gigantesque, donnant l'idée de l'indomptable et de l'inaccessible. Quand on entre dans la baie, la scène change.

Bornée à ses deux extrémités, d'un côté par le mont
Pellegrino, de l'autre par le mont Catalfano, comme la
baie de Naples l'est par Ischia et Caprée, la baie de Palerme le cède à cette dernière pour la grandeur et la
variété ; mais elle a une simplicité de lignes qui charme.
A droite et à gauche, deux redoutables masses arides,
terminant une sorte de ligne d'or, formée par des constructions éblouissantes ; — derrière la ville, une précinc-
tion de verdure et de végétation tout égyptienne ; — à
l'horizon, les plus arides sommets que j'aie vus depuis
l'Antiliban, voilà Palerme. La ceinture de jardins doit sa
vie à de nombreuses sources qui sortent du pied de la
montagne. Des hauteurs de Montréal, on dirait la *Ghouta*
de Damas ; seulement, les ruisseaux étant cachés sous les
arbres, rien ne rappelle ces innombrables petits filets d'argent qui sillonnent la plaine de Damas et qui, vus de la
coupole de Tamerlan, font un effet qu'on n'oublie pas. Ce
qui caractérise Palerme, c'est la gaieté et la vie. Les rues,
avec leurs balcons avancés et les saillies que forment les
accessoires des fenêtres, sont d'un effet très-agréable. Le
soir, vers huit ou neuf heures, le mouvement des grandes
voies est plein de caractère. Une population éveillée, atten-
tive, curieuse, connaissant ses étrangers par leur nom au
bout d'un jour ou deux, s'y presse, et, grâce à une pro-
fusion d'éclairage, stationne à certains endroits comme en
un salon. Dans les constructions modernes, le mauvais
goût espagnol a laissé trop souvent son empreinte ; mais
les restes de l'art arabe et sículo-normand émergent à
chaque pas comme de véritables bijoux semés au milieu
de ce mauvais goût. La cathédrale, certaines parties du
palais royal, les palais Chiaramonti et Sclafani, la Catena,

la Martorana, Saint-Jean-des-Ermites, la Couba, la Ziza, sont des ouvrages qui ne ressemblent à rien de ce que l'on voit ailleurs.

Palerme en effet, en y joignant Montréal, Cefalù et, si l'on veut, Messine, bien que l'ancien caractère des monuments de cette dernière ville soit un peu effacé, forme un chapitre à part dans l'histoire de l'art. Une combinaison sans exemple hors de la Sicile s'est produite ici. Les Arabes, durant leur domination prospère dans la partie occidentale de l'île, y avaient introduit leur charmante manière de bâtir; dans l'est cependant, la domination byzantine continuait. Quand les chefs normands firent la conquête de l'île, la population arabe continua ses habitudes, ses pratiques, ses arts. Quand les Roger et les Guillaume voulurent se bâtir des palais, des maisons de plaisance, des chapelles, des abbayes, ils eurent recours aux architectes et aux maçons arabes, qui, naturellement, leur firent ce qu'ils savaient faire. Les décorateurs byzantins brochèrent sur le tout. Enfin le clergé normand semble avoir exercé une influence décisive. Les conquérants normands n'avaient pas de maçons avec eux, mais ils avaient des clercs. Ceux-ci voulaient des églises conformes au style qu'ils connaissaient et imposaient plus ou moins leur plan général. L'abbaye de Montréal, la cathédrale de Cefalù, c'est Saint-Étienne de Caen revêtu de mosaïques et traité dans le détail selon les habitudes arabes et byzantines. Ainsi, sous l'influence du grand, noble et conciliant esprit de cette dynastie, qui fut la maison vraiment nationale de la Sicile, se forma un art qui, à sa date (commencement du xiiᵉ siècle) fut le premier du monde. Comme nos rois capétiens, les rois normands de Sicile furent des personnages à demi ecclésiastiques, chefs puissants d'un clergé riche et dès lors patriote. Les images du roi normand couronné directement par Jésus-Christ ou le Père éternel sont prodiguées: sur le principal siége de chaque grande église, à droite du chœur, du côté de l'évangile, on lit en gros caractères : *Sedes regis*. La conquête normande eut ici son effet ordinaire, qui était de réunir, en vue d'un but commun et national, sous la main de vigoureux chefs, bientôt identifiés avec le peuple conquis, toutes les forces vives, tous les éléments du pays. En Sicile, ces éléments étaient prodigieusement divers. C'était, si j'ose le dire, une civilisation trilingue ; les inscriptions, où l'on se plaisait à faire figurer l'un à côté de l'autre le grec, l'arabe et le latin [1], étaient la plus parfaite image de ce monde mêlé et pourtant plein de vie et d'originalité.

Certes la période souabe fut brillante au plus haut degré. Palerme fut, durant quelques années, la capitale de l'Europe, le centre des grandes affaires ; mais la Sicile se trouva entraînée par les Hohenstaufen dans une querelle qui n'avait rien de national pour elle, la guerre de l'empire et de la papauté. Cette guerre du laïque et de l'Église, l'Italie sait la faire à sa manière ; mais sa manière n'est pas du tout la manière allemande. L'Allemagne procède par antipapes ; l'Italie soutire l'orage au lieu de l'amonceler. Elle n'a que faire d'antipapes, puisque son pape à elle est toujours le pape de Rome, le pape véritable. Les maladresses des Hohenstaufen n'eurent d'autre résultat que d'amener cette triste domination ultramontaine de la

1. On y joignait même quelquefois l'hébreu, à cause des juifs.

6

maison d'Anjou, aussi fâcheuse pour la France que pour
la Sicile et la papauté, et qui nous fit jouer pour la première fois dans le monde le rôle toujours gauche de
zouave pontifical.

Il ne faut jamais demander à l'art la raison des procédés
qu'il emploie pour produire son impression. Le monde
byzantin, le monde latin, le monde arabe, semblent trois
éléments inconciliables. La Sicile a su les mélanger dans
des monuments dont l'effet est charmant. La chapelle
Palatine et ce que l'on appelle la chambre de Roger doivent compter entre les perles du monde. Je ne m'ima-
ginais point pareille chose d'après ce que j'avais vu en
Orient : une chapelle bâtie sur le plan d'une mosquée,
avec un plafond décoré de pendentifs en forme de stalac-
tites et orné d'inscriptions coufiques, voilà ce que les
chrétiens d'Orient n'ont jamais osé ; ils auraient horreur
pour une église de motifs si purement musulmans. La
coupole de la chapelle Palatine est une merveille de grâce
et d'élégance de construction. C'est une petite mosquée
d'Omar ; comme dans cette dernière, les ordres grecs sont
employés avec un certain sentiment de leur valeur primitive. Et pourtant tout cela a été bâti en 1132 par Roger II.
— L'église Saint-Jean-des-Ermites, avec ses trois absides
et ses cinq petites coupoles hémisphériques, paraît de
même au premier coup d'œil une mosquée, et pourtant
elle a été bâtie pour église ; il ne peut exister aucun
doute à cet égard.

Que dire de la Martorana, ce petit chef-d'œuvre d'église
avec ses inscriptions arabes et grecques, si bizarrement
devenue une chapelle de religieuses, lesquelles, sans toucher beaucoup aux parties primitives, les ont appro-

priées à leurs usages au moyen d'additions du style le
plus prétentieux assurément, mais le plus réjouissant ?
La question des restaurations se pose ici dans toute sa
netteté. Faut-il supprimer ces petits joujoux de cuivre
et de marbre polychrome, dont les pauvres recluses
s'amusèrent ; ces belles grilles dorées qui leur permet-
taient de satisfaire leur curiosité sans rompre leur clô-
ture, et derrière lesquelles on croit voir se dessiner encore plus d'un joli visage voilé ; cette tribune ou plutôt ce
salon Pompadour où elles chantaient aux jours de fête ;
ces petits guichets où les mosaïques primitives se mêlent aux enfantillages du rococo le plus effréné ? Pour
moi, j'hésiterais à porter la main sur tout cela. Le ba-
roque est expressif à sa manière. L'histoire, qu'est-elle,
si ce n'est la plus ironique et la plus incongrue des
associations d'idées ? Tout a son prix comme souvenir.
Un monument doit être accepté comme le passé nous le
lègue ; il faut, autant que possible, l'empêcher de se détruire, voilà tout. On a bien dépassé cette mesure en
France ; sous prétexte de ramener les édifices à une
prétendue unité d'époque qu'ils n'eurent jamais, on a
détruit, réédifié, achevé, complété, et préparé ainsi les
malédictions des archéologues de l'avenir, dont la tâche
aura été rendue singulièrement difficile par ces indiscrètes
retouches. On commet parfois la même faute en Italie.
Sous prétexte de ramener les édifices à ce qu'ils furent
on est en train de supprimer le xviie et le xviiie siècle. Assurément ce furent des siècles de décadence pour l'art
italien. Les méfaits qui s'y commirent sur les édifices du
moyen âge ne peuvent être assez déplorés ; mais le mal est
fait. Si, en enlevant les bibelots de la Martorana, on pouvait

espérer retrouver des parties anciennes recouvertes, je
serais bien d'avis qu'on les enlevât; mais la disparition
de ces enfantillages ne nous rendra pas un atome de ce
qui est perdu. Laissez donc ce petit monument tel qu'il
est. Et puis le goût est si changeant! Qui peut se vanter
de le fixer? Le xviie siècle sabrait le moyen âge, sans se
douter qu'un jour cet art barbare, incorrect, souvent
sauvage, aurait son prix. On détruit maintenant le xvii^e
siècle comme fade et sans caractère. Qui sait quel sera
le goût de l'avenir, et si le xixe siècle ne sera pas traité
de vandale à son tour? Il n'y a qu'une manière sûre
pour n'être pas traité de vandale : c'est de ne rien détruire, c'est de laisser les monuments du passé tels qu'ils
sont. L'Italie, avec ses contrastes éloquents ou bizarres,
nous paraît si belle comme elle est, que nous ne voyons
pas sans crainte porter la main sur une partie quelconque
de ce décor merveilleux, même sur les parties mauvaises,
même sur le rococo.

La Ziza et la Couba furent longtemps tenues pour des
constructions de l'époque arabe. La similitude est parfaite, et on raconte qu'Abd-el-Kader, ayant visité ces
charmants édifices, se prit à pleurer au souvenir des
déchéances de sa race. Les inscriptions arabes, visibles
encore, quoiques mutilées, et commençant par la formule : « Au nom de Dieu, clément et miséricordieux, »
n'étaient-elles par la meilleure des preuves? Le premier,
M. Amari a lu ces inscriptions en entier, et que disent-
elles? Que Guillaume Ier et Guillaume II ont élevé ces
châteaux pour leur habitation et leurs plaisirs. Ici donc
encore les Arabes travaillèrent pour les Normands. Les
architectes firent comme Édrisi, qui écrivit en arabe pour

Roger son fameux traité de géographie, comme les poëtes qui faisaient des *kasida* arabes en l'honneur de leurs nouveaux maîtres.

A Montréal, à Cefalù, l'influence arabe est moins forte qu'à Palerme. L'abbaye de Montréal, la cathédrale de Cefalù, sont des églises romanes décorées à la byzantine. La mosaïque y flamboie dans toute sa splendeur. Qu'on se figure une de nos cathédrales historiée de bas en haut comme les pages d'une Bible resplendissante. L'exécution à Cefalù offre une perfection qu'on ne trouve pas ailleurs. A Montréal, quelques scènes bibliques, surtout celle de la création, sont représentées d'une façon entièrement neuve. Les portes de bronze de Montréal rappellent celles de Florence pour la grandeur et la naïveté; elles sont de 1186. Dans le cloître, chacun des chapiteaux sculptés voudrait une étude de plusieurs heures.

II.

Ces merveilles de l'art siculo-normand ayant leur centre à Palerme, nous pûmes les étudier à loisir, sans déserter les travaux du congrès. La visite que nous fîmes aux belles fouilles dirigées par le prince de Scalea et M. Cavallari dans l'ancienne ville phénicienne de Solonte ne nous empêcha pas non plus de donner à ces intéressantes discussions l'attention qu'elles méritaient. Les congrès de *scienziati*, établis vers 1840 par quelques savants patriotes et libéraux, entre lesquels on doit nommer le prince de Canino, jouèrent autrefois un grand rôle dans l'œuvre de l'unité et de l'indépendance de l'Italie. Le but en était alors, il faut bien le dire, plus politique que scientifique. Il s'agissait de donner aux hommes éclairés des différentes parties de l'Italie la facilité de se voir et de s'entendre. L'œuvre nationale une fois accomplie, on eût pu tenir pour superflues des réunions qui avaient servi de prétexte, à une époque de suspicion, pour préparer cette œuvre. On ne le fit pas, et l'on eut raison. On conserva comme un souvenir ces assemblées périodiques, devenues désormais moins importantes en un sens, et dans un autre plus sincères. Le congrès de Palerme a été digne de son titre et des savants italiens qui s'y sont trouvés réunis. Un parlement scientifique, dont faisaient partie le père Secchi, M. Blaserna, M. Canizzaro, M. Palmieri, M. Amari, M. Fiorelli, M. Imbriani, M. Conestabile, M. Raina, M. Salinas, M. Cusa, M. Pitré, ne pouvait manquer d'être fructueux. Le vénérable doyen de la philosophie italienne, M. Mamiani, présidait à tout avec sa haute tolérance, son esprit large et conciliant. La présence du prince Humbert et celle de M. Bonghi, ministre de l'instruction publique, contribuaient à une œuvre non moins utile que celle de la science, à une œuvre de bonne politique et de bonne administration.

Un des motifs, en effet, qui avaient porté à choisir Palerme pour siége du congrès national de la science italienne était une idée de concorde et d'apaisement. Depuis plusieurs années, la Sicile était froissée; elle se croyait délaissée du reste de l'Italie, prétendait ne pas avoir sa part dans la répartition des faveurs nationales. La loi d'exception récemment votée semblait présenter la province à laquelle elle s'appliquait comme un pays barbare et en dehors du droit commun. Or, comme tous les insulaires, les Siciliens sont très-patriotes, et, comme tous les patriotes, ils sont susceptibles. Le regret d'être peu visités, la persuasion qu'on n'attribuait pas à la Sicile dans le présent et dans le passé la place qu'elle mérite, leur avaient inspiré quelque chose du sentiment de l'enfant qui se prétend dans la famille moins aimé que les autres. Il ne fallait, pour faire tomber ces préventions parfois injustes, qu'un acte de courtoisie. Le congrès et surtout le voyage du prince Humbert guérirent toutes les meurtrissures. Ce mouvement, cet aliment à la curiosité, ces visites des principaux personnages de l'État, furent d'un effet excellent. Les provinces voisines de Palerme voulurent avoir leur part ; on leur promit le ministre et les *scienziati*. Elles témoignèrent, par les sacrifices qu'elles s'imposèrent pour les recevoir, le prix qu'elles attachaient à une pareille faveur.

Tel qu'il nous fut donné de l'étudier dans ces circonstances avantageuses pour tout voir, le caractère sicilien se révéla à nous comme un fait singulièrement tranché et avec une rare puissance d'individualité. On a souvent dit que les insulaires forment, par le seul fait de leur situation géographique et indépendamment de la race, une catégorie dans l'espèce humaine. Cela est très-vrai. Ces frontières, les plus naturelles de toutes, inspirent un patriotisme intense, opposent nettement l'indigène au reste du monde, créent une histoire à part. En apparence, il n'y a pas de peuple plus mêlé que celui de Sicile. Anciens Sicanes, Grecs, Phéniciens et Carthaginois,

Romains, Byzantins, Arabes, Normands, Français, Allemands, Espagnols, Napolitains, tout est venu s'y confondre. Malgré cette diversité d'origine, l'unité du caractère
national est parfaite; nulle part la fusion des races n'a
été plus absolue. Quelques familles nobles ont seules le
souvenir de leur provenance, et encore cette noblesse,
tout entière d'origine normande, souabe ou espagnole,
n'a-t-elle la prétention de représenter qu'une situation
sociale supérieure et la grande propriété. Elle est profondément sicilienne et ne sépare en rien ses intérêts des
destinées du pays.

Ce qui domine évidemment dans ce mélange de races,
c'est l'élément arabe ou plutôt berber et l'élément gréco-
byzantin, le premier l'emportant dans l'ouest, le second
dans l'est de l'île. En traversant les villages de la pointe
occidentale, vers Alkamo, on se croit parfois en Barbarie.
Les femmes vivent dans une demi-retraite; le sentiment
de l'indépendance tourne facilement au banditisme. A
Syracuse, au contraire, on est en Grèce. Les femmes
vous accueillent d'un air souriant; on trouve plus d'humeur facile et de gaîté. Ces analyses sont difficiles et
toujours sujettes à bien des réserves. Ce qui est clair,
c'est le résultat d'ensemble. Un caractère ardent, passionné,
généreux, libéral, plein de feu pour ce qui est noble et
beau, un tempérament où le cœur surabonde et devance
parfois la réflexion, voilà la nature sicilienne. La passion
profonde de l'Arabe et le libéralisme grec s'y réunissent.
En somme, si l'on veut voir la vie grecque se prolongeant
encore de nos jours, c'est en Sicile, c'est dans la baie de
Naples qu'il faut aller. La Grèce proprement dite a été
trop dépeuplée; il s'y est fait trop de substitutions de

races. Ici, au contraire, la verve, l'élan primitif, l'abondance facile ont survécu à toutes les aventures historiques et s'épanouissent encore sous nos yeux.

Une aisance surprenante, parfois un peu de présomp-
tion, sont le fruit du haut sentiment que le Sicilien a de
sa noblesse. L'idée qu'il est inférieur à qui que ce soit
ne lui vient jamais. Les mièvreries que nous appelons
réserve et discrétion sont chez nous le reste d'une longue
inégalité sociale. Le Grec non plus ne connaît pas de
pareilles timidités. D'abord je fus surpris de ces lettres
innombrables, de ces cosmogonies, de ces traités « de
l'univers », « de la nature des choses », de ces projets de
réforme universelle, que je recevais chaque jour. Il est
rare chez nous qu'un inconnu vienne vous dire : « Votre
philosophie est la mienne, » ou bien : « Vous êtes du
petit nombre de ceux qui sont arrivés au juste concept
du créé. » Puis on se souvient qu'on est en Grèce, que
les choses se passaient ainsi du temps d'Empédocle, et que
c'est par suite de cet éveil que l'humanité s'est engagée
à la recherche des causes. La Sicile est peut-être le pays
où le goût de la spéculation est le plus naturel. Si quelque chose peut encore nous donner l'idée d'un pays où,
comme en Grèce, le goût du beau était le fait de
tout un peuple, et où la différence de culture entre
les classes inférieures et les autres classes n'existait qu'en
degré, c'est la Sicile. Ce qui nous paraît naïf est simplement antique. La joie avec laquelle la visite du congrès
était saluée dans les campagnes formait un spectacle qu'aucun pays de l'Europe n'eût offert. A Sélinonte, sur un
rivage entièrement désert, des barques contenant des centaines de personnes accourues de dix lieues à la ronde

venaient au-devant de nous en criant : « Vive la science! »
Cet enthousiasme nous rappelait les beaux vers où Empédocle raconte les triomphes enfantins de la science au
milieu d'un peuple enivré de ses premiers miracles : « Amis
qui habitez l'acropole de la grande ville que baigne le
blond Acragas, gens soucieux des bonnes choses, salut.
Je suis pour vous un dieu ambrosien, non un mortel ; je
marche entouré de vos honneurs, couronné par vous de
bandelettes et de couronnes,..... etc. [1]. »

Au fond, ces braves gens, qui nous accueillaient au
cri de *vive la science*, ne répétaient pas seulement un
mot d'ordre. Ils savaient assez bien, quoique vaguement,
ce qu'ils disaient. La « science » signifiait pour eux la
liberté de l'esprit, la protestation contre toute chaîne
imposée au nom d'une autre autorité que la raison. Il
faut se rappeler que le fanatisme religieux n'a jamais été
fort en Sicile. Les populations abandonnèrent l'islamisme
et l'église grecque sans crise violente. L'inquisition fut en
Sicile une institution espagnole, plus politique encore que
religieuse. L'extrême éveil des esprits, une grande chaleur
de prosélytisme, l'ardeur de travailler à l'œuvre du temps,
sont les sentiments qui dominent, même dans une partie
du clergé. Cet enthousiasme, qui nous reportait de deux
mille quatre cents ans en arrière, en pleine Grèce, quand
les religions de l'Orient n'avaient pas élevé contre la
science la plus forte barrière qui fut jamais, aboutira-t-il
à quelque chose de fécond ? Nous n'hésitons pas à le
croire. Le grand nombre d'excellentes têtes que la Sicile
a produites de nos jours permet de tout espérer pour

1. Diogène Laërte, l. VIII, ch. II, § 62.

l'avenir. La Sicile est une motte de terrain aurifère non encore lavée. Après avoir aimé la science, la jeunesse de Sicile voudra sérieusement la cultiver. Nul pays catholique, si l'on excepte la Hongrie, n'est plus près d'une réforme religieuse. Nul pays, la Hongrie et la Croatie toujours exceptées, n'a un clergé moins fanatique, plus fondu dans la population, plus dégagé des liens d'un parti étranger. La Sicile a pu un moment être une difficulté pour l'Italie; elle deviendra un des plus beaux joyaux de sa couronne et une des principales sources de sa prospérité.

L'état révolutionnaire où la Sicile a été pendant plus de cinquante ans a dissipé beaucoup de forces vives. Cet état, à plusieurs égards justifié, touche à son terme. Le détestable gouvernement que la Sicile a eu depuis le commencement de ce siècle ne pouvait provoquer que la révolution. Les divers mouvements qui se sont succédé ont été essentiellement nationaux, tous ont été faits avec l'appui de la noblesse. *Che fanno i signori?* était la première question que le peuple s'adressait. A l'heure qu'il est, deux vérités sont incontestables. Politiquement parlant, les Bourbons n'ont pas en Sicile un seul partisan sérieux. Il y a dans certaines parties de l'opinion publique une opposition vive, à peine y a-t-il une trace de parti radical. L'idée que la Sicile puisse former une république indépendante est le rêve de quelques esprits, mais ce n'est rien de plus qu'un rêve. Dans la pratique, tous sont d'accord pour maintenir l'état de choses actuel, état imposé par la meilleure des raisons, une évidente nécessité.

On ne peut nier que le banditisme, ou plutôt un état d'insubordination locale, ait existé dans les provinces de l'Ouest et y ait produit des actes regrettables. Il ne faut

pas demander à des populations longtemps mal gouver-
nées l'ordre et le respect de la loi, qui sont le résultat d'une longue habitude de paix et de régularité. La
vendetta est au fond de la plupart de ces méfaits. Chez
des populations ardentes, pour lesquelles la garantie de
l'État a été nulle durant des siècles, la vengeance privée
se présente comme une sorte de devoir. Nul ne doit se
faire justice à soi-même : cela est facile à dire dans des
sociétés où le gouvernement se charge très-réellement
d'une mission de justice et de protection. Mais une telle
abdication du droit de la défense personnelle eût paru
une amère dérision avec les gouvernements que la Sicile
a eus durant six cents ans. Une autre source d'actes
regrettables est le sentiment plus fier que légal avec
lequel le tenancier entend ses droits à l'égard du propriétaire. Les exigences de celui-ci vont souvent se briser
contre une idée de la propriété qui a été celle du passé
et n'est plus celle de notre temps. Le chef féodal n'était
pas un propriétaire comme celui qui de nos jours achète
une terre ; dans beaucoup de pays, ses vassaux étaient
ses copropriétaires. Blessé dans une prétention instinctive,
à laquelle sa fierté ne peut renoncer, le tenancier va
jusqu'à l'assassinat sur le régisseur, et, à partir de ce
moment, devient un homme hors la loi. Un fait que nous
avons pu observer, c'est que les grands propriétaires
nobles qui traitent leurs fermiers selon les anciens usages
peuvent traverser la Sicile sans rencontrer autre chose
que la sympathie et le respect. Une autre génération se
pliera mieux aux exigences nouvelles. Les chemins de fer
surtout amèneront une transformation complète dans l'état
de la Sicile. Nul pays n'en a plus besoin, car c'est un

pays fait surtout pour l'exportation. L'extraction du soufre produit des millions ; cette extraction se fait par des procédés singulièrement primitifs. De malheureux enfants, une lampe attachée au milieu du front, amènent la matière première par des escaliers ou plutôt des précipices de 200 ou 300 mètres ; des ânes transportent ensuite le soufre extrait de ces minéraux. Que de forces seraient épargnées par un treuil et quelques rails ! La richesse extrême de la côte orientale de l'île, au pied de l'Etna, cette prospérité sans égale de Catane, d'Aci-Reale, de Messine, ne tient qu'à une seule cause, aux chemins de fer. Les réclamations de la Sicile sur ce point sont tout à fait fondées.

En somme, le Sicilien a de graves défauts et de précieuses qualités. Les défauts peuvent être atténués, et les qualités bien employées. Les défauts sont un amour-propre excessif, une certaine tendance à se contenter de généralités superficielles, un feu qui ne se gouverne point assez, trop peu d'horreur pour l'effusion du sang. Les qualités sont celles qui ne se remplacent pas, le cœur, l'enthousiasme, l'intelligence vive et prompte, l'instinct sûr, l'ardeur sans bornes. On me dit que, dans ce qui touche à l'éducation militaire, le Sicilien apprend en cinq jours ce que l'Italien d'autres provinces n'apprend qu'en un mois. Les chants et les croyances populaires recueillis par M. Pitré prouvent ce qu'il y a dans cette race d'esprit, de vie, de poésie. Nous autres, races du Nord, devons éviter de croire que nos solides qualités suffisent à l'œuvre du progrès. A nous seuls, nous n'aurions jamais fait la civilisation. Il y faut le brillant, la désinvolture de ceux qui ne doutent de rien. Un étranger (non un Français)

que l'un de nos amis consultait sur l'état moral du pays
et sur les réformes urgentes : « Des réformes ? dit-il.
Une seule serait efficace ; ce serait une inondation qui
montât aussi haut que l'Etna, de façon que la Sicile fût
débarrassée des Siciliens. » Ce sévère critique n'ajoutait
pas ce qu'il pensait sans doute, savoir : que la Sicile fût
repeuplée par des gens de sa nation. Erreur ; l'espèce
humaine est un ensemble bien plus compliqué qu'on ne
croit. Les dons les plus divers y sont nécessaires ; la race
qui dit : « La civilisation, c'est mon œuvre ; l'esprit
humain, c'est moi, » blasphème contre l'humanité.

III.

M. Bonghi décida qu'après l'achèvement des travaux
du congrès, la commission nationale des antiquités visi-
terait toutes les grandes ruines de la Sicile, pour se bien
rendre compte des points où il importe le plus d'exécuter
le travail des fouilles. Il voulut faire partie lui-même de
cette rapide expédition, et il y invita les savants étrangers
venus au congrès. Les voyages de Montréal, de Solunto,
de Cefalù, avaient pu être accomplis en une journée. Une
course de dix jours fut savamment organisée pour nous
montrer ensuite les grands monuments de l'antiquité qui
assurent à la Sicile un rang archéologique presque égal
à celui de la Grèce. Cette course a produit chez ceux qui
l'ont faite une vive impression. L'infatigable activité du
ministre ne laissait aucune place au repos ; pendant dix

jours, nous ne sûmes guère ce que c'est que le sommeil ;
mais le spectacle du passé et du présent était si étrange,
que nous ne sentîmes la fatigue que plus tard. Chose
singulière, ma jambe raide et mon pied traînant ne se
refusèrent pas une fois à leurs devoirs les plus pénibles.
Le mal n'était pas guéri, il était oublié.

Nous dîmes adieu aux grands arceaux du château de
Roger le mardi 7 septembre, à cinq heures du soir. Nous
revîmes Montréal à la nuit tombante ; je saluai la belle
abside du roi Guillaume II, et je pus serrer la main à ce
beau chanoine qui, lors de notre première visite, voulut
bien être mon guide, mon exégète et mon soutien. La
nuit nous prit gravissant les sommets qui forment le fond
du bassin de Palerme. Nous entrions dans le bassin du
golfe de Castellamare, dans les vallées qui produisent le
délicieux vin de Zucco. Tous les villages étaient illuminés ;
la vue d'un représentant de ce gouvernement que les populations n'avaient connu jusque-là que de loin remplissait
le pays de joie. Chaque fois le ministre devait descendre ;
les *scienziati* étaient aussi fort demandés ; on les avait
annoncés, les localités qui avaient voté des fonds pour la
réception voulaient les avoir. Cet empressement était touchant et empreint d'une cordialité extrême. Partout on
nous servait des rafraîchissements excellents et les vins
du pays. Le patriotisme local s'en mêlait. A Partenico :
« Trouvez-vous nos glaces meilleures que celles de Borgetto ? » A Borgetto : « Notre vin, n'est-ce pas, vaut
mieux que celui de Zucco ! — Oui, sans doute », répon-
dions-nous, et c'était vrai. Ces vins de Sicile sont des
sirops exquis. Ils diffèrent de village à village, et le meilleur paraît celui qu'on a goûté le dernier.

Ce mot de village demande explication. L'analogue de
ce que nous appellerions en France un gros bourg, un
chef-lieu de canton, est en Sicile une ville de 10,000,
15,000, 18,000 âmes. L'absence de hameaux et de population éparse dans les campagnes explique cette singularité.
Il n'y a pas de pays où il y ait autant de villes populeuses,
et ces villes sont situées à deux ou trois lieues l'une de
l'autre. Il est vrai qu'à certains égards ces grandes villes
n'étaient dernièrement encore que des villages. Bagheria,
à la porte de Palerme, a 15,000 habitants, et n'avait pas
une école sous l'ancien gouvernement.

Nous devions coucher à Alkamo, ancien chef-lieu
arabe, où les mœurs sont encore très-bien conservées.
Le syndic, en véritable cheik, avait fait demander qu'on
lui spécifiât bien les qualités des personnes qui devaient
venir, pour que chacun fût traité selon son rang. Il était
trois heures du matin quand nous arrivâmes. Ces campagnes sont très-fiévreuses. Plusieurs s'endormaient de
fatigue au fond des voitures; mais les Siciliens ne le
souffraient pas, prétendant que l'on courait ainsi un
grand danger de prendre la fièvre. Les murs et les tours
d'Alkamo illuminés faisaient à deux et trois lieues dans la
campagne un effet saisissant. La réception fut particulièrement chaleureuse. A quatre heures, nous délibérâmes.
Se coucher pour se lever à six heures était peu sage. On
remonta donc en voiture pour atteindre le plus tôt possible les ruines de Ségeste. Nous vîmes l'aube se lever
sur les bords du Crimissus, témoins de cette brillante
campagne de Timoléon contre les Carthaginois où naquit
la stratégie, bientôt poussée plus loin encore par les capitaines de l'école d'Alexandre. Vers sept heures, un temple

magnifique, que l'on eût dit intact, nous apparut à
l'horizon, noyé dans les rayons du soleil. C'était Ségeste.
Nous laissâmes les voitures sur les bords du Crimissus, et
en une demi-heure de cheval nous atteignîmes le temple,
situé au pied de la ville antique qui, par son alliance
avec les Romains, joua dans l'histoire de la Sicile un rôle
si décisif.

Pour l'archéologue, le temple de Ségeste a des problèmes singuliers. Il semble n'avoir pas été achevé. Sans
doute, la destruction de la ville par les Carthaginois, en
409 avant Jésus-Christ, aura suspendu l'ouvrage. Les cannelures des colonnes ne sont pas faites; les superfluités ne
sont pas abattues; la cella semble n'avoir jamais existé.
Pour l'artiste, le temple de Ségeste est un des monuments
qui ont le plus d'effet. La colonnade, l'architrave, les
triglyphes, les métopes non sculptées sont tout à fait
intacts. Les chapiteaux doriques ont une mollesse, une
flexibilité de courbe qui n'ont pas été surpassées. La couleur et l'aspect spongieux de la pierre, la certitude que la
main d'aucun restaurateur n'a ici passé entre l'antiquité
et nous, font que l'on reste pensif durant des heures à
l'ombre de ces colonnes. La ville antique a disparu,
excepté le théâtre. Rome ne rendit à son alliée qu'une
existence éphémère, et la fable d'une origine troyenne ne
suffit pas pour la préserver de l'abandon.

Ségeste est un désert; mais Calatafimi et toutes les
localités environnantes y étaient accourues pour voir le
ministre et les *scienziati*. Sous une tente dressée avec
goût, nous trouvâmes un déjeuner excellent. On but aux
vieux héros de Ségeste, à la paix et à la concorde, qu'ils
ne surent pas fonder; aux morts de 1860, qui, plus

7

heureux que leurs ancêtres, donnèrent sur ce champ de
bataille la Sicile à l'Italie ; et, vers une heure, sous un
soleil ardent, nous remontâmes en voiture pour atteindre
Trapani avant la fin du jour.

Nous contournâmes l'Éryx (Monte San-Giuliano), que
tant de fois dans mes voyages j'avais vu, en doublant
vers Maritimo le cap Lilybée, se profiler à l'horizon. Il
est plus beau encore du côté de la terre que du côté de
la mer. Coupé à pic, il soutint dans la première guerre
punique des siéges de deux années. Monter à l'Éryx, voir
les traces de ce célèbre sanctuaire de la Vénus Érycine,
que le marin phénicien voyait de vingt lieues à la ronde
se dessiner comme le paradis où il aurait la récompense
de ses peines, eût été mon rêve. Il fut impossible d'y
songer ; les heures étaient comptées, et il faut un jour
pour gravir le Monte San-Giuliano. M. Polizzi d'ailleurs,
l'excellent bibliothécaire de Trapani, du pied de la montagne m'expliquait tout, pierre par pierre, me racontait
ses recherches pour retrouver la célèbre inscription carthaginoise d'Éryx et me prouvait qu'il ne faut pas espérer
la revoir. Cette pierre curieuse a été vue au xviie siècle
par un nommé Cordici, qui a laissé une histoire manu-
scrite de Monte-San-Giuliano, laquelle se trouve à la
bibliothèque communale de Palerme. Cordici en donna
un dessin des plus grossiers, que Torremuzza reproduisit
par à peu près, et que Gesenius reprit avec peu de soin
dans l'ouvrage de Torremuzza. Ainsi défaçonnée par trois
intermédiaires, l'inscription était indéchiffrable : il eût
mieux valu ne pas s'en occuper, surtout à une époque
où l'interprétation des monuments phéniciens était à l'état
d'enfance. Je ne sais quelle chimère a porté Gesenius,

Ebrard, Meier, Blau, à y voir un morceau de littérature,
une lamentation funèbre sur la mort d'une jeune fille.
Toutes ces belles choses sont à biffer. Grâce à M. Polizzi,
à M. Amari, à M. Salinas, nous possédons maintenant
des calques rigoureusement exacts et des photographies
de la copie de Cordici qui est à la bibliothèque de Palerme. En outre, une autre copie également autographe
de l'ouvrage de Cordici a été découverte à Monte San-
Giuliano. Avec ces secours, on peut apercevoir l'original
mieux qu'on ne l'avait fait jusqu'ici, et, bien qu'on soit
loin encore d'avoir lu tout l'ensemble, on en voit assez
pour affirmer que l'inscription était votive et s'adressait
à *Rabbath Astoreth* (Vénus Érycine), sous le vocable de
« Prolongatrice de la vie »[1].

Nous avions un besoin extrême de repos; mais comment
résister aux invitations de la municipalité de Trapani,
qui nous convoquait à un banquet pour onze heures du
soir? L'amabilité extrême de nos hôtes nous permettait
du reste cette quiétude, ce demi-sommeil les yeux ouverts
que nous devions pratiquer durant huit jours. Un splendide éclairage au gaz faisait de la salle une étuve, où
tous les rhumatismes du monde eussent dû céder. Les
brindisi se succédaient dans un état de demi-rêve que
l'indulgence de nos voisins acceptait en souriant. Le
lendemain à huit heures, nous avions visité la bibliothèque,
le musée, et nous étions embarqués sur *l'Archimède*,
belle frégate à vapeur où la courtoisie de M. le commandant Conti nous avait préparé la plus aimable des
installations.

1. Ou « force de vie ». *Kabar hayyim*. Comparez *Oz hayyim* dans
l'inscription de Lapithos (Chypre).

Je revis Éryx de la mer, et je saluai à distance cette
petite île de Maritimo, qui me rappelait de vifs souvenirs.
Lors de mon premier voyage d'Orient, je m'éveillai le
second matin après le départ en face de cette petite île,
rayonnante de soleil, parée de verdure par les pluies
d'octobre. Cette fois je la trouvai aride, sans rosée. Un
mois de différence est beaucoup en cette saison, mais
quinze ans aussi sont beaucoup dans la vie. Peut-être
Maritimo m'apparut ainsi

> Quand' era in parte altr' uom da quel ch' i' sono.

Des parties de moi sont mortes depuis; nous mourons,
à vrai dire, par lambeaux.

Verrions-nous Sélinonte? Telle était la question que
nous nous adressions depuis que la frégate avait doublé
Marsala (le cap Lilybée). Sélinonte ne saurait guère être
visité que par mer. Or cette côte, dénuée de port, offre à
un grand navire des difficultés extrêmes. Obligé de se
tenir à une demi-lieue du rivage, il ne peut lancer ses
embarcations que si la mer est sûre; le moindre grain,
le moindre caprice rend le retour des chaloupes impossible (nous avions failli en faire l'expérience à Cefalù). Le
commandant ne nous laissa descendre qu'en nous aver-
tissant que, si, pendant notre visite aux ruines, le vent
s'élevait, il devait gagner Trapani et nous abandonner à
notre sort. Le temps nous fut merveilleusement propice.
Nous croyions aborder à un désert; des vingtaines de
barques nous attendaient; un débarcadère, une route
avaient été improvisés par les gens de Castelvetrano; des
voitures nous avaient été préparées. Sûrement les ruines
eussent gagné à être visitées dans la solitude; mais ces

attentions, cette cordialité, ce sentiment naïf de gens qui
se croyaient oubliés du monde, maintenant fiers qu'un
ministre et des hommes qu'ils supposent célèbres viennent visiter leur île, tout cela, dis-je, avait quelque chose
qui nous allait au cœur. Le syndic de Castelvetrano nous
le disait d'une manière touchante, quand parfois la foule
nous étouffait : « Songez, messieurs, que ces gens ont
fait trente milles pour vous voir. » La politesse et les égards
avec lesquels les autorités traitaient jusqu'au moindre
enfant nous frappèrent. Des glaces, des sorbets excellents, un vin de feu nous attendaient à chaque ruine.
Il n'en fallait pas moins pour nous soutenir. Un soleil
terrible, une terre gercée par cinq mois torrides et que
perçait seul un délicieux petit lis blanc double, un marais
infect, autrefois desséché, dit-on, par Empédocle, mais qui,
depuis la mort du grand ingénieur agrigentin, a repris
tous ses droits à empester le pays, faisaient de cette journée la plus rude de toutes ; mais quel sublime spectacle !
Sept temples, dont cinq énormes, sont là gisant sur le
sol ; le diamètre des colonnes va à 3m,82, et partout ces
merveilleux chapiteaux doriques, la plus belle chose que
l'homme ait jamais inventée ! Nulle part on ne saisit
mieux qu'ici, pas à pas, les progrès de ces courbes
divines arrivant à la perfection. Chaque essai, chaque
tâtonnement est visible, et, chose plus extraordinaire que
tout le reste ! quand les créateurs de cet art merveilleux
eurent réalisé le parfait, ils n'y changèrent plus rien.
Voilà le miracle que les Grecs seuls ont su faire : trouver
l'idéal, et, une fois qu'on l'a trouvé, s'y tenir.

Ah ! pourquoi ces demi-dieux crurent-ils qu'il était de
leur devoir de s'entre-dévorer ? Les ruines de Sélinonte

font sous ce rapport l'impression la plus triste. Cette
immense destruction, accomplie savamment et avec un dessein arrêté, fait sûrement maudire Carthage, qui amena sur
ce monde délicat les sauvages mercenaires de l'Afrique;
mais elle fait surtout détester ces divisions de ville à ville,
ces guerres fratricides où s'est abîmée la civilisation
grecque. La destruction de Sélinonte fut l'œuvre de Ségeste,
et Ségeste, un an après, tombait à son tour. On comprend
qu'après cela la paix romaine ait semblé un bienfait.

Ces ruines de Sélinonte sont dignes de la Grèce par la
grandeur et la perfection du travail. La commission
archéologique fut unanime pour demander au ministre
que désormais le grand effort des fouilles siciliennes
portât sur ce point. Déjà les recherches de M. Cavallari
ont eu les plus heureux résultats, en particulier autour
de l'acropole. Là ont été trouvées ces métopes célèbres
qui font maintenant l'ornement du musée de Palerme,
monuments d'un style archaïque, encore asiatique, et
qui expliquent peut-être la transition tant cherchée entre
l'art de l'Orient et celui de la Grèce. Les autres métopes
de Sélinonte nous montrent pas à pas les progrès de la
sculpture. Comme au moyen âge, ces progrès n'allèrent
pas tout à fait de pair avec ceux de l'architecture. Celle-
ci avait arrêté ses formes quand la sculpture hésitait
encore. L'école dorique de Sicile se laissa devancer par
l'école attique. Plusieurs de ces œuvres un peu gauches
sont contemporaines du Parthénon. Un trait bien remarquable, c'est que les parties nues des figures de femmes
y sont exécutées en marbre blanc, exactement comme, sur
les vases peints, les mains, les pieds, les têtes des personnages féminins sont en blanc pâle. La polychromie, re-

couvrant le tout, pouvait dissimuler ce que ces rajus-
tages de matières différentes ont pour nous de choquant.

Dans la nuit du 9 au 10 septembre, *l'Archimède* nous
porta de Sélinonte à Agrigente. La ville de Girgenti, bâtie
dans l'acropole de la vieille Agrigente, se trouvant assez
éloignée de la mer, il s'est bâti au pied de la montagne
un petit port qui, depuis quelques années, a pris une
extrême importance commerciale par l'expédition du
soufre ; on l'appelle *Porto Empédocle*. Nous y abordâmes
sous un portique décoré des statues de Victor-Emmanuel
et d'Empédocle. Empédocle, en effet, est encore le demi-
dieu d'Agrigente. Philosophe, savant, ingénieur, musicien,
médecin, prophète, thaumaturge, il trouva encore avec
cela le temps d'être démocrate, de donner une constitution à sa république, de fonder l'égalité civile, de refuser
une couronne, d'abattre l'aristocratie de son temps. Ce
dernier trait n'a pas peu contribué à sa moderne fortune.
Le parti libéral de Girgenti vit à la lettre d'Empédocle.
Son image se voit à chaque pas; son nom est prodigué
aux lieux publics à l'égal de celui de Garibaldi; à peine
y eut-il un discours où sa gloire ne fût rappelée. Cette
gloire est en somme de bon aloi. Empédocle ne le cède
à aucun de ces génies extraordinaires de la philosophie
grecque anté-socratique, qui furent les vrais fondateurs
de la science et de l'explication mécanique de l'univers.
Les fragments authentiques que nous avons de lui nous
le montrent soulevant tous les problèmes, approchant
souvent des solutions qu'on devait trouver deux mille
deux cents ans plus tard, côtoyant Newton, Darwin,
Hégel. Il fit des expériences sur la clepsydre, reconnut
la pesanteur de l'air, eut l'idée de l'atome chimique,

de la chaleur latente, soupçonna la fécondité de l'idée d'attraction, entrevit le perfectionnement successif des types animaux et le rôle du soleil. En biologie, il ne fut pas moins sagace : il proclama le grand principe : *Omnia ex ovo*, l'appliqua à la botanique, eut quelques notions du sexe des plantes, vit très-bien que le mouvement de l'univers n'est qu'un réemploi d'éléments désagrégés, que rien ne se crée ni ne se perd. Il conçut même la chimie des corps organisés et se passa des dieux dans ses hypothèses. Lucrèce lui doit autant qu'Épicure. Par d'autres côtés, ce Newton paraît doublé d'un Cagliostro ; il ne marchait dans les rues d'Agrigente que grave et mélancolique, avec des sandales de bronze, une couronne d'or sur la tête, au milieu des jeunes gens qui l'acclamaient. Il se défendait faiblement quand on lui prêtait des miracles, même des résurrections, et qu'on l'adorait comme un dieu. Les Agrigentins modernes n'admettent pas ces reproches et ne veulent voir dans leur célèbre compatriote qu'un « savant tout occupé à moraliser le peuple, qu'un grand citoyen qui rendit à sa patrie ses droits politiques et donna l'exemple de l'abnégation en refusant l'autorité suprême ».

Sélinonte n'est plus qu'un cadavre de ville. Agrigente vit encore et compte près de 20,000 habitants. L'aspect de ce sommet couronné de maisons serrées, s'élevant sur les substructions antiques et sur les flancs taillés du rocher, est grandiose, austère. Le manque d'eau, l'aspect aride de la campagne, portent encore à la tristesse. La ville moderne, avec ses rues étroites, son air sombre, inaccessible et fermé, sa cathédrale étrange, tout espagnole, semble un reste d'un autre monde. A mi-côte s'étend la

ville antique avec ses sept ou huit temples, rangés pour
la plupart le long de l'ancien mur, de façon que du port
cette ligne d'édifices se profilait sur le ciel. Le temple
dit des Géants était sûrement quelque chose d'unique; il
présente les plus grandes colonnes doriques que l'on
connaisse. Diodore dit vrai à la lettre : un homme peut
se tenir dans leurs cannelures ; l'abaque des chapiteaux renversés à terre produit une sorte de stupéfaction.
Un seul des télamons qui portaient l'architrave est
étendu sur le sol. L'effet de ce colosse, dont les pièces
désarticulées semblent les ossements d'un squelette, est
tout à fait saisissant. Les pieds sont joints et minces ; ces
colosses n'ont jamais rien porté effectivement ; ils étaient
adossés à un mur ou à des pilastres. J'incline à croire
qu'ils avaient l'air de soutenir un plafond à l'intérieur
de la cella, ce qui expliquerait comment Diodore n'en
parle pas. A l'extérieur, un tel décor eût trop frappé pour
qu'on eût pu le passer sous silence. Le curieux sceau de
Girgenti, au moyen âge, représentant l'*aula gigantum* [1],
fournit des arguments pour et contre cette opinion. Ce
qui me paraît certain en tout cas, c'est que le temple
des Géants se rapporta primitivement à un culte oriental.
Girgenti offre bien d'autres traces d'influence phénicienne
dans son temple de Jupiter Atabyrius (du Tabor), de Jupiter Polieus (Melkarth), situé à l'intérieur de l'acropole,
et dans les indices du culte de Moloch qui se laissent
clairement entrevoir derrière les fables relatives au tau-
reau de Phalaris. Ces géants, s'ils étaient à l'intérieur de

1.   Signat Agrigentum mirabilis aula gigantum.

Picone, *Memorie storiche agrigentine*, p. 453. Le *tepidarium* de
Pompéi présente une disposition analogue, sur une petite échelle.

la cella, pouvaient jouer le rôle des colosses osiriens dans les avenues des temples d'Égypte, et des *séraphim* dans le temple de Jérusalem.

Les autres temples d'Agrigente sont beaux sans doute; mais, quand on a vu Athènes, on est difficile. Le soin de l'exécution y est bien moindre que dans les édifices athéniens. Une sorte de stuc revêtait la colonne et dissimulait toutes les imperfections du travail. Des négligences, des à peu près, comme ceux qu'on remarque dans la plupart des temples égyptiens, se rencontrent à chaque pas. L'imprévoyance de l'architecte se trahit. Décidément, la perfection a été l'invention des Athéniens. Venant les derniers, ils ont innové en réalisant l'idée d'édifices bâtis *a priori* dans la carrière, d'édifices où chaque pierre est taillée d'avance pour la place qu'elle doit occuper. L'exécution des détails de l'Erechtheum par exemple est une merveille qui dégoûte de tout ce que l'on voit ensuite. Dans les temples d'Agrigente, l'enduit et la polychromie masquaient les défauts. Tout voyage, toute recherche, toute étude nouvelle est ainsi un hymne à Athènes. Athènes n'a rien créé de première main; mais en toute chose Athènes a introduit l'idéal. Et quel respect pour la Divinité! Comme on ne cherche pas à la tromper! On a découvert dans un trou devant le Parthénon un tas de tambours de colonnes rebutés. Il faut y regarder de très-près pour apercevoir le défaut qui les a fait rejeter. Ce qu'on ne voit pas est aussi soigné que ce qui est visible. Rien de ces honteux décors vides, de ces apparences menteuses qui forment l'essence de nos édifices sacrés.

Cette rude journée nous avait épuisés, et le cordial

banquet que nous donnèrent les Agrigentins sur le champ
même des ruines n'avait fait que nous inspirer le désir
du repos. Nous reçûmes avec joie la nouvelle que l'hospitalité nous était préparée chez Gellias. Gellias fut un
riche citoyen de l'ancienne Agrigente (v° siècle avant
Jésus-Christ) qui avait fait bâtir un grand nombre d'hôtelleries, à chacune desquelles était attaché un portier
qui invitait les étrangers à entrer pour recevoir une gratuite et splendide hospitalité. Son nom est devenu celui
d'un hôtel où nous prîmes un fort doux repos, — doux
mais court. A cinq heures du matin, une course rapide,
exécutée partie en chemin de fer, partie en voiture, partie
à cheval, nous mena au cœur de la Sicile, à Racalmuto,
centre de l'extraction du soufre, industrie qui prend
de tels développements, par suite des besoins de l'industrie moderne, que la province de Girgenti en deviendra
l'un des pays les plus riches du monde. C'est l'Afrique
que nous vîmes ce jour-là se dérouler devant nous en
cette chaîne de collines brûlées par les fumées sulfureuses,
sans arbres, sans verdure, sans eau. La gaieté sicilienne
résiste à tout. Les réceptions de Grotte et de Racalmuto
furent de toutes peut-être les plus originales, les plus
empreintes de curiosité aimable. Je n'oublierai jamais la
banda musicale de Grotte. Elle s'obstinait à résoudre un
problème que j'aurais cru insoluble, à suivre le ministre
après son départ en jouant à perte d'haleine. Je vois
encore un ophicléide passant à travers les roues des voitures sans omettre une seule note. Le chef de la troupe,
jouant de la clarinette avec une volubilité sans nom,
courait d'une course effrénée, se servant de son instrument comme d'un bâton indicateur pour montrer le che-

min à ses compagnons. Le Sicilien ne se soucie pas de
savoir si on le regarde ; il agit pour sa satisfaction propre.
L'idée de se surveiller pour éviter un prétendu ridicule
ne vient qu'à des gens qui ne sont pas sûrs de leur
noblesse historique, et qui n'ont pas toujours conscience
d'obéir à un entraînement élevé.

En une nuit et une matinée, l'Archimède nous eut portés
à Syracuse. La ville actuelle n'occupe plus que l'île
d'Ortygie, la plus petite des parties de l'ancienne cité.
Achradine, Néapolis, Tyché, les Épipoles sont occupés
par des champs ou des jardins. Tout cela faisait une
enceinte qui égalait presque celle de Paris avant les fortifications. Au premier coup d'œil, on dirait que les monuments antiques de Syracuse ont disparu ; une étude at-
tentive révèle bientôt tout un monde. Quel temple
savamment restauré vaut cette cathédrale bâtie dans un
temple dorique des plus nobles proportions ? La transformation s'est faite d'une manière étrange. La cella
a été supprimée, les colonnades ont été embloquées dans
un mur qui embrasse les fûts, les chapiteaux, l'architrave, visibles encore, quoiqu'en partie noyés dans le
moellon. Je ne connais pas d'autre exemple de ce genre
d'appropriation chrétienne. Souvent la cella a été transformée en église, comme cela eut lieu au Parthénon. A
Aphrodisias en Carie, on a bâti deux murs extérieurs
au péristyle, si bien que les colonnades devinrent intérieures, et dessinèrent trois nefs comme à Sainte-Marie-
Majeure. Ici, le mur a été fait sur la colonnade elle-
même. L'architrave est conservée ; à certains endroits,
les triglyphes font créneau sur l'architrave. J'ai vu peu
d'effets d'un pittoresque aussi complet. Cette fois encore,

je me trouvai en désaccord avec de zélés archéologues,
dont l'admiration pour l'antiquité est parfaitement éclairée,
mais peut-être un peu exclusive. Faire voter des fonds pour
bâtir à l'évêque une nouvelle cathédrale et dégager le
temple antique était le vœu que j'entendais former autour
de moi. Je ne pus le partager entièrement. Le temple se
voit bien tel qu'il est, et le vide même de la cathédrale
avec ses trois nefs fait ressortir la grandeur de l'édifice
antique.

Les fouilles de M. Cavallari ont été, à Syracuse,
comme ailleurs, fructueuses et bien dirigées. Un temple
des plus anciens, avec une belle inscription archaïque,
est sorti de ces déblaiements, qui mériteraient d'être
continués. Le théâtre, l'amphithéâtre, le nymphæum,
la voie des tombeaux, les fortifications de l'Épipole, élevées par Denys le Tyran, et surtout ces *latomies* grandioses, qui jouent un si grand rôle dans l'histoire de
Syracuse, font la plus vive impression. Rien ne peut
rendre l'effet de ces carrières à ciel ouvert, d'une profondeur énorme, au fond desquelles s'étalent, à l'abri des
masses taillées par la scie antique, de frais et luxuriants
jardins de figuiers et d'orangers. La nature inégalement
friable des couches de calcaire a produit dans les
parois les jeux les plus bizarres ; une belle végétation
de lierre et de rinceaux pendants forme devant chaque
échancrure de rocher des rideaux transparents de verdure. Un déjeuner avait été préparé dans une de ces
salles à demi hypogées ; un écran de citronniers et
de grenadiers rejoignant les guirlandes naturelles que
formaient les plantes grimpantes produisait un délicieux
demi-jour. A une hauteur immense au-dessus de nos

têtes, et comme suspendus aux parapets de tours démesurées, se dessinaient quelques spectateurs mêlés aux arbres suspendus sur l'abîme. Une musique excellente faisait retentir ces longs couloirs de l'hymne royal de Savoie ; mais nous avions peine à ne pas entendre, à travers ces sons harmonieux, les gémissements qui remplirent autrefois ces cavités aujourd'hui si riantes, et particulièrement le désespoir des sept mille Athéniens qui y périrent de faim et de misère après la folle expédition de 413.

Les catacombes et une vieille crypte ornée de peintures ont de l'intérêt pour l'archéologie chrétienne ; le musée, outre une Vénus bien connue, a quelques fragments grecs qu'on dirait provenir du Parthénon ; mais la perle antique de Syracuse, c'est encore l'Anapus. Seul à peu près entre les fleuves de Sicile, l'Anapus a toute l'année un volume d'eau supérieur à celui d'un ruisseau. La beauté plantureuse de la campagne de Syracuse vient des eaux de ce petit fleuve, dérivées de la montagne et amenées par des aqueducs anciens sur les hauteurs des Épipoles. La vallée, malgré toutes ces saignées, conserve encore une masse d'eau assez sérieuse, laquelle, à deux kilomètres environ de la mer, est triplée ou quadruplée par une énorme source, la fontaine Cyanée, qui naît dans la basse vallée d'un gouffre analogue à celui du Loiret, et envoie ses eaux à l'Anapus après un cours d'environ une lieue et demie. Elle est tout ce temps navigable pour de fortes barques. Cette petite navigation, avec ses effets tour à tour gais et mélancoliques, est une des choses les plus ravissantes qui se puissent voir. Peu de choses m'ont fait autant de plaisir. On prend une barque au quai de

Syracuse; on traverse ce beau port, l'un des plus grands,
des plus profonds, des plus sûrs du monde ; on franchit
non sans peine une barre à l'embouchure du fleuve et l'on
entre dans une belle eau limpide, profonde, rapide, bientôt
après dans une petite forêt de roseaux immenses et de
papyrus. Le papyrus ne croît en Europe que dans la vallée
de l'Anapus. En Égypte, il devient rare. Si cette plante,
qui a rendu de si grands services à l'esprit humain et
qui mérite une place si capitale dans l'histoire de la civilisation, pouvait un jour être en danger de disparaître,
je voudrais que les nations civilisées, à frais communs,
lui assurassent une pension alimentaire dans la vallée de
l'Anapus. Ces masses touffues de tiges vertes, flexibles, de
quinze à dix-huit pieds de haut, couronnées par un élégant
épanouissement de fils légers terminés en éventail, forment
de petites îles impénétrables dans l'eau pure de Cyanée.
La végétation aquatique qui s'établit dans ces canaux rarement troublés est d'une fraîcheur exquise. Ce sont de
vraies prairies flottantes qui couvrent la surface du ruisseau et ondulent sous le mouvement de la rame, comme
l'eau elle-même. De belles feuilles vertes en forme de
conques tournées vers le soleil étalent tout le luxe volup-
tueux d'une végétation hâtive. D'innombrables petites gre-
nouilles sautent sur ces surfaces vertes : nous nous prîmes
à envier leur bonheur : il est vrai qu'il y a l'hydre des
ruisseaux qui les mange; mais elles n'y pensent pas, et
peut-être beaucoup meurent de vieillesse, « de leur belle
mort », comme on dit bien improprement.

Le gouffre même de Cyanée est un miracle de limpidité.
On voit à des profondeurs infinies le trou d'où elle
émerge et les innombrables poissons qui poursuivent

dans l'abîme leur heureuse vie d'éternel mouvement.
Cyanée, comme Aréthuse, fut une nymphe chaste. Elle
mourut de chagrin de n'avoir pu empêcher Pluton d'enlever Proserpine, et fut changée en fontaine à force de
pleurer ; mais, plus heureuse qu'Aréthuse (celle-ci a disparu [1]; le bassin qu'on montre aujourd'hui dans Ortygie
provient d'un aqueduc), Cyanée a été immortelle. Hélas!
elle est toujours sévère pour ceux qui l'approchent. Rester
une heure de trop sur ses bords à certaines heures, c'est
s'exposer à la fièvre. Le coucher du soleil y est comme
un coup de théâtre. Un froid subit vous pénètre ; chaque
mouvement de l'air semble apporter un frisson ; les
fleurs et les feuilles se ferment ; le petit monde qui s'é-
battait sur les prairies flottantes se retire dans les profondeurs ; un autre, invisible jusque-là, apparaît dans les
airs. Cette fraîcheur semble délicieuse ; prenez garde, la
nature est traîtresse ; elle n'est jamais plus caressante que
quand elle tue.

Une scène charmante nous transporta aux jours des
muses sicélides, à ces jours où la musique et la poésie
pastorale sortirent de la bonne humeur des pâtres siciliens. Un son de flûte venait à nous à travers les roseaux
et les papyrus. Le son se rapprochant peu à peu, nous
nous trouvâmes bientôt en face d'un paysan étendu dans
les herbes, au bord même du ruisseau, et jouant d'inspiration. Il y avait des heures qu'il était là ; le passage de
nos barques ne lui fit ni lever la tête, ni interrompre son
jeu un seul instant. Il chantait à Cyanée, à une nature

1. Ceci est énergiquement nié par les Syracusains modernes, qui
prétendent que l'Aréthuse actuelle est bien une source provenant des
montagnes voisines.

verte et fraîche, sous un beau ciel. C'était la vive image de l'invention de la flûte. Ce bon Sicilien la créait pour son compte, au nom du besoin instinctif qu'a l'homme de répondre par des sons joyeux à l'harmonie de la nature et à son sourire bienveillant.

Syracuse est la tête d'une ligne de chemin de fer, et désormais le voyage n'offrait plus aucune difficulté. Catane, grande ville, presque toute neuve, active, pleine d'avenir, Aci-Reale, à quelques lieues de là, étonnent par leur richesse et leur prospérité. Ce qu'on admire, c'est l'Etna, ses belles formes, son éternel panache, les riches cultures qui, jusqu'à une certaine hauteur, couvrent ses flancs. Comme le Vésuve, l'Etna n'appartient pas à une chaîne de montagnes, c'est un soulèvement isolé; cela donne à ses lignes une souplesse que n'ont jamais les pics étouffés par la chaîne dont ils font partie. Heureux ceux qui peuvent monter à ce sommet! Je dis adieu, non sans envie, à mes deux jeunes amis, qui nous quittèrent pour entreprendre la rude expédition. J'eus ma revanche la nuit suivante. Vers minuit, en allant de Catane à Aci-Reale, nous trouvâmes Aci-Castello tout illuminé; le vieux château en ruines de Roger de Loria resplendissait au milieu de la mer. Les gens du village avaient préparé des barques et nous promenèrent au clair de lune autour des grands rochers que, selon les mythes divers, le cyclope aurait lancés sur Acis, sur Galatée, sur Ulysse. De nuit, rien de plus romantique que ces masses basaltiques en forme d'aiguilles, au pied desquelles se soulevait en silence une mer sombre, pleine de terreurs.

Le théâtre de Taormina mérite sa réputation par sa grandeur, son beau style, sa situation unique, la per-

8

spective dont on jouit à travers les brèches du grand mur
de la scène, et aussi par ses terribles souvenirs. Là furent
égorgés, dans la première guerre servile, des milliers
d'esclaves révoltés. C'est bien le premier théâtre du monde ;
celui d'Orange n'est que le second, bien que l'état de conservation qui nous étonne dans celui de Taormina soit
dû en partie à des restaurations faites au xviii° siècle. La
beauté de ces grandes cuves, quand elles étaient remplies
par la foule, devait être quelque chose d'enivrant. Un
orchestre placé sur le *proscenium*, et jouant piano, s'entendait bien sur les gradins les plus élevés ; la voix humaine au contraire y parvenait indistincte. Je ne crois pas
que de pareilles enceintes servissent habituellement aux
exercices de littérature. Si les conférences ont une place
dans l'archéologie sicilienne, je la trouverais bien plutôt
à Syracuse, dans ce petit édifice où l'on a vu à tort des
bains, et qui peut-être s'expliquerait mieux par une sorte
de gymnase littéraire.

La ville même de Taormina, conservée sans rajeunisse-
ment depuis des siècles, et à vrai dire impossible à rajeunir
à cause de son site escarpé, ne doit point être négligée.
Il ne faut pas, comme on le fait souvent, s'en tenir au
théâtre ; il faut pénétrer dans ces rues étroites et pitto-
resques, où l'imprévu se rencontre à chaque pas. De superbes échappées sur la mer, des souvenirs d'histoires tragiques, de charmants détails d'architecture ogivale, vous
retiendront par un charme puissant. Le chemin de fer
est au pied ; en une heure, vous serez à Messine, c'est-à-
dire au seuil de la Sicile, au croisement de toutes les
grandes voies de la Méditerranée.

La ville éclairée de Messine et son active université ne

restèrent pas en arrière des manifestations libérales qui
nous avaient partout accueillis. Je connaissais Messine par
les escales que j'y avais faites en allant en Orient. Déjà,
comme disent les Persans, « le corbeau de la séparation croassait au-dessus de nos têtes ». Le jeudi 16 septembre, nous serrions une dernière fois la main de tant
d'hommes distingués avec lesquels nous avions contracté
de si agréables habitudes de société. A quatre heures,
nous étions dans le détroit, au milieu de ces petits tour-
nants, créés par les courants contraires, qui produisirent
dans l'antiquité les fables de Charybde et de Scylla. Il n'en
faut pas trop rire : Scylla et Charybde ne font plus de victimes; mais elles sont pourtant assez fortes pour faire dévier
sensiblement un grand bateau à vapeur qui les traverse.
Nous avions perdu de vue l'Etna, et nous approchions de
Stromboli, qui paraissait dans un moment d'assez forte
activité. Le lendemain, nous nous réveillâmes entre Ca-
pri et le cap de Sorrente. Les plans intérieurs de cette
baie merveilleuse se déroulaient successivement. Le Vésuve
nous parut plus beau encore que l'Etna ; à l'horizon était
Ischia, le terme de notre voyage, le but cherché par nous,
comme Ithaque le fut par Ulysse, à travers d'assez forts
détours. Dans le port même, sans descendre à terre, nous
passâmes à bord du petit bateau qui mène de Naples à
Procida et à Ischia. Chiaia, Pausilippe, la Mergellina, Ni-
sida, Pouzzoles, Baïa, le cap Misène, se déroulèrent devant
nous en trois heures, dont nous eussions voulu retenir le
cours.

Ischia, où je venais chercher un équivalent de Vichy et
de Carlsbad, sous un ciel plus beau, est un petit paradis
terrestre. Nous y avons trouvé un parfait repos, un doux

climat, une solitude absolue et un ami, M. Hébert, habitué
depuis longtemps à venir chercher à Ischia la santé et
les inspirations du genre de celles qu'il aime. Ischia est
un ancien volcan, l'Épomée, autrefois rival du Vésuve,
et qui, il y a cinq cents ans, bouillonnait encore. La variété, l'imprévu des petits paysages formés par les déchi-
rures des flancs de la montagne ne peuvent se décrire.
Les constructions, massives, irrégulières, semblent faites
exprès pour le plaisir des peintres. Je ne peux expliquer
que par une occupation arabe l'usage de la coupole hé-
misphérique et des habitudes de bâtir qui rappellent tout
à fait l'Orient. Rien de changé dans les vieilles mœurs.
De tous côtés, les chants de la vendange; hier, illumi-
nation splendide de toute l'île pour la fête de je ne sais
pas bien quelle madone. La petite ville de Forio, avec ses
églises peintes et ses *torri de' Saraceni*, nous a enchantés.
J'y ai trouvé un vrai capucin, qui met encore saint François sur le même pied que Jésus-Christ. Hébert lui ayant
demandé pourquoi des deux bras stigmatisés qui décorent
toutes les églises franciscaines, l'un est vêtu, l'autre nu :
« L'un est le bras de Jésus-Christ, l'autre celui de saint
François, nous répond-il, *perchè erano fratelli*. » Il a
raison. François d'Assise est l'homme qui a le plus res-
semblé à Jésus, et c'est à la grande apparition du xiii^e
siècle qu'il faut demander des analogies pour expliquer
les origines du christianisme. Nous demeurons à mi-côte
de la colline de Casamicciola, en face de Gaëte et de
Terracine, dans une maison perdue parmi les vignes, au
milieu d'un labyrinthe de terrasses superposées et de
petits sentiers, qui n'ont pas l'affreuse banalité des grands
chemins. Rien de cet apprêté, si fatigant en Suisse; pas

un indigène ne s'aperçoit que tout cela est exquis. La petite
Orsolina, dont Hébert fait une image excellente, ne sait
pas ce que c'est que poser. C'est le Liban, avec plus de
charme encore. Il nous sera bon d'être ici; le repos est
doux quand on l'a bien acheté.

LA DÉCOUVERTE DE NINIVE [1].

Entre tant de découvertes inattendues dont l'archéologie s'est enrichie de nos jours, la plus surprenante est, sans contredit, l'apparition d'une civilisation entière, que l'on pouvait croire anéantie jusque dans ses derniers vestiges, et qui sort aujourd'hui de terre avec ses arts, ses inscriptions, ses palais. Ninive, si profondément effacée du sol que Xénophon traversa le champ de ses ruines

1. *Discoveries in the ruins of Nineveh and Babylon ; with travels in Armenia, Kurdistan and the desert : being the result of a second expedition*, by Austen Layard. London, 1853.

A second series of the monuments of Nineveh, illustrating Mr. Layard's second expedition to Assyria, from drawings made on the spot. London, 1853.

sans s'en apercevoir; Ninive, que Lucien, né à quelques
lieues de là, mettait au rang des villes dont il ne reste
plus de traces et dont le site même est inconnu, Ninive a reparu à la lumière, tandis que Babylone, sa rivale,
dont l'existence et la splendeur se sont prolongées jusqu'à
une époque bien plus rapprochée de nous ; Babylone,
dont les ruines n'ont jamais cessé d'être connues, visitées,
décrites, n'est encore et ne sera sans doute pendant longtemps qu'un monceau de décombres. Un *art assyrien,*
vraiment digne de ce nom, est venu prendre place dans
les grandes collections de Paris et de Londres; et, s'il fallait augurer des découvertes futures, soit par celles qu'ont
fournies les dix dernières années, soit par celles que semblent promettre les innombrables *tumulus* de la Mésopotamie et du Kurdistan, on pourrait croire que le jour n'est
pas éloigné où la Grèce sera dans nos musées écrasée par
l'Orient; il est vrai qu'à défaut du nombre, il lui restera
une maîtrise qui ne lui sera jamais contestée, celle de la
beauté.

Les deux publications de M. Layard, que nous annonçons aujourd'hui, sont bien propres à faire comprendre
l'importance toujours croissante de cette branche de l'archéologie. On se rappelle que c'est à M. Layard qu'appartient, avec M. Botta, la gloire d'avoir ouvert à la
science ce champ nouveau. Attaché à l'ambassade d'Angleterre à Constantinople, M. Layard était de retour à
son poste, après avoir passé en Angleterre une partie de
l'année 1848, lorsque la publication de ses premières re-

---

1. *Nineveh and his remains, a Narrative of a first expedition to
Nineveh* (London 1849). — *The monuments of Nineveh from drawings made on the spot* (London 1849).

cherches[1], faite en son absence, produisit une sensation inattendue et décida MM. les administrateurs du musée britannique à le prier de se charger d'un nouveau voyage dans le bassin du Tigre. Ce sont les résultats de cette seconde mission, entreprise dans des conditions plus favorables et sur un plan beaucoup plus vaste, qui viennent d'être livrés au public. Pour en faire sentir tout l'intérêt, il nous semble nécessaire de rappeler l'origine de ces explorations, souvent présentée d'une manière inexacte, et de montrer par quelle série d'inductions les deux habiles archéologues que nous venons de nommer furent amenés à ces découvertes, qui devaient causer dans l'opinion savante de l'Europe une si profonde émotion.

Le commencement de ces recherches remonte à l'année 1842. A peine installé à Mossoul, en qualité de consul de France, le 25 mai de cette année, M. Botta ne songea qu'à profiter de sa position pour relever l'archéologie française de l'état de stérilité où elle était tombée depuis quelques années. Comme il arrive presque toujours dans la découverte de l'inconnu, on aborda le nouveau monde par un côté détourné, et on prit pour le principal ce qui devait ensuite devenir l'accessoire. Tous les indices se réunissaient pour faire chercher l'emplacement de Ninive en face de Mossoul, vers l'endroit où se trouve encore de nos jours le misérable village de *Niniwa*, ou *Nounia*. Le résident anglais, Rich, avait déjà signalé, en cet endroit, à l'attention des explorateurs deux monticules artificiels, l'un appelé *Nebbi-Younous*, à cause d'un prétendu tombeau du prophète Jonas, et l'autre *Koyounjik*, d'où l'on tirait un grand nombre de briques couvertes de caractères cunéiformes et des dalles de gypse sculptées. Vers

là se porta, en effet, tout d'abord, l'attention de M. Botta.
Mais l'archéologie a ses fortunes; ces premières fouilles
n'amenèrent que peu de résultats. Aussi M. Botta s'en
laissa-t-il facilement détourner par d'autres indications qui
lui signalaient le village de Khorsabad, situé à six lieues
au nord-est, comme une mine féconde de briques et de
dalles sculptées. Là, en effet, les premiers coups de pioche
mirent à découvert l'immense palais dont les débris, trans-
portés depuis au Musée du Louvre, devaient jeter en Europe les bases du premier musée assyrien, et dont les
dessins, dus à M. Flandin[1], forment une des plus somp-
tueuses publications exécutées dans notre siècle par ordre
du Gouvernement.

En même temps que M. Botta, M. Layard, jeune et
hardi voyageur anglais, était en quête de Ninive. Remontant le cours du Tigre, il remarqua, au confluent de
ce fleuve et du Zab, un emplacement nommé *Nimroud*[2],
semé de monticules artificiels et couvert de fragments de
briques et d'albâtre. Rien ne put dès lors lui ôter de
l'esprit que ces monticules recélaient quelque ruine importante. Toutefois il ne réussit à faire partager à d'autres sa confiance que quand la découverte du palais de
Khorsabad fut venue dissiper les doutes des plus incré-

1. *Monument de Ninive*, découvert et décrit par M. Botta, mesuré
et dessiné par M. Flandin, ouvrage publié par ordre du Gouvernement, Paris, 1847-50, Cinq vol. in-fol.

2. Il importe de faire observer que ce nom et tant d'autres qui
rappellent en Orient des particularités bibliques ne sauraient offrir
aucune induction solide. La plupart de ces dénominations ne datent
que des musulmans, qui cherchèrent, sans beaucoup de critique,
comme on peut le croire, à retrouver, par des identifications arbitraires, la trace des traditions rabbiniques et chrétiennes qu'ils avaient
adoptées.

dules. L'Angleterre alors se prit d'une louable émulation, et
voulut racheter par le nombre et l'importance des découvertes ce qui lui manquait sous le rapport de la priorité.
Les fouilles de M. Layard à Nimroud révélèrent une acropole artificielle, avec deux palais, une immense tour pyramidale, et une foule de constructions accessoires, d'un caractère sensiblement distinct du monument de Khorsabad.
Ainsi, au lieu d'une Ninive, on en avait deux, d'un style
et d'un âge différents, séparées par une distance de douze
ou treize lieues, l'une au nord, l'autre au sud de Mossoul.

Restait, entre ces deux points extrêmes, l'emplacement
de Koyounjik et Nebbi-Younous, situé en face même de
Mossoul, et que tous les témoignages et toutes les inductions semblaient désigner comme le point central de
l'antique capitale de l'Assyrie. Nous avons vu comment
les efforts de M. Botta s'étaient portés tout d'abord sur
ce point, et comment le peu de succès de ses recherches
l'avait engagé à porter ailleurs ses investigations. Dans
un intervalle des fouilles de Nimroud, M. Layard vint
examiner à son tour le terrain objet de tant de conjectures : les deux antiquaires remuèrent le sol durant
plusieurs mois, mais toujours sans rien découvrir d'important. Enfin, après avoir achevé ses fouilles de Nimroud, M. Layard, possédé d'une foi invincible dans les
trésors cachés de Koyounjik, y revint encore, et conduisit les fouilles d'après certaines règles que lui avaient
révélées ses expériences antérieures. Cette fois, de merveilleux résultats couronnèrent sa persévérance. Une troisième Ninive sortit de terre, avec ses palais fort analogues
à ceux de Khorsabad, assez différents au contraire de ceux
de Nimroud.

De ces trois grandes ruines, échelonnées du nord au sud,
à des distances de six ou huit lieues, laquelle représente
réellement l'ancienne Ninive? Appartiennent-elles à une
même ville, ou à des villes distinctes, ou à des banlieues
groupées autour d'un grand centre de population? Même
en admettant les récits les plus évidemment exagérés de
l'antiquité sur l'étendue de Ninive, il est difficile d'admettre que trois points aussi distants aient jamais été
renfermés dans une même enceinte. Les quatre cent quatre-vingts stades (vingt lieues) de Ctésias seraient trop peu
pour la circonférence d'un aussi vaste diamètre, et, même
en prenant dans le sens généralement reçu le passage si
connu du livre de Jonas[1], trois jours de marche auraient à
peine suffi pour faire le tour d'une ville aussi démesurée.
Xénophon[2], qui décrit avec une admirable précision l'aspect des deux localités nommées maintenant Nimroud et

1. Et cette interprétation, il faut le dire, n'est rien moins que
prouvée. Voici le passage en question traduit littéralement de l'hébreu : « Surrexit Jonas et incessit versus Niniven secundum ver-
bum Jova, et Ninive erat urbs magna valde itinere trium dierum. »
(ch. III, v. 3.) On traduit d'ordinaire : « Or Ninive était une ville
extrêmement grande, de trois journées de chemin. » Les meilleurs
exégètes s'accordent à couper autrement la phrase, au moyen d'une
parenthèse très-conforme au génie de la langue hébraïque : « Jonas
se leva et marcha vers Ninive, selon l'ordre de Jéhova, (or, Ninive
était une ville extrêmement grande) l'espace de trois journées de
marche. » On a supposé également que les « cent vingt mille hommes
qui ne savent pas distinguer leur main droite de leur main gauche »
(ch. IV, v. 11) désignent des enfants, ce qui porterait à un chiffre
fabuleux la population totale. Rien de moins vraisemblable : cette
expression désigne probablement la masse du peuple, qui, dans la
pensée de l'auteur, n'était pas responsable des crimes de Ninive. En
outre, ce n'est là sans doute qu'un nombre rond, par lequel on a voulu
exprimer une grande multitude et non un chiffre bien déterminé.

2. *Anabase*, l. III, ch. 4.

Koyounjik, les présente comme deux villes distinctes, « jadis habitées par les Mèdes », et auxquelles il donne les noms de *Larissa* et de *Mespila* : il ne prononce pas plus le nom de Ninive que si elle n'avait jamais existé en cet endroit. *Larissa* (Nimroud), d'un autre côté, paraît avoir été, dès la plus haute antiquité, une ville distincte de Ninive, soit qu'on y voie, avec Bochart, la *Resen* du dixième chapitre de la Genèse, soit qu'on préfère y trouver, avec M. Quatremère, la ville d'*Ellasar*, mentionnée dans l'histoire d'Abraham. Cela produit, il faut l'avouer, une confusion très-difficile à démêler. Tout s'explique cependant d'une manière suffisante, quand on se rappelle combien la notion de ville est différente, en Orient, de celle que nous attachons à ce mot. Le nom d'une ville n'y est souvent qu'un terme collectif pour désigner des groupes d'habitations souvent fort éloignés les uns des autres, séparés par des champs cultivés ou des campements de tribus nomades. Tel est l'aspect que présentent encore de nos jours les villes de Damas, de Mossoul, de Bagdad, d'Ispahan. On peut croire que la capitale de l'Assyrie n'était ainsi qu'une vaste région habitée, un ensemble de villes, dont les trois points nommés aujourd'hui *Nimroud*, *Koyounjik*, *Khorsabad*, représentent les centres principaux. Le souverain qui aspirait à laisser de lui un grand souvenir construisait une acropole avec sa pyramide, ses palais, son parc ou *paradis* entouré d'une vaste enceinte. Chacune de ces villes s'appelait d'un nom propre, sans cesser pour cela de participer au nom collectif de la capitale. Il est probable qu'après la grande destruction de Ninive, vers la fin du vii⁰ siècle avant l'ère chrétienne, quand cette ville perdit toute im-

portance politique, le nom de Ninive cessa de s'appliquer
à des bourgades, éloignées l'une de l'autre de six à huit
lieues; ainsi on s'explique que Xénophon n'ait pas entendu prononcer ce nom. Si plus tard, à l'époque des
Arsacides et des Sassanides, on retrouve une ville de Ninive, jouant un rôle considérable, et dont il est souvent
fait mention chez les historiens et les géographes grecs
et latins c'est sans doute, une fondation nouvelle, à laquelle, par des vues de politique ou d'archéologie, on aura
donné le nom de l'ancienne dominatrice de l'Orient. Il
s'en faut toutefois que l'on soit en droit de conclure, avec
M. Hoefer, de cette solution de continuité entre les deux
Ninives, que l'une n'eût rien de commun avec l'autre,
que l'ancienne Ninive fût située près de l'Euphrate, que
l'Assyrie ne se soit jamais étendue à l'orient du Tigre,
que les monuments récemment découverts appartiennent
à l'époque des Achéménides, des Arsacides ou même
des Sassanides. Tous les efforts de cet ingénieux érudit
n'ont pu ébranler l'opinion universellement accréditée, qui
place Ninive sur la rive gauche du Tigre, en face de
Mossoul, et, en dépit de ses arguments, il est probable
que bien longtemps encore on continuera à voir, dans les
précieux débris découverts par MM. Botta et Layard, les
restes d'un art véritablement assyrien.

Ninive, ou, si l'on aime mieux, Nimroud, Koyoundjik
et Khorsabad, ne sont pas les seules localités où se rencontrent les monuments de cette espèce. On les retrouve
à chaque pas sur tout le cours supérieur du Tigre et
dans un rayon étendu autour de Mossoul, à Bavian,
Schomamek, Abou-Kamira, Arban, etc. Partout ils se
présentent sous un aspect uniforme. Ce sont d'immenses

terrasses, formées par des substructions, sur lesquelles
le vent du désert a accumulé des collines de sable, et au-
dessous desquelles l'antiquité se retrouve intacte comme
sous les cendres de Pompéi et les laves d'Herculanum.
Les Grecs nommaient ces éminences artificielles χώματα,
et les regardaient généralement comme des ouvrages de
Sémiramis (Σεμιράμιδος ἔργα). Toute la plaine de la Mésopotamie en est à la lettre parsemée : il est telle colline
d'où l'on en aperçoit plus de deux cents. Les fouilles de
M. Layard, ont établi, du reste, que toutes sont loin
d'offrir le même intérêt, et que le nombre de celles où
l'on trouve des sculptures et des inscriptions est relativement peu considérable. Souvent, d'ailleurs, comme à
Arban et à Bavian, le style des monuments découverts
est fort différent de celui des palais de Ninive.

M. Layard considère le vieux palais de Nimroud comme
antérieur à ceux de Khorsabad et de Koyounjik, et y
voit le type le plus parfait de l'architecture assyrienne.
Ce palais n'a pas péri par le feu comme ceux de Koyounjik et de Khorsabad ; il a dû tomber de vétusté, et
même fournir des matériaux à des édifices plus modernes. En effet, plusieurs des dalles de ce vieux palais se
sont retrouvées dans d'autres constructions, la face sculp-
tée tournée vers le mur et attendant sur leur revers de
nouvelles sculptures. Une longue série de dalles empilées
au même endroit sur le sol, et dont les sculptures se
font suite, témoigne que la dernière catastrophe de Ninive surprit cette ville en voie de démolition et de réédi-
fication, et que plusieurs palais passèrent immédiatement
de l'état de constructions inachevées à l'état de ruines. On
peut donc supposer que Nimroud nous représente l'an-

cienne Ninive, la Ninive du premier empire d'Assyrie,
abandonnée lors de la catastrophe qui mit fin à cet empire, tandis que Khorsabad et Koyounjik représentent la
Ninive du second empire, celle de Salmanasar et de
Sennachérib. L'immense construction pyramidale de Nimroud, qui frappa Xénophon, offre de remarquables analogies avec la description qu'Hérodote nous a laissée de
la tour de Bélus à Babylone[1]. C'était sans doute la forme
primitive du temple assyrien, à l'époque où l'architecture
encore symbolique par elle-même, comme les *stoupas* de
l'Inde, ne se distinguait pas des autres arts plastiques, et
formait avec l'objet du culte un tout indivis. Ce n'est qu'à
une époque très-postérieure qu'on attribua une destination
funéraire à ces masses gigantesques ; l'antiquité, si peu
scrupuleuse en fait de critique et d'archéologie, les appelait
à tout hasard tombeaux de Ninus ou de Sardanapale.

Les plus curieux peut-être des bas-reliefs découverts
et reproduits par M. Layard sont ceux qui nous représentent les procédés mécaniques au moyen desquels ont
été élevées ces masses qui nous étonnent. L'idée de figurer ainsi sur le monument les travaux de sa construction est certainement une des plus caractéristiques de l'art
assyrien. Ce n'est pas à la Grèce que la pensée fût venue
de représenter sur les bas-reliefs d'un temple ce détail
indifférent et tout servile ; l'édifice grec créé tout d'une
pièce par le génie ne doit pas porter la trace de la main
de l'homme : il faut que le souvenir de son origine terrestre soit autant que possible effacé. Éminemment ob-
jectif, il se rapporte tout entier à sa destination religieuse ou civile. L'édifice assyrien, au contraire, est son

1. *Hist.* l. I. c. 181.

but à lui-même : c'est le *monimentum* dans le sens radical du mot ; le fait de sa construction est par conséquent le côté essentiel qu'il importe de rappeler et de
faire ressortir. Construit en dehors de toute vue d'utilité
pratique, il n'est là que pour attester la force de celui
qui l'a élevé et le nombre de captifs qu'il pouvait faire
concourir à l'exécution de sa volonté. En général, ce
qui frappe dans les curieuses représentations découvertes
et reproduites par M. Layard, c'est la pauvreté des
moyens dynamiques, mais aussi la manière ingénieuse
et surtout l'ensemble avec lequel ils sont mis en œuvre.
Tout se réduit à l'application immédiate de la force
brute, c'est-à-dire du bras des captifs ou des malfaiteurs,
secondé seulement par l'emploi du levier et du rouleau.
Des ingénieurs, munis d'instruments à signaux et de
porte-voix, dirigent l'opération ; un surveillant, par huit
à dix hommes, procure un redoublement de force en
faisant pleuvoir sur les malheureux placés sous ses ordres
une grêle de coups. Le roi en personne, sur son char
et entouré de sa garde, préside au travail. M. Layard
a rapproché de ces singuliers bas-reliefs une représentation
égyptienne qui rend bien sensible l'analogie de la mécanique des deux peuples : les Égyptiens cependant y
paraissent supérieurs aux Assyriens. Le colosse est
mieux assujetti et mieux protégé dans le trajet; aux rou-
leaux est substitué un plancher mobile, sur lequel on
répand de l'huile. Enfin, ce qui peut n'être un avantage
qu'aux yeux des philanthropes incorrigibles, tout se
passe avec une dépense beaucoup moindre de coups de
bâton.

Les scènes guerrières sont de toutes les plus nom-

9

breuses, et, après celles que nous venons de décrire,
les plus intéressantes. Chaque chambre d'un palais contient d'ordinaire l'histoire complète d'une campagne, depuis le départ du roi jusqu'à son retour triomphal. Sièges
de villes, passages de rivières, guerres dans les marais
du cours inférieur du Tigre et de l'Euphrate ; moitié à
gué, moitié sur des radeaux, rien n'y manque : on voit
les longues files de captifs, les tortures qui leur sont
infligées, le scribe comptant le nombre des têtes coupées,
le roi conduisant son char sur une route couverte de
prisonniers étendus à terre, les chœurs de musique et de
danse qui célèbrent son retour, l'entrée du roi dans son
palais au milieu de piles de têtes entassées. Il est impossible d'imaginer un tableau plus frappant de cette co-
lossale et terrible civilisation, qui semble n'avoir eu pour
but que le déploiement de l'orgueil d'un seul homme. Il
est remarquable que la religion occupe dans ces représentations assez peu de place : tout y est réel et historique ; on y trouve peu de traces de symbolisme et
de mythologie. Le roi est Dieu ; tout se rapporte à lui ; le
palais est le véritable et presque le seul temple. Un
dieu-poisson, sans doute l'*Oannès* de Bérose ou le *Dagon*
des Philistins, mérite seul de fixer l'attention. Une
foule d'objets égyptiens et phéniciens, retrouvés parmi les
décombres, prouvent les relations étendues que Ninive entretenait avec toutes les contrées de l'Orient. Ce qu'il y
a peut-être de plus curieux en ce genre, ce sont les
sceaux en argile fine, découverts par M. Layard, dans
une des salles du palais de Koyounjik, que le savant
voyageur a cru pouvoir désigner à cause de cela du nom
de Salle des archives. Plusieurs de ces sceaux portent

des légendes égyptiennes ou phéniciennes, et, s'il faut
en croire M. Layard, l'un d'eux aurait dû être appendu
à un traité conclu entre Sennachérib et Sabaco l'Éthio-
pien, au viie siècle avant l'ère chrétienne.

Les limites de cet article ne nous permettent pas de
suivre M. Layard dans les autres parties de son voyage.
En dehors même de l'archéologie, qui forme le principal
intérêt de son livre, les renseignements qu'on y trouve
sur l'état actuel des pays que l'auteur a parcourus, sur
les races diverses du bassin du Tigre et de l'Euphrate,
et, en particulier, les Iezidis et les Curdes, sur l'état des
populations chrétiennes de l'Orient, particulièrement des
Nestoriens, auraient suffi pour une exploration moins
féconde en résultats. On s'étonnera peut-être que Babylone ne tienne, dans le livre de M. Layard, qu'une place
secondaire ; mais longtemps encore l'archéologie babylo-
nienne n'occupera qu'un rang fort inférieur à l'archéologie ninivite. Jusqu'à ce qu'on ait remué de fond en
comble les collines de briques qui couvrent l'emplacement de l'antique Babel (et ce gigantesque travail ne
pourra s'accomplir qu'au prix de très-grands sacrifices
pécuniaires), toutes les recherches entreprises sur le sol
de cette ville fameuse n'amèneront, il est permis de le
croire, que de maigres résultats. Les récentes découvertes
de M. Place, à Mossoul, prouvent au contraire que les
trésors de Ninive sont loin d'être épuisés ; et qu'il nous
soit permis de dire à ce propos combien il serait re-
grettable de voir interrompues, ainsi qu'on l'avait
annoncé, des recherches qui seules pourraient rendre à
notre musée assyrien le rang que la priorité de sa fondation semblait devoir lui assurer.

En somme , les deux dernières publications de
M. Layard, jointes à celles qui avaient déjà rendu son
nom célèbre dans l'Europe savante, assurent à leur auteur une des premières places parmi les explorateurs de
l'Orient assyrien. Séparant avec soin le rôle du philologue
de celui de l'antiquaire et du voyageur, M. Layard a su
se garder de l'illusion qui a égaré jusqu'ici presque tous
ceux qui ont mis le pied sur ce terrain périlleux ; et,
bien qu'il semble parfois accorder plus de confiance
qu'elles n'en méritent peut-être aux interprétations que
l'on a essayé de donner des inscriptions cunéiformes assyriennes, il n'a rien de cette assurance qui prétend arriver par la divination à ce qui ne saurait être le résultat
que de la philologie la plus patiente et la plus spéciale.
Souvent, pour l'interprétation des inscriptions égyptiennes, cunéiformes, hébraïques, M. Layard s'en réfère à
l'opinion de quelques-uns de ses doctes compatriotes.
Cette partie de l'ouvrage, dont il ne porte qu'à demi
la responsabilité, est sans contredit la plus faible. Ainsi,
comment peut-il rapporter à l'époque la plus ancienne
du séjour des Hébreux à Babylone les inscriptions en
caractère carré ou palmyrénien qu'il y a trouvées, quand
il est évident, par les idées magiques et cabalistiques
qui s'y rencontrent, que ces inscriptions appartiennent
à une assez basse époque? On peut regretter aussi que
M. Layard ait donné place, en tête de son ouvrage et
de son atlas, à un essai de restitution des palais de
Nimroud et de Koyounjik, où l'imagination de l'artiste
s'est, il faut l'avouer, singulièrement donné carrière. Les
œuvres de l'art ne sont pas aussi conséquentes que celles
de la nature, et, si Cuvier a pu avec quelques ossements

reconstruire tout un monde, on avouera qu'il serait bien périlleux, d'après les caves du Louvre, de vouloir conclure le dessin de la colonnade, de la cour, des jardins, la couleur des rideaux, la forme des bateaux qui naviguent sur la Seine. Nous craignons que cette belle image coloriée ne fasse quelque tort au mérite scientifique de l'œuvre de M. Layard. Qu'arrive-t-il, en effet, quand la science veut ainsi condescendre aux faiblesses du public? Les sceptiques en sourient, et se croient en droit de placer les antiquaires parmi les rêveurs; les lecteurs plus crédules, au contraire, prennent tout cela au sérieux, et accordent à ces hypothèses une certitude qu'elles n'ont pas dans l'esprit de celui qui les propose. Il faut toujours s'attendre à n'être lu qu'à moitié et à être jugé d'après la table des matières et les planches. Dans un temps où, par suite des fausses prétentions du public à se croire compétent dans les choses scientifiques, les mystifications de toute sorte sont devenues comme à l'ordre du jour, les hommes sérieux doivent se garder de tout ce qui peut y fournir ne fût-ce qu'un prétexte.

LE SCHAHNAMEH [1].

L'œuvre capitale de l'orientaliste éminent que nous
avons perdu il y a une année [2] fut la publication et la traduction de la grande épopée persane, le Livre des Rois.
Quand la mort vint le frapper, le septième et dernier
volume était presque terminé. Un disciple digne du
maître, M. Barbier de Meynard, complétera ce magnifique
monument, aussi glorieux pour la France, qui en a fait
les frais avec une largeur toute royale, que pour le savant
qui a su l'achever à travers mille difficultés. L'ouvrage
n'a qu'un défaut : c'est sa splendeur même. Faisant par-

1. *Le Livre des Rois*, par Aboulkasim Firdousi, traduit et com-
menté par Jules Mohl, membre de l'Institut, professeur au Collège
de France, publié par madame Mohl. T. I, II, III. — Paris, Imprimerie nationale, 1876.
2. M. Jules Mohl, mort le 4 janvier 1876.

tie de cette *Collection orientale*, décrétée à une époque
de libérales entreprises pour montrer ce que peut faire
l'Imprimerie nationale, le Livre des Rois, avec ses titres
somptueux, le riche encadrement de ses pages et, ce qui
vaut bien mieux encore, la perfection de son exécution
typographique, est un livre inabordable pour les particuliers. Les souverains seuls le possèdent, et ils le lisent
peu. Les hommes d'étude, qui le liraient, ne le trouvent
que dans un très-petit nombre de bibliothèques. Ajoutons que l'énormité du format, la grosseur et le poids des
volumes en font le plus majestueux sans doute, mais aussi
le plus incommode des livres. Mohl sentait cela mieux
que personne, et une de ses volontés les plus arrêtées
était, aussitôt que la grande publication serait achevée,
de donner de sa traduction une édition accessible à tout
le monde et facilement maniable. Madame Mohl remplit
aujourd'hui avec un zèle pieux et un louable empressement les intentions de son mari ; trois volumes de cette
réimpression, si désirée des savants, ont déjà paru, et les
autres semblent devoir suivre avec une rapidité à laquelle
on est peu habitué en ces sortes d'entreprises.

Le Livre des Rois ou *Schah-nameh*, de Firdousi, a un
intérêt hors ligne pour l'histoire comparée des littératures.
Au choix que Mohl fit de cette vaste chanson de gestes
pour y consacrer sa vie, on sent un esprit philosophique,
on sent surtout l'ami de Fauriel, c'est-à-dire de l'homme
qui a le plus contribué à répandre les idées vraies sur
la nature de l'épopée. Une des plus grandes erreurs de
l'école universitaire, fille des rhéteurs latins de l'époque
romaine, avait été de classer sous un même nom les
poèmes homériques, *l'Enéide*, *la Pharsale*, *la Henriade*,

parce que tous ces poëmes sont narratifs. Un des coups
d'État les plus décisifs de l'école critique fut de réserver
le nom d'épopée aux œuvres nationales et spontanées,
produits presque inconscients du génie d'une race, à ces
vieux récits héroïques, d'ordinaire anonymes, qui sont
en quelque sorte l'âme d'un peuple. Plus tard, on fit un
pas de plus : on vit que la grande épopée a presque
toujours un arrière-fond mythologique, que mythologie
et épopée sont à peu près la même chose, si bien que
les races, comme la race sémitique, qui n'ont pas de
mythologie, n'ont pas non plus d'épopée. Pour découvrir
cela, il fallait les progrès accomplis depuis vingt-cinq ans
dans le champ de la mythologie comparée. Mais ce que
Fauriel et Mohl virent dans la perfection, ce sont les
degrés divers que traverse la rédaction du poëme épique
et les conditions sociales qu'il suppose pour se développer : d'abord un fond traditionnel, conservé le plus
souvent dans certaines familles aristocratiques; des branches diverses de récits, se rattachant à des héros célèbres;
des chanteurs vivant dans la domesticité d'une classe
militaire, chantant pour cette classe et se conformant à
ses goûts; une longue période de conservation orale
(l'épopée est d'ordinaire sue de mémoire pendant des
siècles avant d'être écrite); puis, quand vient l'âge de
l'écriture, une rédaction réfléchie, choisissant un centre
pour y rattacher les branches éparses, élaguant plusieurs
de ces branches, donnant, en un mot, à l'épopée nationale ce qui lui a manqué jusque-là, l'unité.

Voilà ce que la Grèce nous montre, avec une incomparable perfection d'exécution, dans ses poëmes héroïques.
Presque toutes les autres épopées se sont arrêtées en

chemin, les unes à l'état de chansons éparses, de branches non réunies, les autres à l'état d'essais individuels,
non consacrés par le succès; quelques-unes, dépassant
le but, ne sont arrivées à l'état de compositions régulières
que quand le temps de l'épopée sérieuse était passé et
que de tels récits provoquaient le sourire (c'est le cas des
cycles du moyen âge entre les mains de l'Arioste). Seule,
l'épopée homérique parcourut tous les degrés qui séparent
les chants décousus de l'aède du poème accompli. Ici la
Grèce garde son privilége de goût, de tact et d'harmonie
instinctive. Ce que firent ses architectes, ses sculpteurs,
ses historiens, ses philosophes, les derniers rédacteurs
de ses poëmes épiques le firent de leur côté; ce furent
des arrangeurs comme il n'y en a eu nulle part ailleurs.
Le sentiment de mesure et de proportion qui caractérise
toutes les œuvres grecques anima les compilateurs de
génie qui ont amené à la forme divine où nous les lisons
l'*Iliade* et l'*Odyssée*.

L'Inde, la Perse, la Germanie, les peuples celtiques
marchèrent dans les mêmes sentiers, mais eurent en
moins le génie. Le moyen âge, en ramenant l'homme à
l'état barbare et en couvrant le monde de la féodalité
germanique, dont l'esprit était essentiellement épique,
ramena quelques-unes des conditions de l'épopée. La
principale, qui est le paganisme, manquait ; le christianisme, en obligeant le converti à maudire son passé
héroïque et à tenir ses ancêtres pour des damnés, cou-
pait la racine de la grande épopée complète. Ce qui restait possible, c'était la poésie guerrière plutôt qu'épique.
Comme le sol où elle naissait était depuis longtemps
chrétien, l'arrière-fond naturaliste et mythologique dispa-

rut. Au lieu de ces guerres des dieux et des éléments
naturels qu'on voit derrière les épopées des Grecs, des
Hindous, des Perses, des peuples celtiques, même derrière
les *Niebelungen*, le dernier fond de l'épopée nouvelle fut
un Charlemagne légendaire, fort différent de celui qui
exista réellement, très-peu chrétien parfois, mais placé
par l'influence des idées chrétiennes à une distance infinie
de ce qui constitue le demi-dieu et le héros.

Dans cette série d'études comparatives, la Perse occupe
une place de première importance. L'ancienne Perse fut
essentiellement héroïque; pour les mœurs, les idées, la
langue, elle ressemblait singulièrement à notre époque
carlovingienne; elle était mythologique aussi, et, derrière
les atténuations du Zend-Avesta, on aperçoit l'arrière-plan
de polythéisme qui, dans l'Inde, a produit une végétation
si luxuriante de dieux et de fables. De tout temps, une
classe de *dihkan*, restes d'une noblesse féodale qui garda,
sous le gouvernement des Arabes, toute son importance,
se nourrissait de ces souvenirs. L'islamisme, bien plus
destructeur encore que le christianisme des traditions
païennes, fut un rude coup pour le vieil esprit: mais ce
ne fut pas un coup mortel. Dans la région voisine du
Tigre, l'esprit de l'Iran, qui d'ailleurs n'y avait jamais
fleuri sans mélange, disparut devant l'éclat de la nouvelle
civilisation qui se réalisa un moment à Bagdad. Mais
dans les provinces orientales se conserva le génie de la
Perse et son antique idiome. L'arabe ne réussit à être
que la langue de la religion. Aussitôt que le kalifat s'affaiblit, une réaction persane, d'abord sourde, bientôt ouverte,
se manifeste. Les gouverneurs des provinces orientales
deviennent indépendants; on parle persan à leurs cours;

les poëtes persans se multiplient; les princes les favorisent et encouragent de toutes parts la recherche des
souvenirs nationaux. Ce mouvement atteignit son plus
haut période de vivacité, quand la fortune amena au
pouvoir les Samanides, qui descendaient des anciens
Sassanides. On vit alors un guèbre, Dakiki, chargé offi-
ciellement par le gouvernement d'écrire les anciennes
fables héroïques de la nation, et des parties de ce premier essai du Livre des Rois nous ont été conservées.

Dakiki mourut n'ayant écrit que mille ou deux mille vers,
et les Samanides disparurent vite. Mais leur œuvre fut
continuée par les Ghaznévides, et surtout par ce Mahmoud,
le souverain le plus puissant de son temps (997-1030 de
Jésus-Christ), sous lequel la Perse reprit enfin sa complète
indépendance dans l'islam. L'idée de réunir en un corps
poétique tous les récits relatifs aux anciens rois le poursuivait ; une vaste enquête s'organisa par ses soins; les
traditions orales furent recueillies; les vieux livres arrivèrent de toutes parts. Le roi ne s'endormait jamais sans
avoir auprès de lui un conteur qui lui redisait ces merveilleuses aventures. Il s'agissait de trouver un homme
capable d'en faire une œuvre durable. Mahmoud chercha
longtemps : il ouvrit des concours pour la rédaction d'épisodes qu'il désignait. Il trouva enfin ce qu'il cherchait
dans Aboulkasim Firdousi, natif de Thous, le plus habile
poëte d'une époque où la littérature devenait trop souvent
un artifice et un jeu d'esprit.

Mahmoud était musulman zélé; mais il était avant tout
iranien. Quant à Firdousi, il était à peine musulman. Le
fanatisme qui l'environne l'oblige à des hommages hypo-
crites envers le Prophète; il s'en acquitte aussi brière-

ment que possible, d'une façon gauche, embarrassée, derrière laquelle on sent percer l'antipathie. Au fond, il réserve tout son enthousiasme pour Ali. Ali était devenu le déversoir des besoins mystiques et mythologiques de la Perse. On ne parlait de lui qu'avec une emphase touchant à la folie. Comment reprendre ces effusions envers un parent du Prophète, envers le plus saint des musulmans? Couvert par un tel artifice, l'hérétique persan rapportait à ses rêves panthéistes ce qu'il disait de cet Arabe, dont au fond il se moquait, et souriait intérieurement en songeant au bon tour qu'il jouait ainsi à l'orthodoxe. Par moments, la mauvaise humeur de Firdousi contre l'islam se trahit d'une façon à peine déguisée. Racontant ce qui se passe à ce moment capital de l'histoire de la civilisation où l'on introduisit la fête du feu : « Nos pères, dit Firdousi, avaient, eux aussi, un culte, une religion ; l'adoration de Dieu florissait parmi eux. Comme les Arabes se tournent dans leurs prières vers une pierre, eux se tournaient vers le feu aux vives couleurs. »

Ce que Firdousi est par-dessus tout, c'est naturaliste et fataliste. Le monde roule éternellement, entraîné par une loi qui réside en lui et surtout dans les astres, sans qu'aucune volonté bienveillante ou juste le gouverne. La mort plane sur toute chose. L'histoire est une succession d'âges qui se chassent les uns les autres, et auxquels président des prophètes, des héros particuliers à chacun d'eux. Au travers de cette ronde, présidée par la mort, apparaissent quelques sages qui ont su goûter la joie, tout en voyant bien qu'elle est passagère. Le poëte interrompt de temps en temps sa cantilène narrative pour insister sur l'imverselle vanité : « Lorsque tu entends ces récits, dit-il, pense combien le monde est vieux, combien de destinées ont passé sur ces montagnes et ces plaines, et combien y passeront encore. »

La magie, si antipathique aux peuples monothéistes, qui y voient non sans raison une impiété, une façon de disposer de la nature sans l'aveu de Dieu, est au fond de la théologie de Firdousi, comme au fond de toute théologie indo-européenne. Lisez les tantras de l'Inde, les Tables eugubines; ces singulières recettes pour forcer Dieu viennent toutes d'une même idée, c'est que l'homme commande à la nature et réussit, par certains procédés, à prendre le rôle que le monothéisme attribue à Dieu seul. C'est aussi la pensée de la science moderne. Seulement, les moyens qu'imaginaient ces égarés du vieux monde étaient des formules chimériques. La chimie en a trouvé et surtout en trouvera de meilleures. En tout cas, les deux antipodes du monothéisme sont bien la science et la magie, toutes deux rendant la prière inutile. Firdousi a de tout cela un sentiment vague et profond. Malgré ses protestations d'islamisme, son poëme est athée. Dieu n'y apparaît jamais comme providence; il n'a pas de rôle dans l'action qui s'y déroule. Le surnaturel de Firdousi est celui qui résulte d'une nature vivante, dominée par la science de l'homme et par la force de sa volonté. Ses héros sont des êtres absolus, sans supérieurs dans l'univers, mais soumis au sort. Tout est gouverné par les sphères du ciel. C'est bien là une religion de poëte épique. Le monothéisme exclut l'épopée, en substituant une Providence toute-puissante à la grande bataille de la vie du monde, conçue comme une lutte

entre les forces fatales de la nature et les forces libres
des individus.

Tout cela était peu orthodoxe, et il fallait de la complaisance pour qu'une cour bigote le tolérât. Le patriotisme couvrait tout. Firdousi l'éprouva. Forcé, par une
de ces disgrâces qui sont l'histoire journalière des cours
orientales, de quitter Ghazna, il vint à Bagdad. On y était
peut-être moins croyant qu'à Ghazna; mais le patriotisme
persan ne protégeait plus le poète à demi païen. On lui
reprocha d'avoir passé sa vie à chanter les adorateurs
du feu. Pour se réconcilier avec l'orthodoxie musulmane,
il se mit à versifier le fade poème biblique, ou plutôt
coranique, de *Joseph et Zuleikha*.

L'épopée de l'Iran, telle que Firdousi l'a faite, ne saurait certainement être comparée aux chefs-d'œuvre de
l'antiquité grecque. Elle est même inférieure aux belles
rédactions de nos chansons de geste du moyen âge et
aux épopées de l'Inde, si loin elles-mêmes de la perfection d'un âge classique. L'islamisme et la philosophie
persane ont introduit dans le *Shah-nameh* une sorte de notion mélancolique de la destinée humaine, que les poëmes
homériques et les chants carlovingiens ne connaissent
pas. La joie de vivre, la gaieté dans la mort, sont des
éléments constitutifs de l'esprit épique. Roland et Achille,
Olivier et Hector n'ont jamais réfléchi sur eux-mêmes.
Ils ne songent pas à traiter la nature de marâtre et de
traîtresse. Firdousi est un blasé. Sans avoir l'audace,
l'ironie amère de Kheyyam, le plus étonnant poète nihiliste
qui jamais ait écrit, il vit, comme tout Persan, dans l'étroite
familiarité de la mort. Chacun des grands règnes des âges
mythiques est terminé par une réflexion âpre et résignée:

« Regarde! Qui pourrait atteindre une gloire égale à
la sienne? Il avait amassé les biens de ce monde trompeur; il avait montré aux hommes comment on arrive
à la richesse, mais il n'en a pas joui. Le monde n'est
qu'un rêve qui passe; ni le bonheur ni le malheur ne
durent... »

« O monde, cesse donc d'élever ainsi celui que tu veux
moissonner! Si tu voulais le faire disparaître, pourquoi
l'élever? Tu exaltes un homme au-dessus du firmament,
puis tu le précipites sous la terre obscure. »

« . . . . . Ainsi disparut son trône royal et sa puissance; le sort le brisa comme une herbe fanée. Quel
fruit lui revient d'avoir supporté tant de soucis? Sept cents
ans avaient passé sur lui et lui avaient fait éprouver tout
ce qui s'appelle bonheur et malheur. A quoi sert une
longue vie? Le monde te nourrit de miel et de sucre :
mais, au moment où tu te vantes qu'il a versé sur toi ses
faveurs et que toujours il te montrera sa face d'amour,
au moment où il te flatte et te caresse, quand tu lui as
ouvert tous tes secrets, alors, il joue avec toi un jeu
perfide et te fait saigner le cœur. Je suis fatigué de ce
monde transitoire. O Dieu! délivre-moi promptement
d'un tel fardeau! »

Quelles que soient les réserves que l'on doive faire sur
la valeur littéraire du poëme de Firdousi, ce poëme garde
un intérêt sans égal pour la mythologie et la psychologie
ethnographique. On y voit à découvert ce qui ailleurs
est caché, les lois secrètes qui président à la confection
des épopées. Le Livre des Rois n'a pas échappé au sort
commun de ces sortes de poëmes. Il s'est grossi successivement d'épisodes qui, en s'accumulant autour de

l'œuvre primitive, en ont altéré le caractère individuel et l'ont transformée en un poëme cyclique. C'est bien vraiment l'épopée de la Perse. Quoique les Persans musulmans le lisent eux aussi avec délices, ce sont surtout les Parsis qui le copient; le livre est presque devenu un livre parsi, et, si un jour, comme on peut le croire, la Perse repousse le joug de l'islam, le Livre des Rois redeviendra son livre national. Firdousi croit à la gloire; il est humain; il aime le bien; la civilisation est pour lui le but que le monde poursuit, nonobstant la fragilité des individus. Ce n'est pas un Arabe, c'est un des nôtres; avec Hafiz et Kheyyam, il caractérise cet étonnant phénomène que présente la littérature persane, la persistance obstinée du génie indo-européen au travers des plus tristes aventures de l'histoire asiatique.

LES CÉSARS.

I.

Il serait injuste de prendre cet écrit de M. Beulé[1] pour
autre chose que ce qu'il a voulu faire. L'habile et judicieux professeur n'a pas prétendu composer un mémoire de critique historique, dresser une longue et pénible enquête. « Ce n'est point un livre que j'offre au
public, dit M. Beulé, c'est une série d'entretiens qui ont
été sténographiés, et qu'on m'a demandé de réunir. Je
leur laisse leur forme primitive, qui rappellera sans
cesse au lecteur mes titres à son indulgence ; il est
équitable, en effet, d'accorder certaines licences à l'im-
provisation, et de penser que la rapidité même de l'ex-

---

1. *Auguste, sa famille et ses amis*, par M. Beulé, de l'Institut.
2ᵉ édition. Paris. Lévy, 1868.

pression, si elle sert parfois les idées, peut souvent leur
nuire. Je prie les historiens et les critiques de ne point
m'appliquer leurs instruments de précision, mais d'é-
couter la voix de leur propre cœur. Les portraits que je
retrace sont surtout des études morales, et ce sont les
enseignements de l'histoire que je m'efforce d'y faire
ressortir. Les consciences fermes en tireront quelque
consolation, les consciences ébranlées de salutaires clar-
tés; car les poëtes, les adulateurs, les faux légistes de tous
les temps ont fait d'Auguste un type qui ne peut qu'at-
trister ceux qui pensent, justifier ceux qui flattent, tromper ceux qui règnent. »

Ainsi entendu, le livre de M. Beulé mérite beaucoup
d'éloges. M. Beulé est un de ces génies faciles auxquels
tout réussit, car ils sont dans une heureuse harmonie
avec le siècle où ils vivent, les sujets qu'ils traitent, les
desseins qu'ils forment et le public qui les entoure. Doué
d'un sens pratique singulièrement ferme, d'un goût sûr
en ses limites, d'une résolution de jugement qui est la
plus précieuse des qualités à un moment d'affaiblissement
des caractères et d'amollissement des esprits, M. Beulé
a le tempérament des hommes politiques; son style clair,
vif, naturel, le désigne pour l'action. Comme le spirituel
académicien le laisse entrevoir dans sa préface, ce ne sont
pas là tout à fait les qualités qui servent à la critique
scientifique. La première condition pour celle-ci est de ne
se proposer aucun but politique, de ne point songer à
exercer une action sur son temps, de ne se permettre aucune allusion aux choses actuelles, de ne plaire à aucun
parti. Les préoccupations du présent, introduites dans
l'histoire, la faussent infailliblement.

M. Beulé nous avoue lui-même que son but a été
« moral », qu'il a voulu « faire ressortir des enseignements » ;
pour partager sa manière de voir sur Auguste et Livie,
on doit « écouter la voix de son cœur ». Dieu me garde
de le blâmer ; mais il est clair que M. Léon Renier,
construisant la même histoire sans écouter autre chose
que les avertissements de sa critique limpide et dégagée de toute arrière-pensée, fût arrivé à des jugements
différents. M. Beulé pense qu'il est utile à la morale
que Auguste, Livie, Julie, Agrippa, Mécène aient commis
le plus de crimes possible ; dans son zèle pour les principes, il accueille toute allégation malveillante, pensant
qu'il est bon qu'on se figure les despotes, leur famille et
leurs amis sous les plus noires couleurs. Mais de pareilles allégations sont quelquefois vraies, quelquefois
fausses. Il faut tout écouter, tout peser, et, quand on
n'entend qu'une opinion, se défier. Même pour Néron,
je voudrais qu'il nous fût possible d'entendre la défense.
Josèphe, son contemporain, nous apprend que son histoire avait été écrite de deux points de vue entièrement
opposés, les uns l'élevant jusqu'au ciel, les autres en-
tassant contre lui les mensonges avec une impudeur
sans égale[1]. La version qui présente le fils d'Agrippine
comme un monstre nous est seule parvenue ; je la crois
vraie quant au fond ; cependant j'aimerais fort à connaître l'autre. La haine est si inventive en fait de calomnies ! les bruits d'une ville immorale et cancanière
méritent si peu de créance ! En vertu de l'axiome souvent
trompeur : *Is fecit cui prodest*, l'opinion publique n'ad-

1. *Ant. jud.*, XX, VIII. 3.

met jamais que la mort travaille d'une manière désintéressée. C'est un penchant naturel à ceux qui vivent loin
des cours de supposer qu'il s'y passe beaucoup de
crimes ; le mystère fait tout admettre ; Marc-Aurèle lui-
même a été accusé d'empoisonnement.

Peut-on dire que le philosophe, laissant de côté comme
insolubles les questions sur le caractère privé des personnages historiques, et se bornant aux vues d'histoire générale, n'ait pas aussi quelques réserves à faire au sujet
de la critique de M. Beulé ? Je me hâte de dire que, sur
les maximes essentielles, je suis d'accord avec lui. Nous
sommes de la même religion ; nous adorons au même
sanctuaire, qui est le Parthénon. La supériorité de la
Grèce républicaine sur tout le reste de l'humanité, et en
particulier sur tout ce qu'ont fait les Latins, ce principe
fondamental que la Grèce est la source de tout art, de
toute science, de toute noblesse, voilà un dogme capital.
Quand on est d'accord sur cela, le reste n'importe que
médiocrement. Oui, l'étude de la Grèce doit être le fond
de toute éducation libérale. Athènes est le seul point
du monde où le parfait existe ; Athènes devrait être
l'universel pèlerinage. On admire trop Rome ; on étudie
trop ses monuments, tous secondaires. Le bourgeois
athénien, dans sa simple aisance d'homme libre, tel que
nous le voyons encore sur la frise du Parthénon, est un
demi-dieu, si on le compare à la majesté empruntée
d'un césar. La poésie désormais doit consister à chanter
la Grèce. Rêver de la Grèce, vivre en Grèce par l'esprit est
pour l'homme cultivé ce qu'est pour le chrétien vivre
dans le royaume de Dieu. Une ville où les fonctionnaires
les plus élevés étaient tirés au sort, où tout bourgeois

était un noble, où l'on choisissait les ambassadeurs pour
leur beauté, où des victoires comme celle de Marathon
ont été remportées par des soldats qui n'étaient pas des
conscrits, où des pièces comme celles de Sophocle ont été
applaudies par le peuple, où un art comme celui de l'Acropole a été compris, voulu, demandé à l'artiste par le public,
cette ville a été dans le monde quelque chose d'unique.

La plupart des créations vraiment originales d'art ou
de littérature ont eu lieu de la même manière dans des
petits centres plus ou moins républicains où tout le
monde se connaissait, où l'homme de génie avait sa
valeur, sa raison d'être. Ces dénominations de « siècle
d'Auguste, siècle de Léon X, siècle de Louis XIV » renferment des erreurs historiques ; elles rapportent abusive-
ment la gloire de générations illustres à ceux qui les ont
enterrées honorablement. Le règne d'Auguste marque la
fin du beau mouvement de littérature latine qui avait il-
lustré les deux derniers siècles de la république. Les
Médicis voient s'arrêter l'élan de la Renaissance, inaugurée
par les républiques italiennes du moyen âge. Louis XIV
préside à la décadence du libre génie français, tel que
l'avait connu l'époque glorieuse qui précéda l'avénement
de sa toute-puissante royauté.

Je suis de l'avis de M. Beulé sur ces points. Mais, tout
en maintenant sévèrement dans l'histoire la hiérarchie des
degrés divers de noblesse, il ne faut pas méconnaître les nécessités des temps. Nos siècles modernes, par exemple, ne
peuvent être comparés en rien au splendide idéal de la
vie grecque, qui n'a existé qu'une fois pour l'éternelle
consolation de l'humanité en ces tristes landes qu'elle a
traversées et traversera encore. Comment voulez-vous qu'un

État de trente-six millions de Gaulois, dont vingt millions de paysans, ressemble en rien à une cité de vingt mille Athéniens? Essayez donc, dans un tel État, de tirer les fonctions au sort. Supposez Athènes située sur le Borysthène, à la hauteur de Kiew, au milieu des Scythes ; le Pnyx et l'Aréopage, Démosthène et Aristophane ne s'y conçoivent plus. Peut-être M. Beulé ne tient-il pas compte de toutes ces différences. Sa sévérité extrême pour Auguste et pour ceux qui contribuèrent à l'établissement du principat suppose que, dans sa pensée, ce ne fut là qu'une entreprise d'ambitieux, qui n'avait pas de légitimité. Or, si quelque chose était écrit d'avance, c'est que Rome, en conquérant le monde, préparait une immense dictature militaire. Comment s'imaginer que le monde, qui s'était rangé dans cette grande confédération, accepterait d'être gouverné par la ville de Rome? Paris a de même été un centre d'attraction pour la France; est-ce qu'il eût été possible que la France fût gouvernée par les échevins de Paris ? Le jour où Paris est devenu la capitale de la France dans le sens complet du mot, la France n'a pas voulu que Paris eût seulement un corps municipal. Est-ce que, si la république de Venise fût arrivée à des possessions territoriales très-considérables, les provinces eussent supporté le régime des provéditeurs ? Non ; il n'y a pas de doute qu'elles eussent renversé la savante constitution vénitienne, fondée sur le privilége des anciennes familles de la ville, en servant les brigues de quelque capitaine audacieux. Le jour où Rome devint la capitale du monde, Rome devait cesser d'être une ville indépendante.

Le mouvement qui créait le césarisme était le mouvement de l'empire entier. On se place toujours, pour juger

ces révolutions, de façon à n'avoir en vue que la seule
ville de Rome. On s'apitoie sur ce pauvre peuple romain
trahi, surpris, enchaîné; on s'indigne contre les mauvais
citoyens qui asservirent leur patrie. Mais qu'on veuille
bien considérer le monde, lequel avait aussi le droit de
se mêler de ses affaires. Il n'y avait plus, à vrai dire,
de peuple romain, et, quant au sénat, il recueillait les
conséquences nécessaires de sa politique, ajoutons de ses
fautes; son règne sur le monde avait été on ne peut plus
tyrannique ; César fut pour les provinces un libérateur.
Je ne crois pas aux surprises politiques dont les conséquences sont durables. C'est une théorie commode pour
les esprits qui s'arrêtent vite dans la recherche des
causes, de ne voir dans l'histoire que deux partis en présence, d'une part le peuple, toujours dupe ou victime ;
de l'autre, d'habiles ou violents ambitieux, qui le trompent ou le subjuguent. On oublie que, dans ces coups en
apparence subreptices qui changent la forme des États,
le peuple est presque toujours complice, qu'il acclame,
qu'il remercie le vainqueur, accable d'affronts les nobles
qui résistent. Mettons qu'il se borne à laisser faire.
Qu'est-ce que cet éternel innocent dont le rôle est de ne
jamais savoir se défendre ? Vraiment, prendre la tutelle
de ce pauvre mineur, c'est se prêter à l'invitation et
comme à la force des choses. — Oui certes, une surprise
est possible; mais, quand la même surprise se reproduit
plusieurs fois de suite, quand vingt occasions se présentent au peuple pour réparer la maladresse qu'il a com-
mise, et que le peuple n'en profite pas, ce n'est plus de
surprise qu'il faut parler, c'est de fatalité historique.

Voilà bien ce qui eut lieu lors de la fondation de

l'empire romain. Le problème commença à se poser dès
le temps de Marius et de Sylla. Mais Marius n'avait pas
assez de capacité politique, Sylla était un conservateur
trop obstiné, ou, pour mieux dire, la solution du problème n'était pas encore assez urgente pour que le principat s'établit dès lors. Sylla, sorte de tory aveugle, de
doctrinaire sans ambition personnelle, rétablit et renforça
la vieille constitution; il versa des torrents de sang pour
une réaction en pure perte. Sa restauration fut éphémère;
lui-même n'y croyait pas; en tout jeune homme de
talent il voyait un futur Marius. En effet, César arrive à
la toute-puissance en se prêtant habilement aux vœux
du siècle. Dira-t-on qu'en acceptant la dictature perpétuelle il dépassa l'intention de ceux qui l'avaient soutenu
jusque-là? Soit. Mais le voilà assassiné; l'occasion est
belle; la république, délivrée du tyran, va refleurir. —
Il n'en est rien; le tyran renaît de ses cendres; tout se
groupe autour de ses continuateurs; une force invincible
seconde Octave; la fortune se déclare pour lui.

Ce fut, direz-vous, un heureux guet-apens. Ce fut le
triomphe de l'art militaire et de la politique sur la volonté des citoyens. — Nullement. Comme si, cette fois,
l'histoire avait voulu nous donner une leçon claire et
sans équivoque, le vainqueur d'Actium était, de l'aveu
de tous, un très-faible homme de guerre; c'était, à
beaucoup d'égards, un homme médiocre. M. Beulé le
montre admirablement. On ne peut davantage attribuer
ses succès à la richesse; les *Octavii* étaient assez pauvres. Qu'était-il donc? Il était neveu de César. Voilà la
force qui donna du génie à un homme qui sans cela
eût joué le rôle le plus secondaire.

Mettons d'ailleurs que le peuple, devenu plus sage, ait reconnu son erreur. Auguste mort, le moment est favorable ; Tibère se fait prier pour lui succéder : qu'on se passe de lui. Tibère meurt, à son tour, après avoir commis d'abominables cruautés. C'est le cas de rétablir la république. — On acclame Caligula.

Après Caligula, l'illusion n'est plus possible. C'est un extravagant notoire ; durant trois ans et trois mois, le monde est livré à un fou féroce et goguenard, qui se moque du genre humain. On l'assassine. — Ah ! c'est maintenant que nous allons enfin voir un juste retour de ce peuple surpris et opprimé. Chéréa, le chef de la conspiration, est républicain ; le sénat délibère de rétablir la république ; les consuls donnent pour mot d'ordre *Libertas* ; en haine du nom de César, ils convoquent l'assemblée au Capitole, et non dans la basilique Julienne. Rome est libre ; on tient de fort sages discours ; tous les honnêtes gens respirent. — On avait compté sans une sorte d'idiot, oncle de l'empereur défunt, qui, pendant le tumulte, s'était réfugié derrière une portière. On aperçoit ses pieds ; on le tire ; le malheureux demande grâce. On le proclame empereur.

Ici je m'arrête. Quoi ! ce n'était pas une évidente nécessité historique que celle qui se faisait jour comme une inondation par toutes les fissures ? Ce n'était pas un régime inévitable qu'un régime qui se soutint malgré les plus mauvaises chances ; un régime qui fut très-fort avec des scélérats, des monstres, des fous, des imbéciles ; un régime que Tibère, Caligula, Claude, Néron ne perdirent pas ; qui, après Galba, Othon, Vitellius, se retrouve sous Vespasien plus fort que jamais ; qui, après Domitien, le

pire des tyrans, nous offre un siècle admirable, un spectacle unique, le règne des philosophes, le monde gouverné par la vertu et la raison ! Si le régime des Césars eût été ce qu'on le suppose, l'empire se fût disloqué
vingt fois ; pourtant il était alors au plus haut degré de
sa puissance. Et ne dites pas que c'est là le triomphe de
la force, le résultat de la supériorité que donnent les
talents militaires sur une foule désarmée. Auguste, Tibère, Claude, ne sont nullement des capitaines ; Caligula
et Néron sont des hommes de guerre tout à fait ridicules.
Le signe qui montre qu'une politique est conforme aux
nécessités du temps, c'est quand elle peut se passer de
talent, quand aucune faute ne la tue. Ah ! dites que ce
peuple est ignoble, bas, égoïste ; qu'il n'a rien d'intéressant, que toutes les sympathies des âmes bien faites doivent être pour ceux qui protestèrent ; que chacun de nous
eût été avec Brutus et Cassius ; dites que ce n'est pas une
chose gaie de faire partie d'une misérable planète comme
celle-ci, où l'homme intelligent et vertueux est perdu au
milieu d'une foule innombrable de sots et de méchants ;
à la bonne heure ! Les jugements de l'histoire sont la
revanche de la conscience humaine, presque toujours
contrariée par la réalité. L'historien, le poëte, l'amant
de l'idéal doivent garder toutes leurs préférences pour les
vaincus ; Auguste lui-même le reconnut ; quand il était
avec ses hommes de lettres, il se plaisait à entendre chanter « la noble mort de Caton ». L'esthétique n'est pas
la politique ; la réalité n'est pas l'idéal. La réalité, c'est
le règne du médiocre, le règne du laid, des bourgeoises
exigences, des plates nécessités. Les nobles qui résistent,
on les aime, on les chante ; mais on les sait impuissants.

Voilà la nuance par laquelle on peut différer de M. Beulé. Auguste arriva au pouvoir par les voies déplorables qui sont suivies dans les temps où il n'y a ni république possible ni dynastie héréditaire. Le monde, en l'acclamant, fut plus heureux que sage; car le maître qu'il s'était donné sans bien le connaître fit un très-bon usage du pouvoir acquis d'une façon peu légale. Le crime de son avénement fut moins le sien que celui du peuple, qui dans ses embarras prend ce qu'il trouve. M. Beulé semble, depuis quelque temps, vouloir entrer dans une école qui professe une grande sévérité pour les souverains. Pour moi, je tiens le gouvernement des choses humaines pour très-difficile. J'arrive de plus en plus à penser qu'il faut être indulgent pour ceux qui ne s'en tirent pas tout à fait mal. Les souverains les plus médiocres font souvent encore mieux que les peuples n'eussent fait par eux-mêmes. On rend service à l'humanité en la tirant de son anarchie native. Voilà la raison de l'instinct qui fait qu'une grande masse d'hommes n'est tranquille que quand elle a abdiqué entre les mains d'un souverain. La conscience d'une multitude se sent trop instable et trop intermittente, si elle ne contracte une sorte d'identification avec la conscience d'une famille ou d'un individu.

M. Beulé, reconnaissant ce que les temps de César et d'Auguste avaient d'exceptionnel, veut bien pardonner à ce dernier le rôle qu'il s'attribua et qui le conduisit à la dictature. Mais il lui reproche de ne pas s'être démis de cette dictature, ou plutôt de ne pas l'avoir convertie en une présidence décennale. Il regrette, en d'autres termes, qu'Auguste n'ait pas imité Sylla, et n'ait pas remis le pouvoir aux mains du sénat. Il oublie les atroces iniquités

dont cette compagnie s'était rendue coupable. Le sénat
avait trouvé honnêtes toutes les illégalités, tous les coups
d'État, quand il s'était agi de maintenir son pouvoir.
Sylla ne fut pas plus un Washington que César ou Auguste; il fut plus cruel que ces deux derniers, au moins
que César, et il ne fonda rien du tout. Jamais Sylla ne
comptera parmi les grands rénovateurs des choses humaines. Ce fut une étrange et puissante nature, l'idéal
d'un aristocrate, sans vanité, sans charlatanisme, très-
intelligent sur une moitié des choses, borné sur l'autre,
trop dédaigneux de l'espèce humaine pour aimer beaucoup la gloire, voulant conserver et non régner, vivant
du plaisir de résister à la marche des choses, d'une sorte
de goût désintéressé de restauration. Qu'a-t-il fait? Par
des proscriptions odieuses il a retardé de quelques années
ce qui devait arriver. César et Auguste sont des ambitieux, je l'avoue; mais ils ont fondé pour des siècles, et
les conséquences de leur œuvre durent encore.

Les progrès réels que le sens moral a faits de nos
jours ne doivent pas fausser pour nous l'image du passé.
Que l'on songe à ce qu'il a fallu d'efforts pour faire pénétrer un peu de bon sens dans l'énorme troupeau d'un
milliard de têtes qui peuple la surface de notre globe.
L'amour du bien et la raison résidèrent d'abord en quelques
milliers de sages. La civilisation est l'œuvre d'un tout
petit nombre de nobles qui ont su charmer, entraîner,
décevoir ou dompter le reste. Voilà pourquoi jusqu'à
notre temps il n'y a pas eu de grande politique sans im-
posture et sans crimes. L'histoire n'est pas une leçon de
morale. M. Beulé essaye de montrer ce qu'il appelle « la
pénalité en histoire »; il voudrait qu'il n'y eût pas de

crime sans expiation, c'est-à-dire sans punition personnelle du coupable. Ici je proteste, au nom de la philosophie et de la religion. Les scélérats sont des hommes
fort habiles; s'ils avaient remarqué la loi que M. Beulé croit avoir découverte, ils ne commettraient pas de
crimes. Le fait est qu'on ne constate nullement dans
l'ordre de ce monde d'intention rémunératrice ou de
vindicte providentielle envers les individus. L'histoire
est un tissu de crimes prospérant et d'efforts vertueux
trahis par le sort. Quelquefois le coupable est puni; aussi
souvent il ne l'est pas; et même, quand il paraît l'être, il
faut se garder du sophisme *Post hoc, ergo propter hoc.*
M. Beulé nous montre très-bien que Auguste éprouva des
malheurs, surtout dans sa famille; mais ces malheurs ne
furent pas nécessairement la conséquence de ses fautes.
Quant à ses actes politiques, il n'en recueillit que des
récompenses. L'irréprochable Marc-Aurèle éprouva presque autant de chagrins de famille qu'Auguste. L'homme
le plus vertueux est aussi exposé aux douleurs les plus
poignantes que le scélérat. Louis XV n'a pas été puni;
Louis XVI a souffert pour des fautes qu'il n'avait pas com-
mises. Pertinax, Alexandre Sévère, Probus, furent mas-
sacrés pour avoir été de bons empereurs. Dans la vie des
souverains qui ont fait beaucoup de bien et beaucoup de
mal, on remarque souvent qu'ils se sont élevés par le
mal, et qu'ils sont tombés par le bien qu'ils firent.

Non, la vertu n'est pas récompensée, le crime n'est
pas puni ici-bas. La nature est immorale. C'est là le
fondement de la religion, la raison élevant une protestation obstinée contre l'immoralité de la nature, qui voit
du même œil le juste et l'impie. C'est là la condition de

la vertu, laquelle n'existerait pas si le crime avait son
châtiment visible. Ce qui fait l'homme vertueux, c'est
la perception transcendante d'un ordre moral en pleine
contradiction avec tout ce qui se voit, c'est l'appel à un
ordre idéal contre les ignominies de la réalité, c'est l'affirmation d'une destinée supérieure pour l'homme et l'humanité. Qu'on l'appelle immortalité de l'âme, résurrection, palingénésie, *apocatastase*, royaume de Dieu, ce
dogme sacré, fondement de toute société, résulte de deux
faits évidents : 1° la justice est une affirmation du cœur
de l'homme ; 2° la justice n'existe pas dans la réalité de
ce monde. A toutes les objections contre cette doctrine,
la conscience répond comme le vieux patriarche arabe :
Reposita est hæc spes in sinu meo.

Je crains que l'artiste, l'homme qui juge des choses
par l'éclat qu'elles offrent à l'imagination, ne réclame
aussi quelquefois contre les jugements de M. Beulé. Ces
Césars, tous ces personnages historiques du premier siècle que M. Beulé traite d'un ton si aigre, sont des géants,
des caractères frappés pour l'éternité. Néron même, quel
phénomène moral inouï ! Caligula, quel bouffon colossal ! Livie, Messaline, Agrippine, quelles prodigieuses
monstruosités ! La manière de M. Victor Hugo serait à
peine exagérée en un pareil sujet. Il y a une légère dis-
sonance à traiter de tels personnages de la même façon
que des bourgeois immoraux. C'est comme si l'on faisait
l'histoire des Borgia en les morigénant, ou celle de Tamerlan d'un ton scandalisé. La grande histoire ne doit
pas attacher trop d'importance aux mœurs des souverains,
surtout quand ces mœurs n'ont pas d'influence sur les
affaires publiques. Que sait-on en pareille matière ? Des

commérages, souvent des calomnies. Pour moi, j'ai loué
M. Poirson, faisant l'histoire la plus étendue de Henri IV,
d'avoir consacré une ou deux pages à ses maîtresses.
M. Beulé croit avoir frappé un grand coup en appelant
Auguste un « débauché ». Mais a-t-on jugé Henri IV et
Frédéric le Grand quand on a dit que leur conduite privée fut loin d'être irréprochable? Parfois, dans les siècles passés (pas toujours, je me hâte de le dire), la
liberté de mœurs chez ceux qui gouvernent a été une
garantie contre l'esprit étroit. L'espèce humaine est chose
si chétive, qu'il n'est pas impossible que la civilisation
ait dû quelque chose à certaines faiblesses des souverains. La révolte contre la domination tyrannique de
l'Église au moyen âge n'eût peut-être pas réussi sans la
gêne qu'éprouvaient les rois de ce temps à se constituer
ce qu'on appelle une cour. Pour avoir quelques libertés,
les souverains furent obligés d'en accorder d'autres à
leurs sujets. Des saints sur le trône! bien des gens fort
honnêtes en auraient peur; car les saints sont toujours
des esprits absolus. Avec saint Louis, avec Philippe II, tout
le monde n'aurait pas la vie bien sauve.

Auguste ne fut ni un homme de génie ni un homme
de vertu. Il trouva des circonstances admirablement favorables et en profita avec beaucoup de sens. Une des parties les meilleures du livre de M. Beulé est celle où l'auteur montre ce que le fondateur de l'empire dut à son
entourage, en particulier à Agrippa, à Mécène, à Livie.
Le rôle de Livie surtout a été compris par le savant
professeur avec infiniment de tact et d'esprit. Comme
Louis XIV, Auguste préside à de grandes choses sans élévation personnelle, mais avec un instinct d'une surprenante

11

justesse. Le goût du grand lui était pour ainsi dire inné : nul appareil royal, pas de luxe encore, une maison simple, un goût excellent. Et puis n'est-ce rien d'avoir été chanté par Virgile ? Virgile n'est pas un *græculus* ; c'est un vrai prophète, un homme de notre race, de notre sang. *O anima cortese mantovana*, j'absous ceux que tu as absous ! — « C'était là de l'adulation, direz-vous, de la reconnaissance au moins pour celui qui lui rendit son patrimoine. » — « Mais, pourrait répondre un homme imbu des idées de l'ancien régime, n'est-ce pas la plus belle part de la souveraineté, celle par laquelle les souverains se rapprochent le plus des dieux et représentent leur providence sur la terre, que de discerner les chantres divins, de leur donner le petit champ où ils écrivent les églogues qui sont ensuite le délassement de cœur du genre humain ? Certes, le suffrage du peuple vaut mieux ; mais un peuple encourageant, applaudissant, inspirant des chefs-d'œuvre, cela ne s'est vu qu'une ou deux fois, en Grèce et un peu dans les républiques italiennes. Nos races ne sont pas assez nobles pour se passer de princes. La civilisation moderne, à bien des égards, fut une création artificielle des cours et de la noblesse, au milieu d'une masse pesante qui n'y tenait pas beaucoup ; les cours et la noblesse disparaissant, la civilisation courra parmi ces races un certain danger, les choses nobles chez elles ayant germé et s'étant soutenues en partie grâce au patronage des princes. L'Amérique, qui n'a pas d'aristocratie, ne vit que d'emprunts faits à l'Europe ; elle n'a pas produit jusqu'ici un seul chef-d'œuvre, une seule découverte, l'art pur et la science pure étant choses trop fortes pour elle. »

Il y a donc, ce semble, quelque malentendu dans la sévérité que certains critiques montrent pour le rôle littéraire d'Auguste et de Mécène. Notre temps a des maximes qui nous rendent peu capables de comprendre ces sortes de choses. Le partisan des anciennes idées que j'introduisais tout à l'heure dirait peut-être : « L'homme de lettres a besoin d'une protection, d'abord parce que peu d'écrivains vivant de la vente de leurs écrits ont fait des œuvres durables ; en second lieu, parce que l'écrivain a besoin d'être défendu contre le reste de l'espèce humaine dans l'œuvre tout exceptionnelle qu'il entreprend. Sa main est contre tous, la main de tous est contre lui. Il attaque les travers, les ridicules, les opinions reçues. Il est un aristocrate au premier chef. Après la gloire des grands souverains, la gloire de l'homme de lettres est la plus éclatante ; qui le protégera contre l'envie ? qui lui amènera ses victimes ? Le poëte, l'écrivain éminent sont des souverains à leur manière ; ils font acte extra-légal. La grande œuvre qui s'impose à l'avenir et qui stigmatise Mævius ou l'abbé de Pure est un délit selon nos idées bourgeoises. Boileau ne pourrait de nos jours écrire une seule de ses satires ; il le put de son temps, grâce à la protection de M. le Prince. Molière n'eût pu faire ses chefs-d'œuvre si Louis XIV ne lui eût livré les ridicules de ses sujets. La grande comédie est impossible de nos jours non parce que le ridicule manque, ou que l'esprit manque, mais parce qu'une foule de respectabilités se sont élevées, et qu'il n'y a plus de Louis XIV pour les dominer. La sérénité de Gœthe n'eût pas été si complète, s'il n'avait trouvé un grand-duc pour le protéger. L'alliance entre les souverains et la haute littérature est donc rai-

sonnable : celle-ci donnant aux souverains la gloire, dont
seule elle dispose ; les souverains, d'un autre côté, donnant aux grands poëtes la liberté dont ils ont besoin,
comme une part de souveraineté. Aristophane se passa
d'un tel patronage, j'en conviens ; sa liberté, il la recevait
du peuple ; mais, on ne peut assez le répéter, Athènes
fut en tout une exception. La grande littérature a
besoin d'un privilége ; le droit commun ne lui suffit pas.
Qui lui donnera ce privilége ? Le roi, qui prend le poëte
près de lui, le couvre de son ombre, et reçoit de lui
l'immortalité. Le génie est chose hors la loi. La royauté,
cette autre chose hors la loi, est son alliée naturelle. »

En somme, si l'on fait abstraction des crimes qui l'a-
menèrent à l'empire, Auguste ne commit guère qu'une
seule faute, et la suite de l'histoire a montré qu'il ne
pouvait pas l'éviter. Il ne sut pas régler d'une façon durable le principe de succession ; il ne choisit pas nettement entre l'élection, l'hérédité et l'adoption. Un pouvoir
aussi colossal que celui du césar romain ne pouvait être
héréditaire à la façon féodale. Le principe du césarisme,
c'est la cooptation et l'association à l'empire, du vivant
même de l'empereur, de celui que les destins désignent,
si bien qu'il y ait toujours en quelque sorte deux empereurs à la fois, l'un étant pour ainsi dire en préparation
derrière l'autre. De la sorte, la mort de l'empereur est
un événement peu important ; il n'y a jamais ni vide ni
hésitation. Voilà ce que comprirent admirablement Nerva,
Trajan, Adrien, Antonin. Auguste le comprit par moments ; puis il se laissait entraîner à l'idée de former
dynastie, idée qui égara plus tard les meilleurs empereurs
et n'eut jamais que de mauvais effets dans l'empire ro-

main. Quatre empereurs seulement, depuis Auguste jusqu'à l'anarchie du m⁰ siècle, ont eu pour père un
empereur ; trois d'entre eux sont Domitien, Commode et
Caracalla, les plus méchants hommes qui aient jamais
régné. Faute d'une volonté bien fixe sur ce point, Auguste se vit enlacé d'intrigues, entouré de crimes domestiques, livré à d'étranges soupçons. Il y avait neuf personnes entre Tibère et l'empire ; tous les neuf tombèrent,
et en définitive l'empire fondé par Auguste échut à un
homme que Auguste n'aimait pas, au représentant de
la plus altière de ces familles patriciennes qu'il avait com-
battues toute sa vie. Auguste n'avait pas assez de force
morale pour dominer sa famille ; il lui avait donné trop
de droits. Il est bien remarquable que l'idée de légitimité
venait non d'Auguste, mais de Julie et de Livie. Un jour,
un ami d'Auguste disait à Julie : « Pourquoi ne suivez-
vous pas l'exemple de votre père ? Voyez comme il se
garde de froisser les autres hommes, comme il évite de
blesser leur amour-propre, comme il prend à tâche de
ne pas leur faire sentir qu'il est le maître de l'empire ! »
Julie répondit : « Mon père ne sait ce que c'est que conserver sa dignité ; quant à moi, je sais et je n'oublierai
jamais que je suis la fille de l'empereur. »

Fatal régime que celui où l'hérédité, l'élection, l'adoption étaient également funestes, où Nerva, Trajan, Adrien
Antonin, Marc-Aurèle ne se sont succédé que grâce à
l'heureux hasard qui voulut que les quatre premiers
n'eussent pas d'héritier direct, où Marc-Aurèle ouvre une
période néfaste, parce qu'il eut un fils ! Ne fonde pas
l'hérédité qui veut. Il faut pour cela des siècles et des
races très-honnêtes ; les Germains seuls y ont réussi ; il

n'y a jamais eu en Europe une dynastie durable qui
n'ait été d'origine germanique.

On ne se lasserait pas à suivre M. Beulé dans la discussion de ces grands problèmes; il y porte infiniment
de pénétration et de finesse. Il vient de prouver que le
talent d'écrire l'histoire serait, s'il le voulait, au nombre
des riches dons qui lui ont été départis.

II.

M. Beulé vient de publier un nouveau volume de ces
Études d'histoire romaine qui lui ont valu tant de succès.
Celui-ci a pour titre : *Titus et sa dynastie*[1]. Il forme le
quatrième et dernier tome de la série que M. Beulé intitule *le Procès des Césars*. « Procès » est le mot juste :
M. Beulé est avant tout un accusateur ; son livre est
d'ordinaire un réquisitoire. M. Beulé a ce qu'il faut pour
écrire la grande histoire, complète, approfondie, équili-
brée dans ses parties, ne négligeant aucune source d'information, embrassant tout ce qui compose la vie de
l'humanité à une époque donnée. Quand on se place à
un tel point de vue, on est indulgent ; car on se convainc
que le gouvernement de l'humanité est chose très-difficile,
et que, livrée à elle-même, l'humanité se gouvernerait
encore un peu plus mal que quand des ambitieux la
déchargent de tout soin à cet égard. M. Beulé ne le prend
pas ainsi. Son livre est une série de brillants portraits.

1. Paris, Lévy, 1870.

La laideur y domine comme elle domina chez les
originaux ; mais cette laideur a quelque chose d'étrange ;
c'est une laideur de géants. Le premier siècle de notre
ère a un cachet infernal qui n'appartient qu'à lui ; le
siècle des Borgia peut seul lui être comparé en fait de
scélératesse et de folie grandiose. Le plan de M. Beulé
ne lui permettait pas d'exposer les progrès accomplis
durant ce siècle extraordinaire, où l'on vit si clairement
combien la philosophie de l'histoire doit distinguer entre
la prospérité générale d'une société, la valeur de ses institutions, le mérite de ses souverains. Ce que notre savant
confrère montre toujours, ce sont les ressources d'un
esprit ingénieux, prompt, fin, distingué, d'un style élégant, facile, alerte, naturel, mis au service de beaucoup
de jugement, de tact et de mesure. Ces rares qualités,
qui rendent M. Beulé si cher à tous ceux qui le connaissent, se révèlent avec un éclat tout particulier dans
le volume que nous annonçons.

EXAMEN DE QUELQUES FAITS

RELATIFS À

L'IMPÉRATRICE FAUSTINE

FEMME DE MARC-AURÈLE

Lu dans la séance publique annuelle des cinq Académies, le 14 août 1867

Pour prouver que l'empereur Marc-Aurèle poussa quelquefois la bonté jusqu'à la faiblesse, on a coutume d'alléguer l'indulgence excessive dont il aurait fait preuve envers une épouse tout à fait indigne de lui. L'histoire
semble avoir prononcé une sentence définitive sur le
compte de Faustine. Il est reçu que, joignant l'ambition
d'une Agrippine aux débauches d'une Messaline, non
contente de déshonorer son mari, elle le trahit, noua des
intelligences avec ses ennemis, négocia de sa mort éven-
tuelle, remplit Rome et les provinces du scandale de ses
mauvaises mœurs, empoisonna peut-être son gendre Vérus. La noble attitude de Marc-Aurèle, jetant au feu les

lettres « qui auraient pu le forcer de haïr malgré lui [1] »,
a été généralement interprétée comme un effet de la résolution qu'il avait prise de ne rien voir, pour ne point
sortir de son inaltérable douceur. Il y a quelques années,
m'occupant de Marc-Aurèle, j'adoptai cette opinion à la
suite de l'unanimité des critiques [2]. Quelques jours après,
une conversation que j'eus ici même avec l'homme de
notre temps qui connaît le mieux l'histoire de l'empire
romain, M. Léon Renier, me fit douter si la mauvaise
réputation de Faustine n'est pas du nombre de ces injustices qui forment trop souvent le fond de ce que nous
croyons savoir du passé.

« Prenez garde, me dit notre savant confrère, à l'in-
suffisance des historiens de l'époque des Antonins. Accor-
dons (ce qui n'est pas) que tous les auteurs grecs et
latins qui ont parlé de Faustine soient d'accord pour la
flétrir ; vous savez par quelle étrange destinée le meilleur
siècle de l'histoire ne nous est connu que par de très-
médiocres récits. A partir du moment où Tacite et Sué-
tone nous manquent, nous n'avons plus que Dion Cassius, misérablement tronqué par Xiphilin, et ces pauvres historiens de l'*Histoire Auguste*, si mal informés, si
crédules, écrivant souvent à une distance de plus d'un
siècle des événements, recueillant des anecdotes comme
des vérités. Les monuments, les inscriptions, les écrits
qui n'ont pas la prétention d'être historiques, sont de
bien meilleures sources pour les temps dont il s'agit. Or

---

1. Ἵνα μὴ ..... καὶ ἄκων ἀναγκασθῇ μισῆσαί τινα. (Dion Cassius,
LXXI, 29.)
2. *Journal des Débats*, 8 et 9 juillet 1863.

les témoignages de ce genre sont favorables à Faustine. Marc-Aurèle, en une pareille question, a bien le droit d'être écouté. Sa correspondance avec Fronton, le beau passage des *Pensées* où il parle de son épouse, valent l'autorité de tous les écrivains de l'*Histoire Auguste* ensemble. Pour moi, je suis porté à croire qu'il y a là une de ces calomnies mises en circulation par la malveillance de quelques-uns, accueillies avidement par la légèreté de tous. » Discutant alors le fait de la complicité de Faustine dans la révolte d'Avidius Cassius, notre savant confrère me montra par de lumineux rapprochements combien, depuis Tillemont jusqu'à Borghesi et M. Noël des Vergers, la critique a été injuste pour Faustine, en repoussant d'importantes pièces justificatives, dont les dernières découvertes de l'épigraphie prouvent l'authenticité. En attendant le jour où M. Léon Renier traitera le sujet avec l'autorité qui n'appartient qu'à lui, on a voulu réunir ici quelques-unes des considérations qui commandent au moins d'apporter beaucoup de réserve dans un procès historique où les témoins à charge ont été admis d'emblée comme croyables, et où les témoins à décharge ont été mal écoutés ou repoussés sur d'injustes préventions.

I.

Nous n'avons pas d'histoire contemporaine de Marc-Aurèle. Marius Maximus et Dion Cassius, les plus anciens historiens qui ont traité de son règne, lui sont postérieurs d'une génération. L'ouvrage de Marius Maximus

est perdu, et on ne peut assez le regretter [1]. Marius
Maximus devait avoir vu de près les ministres et les lieute-
nants de Marc-Aurèle. Il était très-défavorable à Faustine [2]. Il
croyait à sa complicité dans la révolte d'Avidius Cassius.
Malgré les critiques que les anciens ont adressées à l'histoire de Marius Maximus [3], c'est là une autorité sérieuse.
Nous entrevoyons déjà clairement que Faustine eut dans
l'entourage immédiat de son mari d'ardents ennemis.

Dion Cassius écrivit dans des conditions analogues à
celles de Marius Maximus. Il avait connu des familiers
de Marc-Aurèle [4], et il a pour cet empereur une admiration sans bornes [5]. Il lui reproche seulement d'avoir eu
trop d'indulgence pour les fautes (ἁμαρτήματα) d'autrui,
surtout de sa femme [6], et de n'avoir jamais su ni rechercher
ni punir ce qui se faisait de mal autour de lui. Il affirme
qu'Avidius Cassius se révolta, « trompé par Faustine » [7].
A l'en croire, Faustine, persuadée que Marc-Aurèle était
près de mourir, voyant d'ailleurs Commode très-jeune et
peu doué du côté de l'intelligence, voulut s'assurer
l'avenir. Par un message secret, elle aurait invité Avidius Cassius à se faire proclamer, dès qu'il apprendrait
la mort de l'empereur. En cas de succès, elle lui promet-

---

1. Voir le mémoire de Borghesi sur Marius Maximus. *Œuvres
complètes*, t. V, p. 456 et suiv.
2. Vulcatius Gallicanus, *Vie d'Avidius Cassius*, 9. Marius haïssait
Commode et fit des vers contre lui. Lampride, *Commode*, 13.
3. Marius Maximus, homo omnium verbosissimus, qui et mythisto-
ricis se voluminibus implicavit. (Vopiscus, *Firmus* 1.)
4. Τῶν συγγενομένων αὐτῷ ἤκουσα (LXXI,83.) — Ὡς ἐγὼ σαφῶς
ἤκουσα. (*Ibid.*) Cf. LXXII, 4.
5. LXXI, 36.
6. LXXI, 34.
7. LXXI, 22.

tait de l'épouser. Dion Cassius admet volontiers que
Faustine se tua, avant d'entrer en Syrie, pour éviter le
jour qui allait se faire sur son intrigue [1]. Comme nous
n'avons pas le texte complet de Dion, nous ne pouvons
dire s'il insistait sur les autres crimes que l'histoire
reproche à Faustine. Cela n'est pas probable cependant ;
énumérant, en effet, les malheurs immérités qui frappèrent Marc-Aurèle, il parle de son fils, non de sa femme [2].
Quoi qu'il en soit, il est clair que Dion Cassius appartenait comme Marius Maximus au parti qui, par une sorte
de piété pour la mémoire de Marc-Aurèle, jugeait Faustine avec beaucoup de sévérité.

Les historiens de l'*Histoire Auguste*, environ soixante-
dix ans plus tard, présentent les choses d'une manière
qui donne bien à réfléchir. Jules Capitolin, le biographe
de Marc-Aurèle, raconte les faits les plus graves contre
Faustine [3]. Ses débauches, à Rome, à Gaëte, furent igno-
bles et publiques. Commode n'était pas le fils de Marc-
Aurèle ; il aurait eu pour père un gladiateur. Plusieurs
fois, on osa conseiller à Marc-Aurèle de répudier son
épouse. « Il faudrait rendre la dot, » aurait-il répondu ;
la dot, c'était l'empire. Faustine, toujours selon les bruits
rapportés par Capitolin, fut complice d'Avidius Cassius.
Après avoir eu des relations coupables avec son gendre
Lucius Vérus, elle l'aurait empoisonné. Sur la scène, un
comédien eut l'audace d'indiquer par un jeu de mots
compris de tout le peuple le nom d'un de ses amants.

1. LXXI, 29.
2. LXXI, 36.
3. Capitolin, *Ant. Phil.*, 19, 23, 24, 26, 29 ; le même, *Verus Imp.*,
10. Comparez Lampride, *Commodus Ant.*, 8.

L'avancement qu'obtinrent ses favoris, notamment Tertullus, fut un scandale. Mais une particularité importante
que l'on n'a pas assez remarquée, c'est que Capitolin ne
rapporte aucune de ses allégations sans y joindre un
signe de doute : *Aiunt quidam, quod veri simile videtur,
multi ferunt, fertur, ut quidam dicunt, fuit sermo*, etc.
Une des versions relatives au gladiateur, père supposé de
Commode, est si absurde, qu'il la traite de conte populaire : *Talem fabellam vulgari sermone contexunt*. Les
prétendues relations criminelles de Faustine avec Vérus
sont aussi rangées par Capitolin au nombre des fables.
Cette réserve serait-elle un effet du culte qu'il a voué à
la mémoire de Marc-Aurèle ? Nullement ; car il prend
soin de nous dire que, dans sa pensée, une vie si sainte,
si parfaitement innocente, ne pouvait être flétrie par
aucun fâcheux voisinage, même par celui d'une « épouse
infâme ». Ces marques d'hésitation viennent de ce que
les historiens de l'*Histoire Auguste* avaient assez de renseignements pour voir que les allégations contraires à
l'honneur de Faustine venaient d'une opinion hostile et
n'étaient pas exemptes d'esprit de parti.

En effet, un autre écrivain de l'*Histoire Auguste*, Vulcatius Gallicanus, le biographe d'Avidius Cassius, accuse
formellement Marius Maximus d'avoir cherché à diffamer
Faustine (*infamari eam cupiens*), et absout cette dernière
du plus grave des soupçons qui pesaient sur sa mémoire,
la complicité avec Avidius Cassius [1]. Il fait mieux : il
rapporte des lettres qui, si elles sont authentiques, la dis-
culpent d'un si grave reproche. Nous reviendrons bientôt

1. *Vie d'Avidius*, 9, 10, 11.

sur ce point; pour le moment, il suffit de remarquer que, vers l'an 300, l'opinion relative à Faustine n'était pas arrêtée, que les accusations concordantes des Marius Maximus et des Dion Cassius excitaient de la défiance, et que sur plusieurs points on les trouvait en contradiction avec des documents alors existants.

Les abréviateurs du IVe siècle firent ce que font d'ordinaire les auteurs d'abrégés et de livres élémentaires. Ils supprimèrent tous les signes d'atténuation, éteignirent les nuances, affirmèrent hardiment. Aurélius Victor, par exemple, n'a pas un doute[1]. Faustine fut un prodige d'impudeur, une tache dans la vie de Marc-Aurèle. Cette assertion sera désormais indéfiniment répétée. Julien ne fit que se conformer à l'opinion commune, en adressant à la mémoire du saint empereur deux reproches : le premier, de n'avoir pas déshérité Commode; le second d'avoir trop pleuré une femme qui ne méritait pas de larmes[2]. Ainsi fut dicté à la postérité le jugement concernant Faustine. De graves historiens, écrivant cinquante ans après sa mort, lui furent hostiles. Des historiens médiocres, mais de bonne foi, écrivant cent vingt ou cent trente ans après sa mort, racontèrent les mauvais bruits qui couraient sur son compte, tantôt en inclinant à les accepter, tantôt en les réfutant, toujours en exprimant leurs doutes. Puis vinrent les écrivains de seconde et de troisième main, qui tranchèrent la question dans le sens le plus défavorable, et fixèrent, comme il arrive presque toujours, l'opinion dominante. Voyons si nous possédons

---

1. *Cæsares*, XVI.
2. *Cæs.*, p. 312, édit. Spanheim. Cf. *ibid.*, p. 334-335.

en dehors des textes historiques, quelque moyen pour
contrôler un tel jugement.

Le témoignage des monuments figurés sera sûrement
tenu pour suspect. Ce témoignage est des plus favorables
à Faustine. Elle y paraît toute occupée d'institutions de
bienfaisance, et surtout de ces colléges de « jeunes Faus-
tiniennes », destinés à élever et à doter des demoiselles
pauvres, dont les premiers exemples remontaient à sa
mère [1]. Un élégant bas-relief de la villa Albani représente
Faustine entourée de jeunes filles et versant du blé dans
le pli de leur vêtement. Dans un autre bas-relief, elle
assiste à un discours de son mari; elle se tient derrière
l'empereur sous les traits de l'Abondance, et elle écoute.
Enfin, une belle sculpture qui se voit à Rome, au Musée
du Capitole, représente son apothéose. Pendant que Faustine est enlevée au ciel, l'excellent empereur la suit de
terre avec un regard plein d'amour [2]. Les médailles sont
à l'avenant; elles nous présentent l'impératrice tantôt
sous les traits de la *Pudicitia*, tantôt sous les traits de
Vénus [3]. Ce sont là, dira-t-on, des adulations officielles,

1. Hist. Aug., *Ant. Pius*, 8; *Ant. Phil.*, 26; *Alex. Sev.*, 57; et les
médailles.

2. Noël des Vergers, *Essai sur Marc-Aurèle*, p. 123, 128 et suiv.;
Ampère, *l'Emp. rom. à Rome*, II. p. 239 et suiv.

3. M. de Longpérier me fournit à ce sujet la note suivante :
« Quant aux monnaies de consécration de Faustine, on les trouve en
tous métaux, c'est-à-dire de bronze et par conséquent frappées par
ordre du sénat, *senatus consulto*, et des deux autres métaux, or et
argent, dont la fabrication appartenait à la cassette impériale. On
trouve sur ces monnaies DIVA FAVSTINA PIA. Le surnom est inso-
lite; mais il peut être attribué à ce que Faustine était la fille de
Pius, plutôt qu'à un mérite particulier. Il y a aussi les monnaies
d'argent, de grand et moyen bronze, de Faustine la Jeune, avec le
revers PVDICITIA; ceci a bien une certaine importance. Eckhel a

de pieux mensonges, ou tout au plus des témoignages du
génie bienfaisant de l'empereur. J'ai peine à le croire pour
les médailles. Si des bruits tels que ceux qui sont rapportés
par Capitolin avaient été répandus du vivant de Marc-Aurèle, il est impossible qu'on eût pris des types qui prêtaient
à de si sanglantes épigrammes. Le type de la *Pudicitia*
n'avait pas été employé depuis Sabine. Au moins, quand
il s'agit de monuments d'une foi récusable, si nous écar-
tons les interprétations d'une confiance optimiste, prenons garde, d'un autre côté, aux soupçons d'une malignité prévenue. « En présence des portraits de Faustine,
écrivait notre spirituel et regretté Ampère, nous comprenons la passion de Marc-Aurèle, car cette femme a bien
la plus charmante figure qu'on puisse voir ; mais, comme
l'amour ne nous aveugle pas, nous lui trouvons aussi l'air
d'une franche coquette, et nous nous expliquons très-bien
sa mauvaise renommée auprès du public contemporain et

cherché à atténuer le sens de ce revers, en mentionnant la monnaie
d'Hadrien qui porte PVDIC. « An Faustinae pudicitia in his nimis
jactatur per suetam adulationem ? An eo more quo principibus
proponimus ut esse velint quod esse deberent ? Etiam Hadriani
pudicitiam crepunt nimi, nullo pacto istud laudis promeriti. » Mais
le grand antiquaire viennois n'a pas réfléchi à ceci : le mot PVDIC
est écrit au revers d'une monnaie d'argent d'Adrien, non pas en
légende, mais dans le champ, à côté d'une figure debout qui représente l'impératrice Sabine, la première qui ait employé le type de
la *Pudicitia*, et qui a laissé un très-grand nombre de monnaies avec
ce revers. Ainsi l'argument tombe. Sabine était une femme ambi-
tieuse et sévère, qui n'a pas fait parler les petits journaux de son
temps. La seule chose qui m'inquiète au sujet de Faustine la jeune,
c'est le déluge de *Vénus* que nous montrent les monnaies. VENVS
tout court, VENVS GENETRIX. VENVS FELIX, VENVS VICTRIX
Cela peut vouloir dire simplement qu'elle était belle. Certainement,
on n'aurait pas pris un pareil type, si la réputation de Faustine
avait été aussi mauvaise que le disent les historiens.

12

dans l'histoire, l'un et l'autre mieux informés que Marc-
Aurèle. Ses bustes ont toujours l'air de vouloir entrer en
conversation avec le premier venu, et il y a sous le
péristyle du *casin* Albani une statue assise de la charmante impératrice qui, la tête un peu penchée, semble
écouter une déclaration. » Cherchons de plus solides
indices. C'est Marc-Aurèle lui-même qui va nous les
fournir.

Le contraste entre la Faustine des historiens et la
Faustine qui résulte des écrits de Marc-Aurèle est un des
problèmes historiques les plus singuliers. Une chose
incontestable, c'est que Marc-Aurèle eut toujours pour sa
femme l'affection la plus tendre, et qu'il s'en crut toujours aimé. Il n'est pas de tableau plus touchant que
celui que nous offre à cet égard la correspondance de
Fronton et de son auguste élève. Oui, le bonheur habita
vraiment cette villa de Lorium, cette belle retraite de
Lanuvium, où Marc-Aurèle passa ses meilleures années
avec Faustine et les nombreux enfants[1] qu'elle lui donna.
« J'ai vu ta petite couvée[2], lui écrit Fronton, et rien ne
m'a jamais fait tant de plaisir. Ils te ressemblent à un
tel degré, qu'on ne vit jamais au monde pareille ressemblance. Je te voyais doublé, pour ainsi dire; à droite, à
gauche, c'était toi que je croyais voir. Ils ont, grâce aux
dieux, la couleur de la santé, et une bonne façon de crier.
L'un d'eux tenait un morceau de pain bien blanc,
comme un enfant royal; l'autre, un morceau de pain de
ménage, en vrai fils de philosophe. Leur petite voix m'a

---

1. Voir Tillemont, *Hist. des Emp.*, II, p. 340, 341; Borghesi, *Œuvres
comp.*, III, p. 237 et suiv.; V, p. 432 et suiv.
2. Les deux frères jumeaux, Commode et Annius Vérus.

paru si douce, si gentille, que j'ai cru reconnaître dans
leur babil le son clair et charmant de ta parole [1]. »
Dira-t-on que la dissimulation, l'intention de prévenir de
mauvais bruits a pu se glisser dans cette correspondance,
dont le défaut est quelquefois de manquer de naturel ?
Soutiendra-t-on qu'un rhéteur, habitué à présenter les
choses telles qu'elles doivent être pour le besoin de la
phrase, a pu faire violence aux faits pour les ramener à
ce qu'exigeaient les nécessités d'une jolie lettre ? Mais voici
un texte où l'on ne peut admettre aucune arrière-pensée,
un texte d'une sincérité absolue et qui dans la question
présente me paraît d'un poids décisif.

Il est tiré de ce livre admirable, le plus vrai, le plus
simple, le plus honnête des livres, que le bon empereur
nous a laissé comme un miroir fidèle de sa vie intérieure.
Dans une de ses fastidieuses campagnes contre les Quades
et les Marcomans, une nuit qu'il était campé sur les bords
du Gran, au milieu des plaines monotones de la Hongrie,
Marc-Aurèle se mit à revenir sur sa vie passée, à dresser
le compte, en quelque sorte, de ce qu'il devait à chacun
des êtres bons qui l'avaient entouré. Toutes les images
de sa pieuse jeunesse remontent alors en son souvenir. Il
voit défiler, comme en une vision sainte, son aïeul Vérus,
dont on admirait le caractère plein de mansuétude ; son
père, dont on prisait tant la modestie ; sa mère, qui lui
apprit à s'abstenir, non-seulement de faire le mal, mais
d'en concevoir la pensée ; Diogénète, qui lui inspira le

---

1. M. Corn. Frontonis et M. Aur. Imp. *Epistulæ*, p. 151, 152, édit.
Mai, Rome, 1823. Comparez *ibid.*, p. 121, 125, 133, 135, 136, 141,
142, 153, 159, etc., surtout p. 136, où il revient sur la ressemblance
des enfants avec leur père.

goût de la philosophie; Junius Rusticus, qui lui prêta le
volume d'Epictète; Apollonius de Chalcis, qui alliait l'extrême fermeté à la parfaite douceur; Sextus de Chéronée,
si grave et si bon; Alexandre le grammairien, qui repre-
nait avec une politesse si raffinée; Fronton, qui lui
enseigna ce qu'il y a dans le cœur d'un tyran d'envie,
de duplicité, d'hypocrisie; son frère Sévérus, qui lui fit
connaître Thraséas, Helvidius, Caton, Brutus, qui lui
donna l'idée d'un État libre, où la règle est l'égalité naturelle des citoyens et l'égalité de leurs droits, d'une
royauté qui place avant tout le respect et la liberté des
citoyens; et, dominant tous les autres de sa grandeur
immaculée, Antonin le Pieux, son père d'adoption, qui
lui offrit le modèle de l'homme et du souverain accomplis. « Je remercie les dieux, dit-il, de m'avoir donné
de bons aïeuls, de bons parents, une bonne sœur, de
bons maitres, et, dans mon entourage, dans mes proches,
dans mes amis, des gens presque tous remplis de bonté.
Si j'ai vécu sous la loi d'un prince et d'un père qui
devait dégager mon âme de toute fumée d'orgueil; s'il
m'a été donné de rencontrer un frère dont l'attachement
devait faire la joie de mon cœur; si j'ai eu en partage
une femme comme la mienne, si complaisante, si affectueuse, si simple [1]; si j'ai trouvé tant de gens capables
pour l'éducation de mes enfants : oui, tant de bonheur
ne peut être que l'effet de l'assistance des dieux et d'une
heureuse fortune. »

Ainsi, voilà cette Faustine, qu'on voudrait nous donner

1. *Pensées*, livre I, § 17 : Τὸ τὴν γυναῖκα τοιαύτην εἶναι, οὕτω πειθήνιον, οὕτω δὲ φιλόστοργον, οὕτω δὲ ἀφελῆ.

comme le fléau et la honte de la vie de Marc-Aurèle,
associée par cet homme si religieux, dans son entretien
le plus intime avec la Divinité, aux personnes les plus
nobles qu'il a connues. Mettons qu'il lui eût pardonné
comme il fit à tant d'autres; mais qu'est-ce qui le forçait
d'évoquer son image à ce moment sacré? Ne devait-il pas
craindre, lui si pur, si innocent, de commettre un sacrilége en plaçant la mémoire d'une épouse souillée à côté
du souvenir de sa mère, de sa sœur? Et notons que ce
beau passage a été écrit dans les derniers temps de la vie
de Marc-Aurèle, probablement après la mort de Faustine[1].
Capitolin a posé la question avec beaucoup de force : si
les désordres de Faustine furent réels, de deux choses
l'une, ou son mari les ignora, ou il les dissimula : *Vel
nesciit vel dissimularit*[2]. Impossible d'admettre la seconde
hypothèse. On ne dissimule pas avec la Divinité. Les
Pensées de Marc-Aurèle ne furent pas destinées au public;
l'auteur les écrivait pour lui-même : Τὰ εἰς ἑαυτόν est
le seul titre qu'elles portent. Peut-on admettre, d'un
autre côté, que l'empereur ignorât des faits que l'on
suppose d'une telle notoriété? Remarquons d'abord que
la version malveillante pour Faustine implique le contraire (se rappeler la scène du théâtre et le prétendu mot
sur la dot). Comment concevoir que Marc-Aurèle,
entouré d'amis, de sages, peu sympathiques à Faustine,
n'eût pas été averti? Comment, après sa mort, ne lui
eût-on pas ouvert les yeux? Antonin le Pieux, lui,

---

1. La mort de Faustine, en effet, paraît de l'an 172 de J.-C. Or
on place généralement la composition du Εἰς ἑαυτόν à l'an 174.

2. Capitolin, *Ant. Phil.*, 26.

n'ignora rien; il connut la conduite de la première
Faustine, et, selon la belle expression de son biographe,
cum animi dolore compressit[1]. Chez Marc-Aurèle, pas
une trace de ce refoulement douloureux. Faustine resta
toujours « sa très-bonne et très-fidèle épouse ». A sa
mort, il manifesta une douleur profonde; il écrivit au
sénat pour demander la grâce des complices d'Avidius
comme l'unique consolation qui, dans un tel malheur, pût
le rattacher à la vie[2]. Le sénat décerna à l'impératrice
défunte des honneurs inusités. Un autel lui fut élevé, sur
lequel tous les nouveaux mariés de Rome venaient offrir
un sacrifice. Au théâtre, dès que l'empereur paraissait,
on roulait dans la loge impériale, à la place où l'impératrice avait coutume de se mettre, une statue d'or de
Faustine assise dans un fauteuil, pour que les yeux de
l'empereur fussent consolés par la seule image qui avait
adouci l'austérité de sa vie; les plus nobles dames de
Rome venaient se placer à côté de l'effigie de leur souve-
raine et en quelque sorte lui renouveler leur cour.
L'empereur félicita et remercia le sénat de ces décrets.
Or le sénat, sous Marc-Aurèle, avait retrouvé toute sa
dignité et toute son indépendance. Rappelons-nous,
d'ailleurs, que ces témoignages d'affection venaient de
l'homme que Adrien regardait comme si incapable de
mentir, qu'il changea son nom de *Verus* en celui de
Verissimus. Un des traits du caractère de Marc-Aurèle,
dira-t-on, était une indulgence extrême, une façon de

1. Jules Capitolin, *Vie d'Ant. le Pieux*, 3. Comparez Spartien, *Vie
de Sept. Sév.*, 18.
2. Dion Cassius, LXXI, 30, 31; Capitolin, *Ant. Phil.*, 26.

vivre dans le convenu, un parti pris de considérer les
choses par le bon côté, de louer en chacun ce qu'il
avait de louable et de faire abstraction de ses défauts[1];
mais ceux - mêmes de ses historiens qui ont le plus
insisté sur ce trait de son caractère ajoutent sur-le-champ
que jamais il n'alla jusqu'à la dissimulation[2]. Il fut très-
franc en ce qui concerne Lucius Vérus. Car, s'il eut
pour cet indigne collègue, durant sa vie, des égards on
peut le dire exagérés[3], il ne dissimula pas après sa
mort les embarras qu'il lui avait causés[4]. Dans sa belle
prière aux Dieux sur les bords du Gran, lui si reconnaissant, si fidèle à la religion des souvenirs, il ne parle
pas d'Adrien, auquel pourtant il devait tout, sans doute
parce que le caractère privé de cet empereur lui avait
laissé de mauvaises impressions. Quoiqu'il remercie les
dieux de lui avoir donné « des enfants qui n'ont ni
l'esprit trop lourd ni le corps contrefait », on sent à
plusieurs endroits de ses *Pensées* les inquiétudes qu'il
avait à propos de Commode[5]. Dion prétend que Marc-
Aurèle, à son lit de mort, fut persuadé qu'il mourrait
par la scélératesse de son fils, et que néanmoins il le
recommanda aux soldats[6]. Quand ce crime de Commode
serait prouvé (et il ne l'est nullement)[7], on ne saurait

---

1. Dion Cassius, LXXI, 34, et les *Pensées*, à chaque instant.
2. Οὐ προσποιητῶς... οὐδὲν προσποιητὸν εἶχε. (Dion Cassius, *l. c*)
3. Capitolin, *Ant. Phil.*, 15.
4. Capitolin, *Ant. Phil.*, 20. C'est à tort que l'on a cru voir Vérus
dans le « frère » dont il est parlé, *Pensées*, I, 17. C'est probablement là « son frère Sévérus », dont il parle, *Pensées*, I, 14, et
celui-ci n'est autre que Claudius Sévérus.
5. Voir, par exemple, livre XI, § 17.
6. LXXI, 33, 34.
7. Cf. Capitolin, *Ant. Phil.*, 28.

rien conclure de là contre la sincérité du père. Septime
Sévère, qui certes n'avait pas la bonté de Marc-Aurèle,
et qui blâmait hautement cet empereur de n'avoir pas
délivré le monde de Commode, désigna pour sa succession
Caracalla, presque le lendemain du jour où celui-ci venait
d'attenter à sa vie[1]. Une marque d'estime de Marc-Aurèle
garde donc tout son prix; que dire d'une confidence faite
dans le plus secret abandon de son cœur?

II.

Prenons maintenant les unes après les autres les accusations portées par les historiens contre Faustine, et
discutons-en la vraisemblance. La plus grave de ces accusations est évidemment sa complicité supposée avec
Avidius Cassius. Nous n'hésitons pas à le dire : c'est là
une calomnie. Supposons que les larmes de Marc-Aurèle,
le deuil du sénat et du peuple, ces honneurs divins, ces
temples, ces marques exceptionnelles de piété pour la
mémoire d'une épouse, soient des fictions comme l'histoire de l'empire romain en offre trop d'exemples;
supposons que la flatterie se fût crue bien inspirée en
ravivant chez l'empereur à tout propos un souvenir qui
devait lui être odieux (la flatterie est d'ordinaire plus
clairvoyante); au moins faut-il que la complicité de
Faustine avec le rival de son mari ne soit pas formellement contredite par les documents. Rappelons que, selon

1. Dion Cassius, LXXVI, 14.

l'hypothèse que nous combattons, c'est Faustine qui, voyant l'état de santé de son mari, inspire à Avidius son fatal projet, et essaye de le séduire par l'espérance de sa main. On oublie d'abord qu'Avidius était marié, qu'il avait des fils, que sa femme, ses fils, son gendre se compromirent avec lui [1]; mais n'importe. Que devient l'hypothèse de la complicité, s'il est prouvé qu'Avidius eut toujours des projets de révolte et ne fit, en se laissant proclamer empereur à Antioche, que exécuter un plan depuis longtemps mûri? Or c'est ce qu'établissent jusqu'à l'évidence des pièces fournies par Vulcatius Gallicanus, dont l'authenticité n'a jamais été contestée [2]. Lucius Vérus, longtemps avant la révolte, signalait à son collègue le danger qui résultait pour l'empire de l'ambition et de la popularité de cet homme énergique, ambition qui s'était manifestée dès le temps d'Antonin le Pieux. « Il se rit de nos lettres, dit Vérus; il t'appelle une bonne femme *(philosopham aniculam)*, et moi, il m'appelle un farceur *(luxuriosum morionem)*. » Marc-Aurèle lui répondit en lui citant le mot de son bisaïeul : « Jamais on ne tue son successeur [3]. » — « Périssent les enfants de Marc-Aurèle, ajoutait-il, si Cassius mérite plus qu'eux d'être aimé, si plus qu'eux il doit servir la république! » Avidius lui-même, dans une lettre qui nous a été conservée, tout en témoignant de son estime pour Marc-Aurèle, manifeste l'intention évidente de le rendre à une condition où il puisse s'occuper tout entier de la philosophie [4]:

1. Dion Cassius, LXXI, 27; Capitolin, *Ant. Phil.*, 26; Vulcatius, *Avidius*, 9, 10, 13, 14.
2. *Vie d'Avidius*, 1, 2.
3. Le mot était en réalité de Sénèque. Dion Cassius, LXI, 18.
4. Vulc. Gall., *Vie d'Avid.*, 14.

« Certainement, dit-il, Marc est un excellent homme;
mais, pour le plaisir de s'entendre appeler clément, il
souffre des gens dont il n'approuve nullement la conduite. Il passe son temps à philosopher, à disserter sur
les éléments, sur l'âme, sur l'honnête et le juste, et il
est indifférent aux choses de l'État..... » Un homme de
ce caractère n'avait pas besoin de l'instigation de Faustine
pour devenir un prétendant. Avidius était comme entraîné
à la funeste entreprise qui le perdit par son tour d'esprit,
par les murmures qu'excitait le gouvernement de Marc-
Aurèle chez plusieurs classes de personnes, par l'instinct
secret de la ville d'Antioche et de la Syrie, qui voulaient
avoir un empereur, par une sorte de besoin qui poussait
déjà l'Orient à disposer de l'empire.

Aux lettres précitées, Vulcatius en ajoute quatre autres,
deux de Marc-Aurèle, deux de Faustine, qui, si elles sont
authentiques, lavent l'impératrice de tout soupçon de
complicité [1]. Tillemont, le premier, éleva des soupçons
contre l'authenticité de ces lettres; il trouva que les
circonstances de lieu y sont inexplicables et qu'elles s'accordent mal avec ce que les historiens nous disent des
conjonctures où Marc-Aurèle apprit la révolte d'Avidius [2].
Ces lettres, en effet, supposent Marc-Aurèle près de
Rome. Or, selon les historiens, Marc-Aurèle apprend la
révolte en Illyrie et ne revient à Rome qu'après son
voyage d'Orient, par conséquent bien après la mort
d'Avidius. L'illustre Borghesi parut porter le dernier
coup à l'authenticité de ces quatre lettres, en montrant

1. *Vie d'Avid.*, 9, 10, 11.
2. *Hist. des Emp.*, t. II, note 19 sur le règne de Marc-Aurèle.

par les inscriptions que les circonstances de temps y
sont aussi défectueuses que les circonstances de lieu [1].
L'opinion universelle plaçait la révolte d'Avidius en l'an
175. Fadilla est appelée dans une des lettres en question
puella virgo ; or, selon Borghesi, Fadilla était mariée
avant 173. Et nierait-on cela, dit Borghesi, il reste toujours que, dans les lettres dont il s'agit, Marc-Aurèle et
Faustine n'ont qu'un gendre, Pompéien. Or l'épigraphie
établit avec certitude qu'en l'an 173 Marc-Aurèle avait
au moins deux gendres, Pompéien et Claudius Sévérus.
— Autre raisonnement : Marc-Aurèle, dans une des
lettres suspectes, annonce qu'il fera Pompéien consul de
l'année suivante. L'année de la révolte étant 175, Pompéien aurait donc été consul l'an 176. Or il n'en est rien.
Pompéien fut consul l'an 173. En d'autres termes, pour
satisfaire aux exigences des textes épigraphiques, il faudrait que la révolte eût eu lieu au plus tard en 172.
Voilà qui paraissait décisif. Eh bien, il résulte de découvertes postérieures que ces deux raisonnements reposent
sur une base erronée. Tous deux supposent que la révolte d'Avidius eut lieu en l'an 175 ; or notre savant confrère M. W.-H. Waddington a découvert dans le Hauran
cinq inscriptions monumentales gravées sous l'administra-
tration d'Avidius Cassius et datées des années 168, 169,
170, 171 [2]. La durée des fonctions de légat dans les
provinces consulaires était de cinq ans. Avidius, en 172,
était donc à la fin de son gouvernement et comme acculé
à la révolte. Il est infiniment probable que sa révolte

1. *Œuvres complètes*, publiées par ordre de l'empereur Napoléon III,
t. V, p. 434 et suiv.
2. Dans les Œuvres de Borghesi, endroit cité, p. 437-438, note.

ent lieu cette année-là. Or c'était justement l'année qu'il fallait pour justifier les lettres citées par Vulcatius[1].

L'examen intrinsèque de ces lettres nous paraît aussi écarter tout à fait l'idée d'une fraude. Une seule intention pourrait les avoir fait supposer : le désir de préparer des pièces justificatives à l'innocence de Faustine. Mais alors comment expliquer les erreurs de faits et de lieux qu'on croit y trouver ? Le faussaire n'aurait-il pas eu le bon sens d'éviter d'y mettre des impossibilités historiques, vraiment énormes dans l'hypothèse de nos adversaires ? Il est absolument inadmissible qu'on ait fabriqué les pièces en question du vivant de l'impératrice. Il s'écoula très-peu de temps entre la révolte d'Avidius et la fin de Faustine. Les soupçons contre cette dernière ne se produisirent qu'après sa mort. Après la mort de Faustine, on conçoit encore moins la fabrication de pareilles pièces. La mémoire de Faustine ne garda pas de défenseurs. Ajoutons que la lettre de Marc-Aurèle au sénat, également conservée par Vulcatius[2], n'est pas attaquée; or cette lettre présente, en ce qui concerne Pompéien, une particularité concordant tout à fait avec les lettres soupçonnées. M. Borghesi est obligé, pour échapper à cette difficulté, de recourir aux hypothèses les moins naturelles[3]. Nous croyons donc que le consciencieux Tillemont a été, sur ce point, entraîné dans

---

1. On obtient ainsi une suite de faits excellente : Commencement de 169, mort de Lucius Vérus; — fin de 169, Lucille épouse Pompéien; — 172, révolte d'Avidius et mort de Faustine; — 173, mariage de Cl. Sévérus avec Fadilla, consulat de Pompéien et de Cl. Sévérus.

2. Ch. 12.

3. Mém. cité, p. 440 et suiv.

l'erreur par sa confiance exagérée dans les textes des historiens. Ces textes sont, pour l'époque qui nous occupe, tout à fait incomplets et défectueux; ils ne disent pas, il est vrai, que, après avoir appris le soulèvement d'Avidius, Marc-Aurèle vint en Italie; ils le font partir directement pour l'Orient; mais il est parfaitement admissible que Marc-Aurèle soit d'abord venu à Rome[1] ou du moins aux environs[2]. Sans cela même, on ne comprend pas comment Faustine se joint à lui pour le voyage d'Orient.

Nous croyons donc que les quatre pièces conservées par Vulcatius Gallicanus sont authentiques. M. Borghesi, du reste, fut ramené par des réflexions ultérieures à porter sur ces pièces un arrêt moins sévère. Dans ses *Fastes consulaires*[3], il semble leur accorder une pleine valeur. Mais, si les lettres citées par Vulcatius sont authentiques, le principal reproche qu'on adresse à la mémoire de l'épouse de Marc-Aurèle est victorieusement réfuté.

Les allégations relatives à l'empoisonnement de Vérus[4] sont si peu consistantes que nous ne nous arrêterons pas à les combattre. Et d'abord Vérus n'a pas été empoisonné; il est mort de la façon la plus naturelle, d'une apoplexie, à Altino. Selon les uns, Faustine aurait procuré sa mort pour cacher ses intrigues avec lui; selon d'autres,

---

1. M. des Vergers l'admet. (*Essai sur Marc-Aurèle*, p. 100.)

2. Nous disons « ou aux environs » pour sauver la vérité du passage de Dion Cassius (LXXI, 32), d'où il résulterait que, quand Marc-Aurèle revint à Rome après son voyage d'Orient, il avait été absent huit années. Peut-être avait-il évité d'entrer dans Rome par quelque motif politique. Du reste, ces huit années ne peuvent être prises à la rigueur (voir la note 119 de l'édition de Sturz, sur le livre LXXI. Cf. Vulcatius, *Avid.*, 13.

3. (Encore inédits.) Note sur les consuls de l'an 926.

4. Capitolin, *Verus Imp.*, 10.

par jalousie contre Fabia; selon d'autres, pour sauver son mari, que Vérus, dit-on, voulait faire assassiner. La calomnie ne se croit jamais obligée de se mettre d'accord avec elle-même. Faustine, qui tout à l'heure complotait contre son époux, se fait maintenant empoisonneuse par dévouement conjugal. La mort de Vérus donna lieu à mille suppositions, plus absurdes les unes que les autres[1]. Il faut se rappeler que Rome était une ville d'une extrême immoralité; tous les mauvais bruits y trouvaient créance. L'imagination des nouvellistes ne rêvait que des crimes; on ne pouvait admettre qu'une femme fût honnête, ni qu'un homme important mourût de sa belle mort. Ces commérages passaient dans l'histoire, et, même quand ils étaient absurdes, il en restait quelque chose.

Que dire des débauches honteuses dont la voix publique accusa la fille d'Antonin, la femme de Marc-Aurèle? Ici la calomnie est facile, car la réfutation est impossible. Dans ces récits pourtant, que d'étourderie, que de légèreté! Le mot sur la restitution de la dot, prêté à Marc-Aurèle, n'a été ni dit ni pensé par cet homme excellent, si dégagé de toute vue intéressée, totalement dénué de ce qu'on appelle de l'esprit. Il n'est pas exact que Marc-Aurèle dût l'empire à son mariage avec Faustine; il le devait au libre choix d'Adrien. Rappelé un jour par quelque mauvais plaisant[2], le mot en question aura fait fortune dans Rome, et, le lendemain, (ainsi s'écrit l'histoire) aura été répété comme tenu par l'empereur. L'anecdote de l'acteur se livrant en plein théâtre à une allusion injurieuse, bien vite saisie, peut-être créée par le public,

1. Tillemont, *Hist. des Emp.*, II, p. 360, 361.
2. Le mot était de Burrhus à Néron. Dion Cassius, LXII, 13.

doit être vraie. Mais que prouve la malveillance d'un
public assemblé pour écouter des impertinences et s'é-
gayer aux dépens de la morale et de l'humanité? Les
habitués des théâtres n'aimaient pas Marc-Aurèle [1]. Il
avait apporté aux combats de gladiateurs des tempéra-
ments qui déplaisaient fort aux amateurs de ces jeux
abominables; on étendait des matelas sous les funam-
bules; on ne pouvait plus se battre qu'avec des armes
mouchetées; les mécontents prétendaient que c'était
chez l'empereur un plan arrêté de ramener de force le
peuple à la philosophie en le sevrant de ses plaisirs.
Marc-Aurèle venait au théâtre le moins qu'il pouvait,
et uniquement par complaisance. Il faut même dire que
l'excellent homme y paraissait un peu ridicule. Il affec-
tait, pendant le spectacle, de lire, de donner des au-
diences, de signer les expéditions, sans se mettre en
peine des railleries qu'en faisait le peuple. Un jour, un
lion qu'un esclave avait dressé à dévorer des hommes
fut réclamé à grands cris par le peuple. La bête fit tant
d'honneur à son maître que, de toutes parts, on demanda
l'affranchissement de celui-ci. L'empereur, qui, pendant
ce temps, avait détourné la tête, répondit avec humeur :
« Cet homme n'a rien fait de digne de la liberté [2]. » On
conçoit que la malignité du parterre prit sa revanche de
cette gravité désapprobatrice. Faustine, cependant, entourée dans sa loge de la brillante société que compor-
taient son rang, sa naissance et sa beauté, provoquait
aux méchants propos. Qu'un mot alors prononcé par l'ac-

1. Capitolin, *Ant. Phil.*, 4, 11, 12, 15, 23.
2. Dion Cassius, LXXI, 29. Comp. l. 17, *proœm.* Dizest. livre XI,
tit. ix; l. 3, Cod. Just., livre VII, tit. xi.

teur prêtât à la moindre équivoque, le rire se propageait, et une plaisanterie d'étourdis devenait une calomnie.

Les fables relatives au gladiateur, censé le père de Commode[1], s'expliquent d'elles-mêmes. Cette fois, du moins, la légende partait d'un sentiment vrai et touchant. A aucun prix, l'on ne voulut que l'exécrable Commode fût le fils du pieux et bon Marc-Aurèle. Plutôt que d'admettre qu'un tel monstre eût pour père le plus sage et le meilleur des hommes, on calomnia la mère. Pour absoudre la nature d'une si révoltante absurdité, on ne recula devant aucune invraisemblance. Quand on voyait cet insensé combattre dans le Cirque et se comporter en histrion de bas étage : « Ce n'est pas un prince, disait-on, c'est un gladiateur[2]. Quoi! c'est là le fils de Marc-Aurèle! » Bientôt on découvrit dans la troupe des gladiateurs quelque individu avec qui on lui trouva de la ressemblance, et l'on affirma que c'était là le vrai père de Commode. Le fait est que tous les monuments attestent la ressemblance de Commode et de son frère jumeau Annius Vérus avec Marc-Aurèle, et confirment pleinement à cet égard le témoignage de Fronton[3].

Est-ce à dire que de telles légendes aient pu se former autour d'une personne irréprochable? Non certes. Il est évident que Faustine eut des torts. Les amis de son mari ne l'aimaient pas. La digne et grave société d'hommes vertueux que Marc-Aurèle avait formée autour de lui garda d'elle un mauvais souvenir. La cause de ce manque

1. Capitolin, Ant. Phil., 19.
2. Gladiatorem esse, non principem. Ibid. Cf. Lampride, Comm. Ant., 1, 2, 8, 12, 13, 18, 19
3. N. des Vergers, Essai sur Marc-Aurèle, p. 74, 75. Voir surtout le buste du Musée du Capitole.

de sympathie réciproque se laisse facilement deviner.
Héritière des sentiments altiers qu'une incomparable noblesse de sang donnait aux femmes de l'ancienne aristocratie romaine, Faustine dut être plusieurs fois blessante
pour les philosophes, à la mine austère, à l'habit déjà
presque monacal, qui entouraient son mari. Elle leur fit
sentir ces dédains injustes que les femmes ne savent pas
maîtriser quand le sentiment qu'elles ont de l'élégance
et de la distinction est contrarié. Marc-Aurèle fut le plus
bienveillant et, en un sens, le plus démocrate des souverains; il ne regardait qu'au mérite, sans égard pour la
naissance, ni même pour l'éducation et les manières. Les
excès et la fierté insupportable de la vieille aristocratie
romaine lui avaient inspiré une assez forte antipathie
contre les riches et les patriciens [1]. Comme il ne trouvait
pas, d'ailleurs, dans l'aristocratie les sujets propres à servir ses idées de réforme, il appelait aux fonctions des
hommes sans autre noblesse que leur honnêteté, sans
autre charme qu'une vertu solennelle, parfois un peu
ennuyeuse. Le grand reproche que lui adressait Avidius
Cassius était de confier les hauts emplois à des gens sans
fortune et sans antécédents connus [2]. Bassæus, qu'il
choisit pour son préfet du prétoire, était, dit-on, un véritable rustre, mal élevé, peu intelligent. Il commit une
faute bien plus grande encore à propos de Pompéien.
C'était un homme de grand mérite, mais âgé, sans naissance, sans nul agrément. Marc-Aurèle eut la fâcheuse
idée de le marier à sa fille Lucille, veuve de Lucius
Vérus. Il voulait que les femmes de sa maison se pliassent

1. *Pensées*, I, 3, 11.
2. Vulcat. Gall., *Vie d'Avidius*, 14.

13

à ses desseins, qu'elles n'eussent comme lui d'autre
pensée que le bien de la république, et, parce que Pompéien était le plus honnête homme de l'empire, il s'imaginait qu'il devait plaire à Faustine et à Lucille. Il n'en
fut rien; les deux femmes se révoltèrent et abreuvèrent
d'affronts le pauvre Pompéien[1]. Elles avaient tort sans
doute; mais l'empereur aussi avait tort de froisser l'instinct, un peu frivole peut-être, de personnes qui lui
tenaient de si près. Belle, élégante, aristocratique et
légère, Faustine fut ainsi une étrangère dans le monde
de son mari. Les amis de son mari, de leur côté, durent
souvent la voir avec humeur; ils s'exagérèrent des légèretés, et, dans leur rigorisme outré, ils purent regarder
comme des déportements scandaleux les manières libres
d'une personne du monde[2]. Sans être pire que la plupart de ses contemporaines, Faustine dut être ainsi fort
mal jugée. Il est possible qu'elle n'ait jamais dépouillé
complétement ce qu'il y a quelquefois d'un peu superficiel
dans les jugements de la femme; par moments, les belles
sentences de Marc-Aurèle, sa perpétuelle mélancolie, son
calme, sa résignation, son aversion pour tout ce qui ressemblait à une cour[3], purent sembler bien austères à une
femme jeune, capricieuse, d'un tempérament ardent et
d'une merveilleuse beauté; elle se fatigua peut-être de
tant de sagesse; elle eut le tort, en particulier, d'aimer
les fêtes et les divertissements qui déplaisaient à son
mari, d'y paraître seule et de s'y trop laisser aller à la

1. Capitolin, *Ant. Phil.*, 20.
2. Voir, par exemple, le grief allégué contre Tertullus, Capitolin,
Ant. Phil., 29.
3. *Pensées*, I, 17; X, 27.

gaieté[1]. Mais, en somme, elle remplit bien le premier de
ses devoirs; elle rendit son mari heureux; celui-ci remercia les dieux de la lui avoir donnée pour épouse.

Quant aux philosophes qui survécurent à Marc-Aurèle,
ils ne furent pas aussi indulgents, et, comme ils écrivirent
l'histoire, Faustine arriva devant la postérité jugée par
ses ennemis. Le culte que les amis de Marc-Aurèle
gardèrent pour sa mémoire nuisit à sa femme. On ne lui
pardonna pas d'avoir été imparfaite à côté d'une telle
perfection. La haine, complétement justifiée, qu'inspirait
Commode à tous les honnêtes gens rejaillit aussi sur sa
mère. Comme Avidius Cassius avait été du parti opposé
aux philosophes[2], on le mit dans la même cabale. Marius
Maximus et Dion Cassius recueillirent cette opinion et
l'imposèrent à l'avenir. Elle était juste sans doute à beaucoup d'égards. Elle venait d'un sentiment touchant de
vénération pour le grand et bon empereur; mais, comme
toute opinion absolue, elle devait entraîner plus d'une
exagération. Il est des natures qui, si j'ose le dire, appellent la calomnie, la créent autour d'elles, s'y livrent de
gaieté de cœur. En présence de personnages historiques
d'un tel caractère, le devoir de la critique est, non pas de
prononcer des absolutions inconsidérées, mais de se renfermer dans ces jugements tempérés de « peut-être » où
réside bien souvent la vérité.

1. Capitolin, Ant. Phil., 19; Aurél. Victor, Cæs., XVI.
2. Vulcat. Gall., Vie d'Avidius, 1, 14.

LES ORIGINES DE LA LANGUE FRANÇAISE [1].

Entre les dons qui furent départis à l'esprit français ne comptait pas précisément le don des langues. C'est sans doute à cette inaptitude presque complète aux recherches de la philologie comparée qu'il faut attribuer ce fait singulier, que aucune langue n'a fait autant déraisonner que la langue française, si sensée et si raisonnable cependant; aucune, dis-je, n'a donné lieu à autant de méprises ni inspiré autant de rêveries. L'étymologie a été et reste encore parmi nous un véritable genre d'aliénation mentale, et je tiens pour très-véritable ce mot

1. *Essai philosophique sur la formation de la langue française*, par M. Edelestand du Méril. Paris, 1852.
Origine et formation de la langue française, par A. de Chevallet. 1er partie. Paris, 1853.

d'un éminent linguiste de nos jours, que les trois causes
qui ont rendu fous le plus d'hommes sensés d'ailleurs
sont l'étymologie, l'amour et la théologie. Le fait est
qu'il ne se passe pas d'année sans que les membres de
l'Institut appelés à décerner le prix fondé par Volney
aient à faire justice de quelque tentative d'explication
universelle des langues et des idées par le moyen du
français. En dehors même de ces aberrations extrêmes,
on est parfois surpris de l'étrange facilité avec laquelle
des hommes instruits se laissent aller sur ce point aux
fantaisies les plus bizarres. Croirait-on, par exemple, que
c'est un homme tenu de quelques-uns pour un oracle,
et de plusieurs pour un écrivain éminent, qui fait dériver
ancêtre de *ancien être*, *beffroi* de *bel effroi*, *conduire* de
du-ire, aller à deux, *sortir* de *se-hors-tir*, se tirer dehors [1],
et prend occasion de là pour nous exposer d'un air de
Trismégiste les mystères cachés dans le langage, tout
comme si la langue dépositaire du secret des choses et
de la révélation primitive n'était ni plus ni moins que le
français !

Ces innocentes bévues des gens du monde, les savants
de la vieille école, il faut le dire, les justifiaient jusqu'à
un certain point par leurs folles imaginations. Depuis
Périon et Henri Estienne, qui ne voyaient partout que du
grec, on chercha tour à tour dans la langue française
de l'hébreu, de l'allemand, du basque, du bas breton.

---

1. *Soirées de Saint-Pétersbourg*, par M. le comte de Maistre,
deuxième entretien. — Il est vrai que le latin n'a pas mieux inspiré le
noble comte : à la même page, il nous donne *cœcutire* comme composé de *cœcus-ut-ire*, aller comme un aveugle, et accepte tout de
bon la ridicule étymologie de *cadaver*, *caro data vermibus*.

Chez ceux mêmes qui entrevirent une solution meilleure, tels que Roquefort, Raynouard, quel manque absolu de méthode et de sentiment philologique! Ce fut un Allemand, M. Diez, qui, dans son excellent écrit sur les langues romanes, nous révéla nos propres origines. Heureusement il fut compris à demi-mot, et, avant qu'il eût achevé sa démonstration, M. Ampère la développait déjà parmi nous, avec cette habileté et cette finesse d'aperçus qui égalent presque le mérite de la découverte. Une série de travaux ingénieux fut le fruit de cette direction nouvelle, qui semble loin d'être épuisée, puisqu'une seule année a pu ajouter trois publications fort estimables à celles que nous possédions déjà sur le même sujet[1].

Le nom de M. du Méril promettait un de ces vastes répertoires de faits et de considérations qui, s'ils ne présentent pas la solution dans ses formes nettes et dégagées, la renferment implicitement, et laissent le plaisir de la déduire aux esprits pénétrants, plus jaloux de chercher la vérité que de la trouver toute faite. La sincérité de la critique oblige de dire, il est vrai, que tout en ce travail si méritoire n'est pas d'égale valeur, que l'ordonnance du livre laisse beaucoup à désirer, que la méthode n'a pas toujours cette sûreté que nous sommes accoutumés à trouver dans les ouvrages de philologie comparée, que la partie étymologique enfin offre de regrettables écarts qui rappellent trop souvent les procé-

---

[1] Depuis la rédaction de cet article, M. Diez a donné au public un autre travail important, un Dictionnaire étymologique et comparé de langues romanes (Bonn, 1853). Les observations auxquelles donnerait lieu ce nouvel ouvrage sont trop nombreuses pour être touchées ici : il suffit de le signaler comme un complément nécessaire aux travaux grammaticaux du même auteur.

dés de l'ancienne école. Malgré ces taches, le livre de
M. du Méril n'en reste pas moins un précieux instrument
de travail, et ajoute un titre de plus à ceux de son
auteur, que la voix publique a proclamé depuis longtemps l'un des hommes les plus savants et les plus laborieux de notre temps.

L'ouvrage de M. de Chevallet, honoré en 1850 du prix
fondé par Volney pour la philologie comparée, est aussi
un consciencieux travail, moins complet que celui de
M. du Méril pour la partie historique, mais supérieur
pour la méthode et la clarté de l'exposition. Peut-être
cependant, comme son estimable devancier, M. de Chevallet a-t-il quelquefois exagéré la part de l'influence
celtique et germanique, et cherché dans ces deux familles de langues l'origine de mots purement latins. Comment, par exemple, demander à l'allemand l'origine du
mot *effroi*, et au celtique l'origine des mots *talent*,
orgueil, *arrogant*, quand il est évident que le premier
mot vient de *exfrigidare* (effrayer), et les autres de
mots classiques, détournés de leur signification primitive
par la basse latinité?

Quel que soit le jugement que l'on porte sur le mérite
de ces différents travaux, le problème de l'origine et de
la formation de la langue française peut être dès à présent considéré comme à peu près résolu : il n'est pas
permis de croire que des documents nouveaux viennent
s'ajouter à ceux que l'on possède, et certainement ils
ne changeraient rien à la formule, désormais arrêtée, qui
définit le français, l'italien, l'espagnol et les autres dialectes romans : un latin de bas étage, altéré par une
prononciation provinciale, et mêlé d'éléments barbares,

soit par suite des invasions germaniques, soit par la persistance d'un fonds insignifiant de mots antérieurs à la conquête romaine. L'identité fondamentale de ces trois idiomes, l'analogie des lois qui ont présidé à leur dérivation, le parallélisme exact de leur développement, ce fait si curieux que les éléments barbares (non latins) qui se trouvent dans chacun d'eux sont exactement les mêmes et toujours dans la même proportion, voilà plus qu'il n'en faut pour établir qu'une cause unique prédestinait la France, l'Italie et l'Espagne à parler la même langue. Comment expliquer, par exemple, que le mot *chemin* (*cammino*), que l'on dit venir du celtique, se retrouve également en français, en italien, en espagnol? Comment ces trois pays, si différemment atteints par la conquête et envahis par des branches si diverses de la famille germanique, se seraient-ils rencontrés pour adopter justement les mêmes mots allemands, tels que *dérober*, *rubare* (*rauben*); *jardin*, *giardino* (*Garten*); *auberge*, *albergo* (*Herberge*), etc.? N'est-il pas évident que l'introduction de ces mots barbares s'était déjà faite dans la basse latinité, et que Rome demeure la cause dominante de notre langue comme de notre culture intellectuelle et de nos institutions?

« L'origine du roman, dit très-bien M. du Méril, remonte au premier barbarisme que les Gaulois ajoutèrent à la langue latine. » Il serait mieux peut-être de dire : Au premier effort que fit le peuple pour s'affranchir d'un joug grammatical trop pesant pour lui. Ce serait un paradoxe qui ne manquerait pas de quelque vérité de soutenir que le français est en un sens antérieur au latin, je veux dire au latin réformé sur le mo-

dèle du grec que nous trouvons dans les écrivains classiques de Rome. Il est sûr du moins que ce n'est pas
cette langue savante et littéraire qui a survécu dans
l'usage, et qui est venue jusqu'à nous comme idiome
parlé, sous le nom de français, d'italien, d'espagnol :
c'est la langue du dessous, la langue sans grammaire,
moins riche en désinences, traînante dans sa syntaxe,
écourtée dans sa prononciation. Il n'y avait pas
deux langues latines. Mais il y avait une langue grammaticale et une langue populaire, de même que, parmi
nous, sans qu'il y ait deux langues françaises, le langage
d'un paysan, si on l'écrivait rigoureusement comme il
le prononce, différerait notablement de celui d'un homme
bien élevé. Ainsi le fait générateur de la langue française n'est au fond qu'une révolution démocratique : la
langue d'en bas l'a emporté sur la langue d'en haut ;
la langue des gens illettrés, des soldats, des provinciaux,
sur la langue des lettrés et de la capitale. Il arriva
comme si de nos jours l'Académie cédait le pas au jargon, et comme si les gens sans étude réglaient l'orthographe. Les inscriptions, qui sont pour l'antiquité les
meilleurs témoins de la langue populaire, nous offrent
à chaque ligne les plus révoltantes énormités grammaticales. Les textes latins des basses époques qui n'aspirent
qu'à se faire entendre sont du même style. Je signa-
lerai à cet égard un curieux manuscrit que possède
notre Bibliothèque Nationale, et dont on a, ce me semble, tenu trop peu de compte. C'est un traité de cuisine
du viie siècle, écrit, on peut le croire, dans la
langue vulgaire du temps, par un certain Vinidarius. Le
style de ce cordon bleu, qui s'intitule fièrement *Vir inlus-*

ter, fourmille de gallicismes, de locutions comme celle-
ci, par exemple : *pisces eo jure — poissons au jus*, le
pronom jouant déjà le rôle de l'article. Il importe aussi
d'observer que les éditions imprimées des auteurs de
cette époque qui, comme Grégoire de Tours, ignoraient
la grammaire, ne peuvent donner une juste idée du texte
primitif. Généralement, en effet, ces éditions ont été
faites sur des copies corrigées après la renaissance carlovingienne, ou bien les éditeurs modernes ont envisagé
comme fautes de copistes des traits de langue qui étaient
bien le fait de l'auteur. M. Bethmann, qui a comparé
trois manuscrits de Grégoire de Tours du viiᵉ siècle,
annonce que dans l'édition qu'il prépare il ne subsistera
pas une ligne des anciens éditeurs, et que son texte re-
présentera réellement la langue que l'on parlait au viᵉ et
au viiᵉ siècle.

La révolution qui du latin a tiré le français n'est donc
le fait ni des Celtes ni des peuples germaniques; elle est le
fait de l'esprit humain. Depuis l'introduction du latin
dans les Gaules, aucun changement brusque n'est sur-
venu dans la langue de ce pays : tout s'est fait par une
évolution spontanée, une sorte de végétation et d'épanouissement naturel. Sans doute des influences extérieures qu'on ne saurait nier concoururent au même résultat.
Un vieux fonds de mots celtiques, mots humbles, bas,
relatifs presque tous à la vie du paysan, ou bien mots
obscènes et frappés d'un certain caractère de trivialité,
se conserva dans le langage du peuple. La prononciation
d'ailleurs, élément si capital dans la transformation des
langues, resta bien réellement celtique, en sorte que le
français pourrait être défini : du latin prononcé à la

gauloise. La Germanie, d'un autre côté, introduisit de
force une foule d'expressions relatives au nouvel état
social qu'elle fondait. A l'époque carlovingienne surtout,
l'allemand fit dans la Gaule une véritable invasion, bien
plus grave et plus féconde en résultats que celle de
l'époque mérovingienne. Un moment le théotisque fut la
langue de la classe politique. Le roman, il faut l'avouer,
courut là un danger réel, et il n'a tenu qu'à peu de
chose, au ix⁰ siècle, que la France n'ait parlé allemand. Mais l'élément latin l'emporta complétement : l'allemand rentra à tout jamais dans ses frontières d'Al-
sace et de Lorraine, et, depuis ce temps, la langue
romane, sans aucun accident extérieur (l'invasion normande ne sema quelques mots scandinaves que dans la
Normandie), suivit la marche naturelle de son développement, ou, si l'on veut, de son progrès.

Certes, jamais ce mot n'a besoin de plus d'explication que quand on veut l'appliquer au langage. Nulle
part autant que dans l'histoire des langues le progrès
n'est douteux et compensé de décadence. Dans les langues, en effet, la perfection est à l'origine. Comparés au
sanscrit, le grec et le latin sont des langues pauvres et
rudes ; comparées au grec et au latin, les langues que
nous parlons (abstraction faite, bien entendu, de la noblesse que le génie a su leur donner), sont des patois
barbares, n'ayant en eux-mêmes ni leurs racines ni la
raison de leurs procédés. Pour les trouver nobles et
belles, nous sommes obligés de fermer les yeux sur leur
origine. Sorties du patois populaire, réformées plus tard
par des grammairiens et des rhéteurs, elles portent toujours l'empreinte de cette double paternité. Prenez la

meilleure langue de nos jours, remontez à l'origine de
chacun des éléments qui la composent, oubliez un moment que cette langue est maintenant vivante et noble,
pour n'être attentif qu'à sa généalogie, vous n'y trouverez jamais que ces deux choses: le pédantisme et le
patois. Je cite au hasard :

« La beauté étend son prestige sur la postérité elle-
même et répand un charme, vainqueur des siècles, sur
le nom seul des créatures privilégiées auxquelles il a plu
à Dieu de la départir. »

Il n'y a pas dans cette phrase un seul mot qui ne soit
latin, au moins dans ses racines; mais quel latin ! Voici
au fond ce que M. Cousin, sans s'en douter peut-être,
s'est résigné à écrire :

« (Il)la bell(it)la(s) e(x)tend(it) suum praestigi(um)
su(pe)r (il)la(m) posterita(tem) illa(m) me(tipsis)s(i)ma(m)[1]
et repand(it) un(um) carme(n) victor(em) de (il)lis sec(u)lis
su(pe)r (il)lu(d) nom(en) sol(um) de il(lis) creaturis
privilegia(tis) a(d) (il)las quales il(lud) (h)a(bet) placi-
(tum) a(d) Deu(m) de (il)la(m) departir(i). »

Certes, si un contemporain d'Auguste se fût entendu
dire que dix-huit siècles plus tard cela serait d'un excellent style, et que les maîtres écriraient de la sorte, il eût
pris une bien triste opinion de l'avenir de l'esprit humain.
S'il nous était donné un spécimen de la langue que l'on
parlera dans dix siècles, quand le français sera devenu
trop noble à son tour, notre étonnement sans doute ne
serait pas moindre. Quelque chose comme le jargon des
nègres : voilà peut-être la langue de l'avenir. Qu'on se

---

1. Ital. medesimo; ancien espagnol, mesmo, meme.

représente seulement ce que deviendrait notre idiome
écrit et parlé le jour où il serait reçu qu'on peut être
un galant homme sans savoir le latin, le jour où, le
sentiment de l'étymologie venant à se perdre par l'affaiblissement des études classiques, on se servirait de la
langue à peu près comme les maçons se servent des
procédés de la géométrie sans les comprendre. Or les
pessimistes croient déjà voir de graves symptômes de
cette révolution future. Lamartine nous donne des études
du style des cuisinières ; George Sand nous fait trouver
des beautés infinies dans je ne sais quel patois. Le patois est à la mode, on se l'arrache; l'Académie le couronne! Encore si c'était un reste de quelqu'un de ces
idiomes ennoblis par le génie et qui ont mérité un moment le nom de langue, si c'était le provençal des troubadours du xii⁰ siècle, un souvenir de la langue de
Bernard de Ventadour ou de Raimbaud de Vaquères que
l'on cherchât à faire revivre, cet écho du passé pourrait
n'être pas sans charme. Mais le jargon des rues d'Agen,
un patois sans règles, sans flexions, sans titres de noblesse, du mauvais français en un mot, dont tout le mérite consiste à dire *barquo* pour *barque* et *foulo* pour
foule, cela ne devrait pas s'écrire et c'est un signe
alarmant qu'en dehors d'Agen on ait consenti à l'admirer.

Ainsi une langue d'extraction plébéienne, martelée
ensuite durant des siècles, par des gosiers barbares, à
demi dévorée par des mangeurs de syllabes, voilà
notre langue; ce qui n'empêche pas que longtemps encore, quand l'étranger voudra dire de fines et gracieuses
choses, il se croira obligé de les dire en français. L'hu-

milité des origines n'humilie personne; le monde n'est
plein que de ces ennoblissements et de ces passages de
la rusticité à la plus exquise politesse. L'histoire du langage, d'ailleurs, envisagée dans son ensemble, se résume
tout entière en ces deux mots : déchéance sous le rapport
de la noblesse et de la beauté des formes, — progrès en
facilité, j'ai presque envie de dire en démocratie; et par
suite substitution inévitable de l'idiome populaire à
l'idiome savant. Le premier coupable de ce sacrilége fut
ce révolutionnaire de Bouddha, quand, six cents ans
avant J.-C., il voulut mettre à la portée du peuple les
problèmes jusque-là réservés aux écoles et aux classes
aristocratiques. Pour cela il se vit obligé de parler une
langue plate, prolixe, sans relief, sans constructions,
pleine de redites, un vrai style de curé de campagne.
Plus tard ses disciples commirent un bien plus grave
attentat : ce fut d'écrire et d'appliquer aux usages intellectuels la langue parlée (le pali), afin d'être plus clairs
et de s'adresser à tout le monde. Cette énorme concession, nous l'avons faite à notre tour : nous avons oublié
le beau latin pour le latin rustique; nous avons passé au
peuple. Je ne dis pas qu'il faille le regretter ; je constate
seulement dans l'histoire des langues l'éternel balance-
ment qui semble la loi des choses humaines : noblesse
pour un petit nombre ou vulgarité pour tous.

L'ART DU MOYEN AGE

ET

LES CAUSES DE SA DÉCADENCE.

L'histoire de l'art chez les peuples modernes présente un phénomène qui, pour n'être pas sans exemple dans l'antiquité, n'en reste pas moins étrange : je veux parler de cette rupture singulière avec la tradition, qui, à partir de la fin du XVᵉ siècle, nous rend dédaigneux pour notre passé et nous engage à la poursuite d'un autre idéal. Du XIᵉ au XIVᵉ siècle, l'Europe avait eu un art original dans le sens toujours restreint qu'il est permis de donner à ce mot quand il s'agit des choses de l'esprit. Le XIᵉ siècle avait été témoin, en philosophie, en poésie, en architecture, d'une renaissance comme l'humanité en compte peu dans ses longs souvenirs. Le XIIᵉ et le XIIIᵉ siècle avaient développé ce germe fécond, le XIVᵉ et le XVᵉ siècle en avaient vu la décadence. Chose étrange ! ces deux

14

siècles qui, sous le rapport politique, présentent un sensible progrès, ces deux siècles qui assistent à la séculari-
sation de l'État par Philippe le Bel, à la première proclamation des droits de l'homme, au réveil de la vie mondaine
avec les Valois, au premier règne de la bourgeoisie patriote
et intelligente avec Étienne Marcel, à l'inauguration d'une
royauté administrative et dévouée au bien public avec
Charles V, à la grande proclamation de la sainteté de la
patrie avec Jeanne d'Arc, puis à de prodigieuses découvertes qui changèrent la face du monde, ces deux siècles,
dis-je, assistèrent en même temps à la plus triste déchéance
du goût, virent mourir tout ce qui avait fait l'âme du
moyen âge, et semblèrent, en fait d'art, comme les para-
lytiques de la piscine, attendre la vie d'un souffle nouveau.
Ce souffle vint de l'antiquité, qui, vers la fin du XVe siècle,
sortit de son tombeau, au moment juste où elle devenait nécessaire à l'éducation de l'humanité. La vieille
terre d'Italie recélait tant de trésors, que les restes de
l'art ancien s'y trouvaient à fleur du sol. De très-beaux
monuments d'architecture existaient encore presque intacts. Ce n'était pas la Grèce, alors totalement ignorée;
c'était une antiquité de second ordre, mais c'était l'antiquité. A peine la belle ressuscitée se montra-t-elle dans sa
sobre élégance et sa sévère beauté, que tous furent
fascinés. Chacun renia ses pères, se fit aussi irrespectueux
que possible, et, pour plaire à sa nouvelle maîtresse, se
crut obligé de commettre des excès de zèle qu'elle-même
eût désapprouvés.

Le commencement de notre siècle a vu la première
réaction contre ce changement du goût, qui avait été
accepté par trois siècles sans une seule protestation. Quand

M. de Chateaubriand eut révélé au monde, étonné et d'a-
bord scandalisé d'un tel paradoxe, qu'il y a une esthétique
chrétienne, il fut permis de trouver qu'une église gothique
résout à sa manière le problème de l'architecture, et que
les sculptures de Saint-Gilles près d'Arles, de Chartres,
d'Amiens, de Reims, ne peuvent être oubliées dans une
histoire de l'art. Les hommes les plus étrangers à l'esprit
de système se déclarèrent touchés. « Plus je vois les
monuments gothiques, disait un homme qui avait le droit
d'être juge en statuaire [1], plus j'éprouve de bonheur
à lire ces belles pages religieuses si pieusement sculptées
sur les murs séculaires des églises. Elles étaient les
archives du peuple ignorant. Il fallait donc que cette
écriture devînt si lisible que chacun pût la comprendre.
Les saints sculptés par les gothiques ont une expression
sereine et calme, pleine de confiance et de foi. Ce soir,
au moment où j'écris, le soleil couchant dore encore la
façade de la cathédrale d'Amiens; le visage calme des
saints de pierre semble rayonner. »

On alla plus loin, et, pour plusieurs, ce mouvement,
que jusque-là tout le monde avait appelé *renaissance*,
devint un sujet de blâme et de regrets. Aux malédictions
de Vasari contre l'art gothique succédèrent des malédictions contre cet art païen qui, selon les zélateurs du
nouveau système, avait tué l'art chrétien. Une école fort
sérieuse, puisqu'elle a soutenu dans leurs travaux des
hommes comme Lassus, Viollet-le-Duc, inspiré un poète
comme M. de Montalembert, entreprit systématiquement
la réhabilitation de l'art du moyen âge, et essaya même

1. David d'Angers.

de renouer la tradition interrompue depuis près de quatre
cents ans. Ici de cruelles déceptions l'attendaient. Les
systèmes d'esthétique, toujours vrais en un sens, quand
ils sont conçus par des esprits élevés, ne doivent jamais
chercher à se réaliser. Les seuls chefs-d'œuvre que produisit l'école néo-gothique sont de très-bons livres d'archéologie. L'impuissance des idées théoriques à rien
créer en fait d'art, le rang secondaire fatalement assigné
à tout ce qui est pastiche et imitation furent prouvés par
un exemple de plus; mais la meilleure série de travaux
que la France ait produite en notre siècle sortit de cette
direction, ou, si l'on veut, de cette mode. Inférieur à
l'Allemagne pour les ouvrages de haute critique et de
très-fine analyse, notre pays prit sa revanche en ces travaux
d'une méthode exacte et sobre, où les qualités du savant
et celles de l'homme de goût se retrouvent dans une
juste proportion. Grâce au travail de ces trente dernières
années et à l'accord des résultats obtenus, les principaux
problèmes relatifs à l'art du moyen âge ont reçu une
solution qu'on peut dire assurée.

I.

Comment cet art naquit-il? Au milieu de quelle société
réussit-il à grandir? Comment cette société ne suffit-elle
pas pour l'amener à sa perfection? Comment la grande
génération qui créa le style gothique n'eut-elle pas pour
élèves des artistes analogues à ceux de l'Italie du xvie siècle?

Voilà les questions que tout esprit philosophique se pose, et sur lesquelles les documents sont rares ou discrets. Les artistes français du moyen âge ont peu de personnalité; dans cette foule silencieuse de figures sans nom, l'homme de génie et l'ouvrier médiocre se coudoient, à peine différents l'un de l'autre. Il faut des recherches minutieuses pour prendre sur le fait le travail obscur et, comme nous disons aujourd'hui, inconscient d'où sont sorties tant d'œuvres étranges. Je ne connais pas à cet égard de plus précieux témoignage que celui que M. Lassus a livré il y a quelques années aux discussions du monde savant [1].

En 1849, M. Jules Quicherat fit connaître un manuscrit du fonds de Saint-Germain, à la Bibliothèque Nationale, où se trouvait un livre des plus singuliers. C'était, sous une chemise de vieux cuir, une série de feuillets de parchemin contenant les dessins, les essais, toutes les notes, toutes les confidences d'un architecte du XIIIᵉ siècle, Villard de Honnecourt. Le docte et pénétrant investigateur auquel l'histoire de France doit tant de judicieuses recherches décrivit ce curieux document; M. Lassus en entreprit la publication intégrale et y trouva une excellente occasion pour développer ses idées favorites. La mort le surprit dans ce travail, que les soins d'un de ses élèves viennent de mener à fin [2].

1. *Album de Villard de Honnecourt*, architecte du XIIIᵉ siècle, manuscrit publié en fac-similé, etc., par J.-B.-A. Lassus, ouvrage mis au jour après la mort de M. Lassus et conformément à ses manuscrits par M. Alfred Darcel. Paris, 1858.

2. Une édition anglaise du même ouvrage a paru, avec de savantes additions de M. Robert Willis, professeur à l'université de Cambridge. Londres, 1859.

L'album de Villard est le plus curieux miroir de l'état d'esprit où vivait un artiste du temps de saint Louis. Villard était originaire de Honnecourt, village situé entre Cambrai et Vaucelles. C'est un Picard, et il écrit dans le dialecte de la Picardie. Sa vie fut celle d'un artiste du moyen âge, agitée, mobile, toujours nomade. Il voyagea, comme il nous le dit lui-même, « en beaucoup de terres ». On trouve dans son album les églises de son pays natal, Vaucelles et Cambrai, la rosace occidentale de l'église de Chartres, l'église Saint-Étienne de Meaux et la rosace de Lausanne. Sa renommée le fit appeler jusqu'en Hongrie. Au verso du dixième feuillet est une madone avec l'enfant Jésus, auprès de laquelle on lit ce texte : « J'estoie mandés en le tierre de Hongrie qant io le portrais por eo l'amai io miex[1]. » Au quinzième feuillet, on trouve un croquis d'un pavé en mosaïque, avec ces mots : « J'estoie une foi en Hongrie, la u ie mes mains jor, la vi io le pavement d'une glize de si faite manière[2]. » D'ingénieuses recherches ont permis, du reste, de retrouver en Hongrie même les traces du séjour de Villard[3]. Le seul lieu de Hongrie où l'influence de l'architecture française se montre avec évidence est Kaschau. Le plan de l'église de Sainte-Élisabeth à Kaschau est conforme au système du gothique français tel qu'on le voit dans l'église Saint-Yved de Braine et dans l'église Saint-Étienne de Meaux. Villard

---

1. « J'étais mandé en la terre de Hongrie quand je la dessinai, parce que je la préférais. »
2. « J'étais une fois en Hongrie, là où je demeurai maints jours, et j'y vis un pavement d'église fait de cette manière. »
3. Voyez les *Mittheilungen der k. k. Central-Commission zur Erforschung und Erhaltung der Baudenkmale.* Vienne, juin 1859 (quatrième année).

travailla à cette dernière église. Il est donc tout à fait
naturel de supposer que l'église de Kaschau est aussi son
ouvrage. Sa part dut au reste se borner à l'indication
du plan général, car l'ensemble de la construction est
du xive siècle.

Villard avait des connaissances assez étendues en physique. Son éducation fut évidemment celle des esprits
les plus cultivés de son temps. Il s'occupa du mouvement perpétuel. Ses idées sur la « portraiture » sont
originales et neuves. L'étude de la nature est sensible
dans les groupes des lutteurs, des joueurs de dés, et dans
plusieurs figures. Il a aussi dessiné d'après nature divers
animaux, lion, porc-épic, ours, cygne, perroquet, chien.
Près du lion, Villard ne manque pas de noter expressément : « Et bien saciès que cil lions fu contrefais al
vif. » Enfin l'étude ou plutôt l'observation des monuments antiques paraît d'une manière très-remarquable
dans le tombeau d'un « Sarrazin », c'est-à-dire d'un païen
(pl. LX), et dans un homme revêtu d'une chlamyde
(pl. LVII), qui ressemble à un personnage des comédies
de Térence. Il y a aussi quelques esquisses d'après des
modèles byzantins. Villard, on le voit, prend de toutes
mains. L'activité extrême, l'audace, l'esprit d'innovation
qui caractérisent les artistes de son époque ne se sentent
nulle part mieux qu'ici. On dirait par moments Léonard
de Vinci ou Michel-Ange, à voir cette ébullition d'idées
hardies, cette fièvre d'enchérir sur les autres, cette variété
naïve dans les objets de la curiosité. On se croirait à la
veille d'une renaissance, et l'on était en réalité à la veille
d'une décadence. Pour s'expliquer ce phénomène singulier,
il faut se rendre compte des origines de l'art gothique,

de son principe, de sa tendance et du germe fatal de
dissolution qu'il contenait en son sein.

Grâce aux excellentes recherches de MM. Lassus, Viollet-
le-Duc, Vitet, Mérimée, Quicherat, la date de l'invention
du style gothique est maintenant bien connue. Les parties de Saint-Denis bâties par Suger (1137-1140) sont encore plus romanes que gothiques. La cathédrale de
Chartres, commencée de 1140 à 1145, offre au contraire
très-peu de style roman. Les cathédrales de Noyon, de
Senlis, commencées vers 1150, sont décidément dans le
style nouveau, quoique montrant encore plus d'un lien
de transition avec les habitudes anciennes. Les cathédrales de Laon, de Paris, de Soissons, l'abbaye de Fé-
camp, postérieures de dix ou vingt ans, ne gardent plus
du roman que des traces presque imperceptibles. C'est
donc vers 1150 qu'il convient de placer le moment où
le style nouveau apparaît avec ses caractères distinctifs.
Encore de savants critiques, tels que M. Quicherat, pen-
sent-ils que cette date est trop moderne, et que, pour
trouver la véritable origine du style ogival, il faut remonter assez près de l'an 1100.

Le pays où il se produisit peut être déterminé avec
non moins de précision. Ce fut sans contredit en France,
puisque notre pays présente des monuments gothiques au
moins cent ans avant tous les autres. Ce ne fut ni dans
le midi, ni dans le centre de la France, puisque ce style
n'y fut transporté que tard, et n'y prit jamais de fortes
racines ; ce ne fut pas en Bretagne, où l'on ne trouve
aucun monument gothique antérieur au xive siècle, et où
tous ces édifices ont été bâtis par des étrangers. Ce ne
fut ni en Normandie, ni en Lorraine, ni en Flandre, où

l'ogive fut introduite à une époque relativement moderne.
Ce fut dans l'Ile-de-France et la région environnante, le
Vexin, le Valois, le Beauvoisis, une partie de la Cham-
pagne, tout le bassin de l'Oise, dans la vraie France
enfin, c'est-à-dire dans la région où la dynastie capétienne,
cent cinquante ans auparavant, s'était constituée.

L'aspect archéologique de cette région de la France
démontre d'une façon incontestable la proposition que
nous venons d'énoncer. Les constructions qui expliquent
la transition du style roman au style gothique, les cathédrales de Noyon, de Senlis, Saint-Remi de Reims,
Notre-Dame de Châlons, l'église de Saint-Leu d'Esserans,
y sont toutes groupées. Quand on entre dans la cathédrale de Noyon, comme l'a très-bien fait observer M. Vitet,
on croit au premier moment entrer dans une église purement ogivale ; mais on remarque bientôt que le plein
cintre y est presque aussi souvent employé que l'ogive,
et l'on arrive à se convaincre que pendant quelque temps
on suivit simultanément les deux systèmes. Les arcs
romans en effet se trouvent dans toutes les parties de
l'église, mais principalement, chose frappante, dans les
parties les plus élevées. Presque toutes les églises de cette
région présentent le même phénomène. Les deux styles
s'y mêlent profondément ; quand elles sont ogivales, l'aspect général de l'édifice est encore roman, et, quand elles
sont romanes, on y voit facilement poindre les traits qui,
en se développant, formeront le caractère du style ogival.
Il suffira de citer Saint-Denis, Saint-Etienne de Beauvais,
Saint-Martin de Laon, Saint-Pierre de Soissons, l'église
de l'abbaye d'Ourscamps, Saint-Evremont de Creil, les
petites églises romanes des environs de Laon et de Beau-

vais, les petites églises, plutôt gothiques, d'anciens prieurés qu'on trouve dans le Valois. Partout on sent l'effort du style roman pour produire quelque chose de plus léger, ou la simplicité naïve du gothique naissant, encore pure de tout raffinement subtil. L'ogive, dans les édifices décidément gothiques, est à peine sensible, tant l'angle des deux arcs est ouvert. La hauteur est très-modérée. Le style a encore une pureté et une sévérité qu'il ne gardera pas dans les pays où il sera transporté. Quand des textes formels ne nous apprendraient pas que les cathédrales de Noyon, de Senlis, de Laon, de Paris et de Chartres furent les premières églises gothiques, le style seul de ces édifices l'indiquerait. Les petites églises de Saint-Leu d'Esserans, de Longpont, d'Agnetz, sont également des chefs-d'œuvre de proportion, de justesse, de hardiesse mesurée, que l'architecture gothique n'a pu produire qu'à son début. Ajoutons que tous les architectes célèbres de l'école gothique, Robert de Luzarches, Pierre de Montereau, Eudes de Montreuil, Raoul de Coucy, Thomas de Cormont, Jean de Chelles, Pierre de Corbie, Villard de Honnecourt, sont de l'Ile-de-France, de la Picardie ou des pays voisins, et qu'aucune région ne justifie aussi bien que celle-ci l'apparition du style nouveau. Les matériaux y sont abondants et d'excellente qualité. La pierre, facile à travailler, semble inviter aux essais hardis, aux tâtonnements périlleux, et explique cette fièvre d'innovation qui porta les architectes gothiques à surenchérir sans fin les uns sur les autres en fait de témérité.

Le style gothique nous apparaît ainsi comme un art purement français. Il naît avec la France, au centre même de la nationalité française, dans ce pays florissant et

riche qui se dégageait le premier de la féodalité germanique, fut le berceau de la dynastie capétienne, et en
recueillit avant tous les autres les bénéfices. Ce fut,
comme l'a dit M. Viollet-le-Duc, l'architecture du domaine
royal. Soumis à l'influence essentiellement française de
la royauté et de l'abbaye de Saint-Denis, ce pays, au xi⁰
siècle et au xii⁰, fut le théâtre d'un grand éveil de l'esprit
humain, d'une sorte de renaissance, qui se traduisit en
poésie par les chansons de geste, en philosophie par
l'apparition de la scolastique, en politique par le mouvement des communes et l'administration de Suger, en
religion par saint Bernard et les croisades. L'architecture
gothique ou, pour mieux dire, le mouvement de construction d'où elle sortit fut le produit des mêmes causes. En
ce qui concerne les communes, ce ne fut pas sans doute
une circonstance fortuite qui fit coïncider leur établissement avec la rénovation architecturale. L'église, à cette
époque, avait hérité du forum et de la basilique ancienne ;
c'était le lieu des réunions civiles, et, en effet, ce sont des
villes de communes, Noyon, Laon, Soissons, qui élèvent
les premières cathédrales gothiques.

Qu'aucun élément, ni italien, ni allemand, ne se mêlât
à cette première renaissance toute française du xi⁰ et du
xii⁰ siècle, si tristement arrêtée au xiv⁰, c'est ce qui,
pour l'architecture, est de toute certitude. Cent ans au
moins le style ogival reste la propriété exclusive de la
France. Les bords du Rhin se couvraient encore de constructions romanes, quand les chefs-d'œuvre du style
ogival étaient déjà élevés dans la France du nord. L'Angleterre eut des églises gothiques bâties dès le xii⁰ siècle,
mais par des Français. En 1174, la reconstruction de la

cathédrale de Cantorbéry ayant été décidée, on ouvrit un
concours : ce fut Guillaume de Sens, célèbre par de grands
travaux, qui fut choisi, et qui commença le chœur dans
le système nouveau qui déjà régnait exclusivement en
France. Au xiiiᵉ siècle, les innombrables maîtres maçons
qui portèrent ce style jusqu'aux confins de l'Europe latine
étaient des Français. Le premier architecte gothique non
français dont le nom nous soit connu est Erwin de Stein-
bach (1277). En Allemagne, jusqu'au xivᵉ siècle, ce style
s'appelle « style français », *opus francigenum*, et c'est là
le nom qu'il aurait dû garder. Malheureusement la fatalité qui priva la France de la gloire de ses chansons de
geste se retrouve ici. L'esprit étroit qui domine à partir
de saint Louis, les violences de l'inquisition, les malheurs
de la guerre de Cent ans, éteignent chez nous le génie.
Strasbourg et Cologne deviennent les écoles du style que
nous avions créé. La France voit à son tour chez elle
des artistes étrangers. Le *style français* passe pour allemand ; l'Italie l'appelle *tudesque*, puis, par un contre-
sens des plus bizarres, fait prévaloir pour le désigner
l'absurde dénomination de *gothique*. Il faut se rappeler
que les barbares furent surtout connus à l'Italie par les
Goths. *Gotico* devint synonyme de *barbaro*, et une légende représenta les Goths comme des êtres fantastiques
acharnés à la destruction des monuments romains, qu'ils
venaient marteler pendant la nuit. Dans leur dédain pour
cette architecture, qui n'était pas conforme aux ordres
grecs, et qui leur était profondément antipathique, les
Italiens du xviᵉ siècle l'appelèrent *gotica*, et ce nom fut
d'autant plus facilement accepté par la France du xviiᵉ
siècle, que le mot gothique avait pris en français, par

suite de l'influence italienne, une nuance analogue (*écriture gothique*, *les temps gothiques*, etc.). De là à prétendre que les Goths avaient inventé ce style, il n'y avait qu'un pas : Vasari le franchit, et aujourd'hui ce non-sens historique n'est pas encore déraciné de l'Italie [1].

Comment se forma ce style extraordinaire, qui, durant près de quatre cents ans, couvrit l'Europe latine de constructions empreintes d'une si profonde originalité ? Les doctes et judicieuses recherches que je rappelais tout à l'heure ont résolu la question. Les anciennes hypothèses, et d'une influence orientale, et d'une origine germanique, et d'un prétendu type xyloïdique (architecture en bois), doivent être absolument abandonnées. Le style gothique sortit du style roman par un épanouissement naturel, ou, si on l'aime mieux, par le travail d'hommes de génie tirant avec une logique inflexible les conséquences de l'art de leur temps : il fut la continuation d'un style antérieur, créé vers l'an 1000 et déduit lui-même des lois qui jusque-là avaient présidé en Occident à la construction des temples chrétiens.

Tout le monde est d'accord pour reconnaître que les églises antérieures au XIe siècle, à l'exception de celles que l'on bâtissait sous l'influence directe de Byzance, n'étaient que de chétives imitations des anciennes basiliques du temps des empereurs chrétiens. Le toit était soutenu par une charpente qui se voyait de l'intérieur ; le travail était le plus souvent défectueux et sans style. Le mouvement extraordinaire de construction qui suivit l'an 1000 amena dans l'architecture chrétienne le plus grave

1. On le trouve développé avec une assurance surprenante dans l'opuscule de M. Troya, *Della architettura gotica*, Naples, 1857.

changement qu'elle ait jamais subi. On n'ajouta rien d'essentiel à la vieille basilique; mais on en développa tous les éléments. A la charpente on substitua la voûte; des contre-forts sont acculés aux murs pour soutenir les poussées; les rapports de l'élévation et de l'écartement sont changés. En même temps tout prend du style, et bientôt ce style devient de l'élégance. La colonne s'applique comme décoration au lourd pilier; le chapiteau vise à copier le corinthien ou le composite, même quand il est historié. La forme de l'église est nettement déterminée: c'est une croix latine, dessinée par une nef élevée, flanquée de bas côtés. Deux tours, d'ordinaire carrées, percées de plusieurs étages de petites fenêtres en plein cintre, ornent l'entrée. Une rosace, au moins rudimentaire, complète la façade. Le chœur s'allonge un peu et parfois s'entoure de bas côtés. Les fenêtres sont étroites, et souvent divisées par le milieu. Une coupole centrale s'élève à la jonction de la nef et du transept. Un progrès non moins sensible se fait sentir dans l'exécution. On se préoccupe de la durée. A l'intérieur, on vise surtout à une grande richesse; les murs et les pavés sont revêtus d'incrustations colorées, les colonnes présentent une éclatante polychromie. Il semble qu'on veuille modeler l'église sur la Jérusalem céleste, resplendissante d'or et de pierreries.

Ainsi naquit le style dit *roman*, qui, au xie siècle et dans la première moitié du xiie, couvrit la France d'édifices pleins d'harmonie et de majesté, Saint-Étienne de Caen, Saint-Sernin de Toulouse, Notre-Dame de Poitiers, etc. Quand on étudie bien ces églises, on voit que c'est au moment de leur apparition qu'il faut placer l'acte

vraiment créateur de l'architecture du moyen âge. Ce sont
déjà des églises gothiques pour la forme générale, l'amé-
nagement intérieur, le jeu des nefs et des galeries. Le
principe est posé, il n'y a plus qu'à le développer. Le
Midi, le Poitou, l'Auvergne, procédèrent timidement dans
ce développement. La Provence et le Languedoc continuèrent à bâtir en roman jusqu'au xive siècle. Le nord, au
contraire, ne s'arrêta pas. Soit que les églises romanes y
fussent moins bien construites et qu'un grand nombre
d'entre elles se fussent écroulées dans le commencement
du xiie siècle, soit que cette partie de la France obéît à
des besoins d'imagination plus élevés, le mouvement
architectural s'y continua sans relâche, et, cent cinquante
ans après sa naissance, le style roman y subissait une
profonde modification.

Le travail abstrait d'où sortit cette modification dut être
quelque chose de surprenant. D'une part, les maîtres maçons du nord trouvèrent que les églises romanes avaient
quelque chose de lourd et de trapu; ils virent qu'on
pouvait beaucoup les amincir et y employer bien moins
de matériaux. D'un autre côté, de fréquents accidents
avaient prouvé que, dans les églises du xie siècle, la
poussée de la voûte avait été mal calculée ; on chercha
à y remédier. En suivant cette double tendance, on fut
conduit à substituer la voûte d'arêtes à la voûte en ber-
ceaux et à préférer l'arc aigu au plein cintre. L'arc aigu
avait l'avantage d'opérer un bien moindre écartement et
de faire porter l'effort sur des points isolés et certains.
Ce changement ne fut pas d'abord systématique. L'ogive
(pour employer le mot très-impropre qu'on donne de nos
jours à l'arc aigu) fut adoptée pour les grands arcs, qui

poussent beaucoup ; le plein cintre fut conservé pour les
petits, qui poussent peu ou point. Une vaste compensation d'ailleurs fut cherchée dans les arcs-boutants et les
contre-forts, sur lesquels toutes les poussées se réunissent.
Les églises romanes en avaient, mais dissimulés et peu
considérables. Ici, ils devinrent la maîtresse partie et
permirent des légèretés inouïes. Les vides s'augmentent
dans une effrayante proportion. Les reins puissants qui
soutiennent toutes ces masses branlantes sont au dehors,
et l'on arriva à réaliser cette idée singulière d'un édifice
soutenu par des échafaudages, et, s'il est permis de le
dire, d'un animal ayant sa charpente osseuse autour de
lui.

Un souffle puissant semble dès lors pénétrer la basilique
romane et en dilater toutes les parties. Devenue en quelque sorte aérienne, l'église nage dans la lumière, l'éteint,
la colore à son gré. Les murs arrivent au dernier degré
de maigreur. Les colonnes amincies et divisées en colonnettes ont l'air de n'être là que pour l'ornement. L'église
semble l'épanouissement d'un faisceau de roseaux. Le
style roman, qui vise surtout à la solidité, n'affecte pas
les hauteurs extraordinaires ; il offre plus de pleins que
de vides ; ses fenêtres sont petites, ses colonnes massives. Le gothique pousse le goût de la légèreté jusqu'à la
folie. Les fenêtres étroites deviennent des baies énormes,
qui font de l'édifice une cage à jour. Les galeries rudi-
mentaires du style roman deviennent des églises superposées. Les lignes verticales se substituent aux lignes horizontales, les plans en saillie et en retrait aux surfaces
unies. L'artiste, surtout avide de faire naître un sentiment d'étonnement, ne recule pas devant des moyens

d'illusion et de fantasmagorie. Il dissimule, au moins sous
certains profils, ses moyens de solidité. Cette voûte semble poser sur des colonnettes, tandis qu'elle pose en réalité sur les murs latéraux. Ces murs eux-mêmes effrayent
par leur peu de masse; mais, au dehors, une forêt de
béquilles, comme on l'a dit souvent, supplée à leur insuf-
fisance. Ces fenêtres sous la voûte produisent une sorte
de terreur; mais cette voûte est soutenue par d'autres
moyens. Les frêles étais qui ont l'air de la porter sont là
pour détourner l'attention et tromper l'œil sur la direction réelle des effets de la pesanteur.

Ainsi naquit l'église dite *gothique*. Elle n'a rien de
plus, rien de moins que l'église romane. C'est la vieille
basilique évidée, amincie, remplie de souffle et d'âme. La
basilique du moyen âge était complète avant l'adoption
de l'ogive. L'ogive, en d'autres termes, n'est pas un trait
de style, elle est applicable à tous les styles. Des églises
purement romanes, comme Saint-Maurice d'Angers, Saint-
Gilles près d'Arles, en font un emploi suivi. Souvent on
pratiqua simultanément le plein cintre et l'ogive, et, assez
longtemps après le triomphe de l'ogive, on continua d'employer le plein cintre dans les clochers. Enfin une foule
d'églises, non-seulement dans la région qui servit de berceau à l'ogive, mais en Guienne, en Normandie, flottent
entre les deux procédés et peuvent presque indifférem-
ment s'appeler romanes ou gothiques. De la basilique
romaine à la basilique chrétienne du temps de Constantin,
de la basilique constantinienne aux églises du IXe et du
Xe siècle, de l'église du IXe et du Xe siècle à la basilique
romane, de la basilique romane à l'église gothique, il n'y
a donc pas une seule solution de continuité. Quelque peu

15

d'analogie qu'offrent au premier coup d'œil Saint-Paul-hors-les-Murs et Notre-Dame, l'une de ces constructions vient de l'autre par une série de développements non interrompus.

On ne nie pas qu'une influence grecque assez forte ne se soit exercée en France au Xe et au XIe siècle ; mais cette influence entra pour peu de chose dans le grand mouvement de notre art national. Elle produisit Saint-Front de Périgueux, quelques églises du Quercy et de l'Angoumois ; mais ce n'est certes pas de ce côté qu'il faut chercher l'origine de l'art gothique. Encore moins doit-on parler des croisades et de l'influence arabe. L'architecture gothique et l'architecture arabe ont des ressemblances ; mais ces ressemblances viennent de la similitude de leurs points de départ. L'une sort du roman, l'autre du byzantin ; or le roman et le byzantin étaient frères, issus tous deux par dégradation de l'art antique. Le gothique et l'arabe arrivèrent ainsi à des résultats analogues ; mais ils ne se doivent rien l'un à l'autre et représentent des tendances profondément différentes. L'ogive a existé de tout temps en Orient à l'état sporadique, l'Orient même en adopta l'usage général avant l'Occident ; mais ce n'est pas de là que les grands constructeurs du XIIe siècle la prirent. Ils y arrivèrent d'eux-mêmes, et indépendamment de tout emprunt fait au dehors.

C'est donc un seul développement qui a produit les églises romanes et les églises gothiques. Tout se rattache au mouvement de construction qui part de l'an 1000, produit nos belles églises romanes, arrive vers 1150 à l'ogive et vers 1200 à un type mûr, fixe, parfait à sa manière, qui ne varie plus jusqu'au XVe siècle. Une seule grande révo-

lution, la substitution de la voûte à la charpente, a produit,
par des déductions en quelque sorte nécessaires, toutes
les transformations qui remplissent l'intervalle du xi⁰ siècle
au xiv⁰. La production du style gothique fut parfaitement
logique; elle ne suppose l'introduction d'aucun élément
étranger. L'ogive, employée dans des cas exceptionnels au
xi⁰ siècle, pour donner de la solidité aux arcs qui devaient
avoir une grande portée, devient la règle à partir de
1150; mais on peut dire qu'elle était en germe dans les
nécessités intimes de l'art antérieur. Certaines parties des
basiliques nouvelles, les absides par exemple, l'appelaient
presque forcément. Enfin elle arrivait à des effets qui
parlaient beaucoup à l'imagination et répondaient mieux
au sentiment religieux du temps. En somme, il se passa
en architecture un phénomène analogue à celui qui avait
lieu dans la langue et la poésie. Avec les éléments antiques, brisés, transposés, recomposés selon ses idées et ses
sentiments, le moyen âge se créait un instrument tout
différent de celui de Rome. Nos églises sont à l'art antique ce que la langue de Dante est à celle de Virgile,
barbares et de seconde main, si l'on veut, mais originales
à leur manière et correspondant à un génie religieux tout
nouveau.

Comme tous les grands styles, le gothique fut parfait
en naissant. Trop habitués à juger ce style par les
ouvrages de sa décadence, nous oublions souvent qu'il y
eut pour le style ogival, avant les exagérations des
derniers temps, un moment classique où il connut la
mesure et la sobriété. Les petits édifices, élevés en quelques années et d'une parfaite unité, nous renseignent
bien mieux à cet égard que les grandes cathédrales ache-

vées presque toutes au XIVe siècle. L'église de Saint-Leu
d'Esserans, dont M. Vitet a, je crois, le mérite d'avoir le
premier révélé la rare élégance, celle d'Aguetz, près de
Clermont, la salle d'Ourscamps, la belle église cistercienne
de Longpont, ou même celle de Saint-Yved de Braine,
sont d'excellents modèles, aussi purs, aussi frappants
d'unité que le plus beau temple grec. Les églises élevées
par les croisés en Palestine brillent aussi par leur sévérité.
On ne peut placer trop haut ces constructions simples et
grandioses du premier style ogival. Les lignes verticales
n'empêchent pas de fortes lignes horizontales de se
dessiner. Les chapiteaux, tous semblables entre eux dans
un même édifice et composés de feuilles élégantes, rappellent encore le galbe corinthien. Les bases sont rondes
et ornées de moulures simples; tout l'aspect de la colonne
est antique et d'une juste proportion. L'ogive, dont on
exagérera plus tard l'acuité, est à peine sensible; à Saint-
Leu, l'abside paraît à distance toute romane. On ne vise
qu'à des hauteurs modérées ; le bâtiment paraît assez
large ; les fenêtres sont de taille moyenne, presque sans
divisions intérieures. Tout l'édifice respire une droiture
de jugement, un sentiment de justesse dont on ne tardera
pas à se départir.

Comment, après être arrivé à une sorte de type classique, à un *ordre*, si l'on peut s'exprimer ainsi, où le caprice
n'avait plus de place, l'art gothique manqua-t-il tout à
coup à ses promesses? Comment ne réussit-il pas à durer
et ne devint-il pas l'art des temps modernes? C'est ce
qu'il faut maintenant rechercher. Les causes de ce phénomène furent de deux sortes : les unes étaient dans les
principes de l'art lui-même, les autres dans les vices

essentiels de la société du temps. L'âpreté de Philippe le
Bel, la légèreté des Valois, le peu de sérieux de la
noblesse, l'esprit étroit de la bourgeoisie, ne sont pas les
seules raisons qui ont empêché la renaissance de se faire
en France au xive siècle ; c'est l'art lui-même qui était
impuissant à produire pour de longs siècles une forme
définitive. L'album de Villard est encore à cet égard le
document le plus instructif.

II.

Ce que cet album nous apprend en effet, ce n'est pas
comment le style gothique se forma, mais bien plutôt
comment il s'altéra. L'ivresse de combinaisons hardies
que chaque page révèle donne de l'inquiétude. On sent
que ce beau style périra par le tour de force et l'abus
des plans faits sur le papier. Le feuillet 28 nous montre
Villard et Pierre de Corbie créant de compagnie, et par
une sorte de concours (*inter se disputando*), des formes
nouvelles, plus remarquables par leur difficulté et leur
bizarrerie que par leur beauté. L'admiration de Villard
est quelquefois un peu puérile ; celle qu'il professe
pour la tour de Laon, par exemple, tient à des raisons
géométriques moins solides que ingénieuses ou à des
accessoires de mauvais goût exagérés par son imagination. On sent que le but a été dépassé, sans qu'une
complète maturité de jugement soit intervenue pour
recueillir la tradition, la régler et la préserver de toute
exagération.

Certes, ce qui faisait défaut, ce n'était ni le mouvement ni l'esprit. L'activité qui régna parmi les architectes de cette époque est quelque chose de prodigieux. Leur genre de vie, renfermée dans une sorte de collége ou de société à part, entretenait chez eux une ardente émulation. Pour que de tels hommes se soient peu souciés de la renommée, il faut qu'ils aient trouvé dans l'intérieur de leur confrérie un mobile suffisant, qui les rendait indifférents à toute autre chose que l'estime de leurs pairs. Combien, avec eux, nous sommes loin de ces efforts impersonnels du xie et du xiie siècle, où l'individualité de l'artiste est complétement voilée! Ici chaque artiste a un nom, chacun est jaloux de son église, chacun y inscrit son nom et s'y fait enterrer. L'album de Villard est un témoignage incomparable de la vie et de la jeunesse d'imagination qui distinguaient alors nos artistes, et il n'est pas en cela un document isolé. On possède, soit sur parchemin, soit sur pierre, beaucoup de plans du xiiie et du xive siècle. Bien qu'ils soient tous d'une géométrie élémentaire, n'employant que les arcs du cercle, ils montrent un grand travail de réflexion. Les concours enfin étaient ordinaires. La cathédrale de Strasbourg conserve dans ses archives les dessins présentés à un concours ouvert pour sa façade. Les légendes sur les rivalités des artistes rappellent celles qui eurent cours en Italie aux époques où l'attention y fut le plus éveillée sur les choses de l'art.

Cependant les défauts qui minaient ce grand système se dévoilaient avec une effrayante fatalité. L'unité des édifices devient impossible; on n'y voit plus deux chapiteaux semblables; les fenêtres se chargent de dessins intérieurs si légers, qu'ils semblent des fantaisies de l'ima-

gination ; on touche à l'exagération et à l'impossible ; on
s'obstine à faire tenir en l'air l'inconcevable chœur de
Beauvais et ces édifices qui, s'ils ne nous étaient connus
que par des dessins, passeraient certainement pour chimériques. Le sentiment de tous est un profond étonnement ;
l'œuvre paraît surhumaine, et c'est grâce à un pacte avec
le diable qu'on a pu la faire passer du monde des rêves
à celui de la réalité.

Le xive siècle continua toutes ces tendances en les
poussant à l'extrême. L'architecture gothique du xiie siècle était pleine de défauts ; mais chacun de ces défauts
était à sa manière une source de beautés saisissantes et
étranges. Il n'en sera bientôt plus ainsi. Exagérant encore
la hauteur des vides, l'architecture gothique engage une
sorte de défi avec la pesanteur et l'espace. Quelquefois elle
gagna son pari, comme à Beauvais ; mais souvent les
justes exigences de la raison dans l'art de bâtir se vengè-
rent d'être traitées avec si peu de souci. Les clochers s'élan-
cent à des hauteurs démesurées ; leurs formes sveltes, leurs
découpures évidées, laissent une impression douteuse entre
l'imagination, qui est charmée, et le jugement, qui ré-
prouve. L'extrême richesse des détails amène trop de
formes anguleuses ou saillantes, statues surmontées de
dais et de pinacles, trèfles en pignons, galeries à jour,
toute une broderie de pierre, qui, comme le dit Vasari,
a l'air d'être faite en carton. En général, l'unité de l'édifice est sacrifiée ; on ne veut plus de surfaces unies ;
l'addition des chapelles latérales, qui dans presque toutes
les cathédrales date de ce siècle, montre que l'attention
donnée aux subdivisions et aux détails l'emporte sur l'effet
de l'ensemble. L'aspect général tend à pyramider ; tout

se couronne de triangles aigus et de tabernacles. Les
lignes horizontales, qui dans le premier gothique ont
encore de l'ampleur, disparaissent tout à fait. L'unique
souci est de monter toujours et de revêtir l'édifice sacré
d'une éblouissante parure qui le fait ressembler à une
fiancée. Hélas ! pendant ce temps, le mal croissait à l'intérieur, et la ruine de ces beaux rêves éclos dans un
moment d'enthousiasme se préparait lentement.

Le mal du style gothique en effet, c'est que, né de
l'enthousiasme, il ne pouvait vivre que d'enthousiasme.
L'église du xiiᵉ et du xiiiᵉ siècle avait été à la lettre
élevée par amour. Qu'on lise les récits charmants relatifs
à la construction de la cathédrale de Chartres et de la
basilique de Saint-Denis. Au xivᵉ siècle, il s'y mêle l'idée
de corvée, d'émeute, de châtiment. On élevait des églises
par pénitence ; on ne les entretenait qu'à force d'impo-
sitions et par des mesures administratives. La foi qui
avait créé ces merveilles n'était pas diminuée : à quelques
égards, elle trouvait dans les esprits moins de doutes et
d'objections, car le xivᵉ siècle pense bien moins librement
que le xiiiᵉ ; mais elle avait perdu sa spontanéité naïve,
c'était un étroit formalisme, une routine pesante et grossière. L'architecture gothique était malade du même mal
que la philosophie et la poésie : la subtilité. L'art n'était
plus qu'un prodigieux tour de force, après lequel il n'y
avait plus que l'impuissance. L'antiquité put se reposer
durant des siècles dans le style d'architecture que la
Grèce avait créé ; les ordres grecs sont devenus une sorte
de loi éternelle, parce que le style grec est la raison
même, la logique appliquée à l'art de bâtir. Ici, au contraire, tout avenir était impossible, tant on avait poussé

dès l'abord aux dernières conséquences. La décadence
était en quelque sorte obligée ; on se demande en vain à
quel moment d'un art aussi tourmenté on eût pu trouver
un point stable pour fixer le canon et fournir une base
à l'art de l'avenir.

Un défaut général de solidité fut, quoi qu'on en dise,
la conséquence de ce système compliqué d'architecture.
L'édifice grec et romain est éternel, à la seule condition
qu'on ne le détruise pas. Il n'a besoin d'aucune répara-
tion. L'édifice gothique est assujetti à des conditions si
multipliées, qu'il s'écroule vite, à moins de soins perpé-
tuels. Visant à l'effet, cachant plus d'une négligence dans
les parties soustraites à l'œil du spectateur, les constructions gothiques souffrent toutes de deux maladies mor-
telles, l'imperfection des fondements et la poussée des
voûtes. Un simple dérangement dans le système d'écou-
lement des eaux suffit pour tout perdre. Le Parthénon,
les temples de Pœstum, ceux de Baalbek, n'aspirant qu'au
solide, seraient intacts aujourd'hui, si l'espèce humaine
eût disparu le lendemain de leur construction. Dans ces
conditions-là, une église gothique n'eût pas vécu cent
ans. Ces églises ont été perpétuellement entretenues et
rebâties ; elles auraient toutes disparu en notre siècle, si
un zèle intelligent ne nous avait portés à les restaurer.
Dans les villes où il y a des édifices romains et des édi-
ces gothiques, les seconds comparés aux premiers paraissent des ruines. Il n'y aura plus au monde une église
gothique quand les constructions grecques et romaines
étonneront encore par leur caractère d'éternité. Je sais ce
que l'on peut répondre. « Le Parthénon couvre 400 mètres, la cathédrale d'Amiens 7,000. Si les Grecs avaient eu

à construire un édifice couvert de cette dimension, ils ne
l'auraient pas fait aussi solide que le Parthénon. » — Nous
ne blâmons pas la tentative ; nous constatons seulement
les conséquences inévitables qu'elle entraînait. Nulle part
aussi bien qu'en architecture on ne sent les conditions
limitées auxquelles sont assujetties les œuvres de l'homme,
gagnant en un sens ce qu'elles perdent en un autre, condamnées à choisir entre la médiocrité sans défauts ou le
sublime défectueux.

En même temps que l'architecture gothique renfermait
en elle-même un principe de mort, elle eut le malheur de
nuire beaucoup aux autres arts plastiques en les condam-
nant à un rôle subalterne. Comme la théologie tuait la
science rationnelle en la réduisant au rôle de suivante,
l'architecture gothique, étant tout l'art à elle seule, rendait le progrès impossible pour la peinture et la sculpture. Qu'aurait dit Phidias, s'il eût été soumis aux ordres
d'architectes qui lui eussent commandé une statue destinée à être placée à deux cents pieds de haut ? Les
grandes beautés savantes étant de la sorte écartées, l'artiste dut se rabattre sur des détails insignifiants et faciles,
dont chacun a peu de valeur en lui-même, et qui, n'étant
pas distribués avec mesure, produisent un effet de banalité. Sans partager la colère de Vasari contre ces mau-
dites fabriques qui ont empoisonné le monde (questa
maledizione di fabbriche... che hanno ammorbato il mondo),
sans y voir simplement avec lui un chaos monstrueux et
barbare, une folle invention des Goths, qui ne la firent
réussir qu'après avoir préalablement détruit les ouvrages
romains et tué tous les bons architectes, on peut trouver
qu'il n'a pas tort quand il y trouve un manque général

de proportion et de raison. Ce n'est pas l'architecture logique, elle sort des conditions humaines. Elle naquit d'un effort d'abstraction, d'un travail de raisonnement trop prolongé sur des coupes. Ivres de leurs épures, les architectes allaient, affaiblissant toujours les masses ; leurs plans sur parchemin les aveuglaient et leur faisaient oublier les exigences de la réalité. C'est ce qui fait que le dessin d'une église gothique est souvent plus beau que l'église elle-même, car les artifices qui sont nécessaires pour accommoder le plan aux conditions de la matière n'existent pas dans le dessin.

Paradoxe architectural d'un éclat sans pareil, le gothique fut une exagération d'un moment, non un système fécond, un tour de force, un défi, non un style durable. Aussi n'a-t-il eu de continuation que grâce au goût qui porte notre siècle à copier tour à tour les différents types du passé. Arrêtée brusquement par la renaissance, cette architecture ne survécut au coup qui la frappait que par un compromis singulier, je veux parler du gothique orné de détails grecs que l'on voit à Saint-Étienne-du-Mont, à Saint-Eustache ; puis elle disparaît sans retour. On a reproché aux artistes du XVIe siècle de ne pas l'avoir développée ; rien de plus injuste ; c'était un style épuisé, qu'il était impossible de faire revivre. Les imitations du XIXe siècle ne l'ont que trop prouvé. Les efforts pour donner de la raison à un paradoxe, pour rendre sensé un moment d'ivresse, ont prouvé par leur gaucherie que l'architecture du XIIe et du XIIIe siècle doit être classée parmi les œuvres originales qu'il est glorieux d'avoir produites et sage de ne pas imiter.

III.

Un grand fait résume donc toute l'histoire de l'art
français au xiv⁰ et au xv⁰ siècle. L'art du moyen âge
meurt avant d'avoir atteint la perfection; au lieu de
tourner au progrès, il tourne à la décadence. En d'autres
termes, la Renaissance ne se fit pas par la France.
Aux xi⁰ et xii⁰ siècles, la France surpasse de beaucoup
l'Italie dans toutes les directions de l'art. L'Italie, à cette
époque, n'avait rien à comparer à nos basiliques romanes,
aux peintures de Saint-Savin, aux sculptures des premiers portails gothiques. Au xiii⁰ siècle, la France égale
encore sa rivale. La France n'eut pas de Giotto, mais
elle eut des architectes supérieurs à ceux de toute l'Europe. Au xiv⁰ siècle, la France est définitivement surpas-
sée. Les *peintres d'Avignon*, tous italiens, sont reconnus
pour des maîtres qu'on ne savait pas égaler. La France
ne recule pas, mais l'Italie avance à grands pas. Ce
siècle n'est chez nous ni un siècle de progrès, ni un siècle de décadence : c'est un siècle stationnaire. L'art
gothique hésite, s'attarde et finalement n'arrive pas à une
forme acceptée de tous. Au xv⁰ siècle, l'Italie s'engage
seule avec un éclat sans pareil dans cette voie glorieuse
où tout le monde devait essayer de la suivre. Pourquoi
ce grand événement de l'histoire de l'esprit humain ne
s'est-il pas accompli par la France? Pourquoi le pays où
se produisit le grand éveil de l'art chrétien s'arrête-t-il
ensuite dans une sorte de médiocrité routinière? Pour-

quoi le goût si élevé du premier style gothique fait-il
place au goût plat et bourgeois qui nous blesse si souvent dans les ouvrages du xive et du xve siècle? Les
causes de ce grand fait sont nombreuses, et tiennent à
ce qu'il y eut de plus profond dans l'histoire morale et
sociale de l'époque qui commence avec l'avénement des
Valois.

On ne doit guère alléguer ici les causes politiques. Si
la France peut donner pour excuse les circonstances
difficiles où elle se trouva engagée, l'Italie peut répondre
qu'elle en traversa de bien plus graves. La nationalité
française en ce siècle ne courut que des périls ; la nationalité italienne disparut, sans que le génie italien souffrit aucune éclipse. Au milieu d'une société profondément troublée, d'une anarchie sans égale, qui maintenait
la terreur en permanence, les œuvres les plus délicates
ne cessèrent de se produire, l'art se développa avec une
liberté absolue, des villes entières furent possédées de
l'émulation des belles choses. Jamais on ne vit par un
plus frappant exemple combien les arts qu'on appelle de
la paix s'accommodent d'une société agitée, pourvu que
cette agitation ait de la grandeur et qu'elle corres-
ponde à des passions élevées.

A y regarder de près, on reconnaît que cette société
française, en apparence si menacée, n'était pas au fond
dans un état défavorable au développement de l'art. Les
malheurs publics pesaient de tout leur poids sur les populations sédentaires des villes et des campagnes ; mais ils
n'atteignaient guère la noblesse armée qui menait le
train du monde et en faisait tout l'éclat. Pour cette
classe de la nation, qui se battait bien plus par plaisir et

par état que par le sentiment d'une cause nationale, le
temps qui s'écoula de la journée de Crécy au règne
réparateur de Charles V ne fut nullement une époque
néfaste. Froissart, écho des sentiments de la chevalerie,
présente les années dont il fait l'histoire bien plus comme
des années brillantes, riches en fait d'armes et en aventures, que comme des années de désolation. Il peut
paraître étrange de le dire : au milieu de ces horreurs,
le siècle était gai; ni la littérature ni l'art ne portent
l'empreinte d'un profond abattement. Le roi Jean, dans
sa prison, au milieu de ses peintres et de ses musiciens,
oubliait son royaume avec une facilité qui nous
étonne[1]. L'année 1400, qui, d'après les idées répandues,
serait le cœur même d'une des périodes les plus cala-
miteuses de notre histoire, fut pendant plus de cinquante
ans le point brillant vers lequel se tournèrent tous les
souvenirs. Paris, à ce moment, eut un éclat sans pareil. Un texte récemment publié[2] exprime avec naïveté
l'admiration des provinciaux pour ce centre de tous les
raffinements. Ce n'est que dans la première moitié du
XVe siècle que les suites de la guerre et de l'abaissement
politique se firent sentir d'une manière profonde sur
l'état social.

L'absence de la vie municipale d'une part, et de l'autre
au contraire le grand développement des institutions
républicaines, ont bien plus d'importance pour expliquer
le contraste que présente l'histoire de l'art en France

1. Voyez les documents publiés par M. le duc d'Aumale dans le
tome II des *Miscellanies of the Philobiblon Society*, 1855-1856.
2. Guillebert de Metz, *Description de la ville de Paris*, publiée
par M. Le Roux de Lincy (Paris, Aubry, 1855).

et en Italie. Ce qui le prouve, c'est que le seul pays en
deçà des monts où nous trouvions le germe d'un mouvement d'art comparable à celui de l'Italie, la Flandre,
est aussi le seul où fleurissent des petites républiques à
peu près indépendantes. Ces États, concentrés en quelques milliers d'hommes, produisent une activité merveilleuse, et favorisent le développement des écoles locales.
Des villes de troisième et de quatrième ordre, en Italie,
ont une école marquée d'un caractère propre, n'empruntant rien aux autres, ne sortant pas des murs de la cité,
donnant à celle-ci sa physionomie à part. A partir du
XIVe et du XVe siècle, les écoles, entendues comme des
centres distincts où l'art se développe d'une façon
indépendante, s'effacent presque parmi nous. Certaines
spécialités, par exemple celle de l'orfèvrerie et des émaux
de Limoges, se défendent seules avec obstination. Une
sorte d'éclectisme est dès cette époque la loi de l'art
français. Chaque artiste a son point de départ dans la mode
générale de son temps, non dans la manière particulière
du maître qui l'a précédé.

La cour constitue en France, depuis le XIVe siècle, le
principal foyer de la culture de l'art. Il semble au premier coup d'œil que, sous ce rapport, les derniers temps
du moyen âge furent très-bien partagés. Au commencement comme à la fin de leur long règne, au XIVe comme au
XVIe siècle, les Valois se distinguèrent par leur goût délicat. L'historien de l'art n'est pas toujours amené à porter
sur certains personnages les mêmes jugements que l'historien de la politique et des mœurs. Tel tyran des villes
d'Italie, souillé de crimes et digne des malédictions de
la postérité, occupe dans l'histoire de l'art une place hono-

rable. De même il faut reconnaître que cette dynastie
des Valois, à laquelle l'historien politique est en droit
d'adresser de si sévères reproches, créa le côté brillant
de la civilisation française, et contribua puissamment à
fonder la suprématie en fait d'élégance et de goût qui ne
devait plus nous être enlevée. A partir de Philippe de
Valois, la cour de France est le centre le plus distingué
du monde. Les fêtes, les tournois, les mœurs chevaleresques et polies y attirent le monde entier. Trois ou
quatre rois, les rois de Bohême, de Navarre, de Majorque,
d'Ecosse, une foule de princes à peu près étrangers à la
France, y faisaient leur résidence habituelle. Paris ré-
glait la mode et attirait les regards de l'Europe entière.
Philippe de Valois et son fils Jean apparaissaient en quelque sorte à l'imagination de leurs contemporains comme
des rois de chanson de geste, passant leur vie en guerres
et en fêtes, dans un cercle continu d'actions brillantes
et de spectacles. Mais l'art véritable ne va pas sans une
solide culture du jugement; de joyeuses folies ne suffisent pas pour produire des œuvres durables et un
mouvement vraiment fécond.

L'idéal sembla être atteint quand le hasard porta au
trône celui des fils du roi Jean qui joignait aux goûts
libéraux de son père et de ses frères un sérieux et un
jugement qu'ils n'avaient pas. Artiste lui-même, architecte, mécanicien, entouré de ses habiles compères
Raymond du Temple, Jean-Saint-Romain, Charles V
donna la mesure de ce que peut une dynastie amie des
arts en un siècle dénué de génie. Toutes les histoires
italiennes n'ont rien à comparer, pour la droiture et le
bon sens, à ce prince, le plus accompli de tout le moyen

âge; mais il garda toujours, en fait de goût, quelque chose
de lourd, de commun, de bourgeois, s'il est permis de
le dire. L'architecture civile produisit des ouvrages charmants, sans qu'il se formât un goût décidément national.
L'artiste devint le favori, le commensal, souvent l'agent
secret et le confident des princes. Ce n'est plus le mâle
et intelligent ouvrier du xii⁰ et du xiii⁰ siècle; c'est le valet
adroit, bon à toute sorte de services, cumulant la sellerie
avec la peinture, les commissions secrètes avec les ouvrages d'art, prenant rang dans la domesticité du prince
à côté du fou, du ménestrel et du tailleur d'habits.

L'aristocratie de princes du sang qui se forme à partir du roi Jean, et qui règne sous le nom de l'infortuné
Charles VI, créa de brillantes cours féodales, assez analogues aux familles régnantes de l'Italie. Ces princes,
si funestes à la France sous le rapport de la politique,
furent tous des hommes de goût et peuvent être consi-
dérés comme les premiers grands amateurs laïques
qu'aient eus les sociétés modernes. S'ils ruinaient le
royaume, du moins ils l'embellissaient, et c'est à eux en
particulier que la France dut ce brillant aspect féodal
qu'elle perdit par les démolitions souvent inintelligentes
du xvi⁰ et du xvii⁰ siècle. Quel collectionneur raffiné que
le duc de Berri! Où trouver des goûts de luxe plus dé-
veloppés que dans la maison de Bourgogne? Quel pro-
digue se fit jamais pardonner plus facilement ses folies
que Louis d'Orléans, ce séduisant abrégé des défauts et
des qualités de son siècle? Que nous sommes loin
pourtant avec ces princes des fauteurs illustres de la
renaissance italienne! Les princes du sang de la maison des Valois, ne représentant pas des souverainetés

16

territoriales bien délimitées et n'ayant pas de capitales
fixes, ne pouvaient créer des régions d'art, comme les
Visconti, les della Scala, héritiers eux-mêmes de républiques longtemps indépendantes. La royauté ne suffit
pas pour soutenir un grand mouvement d'art spontané.
Il faut pour cela des républiques municipales ou de
petites cours correspondant à des divisions naturelles. La
maison de Bourgogne réalisa quelques-unes de ces conditions; mais le mauvais goût flamand la maintint dans
un luxe vulgaire, pesant, sans idéal. Louis d'Orléans est
bien déjà un homme de la renaissance; mais une certaine faiblesse d'esprit et de caractère, qui contribua plus
qu'on ne pense au charme qui s'attachait à sa personne
et qui s'attache à son souvenir, l'empêcha d'exercer une
influence bien sérieuse. Son goût est plus délicat que
celui d'aucun autre prince avant lui; mais c'est bien
encore le goût du moyen âge : beaucoup d'esprit et de
facilité, avec une absence presque complète de grand
style et de noblesse. L'amour du beau touchait chez lui
aux penchants les plus frivoles, et sa piété superficielle
n'aboutissait ni à des créations fécondes, ni à la règle
des mœurs. L'art n'est ni le fruit d'efforts honnêtes,
ni le jeu frivole d'aimables étourdis : il y faut du génie.
On ne doit pas oublier que cette Italie, qui produisait
la renaissance des arts, présidait en même temps à la
renaissance des lettres et de la pensée philosophique, à
ce grand éveil, en un mot, qui replaçait l'humanité dans
la voie des grandes choses dont l'ignorance et l'abaissement des esprits l'avaient écartée.

Dans la masse de la nation, le contraste n'était pas
moins sensible. La bourgeoisie française du xive siècle

est rangée, sérieuse, pleine de justes aspirations à la vie
politique. Il se forma une haute bourgeoisie de fonctionnaires enrichis par les opérations financières de la
royauté, tels que les Barbette, les Montaigu, plus tard
Jacques Cœur. Ces parvenus firent preuve en général
d'un goût éclairé, et l'histoire doit être pour eux plus
indulgente que ne le furent leurs contemporains. La
jalousie des princes les écrasait; presque tous périrent
de mort violente. La bonne bourgeoisie des villes, surtout
de Paris, était arrivée à un haut degré de bien-être et de
culture; mais elle n'avait, heureusement peut-être, aucune des qualités brillantes de la bourgeoisie italienne.
Le soin extrême de la maison que nous révèle le *Ména-*
gier de Paris était tourné bien plus vers ce qu'on nomme
maintenant le confortable que vers le goût de l'art.
L'hôtel bourgeois du XIVᵉ siècle devait ressembler à ces
vieilles demeures remplies d'une solide richesse qu'on
trouve encore au fond des provinces éloignées. Ce n'était ni
l'élégante maison de la renaissance ni le luxe banal de nos
demeures modernes. « Et pour ce que aux hommes, dit le
Ménagier, est la cure et le soing des besongnes du dehors,
et en doivent les maris soingner, aler, venir et racourir
deçà et delà, par pluies, par vents, par neges, par gresles,
une fois mouillié, autre fois sec, une fois suant, autre fois
tremblant, mal peu, mal hébergié, mal chauffé, mal couchié; et tout ne lui fait mal pour ce qu'il est reconforté
de l'espérance qu'il a aux cures que sa femme prendra
de lui à son retour, aux aises, aux joies et aux plaisirs
qu'elle lui fera ou fera faire devant elle; d'estre deschaux [1]

1. Déchaussé.

à bon feu, d'estre lavé les piés, avoir chausses et souliers
frais, bien peu, bien abreuvé, bien servi, bien sei-
gnouri, bien couchié en blans draps et cueuvre chiefs
blans, bien couvert de bonnes fourrures, et assouvi des
autres joies et esbatements, privetés, amours et secrets
dont je me tais; et lendemain, robes-linges[1] et veste-
ments nouveaux. Certes, belle seur, tels services font
amer et désirer à homme le retour de son hostel et
veoir sa preude femme et estre estrange des autres.
Et pour ce je vous conseille à reconforter ainsi vostre
autre mary[2] à toutes ses venues et demeures, et y per-
sévérez. »

Il y avait dans ce goût du *chez soi* le germe d'une
forte moralité bourgeoise, qui, si elle n'eût été étouffée
par les éléments plus légers venus du Midi au XVIe siècle,
eût fait de nous une nation sérieuse à la façon anglaise. Mais que ce bon bourgeois, si heureux de trôner
dans son hôtel du quartier des Tournelles, est différent d'un bourgeois de Pise ou de Florence! La naissance de l'art est accompagnée d'une certaine facilité
dans les mœurs. Conduite par l'austère Université, la
bourgeoisie ne voyait dans le luxe, fort critiquable, il est
vrai, des princes du sang, que des déréglements et une
augmentation des taxes. En Italie, tout était pardonné à
celui qui embellissait la cité et créait des monuments
dignes d'un peuple libre. En France, cela s'appelait des
prodigalités, de l'argent perdu. Florence, dépeuplée par

---

1. Chemises.
2. L'auteur du *Menagier* allègue toujours sa vieillesse et, par une
pensée délicate, suppose que ses conseils ne serviront à sa femme
que pour le mari qu'elle pourra prendre après lui.

la peste, applaudissait à la *seigneurie* qui commandait les portes du baptistère ; en France, Hugues Aubriot, le promoteur des grands travaux de Paris, était considéré comme un oppresseur : on l'accusait d'hérésie et d'incrédulité ; il n'échappait au feu que par un hasard, et le peuple poursuivait ses partisans comme des ennemis de Dieu.

La religion de la France enfin, beaucoup plus profonde que celle de l'Italie, ne la portait pas autant vers la recherche d'une perfection classique. L'Eglise n'avait plus l'enthousiasme qui, pendant le xiie et le xiiie siècle, inspira tant d'œuvres originales. Elle semble obéir en général aux tendances mondaines qui entraînent le siècle loin de la mysticité pure et élevée de saint Bernard, de saint François d'Assise, de saint Bonaventure. La foi était intacte encore ; mais elle tournait à la routine, elle n'inspirait plus rien de grand. Le catholicisme français a déjà sa nuance triste et austère. Une église comme Santa-Maria-Novella, portant sur ses murs les charmantes images de la gaieté et des élégantes folies de la vie florentine, eût été un scandale à Paris. Le bon Nicolas Flamel et la grave Pernelle, son épouse, s'y fussent trouvés mal à l'aise. La France faisait sans doute autant de sacrifices que l'Italie pour ses constructions religieuses ; mais elle n'y sortait pas d'une certaine sécheresse. Ces églises de Florence, de Bologne, de Milan, tristement inachevées, respirent un sentiment de l'art plus délicat que nos cathédrales de la même époque. Une pensée plus vivante les a élevées ; ici ce sont des œuvres d'artistes, là des œuvres d'artisans : on sent que les unes sont dans la voie du progrès, et que les autres font partie d'un art condamné.

Tout contribuait ainsi à donner à l'artiste italien plus de liberté et de dignité. Au lieu de travailleurs obscurs, anonymes aux yeux de l'histoire, chaque monument de l'Italie rappelle un nom illustre, une gloire municipale, un génie honoré durant sa vie comme un personnage politique, objet de légendes après sa mort. L'exagération même de quelques-unes de ces réputations est un fait significatif; elle atteste le haut prix que l'opinion attachait aux belles choses et le charme puissant qui attirait les imaginations vers le domaine de l'art.

Si nous considérons les circonstances extérieures au milieu desquelles l'artiste travaillait en Italie et en France, nous reconnaîtrons aussi sans peine que l'artiste italien était à meilleure école. L'étude de l'antique fit bien moins défaut à nos artistes qu'on ne l'a supposé : à Reims, elle se trahit par des signes évidents; trois figures au moins de l'album de Villard sont des études faites sur l'antique ou le byzantin; mais en ceci l'Italie avait de grands avantages. Les restes de l'art antique y étaient bien plus considérables que dans la France du nord. Quelques belles statues, les trois Grâces du dôme de Sienne par exemple, furent connues dès le moyen âge. Les ordres de l'architecture romaine, au moins depuis Brunelleschi, attirèrent l'attention. En peinture de même, l'art byzantin avait offert aux Giunta et aux Cimabue des œuvres bien plus avancées que celles que purent étudier nos peintres du XIIIᵉ siècle.

L'art est en grande partie le reflet de la société que l'artiste a sous les yeux. Or la société italienne offrait dans le type et les manières une élégance que la nôtre ne présentait pas. La race y était plus belle, le costume

et les allures étaient plus distingués. Quelque part que
l'on fasse à l'idéalisme du peintre, le monde qu'on en-
trevoit derrière le *Sposalizio* de Raphaël, ou la *Vie d'Æneas
Sylvius* au dôme de Sienne, ou les fresques de Santa-
Maria-Novella, l'emportait immensément en finesse et en
grâce sur le monde de Saint-Jacques-de-la-Boucherie et
des Célestins. Le type général du siècle, tel que les mi-
niatures nous le présentent, est chez nous soucieux et laid ;
les poses sont vulgaires, les costumes lourds et disgracieux ;
nulle noblesse, nul génie. La grande infériorité de l'art
moderne à l'égard de l'art ancien se révèle déjà. Déshérités
en tout ce qui tient à la beauté des formes extérieures, les
peuples modernes, pour arriver à la noblesse, seront
obligés d'abdiquer leurs costumes et leurs allures nationales. Ils n'auront pas de choix entre la vulgarité bourgeoise ou la noblesse théâtrale. Leurs arts plastiques, leur
statuaire surtout, seront frappés de quelque affectation et
d'une certaine gaucherie.

L'exagération du style ogival ne nuisit pas moins au
développement des arts du dessin. Suivant leur principe
d'amincissement et de maigreur générale jusqu'aux dernières limites, nos architectes en vinrent presque à supprimer les surfaces lisses. Chassée de son domaine
naturel, qui est la grande composition murale, la peinture s'abaissa peu à peu au niveau de la peinture en
bâtiments. On ne songe plus qu'à entourer les colonnettes de mesquines torsades ; on se rejette, pour la décoration des autels, sur une imagerie en pierre, lourde et
sans accent. Qu'on imagine ce que fût devenue la peinture en Italie, si les églises du temps de Giotto eussent
été construites dans ce style, si le génie de ce grand

homme et de ses successeurs n'eût eu pour se déployer
les vastes murs des églises d'Assise ou du Campo-Santo
de Pise! Notre grande supériorité en architecture nous
perdit. De tours de force en tours de force, nos maîtres
maçons arrivèrent à des églises sèches, abstraites, froides,
exclusivement architecturales. Le vide et la nudité de
ces églises, quand elles ont échappé à l'ornementation
désastreuse du xvii° et du xviii° siècle, est quelque chose
d'attristant. Les détails y étant secondaires, le plan seul
étant la partie vivante et voulue, elles sont plus belles
en dessin que dans la réalité. Une fois qu'on a épuisé
le sentiment d'infinité qui résulte de l'ensemble, on
sent le défaut de cette architecture égoïste et jalouse,
n'ayant pour but qu'elle-même et régnant dans le désert.
Je ne connais aucun grand vaisseau du moyen âge
en Italie qui puisse se comparer à nos cathédrales
de la même époque. Pourquoi cependant les églises
toscanes et ombriennes sont-elles d'un art plus fin que
Saint-Ouen, que la cathédrale de Beauvais? Parce que
l'architecte s'y est borné à son rôle, parce que chaque
détail y conserve son prix. Elles sont supérieures à nos
églises comme Pétrarque est supérieur aux troubadours.
Elles remplissent la condition essentielle de l'art classique, un cadre fini, laissant place à toutes les délicatesses
de l'exécution.

L'Italie, il est vrai, a eu deux bonnes fortunes refusées à
la France, et dont il importe de tenir un grand compte :
celle d'avoir conservé intactes les œuvres de ses anciens
maîtres et celle d'avoir eu, grâce à Vasari, sa *légende
dorée* de l'art. Maîtres de l'opinion aux xvi° et xvii° siècles,
les Italiens dispensèrent trop souvent la renommée selon

leurs préventions ou leurs dédains. Sans contredit, la
France du XII⁰ et du XIII⁰ siècle posséda dans son sein un
mouvement d'écoles comparable à celui de l'Italie du
XIV⁰ siècle; mais elle n'eut pas de narrateur légendaire
pour ce grand développement. Ses génies créateurs ne
sont guère connus que de nom ou par les chétives
images qui nous les montrent sur le pavé de leurs églises,
revêtus de l'humble manteau de l'ouvrier. La façon dont
leurs œuvres furent traitées a été bien plus déplorable
encore. La France a toujours eu le tort de détruire quand
elle a voulu bâtir. Trois ou quatre fois au moins, la
France a changé de face, et chaque fois elle s'est crue
obligée de faire table rase du passé. La renaissance eût
volontiers supprimé les édifices gothiques du moyen âge;
les amateurs du style classique du XVII⁰ siècle crurent
bien servir la cause de l'art en effaçant la trace de constructions qu'ils tenaient pour irrégulières. De nos jours
enfin, il semble qu'on s'efforce, en détruisant jusqu'aux
vestiges des fondations anciennes, de rendre toute image
du passé impossible et de dérouter jusqu'aux souvenirs.
L'Italie, au contraire, même au temps de Raphaël,
n'effaça jamais un Giotto. Ses vieilles écoles lui furent
toujours chères. La perfection de l'art classique ne la rendit pas injuste pour la naïveté des époques de tâtonnement. L'attention que Vasari accorde aux anciens maîtres
eût passé en France pour puérile; les essais des époques
primitives y paraissant tout simplement grotesques ou
barbares.

La fortune de l'art italien tient donc à des causes profondes et à la supériorité même du génie de l'Italie. Avant
tout autre pays en Europe, l'Italie attacha un sens au

mot de gloire et travailla pour la postérité. Le respect des
origines tient chez elle au même principe. L'art étant
pour l'Italie la réalisation du beau, non un caprice futile,
ce pays n'éprouva pas le besoin de sacrifier les œuvres du
passé aux convenances des artistes à la mode. Toutes les
couches de l'histoire de l'art sont représentées sur son
sol. Chacun de ses chefs-d'œuvre a un nom, une date,
une légende. Si elle eût possédé nos architectes du XIIe
et du XIIIe siècle, elle eût égalé leur gloire à celle des
Bramante et des Michel-Ange. Même les noms obscurs des Colart de Laon, des Girard d'Orléans, seraient
chez elle inscrits au livre d'or. Chez nous, ils n'ont
échappé à l'oubli que par le hasard qui les a fait figurer
sur d'insipides registres de dépenses, mêlés aux détails
les plus vulgaires, *illacrymabiles,... carent quia vate
sacro.*

En somme, si notre art du moyen âge n'a pas vécu,
ce n'est pas le caprice du XVIe siècle qu'il en faut accuser,
c'est qu'il manquait des conditions nécessaires pour arriver à la pleine réalisation du beau. L'art du moyen âge
tomba par ses défauts essentiels et parce qu'il ne sut pas
s'élever à la perfection de la forme. L'antiquité seule
pouvait révéler aux nations modernes le secret d'un art
qui ne sacrifiât jamais la beauté à l'expression et s'arrêtât
toujours devant la difformité. La renaissance n'est pas,
comme on l'a dit souvent, coupable d'avoir étouffé l'art
du moyen âge: l'art du moyen âge était mort avant
qu'elle commençât à poindre. Il était mort faute d'un
principe suffisant pour l'amener à un entier succès. Aussi
sa décadence ne ressemble-t-elle pas à celle d'un art
qui dépasse le but à force de raffinement et par l'impos-

sibilité où est l'esprit humain de se tenir longtemps dans la limite de la perfection : ce fut une décadence avant la maturité, une sorte de jeunesse flétrie avant d'arriver à un complet développement. Ce qui manqua à l'art de la fin du XIVᵉ siècle, ce ne fut ni le talent des artistes, ni une aristocratie brillante et spirituelle pour l'encourager ; ce fut un mobile moral élevé, une noble conception de la nature humaine, et ce sentiment du grand et du beau, sans lequel les ouvrages de l'art comme ceux de la littérature ne peuvent arriver à revêtir une forme durable et achevée.

L'art du moyen âge est original, en ce sens qu'il cherche à représenter, en dehors de toute imitation d'un type classique étranger, le beau tel qu'on le concevait alors ; mais que cette conception de la beauté fût très-inférieure, si on la compare à la beauté antique, c'est ce qu'on ne peut nier. Un art complet ne pouvait en sortir. Le premier pas dans la voie du progrès était de renoncer à des conditions désavantageuses pour revenir à celles de l'antiquité ; mais on sent combien l'art moderne tout entier, hors de l'Italie, était dès lors frappé d'infériorité. Ce n'est jamais impunément qu'on renonce à ses pères. Pour fuir la vulgarité, on tombait dans le factice. Un idéal artificiel, une statuaire forcée d'opter entre le convenu ou le laid, une architecture mensongère, voilà les dures lois que trouvèrent devant eux les transfuges qui, tournant le dos au moyen âge, se mirent à copier l'antique. Heureusement la civilisation moderne possède assez de grandes parties qui n'appartiennent qu'à elle seule pour se consoler d'être condamnée, sous le rapport de l'art, à une infériorité irréparable. Parce que les qualités de l'âge mûr excluent celles de la première jeunesse, ce n'est pas une raison pour regretter d'avoir échangé les dons brillants qui ne durent qu'un jour contre les solides avantages de la maturité.

LES PRAIRIES D'OR

DE MAÇOUDI[1].

I.

La Société asiatique, fondée il y a cinquante ans et entretenue par les seules cotisations de ses membres, trouve moyen, grâce à l'esprit d'économie et de bonne administration qui la dirige, de publier, outre son journal, une collection d'ouvrages orientaux dont elle confie la traduction aux personnes les plus autorisées. M. Barbier de Meynard approche du terme de la grande tâche qu'il s'est imposée en choisissant pour sa part *les Prairies d'or* de Maçoudi. Le septième volume de cette belle publication vient de paraître; encore deux volumes, et l'ouvrage sera complet. Peu de travaux feront plus d'hon-

1. *Société asiatique. — Collection d'auteurs orientaux. Maçoudi. Les Prairies d'or*, texte et traduction, par M. C. Barbier de Meynard. — Tome VI. Paris, Imprimerie Nationale, 1873.

neur à la solide école d'orientalistes qui continue encore
chez nous les excellentes traditions de Silvestre de Sacy,
et lutte, non sans peine, avec l'appui de l'Institut, contre l'envahissement du charlatanisme, auquel la légèreté
du public et parfois la faiblesse de l'administration donnent une si forte prime d'encouragement. M. Barbier de
Meynard a su parfaitement trouver le style que demandait une pareille traduction, à l'exactitude de laquelle
son autorité comme arabisant donne la meilleure des
garanties.

La grande compilation d'histoire et de biographie à laquelle Maçoudi a donné le titre de *Prairies d'or* est un
des plus importants écrits de l'Orient. Dans le vaste
champ de l'histoire et de la polygraphie arabe, il n'y a
pas un livre aussi instructif. La méthode de Maçoudi est
assurément singulière. Jamais on ne vit un manque plus
complet d'ordre et de classification. Omettant les événements principaux, qu'il suppose connus du lecteur, l'auteur insiste sur les détails, sur les cancans de la ville et
les médisances du sérail. L'histoire littéraire surtout occupe une très-large place dans ses récits. On dirait que
Maçoudi, devinant les procédés de la critique moderne,
a compris quelle lumière les œuvres de la littérature jet-
tent sur l'histoire politique et sociale d'un siècle. Malheureusement, *les Prairies d'or* ne sont qu'une très-pe-
tite partie de l'œuvre de Maçoudi. Aux yeux de leur
auteur, ils n'étaient qu'un supplément, une sorte *d'index*,
accompagné *d'addenda*, à deux autres grands ouvrages
qu'il avait composés et que nous n'avons plus. *Les Prairies d'or* elles-mêmes reçurent un nouveau supplément.
L'œuvre totale de Maçoudi formait ainsi une vaste ency-

clopédie d'histoire anecdotique, divisée en quatre compi-
lations successives, se complétant l'une l'autre, et renfermant tout ce qu'une lecture immense et des relations
étendues lui avaient offert de renseignements sur les siècles antérieurs. La perte plus ou moins irréparable des
recueils dont *les Prairies d'or* ne sont que la continuation ne saurait être assez regrettée.

Tel qu'il est, malgré ses lacunes et ses choquants défauts, le recueil de Maçoudi est un livre d'un rare intérêt. Je ne connais pas de lecture plus attachante que
celle de cette longue causerie, pleine de parenthèses,
rappelant la manière d'un Sainte-Beuve, par l'aisance,
l'ampleur des informations, la curiosité éveillée, sinon
par le goût et la délicatesse. Ce chapelet d'anecdotes et
de digressions, rattachées entre elles au moyen du fil le
plus léger, tient toujours l'attention sous le charme. Le
septième volume des *Prairies d'or*, que vient de publier
M. Barbier de Meynard, contient la suite de l'histoire des
Abbasides, dont le sixième volume, publié en 1871, nous
avait donné le commencement. Celui-ci s'ouvre à l'avè-
nement définitif de Mamoun (813 après J.-C.), et se termine au meurtre de Motaz (869). Il comprend donc une
période d'environ un demi-siècle, et nous fait assister à
la période la plus brillante, puis à la décadence du khalifat de Bagdad. Jamais temps ne fut si bien fait pour
occuper un Tallemant des Réaux, et jamais homme ne
fut mieux préparé que Maçoudi, par sa philosophie facile
et son insouciance morale, à ce rôle de collecteur d'*ana*
et de chroniqueur indiscret.

Il n'est pas donné à toutes les époques ni à tous les
pays d'être poétiques ou romanesques. Le genre particu-

lier de plaisir d'imagination que *les Mille et une nuits*
ont fait accepter au monde entier, et qui a répandu autour du khalifat de Bagdad une si brillante auréole de
fantaisie, se retrouve dans Maçoudi, non rattaché à une
fiction, mais résultant de tableaux historiques. On conçoit quelle importance doivent avoir, pour la critique, de
pareils tableaux tracés par un érudit arabe, postérieur
seulement d'un siècle à l'époque dont il parle. *Les Mille
et une nuits*, dans leur rédaction dernière, sont d'une
médiocre ancienneté. Elles sont l'ouvrage d'un compila-
teur, homme de goût, qui a su grouper autour d'un centre
brillant tous les contes qu'il savait. Quant à la couleur
historique, l'auteur n'a rien inventé. L'idéal romanesque
du khalifat était vieux de sept ou huit cents ans quand
il l'a pris pour fond de ses récits. Le livre de Maçoudi,
écrit l'an 332 de l'hégire (944 de J.-C.), prouve que
l'éblouissement causé par tant de splendeur et de prospérité se produisit chez la génération même qui suivit la
disparition de ce rapide météore. Le siècle qui s'écoula de
l'avénement d'Almansour à l'assassinat de Motéwakkil
(754-861) laissa une impression qui ne s'effaça plus. Les
Sassanides étaient bien dépassés. A l'éclat de leur domination, les Abbasides avaient joint un esprit, une finesse,
un abandon, une familiarité qui ne s'étaient jamais vus
chez les souverains de l'Orient. Des dons que l'esprit
arabe n'avait pas encore montrés à ce point se révélèrent;
la conversation devint le plaisir suprême; les nuances
les plus exquises du ton de l'homme du monde furent
observées, décrites, analysées; la théorie de l'art se vit
poussée à ses dernières finesses. Les lettrés, pour qui ces
règnes glorieux furent un âge d'or, n'eurent plus d'autre

rêve. Ainsi se forma une série d'anecdotes, en partie vraies, en partie fausses; certains types comme celui du khalife Haroun-al-Raschid, du prince-poëte Ibrahim, fils de Mehdi, donnèrent le ton pour le reste, et de tout cela résulta un tableau vrai dans sa couleur générale, quoique la fantaisie ait seule présidé à l'arrangement des détails.

La part de fiction se voit surtout dans le soin avec lequel Maçoudi varie ses portraits, quand il s'agit de présentations au khalife. On sent un art analogue à celui de La Bruyère, travaillant sur des mœurs réelles et les exprimant en caractères généraux. A côté du lettré courtisan, qui fait tout avec aisance par habitude du monde, il y a l'homme instruit, capable, par l'effet de sa bonne éducation, de se tenir parfaitement à la cour, sans cesser d'être grave et sans s'associer aux légèretés dont il est témoin, sachant qu'il dérange un peu les jeunes fous, et néanmoins restant jusqu'à ce qu'il ait épuisé les motifs qui l'ont amené, faisant tout avec bonne grâce, sans sortir de son sérieux, excellent causeur; tel est le kadhi Ahmed Ibn-Abi-Douad : « On raconte que le khalife Motacem avait réuni quelques courtisans à Djauçak (palais près de Bagdad) pour boire le vin du matin, et leur avait ordonné de préparer chacun un plat de leur façon, lorsqu'il aperçut Sallamah, le page d'Ibn-Abi-Douad : « Voici, dit-il, le page d'Ibn-Abi-Douad qui vient s'en » quérir de ce que nous faisons; dans un moment son » maître va se présenter; il me parlera d'un tel de la » famille de Hachem, d'un tel de Koreich, et d'un Ansar[1],

---

1. Les Ansars étaient les descendants de ceux qui prirent la défense de Mahomet contre ses adversaires; ils constituaient la première noblesse musulmane.

17

» et d'un Arabe, de sorte qu'avec ses requêtes il trou-
» blera nos projets de plaisir. Je vous prends à témoin
» que je n'accueillerai pas une seule de ses demandes
» aujourd'hui. » Il venait de prononcer ces paroles,
lorsque le chambellan Itakh annonça Ibn-Abi-Douad :
« Que vous disais-je? » ajouta le prince en s'adressant
à ses convives ; et, comme ceux-ci l'engageaient à ne
pas recevoir le kadhi, ce dernier entra et salua. A peine
avait-il pris place et commencé de parler, que le visage
du khalife se dérida ; la joie se répandit dans tout son
être. « Père d'Abd-Allah [1] », dit-il ensuite au dernier
entré, « chacun de ceux qui sont ici vient d'apprêter un
» plat de sa façon, et nous te prenons pour kadhi en
» cette affaire. — Qu'on me serve ces mets, » répondit Ibn-
Abi-Douad, « afin que je puisse les goûter et prononcer
» en connaissance de cause. » On apporta les plats et on
les posa devant lui. Il se mit à manger copieusement du
premier qui lui fut présenté. « Voilà qui est injuste, »
lui dit Motaçem. « Et pourquoi, prince des croyants ? —
» Il me semble que, après avoir mangé de ce plat avec
» tant de plaisir, tu trancheras la question en faveur de
» celui qui l'a préparé. — Prince des croyants », répliqua
Ibn-Abi-Douad, « je m'engage à faire honneur aux autres
» plats tout autant qu'à celui-ci. — Soit, » dit le khalife
en souriant, « cela te regarde. » Le kadhi tint sa pro-
messe et prononça ensuite ses arrêts : « Le mérite de ce-
» lui qui a préparé ce mets, c'est qu'il y a prodigué le
» poivre en ménageant le cumin ; le mérite de cet autre,

1. Une manière flatteuse d'interpeller quelqu'un, en Orient, est de
l'appeler père du fils qu'on suppose devoir lui être le plus cher.

» c'est qu'il y a prodigué le vinaigre et ménagé l'huile. Ce
» qui rend cet autre plat excellent, c'est que les épices
» y sont mélangées en égale proportion; quant à celui-
» ci, l'auteur a fait preuve de goût en y mettant moins
» d'eau que de bouillon. » Et il signala ainsi le mérite
de chaque plat avec des éloges qui charmaient celui qui
l'avait accommodé. Puis il se mit à table avec les convives
et mangea de la meilleure grâce et du meilleur appétit,
en rappelant les prouesses des grands mangeurs des premiers âges de l'islam, comme Moâviah fils d'Abou-So-
fian, Obeïd-Allah fils de Ziad, Haddjadj fils de Youçouf,
Suleïman fils d'Abd-el-Mélik, ou bien celles des plus fameux gourmands contemporains, comme Meïçarah le mar-
chand de dattes, Dawrak le boucher, Hatem le mesu-
reur de grains et Ishak le baigneur. Quand la table fut
enlevée, le khalife lui demanda : « Père d'Abd-Allah, as-tu
« quelque requête à m'adresser? — Oui, Sire », répondit le juge. « Parle, car nos convives sont impatients
» de se divertir. — Eh bien, prince des croyants, un
» membre de votre famille est disgracié de la fortune; il
» se trouve dans une situation pénible; il vit misérable-
» ment. — Qui est-ce ? » demanda Motaçem. Le kadhi
nomma Suleïman, fils d'Abd-Allah Naufeli. « Estime ce
» qu'il lui faut. — Cinquante mille dirhems. — Je les
» lui donne. — J'ai une autre requête, » reprit le juge.
« Quelle est-elle? — Veuillez rendre à Ibrahim, fils de
» Motauer, ses biens domaniaux. — J'y consens, » répondit le prince. « Voici une troisième demande. — Ac-
» cordé », répliqua Motaçem. De sorte que le kadhi ne
s'éloigna que après avoir exposé treize affaires pour lesquelles il n'essuya pas un seul refus. Il se leva alors et

prononça l'allocution suivante : « Prince des croyants,
» que Dieu vous accorde de longues années; car votre
» existence donne à vos sujets des campagnes fertiles,
» une vie heureuse et des richesses abondantes! Puissiez-
» vous jouir d'une félicité parfaite, être comblé des fa-
» veurs de Dieu et préservé de toute disgrâce ! » Quand
il se fut éloigné, Motaçem ajouta : « En vérité, on est
» fier de connaître un homme tel que lui, et heureux de
» le fréquenter; il l'emporte sur mille de ses égaux.
» Avez-vous remarqué comme il s'est présenté, comme
» il a salué et pris la parole? Avec quel art il a su goû-
» ter et louer les mets, et s'étendre dans l'entretien, en-
» fin quelle gaieté il a répandue sur notre repas? Pour
» repousser une demande venant de lui, il faudrait être un
» homme vil et de basse origine. Vrai Dieu! s'il m'eût
» demandé, séance tenante, la valeur de dix millions de
» dirhems, je n'aurais su les lui refuser, parce que je
» suis convaincu qu'en retour de ce don il m'aurait ac-
» quis de la gloire en ce monde et une récompense dans
» la vie future. »

L'homme de talent d'une naissance obscure, aux dehors humbles, qui ne se rend à la cour que contraint
par ses amis, qu'on force, avant d'y venir, à se couper
la barbe et à prendre un bain, mais qui, introduit, se com-
porte avec tact, montre son mérite presque malgré lui,
se lève quand celui qui l'a introduit, fier de l'estime qu'on
a pour son protégé, lui fait un signe, c'est Mani, surnommé *Movassis*. Le bouffon grossier est Ali, fils de
Djonéid, Eskafi. Le bouffon plus distingué est Aboul-
Anbas, qui amuse le khalife par des parodies de l'amour
héroïque, et en particulier par une complainte burlesque

de l'Ane amoureux, fondée sur un genre de ridicule qui
n'a que trop réussi de nos jours. Maçoudi rend ces diversités dans la perfection; il a au plus haut degré le
talent de l'anecdote littéraire, l'art de grouper les circonstances, de donner aux traits les plus déliés leur valeur significative. L'histoire du parasite fourvoyé parmi
les manichéens, l'aventure de jeunesse d'Ibrahim Ibn-
Mehdi, les traits du quémandeur Sammam, sont de véritables petits chefs-d'œuvre de narration, supérieurs, même
comme agrément, aux meilleurs récits des Mille et une
nuits.

Mais où je trouve Maçoudi par-dessus tout peintre
habile et profond moraliste, c'est quand il s'agit d'exprimer ce qu'a d'étrange et d'unique dans l'histoire le
caractère du khalife abbaside, dont Haroun al-Raschid
restera longtemps le type populaire. Ce mélange bizarre,
à la fois attachant et légèrement comique, de fine
bonhomie, de scepticisme et de malignité, ces goûts al-
ternativement vulgaires et distingués, cette férocité sans
méchanceté et qu'un trait d'esprit désarme, ce chef
de religion, gourmand, ivrogne, causeur, avide surtout
des plaisirs intellectuels, vivant au milieu de compagnons
de débauche, de savants et de joyeux esprits, se montre
dans Maçoudi avec autant de relief et de vie, et avec
moins de monotonie que chez les conteurs. Gaie et superficielle façon de prendre la vie, résignation facile sur
ses petites misères, plaisir d'enfant trouvé à ce qu'elle a
d'imprévu, dose de philosophie suffisante pour voir la
vanité du fanatisme, insuffisante pour donner du sérieux
à la conduite, parti absolu d'envisager le monde comme
incurable et de ne pas se tourmenter pour le guérir.

on n'a jamais mieux rendu tout cela que ne font les
Prairies d'or. Certes elle aura toujours sa place en esthétique, cette société arabe du IXᵉ siècle, dernier fruit
d'une race spirituelle, riche d'images et de sensations,
ayant abusé de tout sans avoir rien approfondi, et dont
l'expression la plus élevée est un prince des croyants
qui ne croit pas en lui-même, un vice-prophète qui rappelle assez bien ce que serait chez nous un pape faisant
ses délices des poésies de Théophile Gautier ou d'Alfred
de Musset. Mais une telle civilisation devait être éphémère. Il paraît que les ruines du vieux Bagdad sont
dénuées de grandeur, que l'emplacement de tant de palais est méconnaissable. Sans suite, sans énergie, l'esprit
du khalifat abbaside n'était pas ce qu'il fallait pour fonder une dynastie honnête, gardée par une armée fidèle.
On n'est pas surpris de voir, dès le règne de Motaçem,
les milices turques devenir indispensables à la société
arabe, toujours légère, anarchique, incomplète. On sent
que la pesante race tartare deviendra le lest d'un monde
incapable de trouver en son sein les conditions de la
stabilité, ou plutôt que cette soldatesque rude, grossière,
susceptible d'être entraînée à tous les crimes, mais obéis-
sante et disciplinée, se substituera à la race étourdie qui
ne possède pas en elle-même le principe de l'autorité et
du commandement.

On est surpris de voir à quel degré de libéralisme les
idées en étaient venues à Bagdad, surtout sous le khalifat de Mamoun. Le khalife, tous les mardis, présidait
une conférence de droit. Mamoun entretenait avec les
assistants la discussion la plus belle, la plus modérée, la
plus dépourvue de morgue et de pédantisme. Un jour,

pendant la séance, le chambellan Ali, fils de Salih, se présenta : « Prince des croyants, dit-il, un homme revêtu d'un pagne grossier, qu'il porte relevé, est au seuil du palais ; il demande à être admis, afin de prendre part à la discussion. » Les personnes présentes virent que c'était un soufi et voulurent empêcher de l'introduire ; mais le khalife en avait déjà donné l'ordre. Quand il fut assis : « Me permets-tu, dit-il au prince, de t'adresser la parole ? — Parle, lui répondit Mamoun, mais de manière à être approuvé de Dieu. » L'inconnu continua ainsi : « Ce trône sur lequel tu es assis, le dois-tu au suffrage, au consentement des musulmans, ou bien à la violence que tu aurais exercée sur eux en abusant de ta force ? » Mamoun répondit : « Je ne le dois ni au suffrage ni à la violence. Celui qui dirigeait avec moi les affaires des musulmans, et qu'ils supportaient de gré ou de force, m'a transmis l'autorité et m'a fait prêter serment. Devenu seul maître de l'empire, j'ai bien pensé qu'il était nécessaire d'être reconnu par le suffrage unanime et librement exprimé des musulmans. Mais, après y avoir réfléchi, j'ai craint que, si je les abandonnais à eux-mêmes, l'islam ne fût mis en péril, la guerre sainte abandonnée, le faible livré sans défense à l'oppresseur. En conséquence, je garde le pouvoir afin de protéger le peuple, de combattre ses ennemis, d'assurer la sécurité des routes. J'espère amener ainsi les musulmans par la main jusqu'à un état où, leurs suffrages se réunissant sur un souverain de leur choix, je puisse résigner mon pouvoir et devenir un simple sujet. Sois donc l'interprète de mes sentiments auprès de la communauté musulmane, et, quand elle se sera mise d'accord, j'abdique.

rai. » Le personnage mystérieux se leva. Ali, fils de Salih, rentra peu après : « Prince des croyants, dit-il, j'ai
dépêché quelques agents sur les traces de cet homme. Il
s'est dirigé vers une mosquée où une quinzaine d'individus de même apparence que lui étaient réunis. « Eh
» bien, tu l'as vu? » lui ont-ils demandé. « Oui, » a-t-il
répondu. « Que t'a-t-il dit? — Rien que de sages pa-
» roles; il m'a dit qu'il ne retenait entre ses mains le
» gouvernement des musulmans que pour assurer la sé-
» curité des routes, pour maintenir le pèlerinage et la
» guerre sainte, mais que, lorsque le peuple réunirait ses
» suffrages sur un chef librement élu, il remettrait le
» pouvoir à ce dernier et abdiquerait. — Voilà qui est
» bien », ont-ils dit. Et ils se sont séparés. — « Tu le
vois, Abou-Mohammed, dit le khalife, en se tournant
vers un de ses favoris, nous avons contenté ces gens-là
en leur parlant simplement. »

L'accueil qu'il faisait aux faux prophètes était d'une
ironie non moins piquante. Un imposteur de ce genre
ayant été enchaîné et traduit devant lui : « Tu es donc
prophète et chargé d'une mission? dit Mamoun. — Pour
le moment chargé de chaînes, lui répondit cet homme.
— Malheureux, reprit le khalife, qui t'a séduit? — Est-ce
ainsi qu'on parle aux prophètes? répliqua l'autre; en
vérité, si je n'étais garrotté, j'ordonnerais à Gabriel
de vous anéantir tous. » Mamoun se mit à rire. « Nous
te ferons délier, dit-il; mais, après cela, tu ordonneras
à Gabriel d'exécuter ta menace; s'il t'obéit, nous croirons
en toi et à la vérité de ta mission. » On le débarrassa de
ses chaînes. Heureux de se sentir libre, l'imposteur s'écria
en haussant la voix, comme s'il s'adressait au ciel :

« Envoie désormais qui tu voudras, et qu'il n'y ait plus
rien de commun entre toi et moi. Quoi! un autre possède les biens de ce monde, et moi, je n'ai rien! Il faut
être entremetteur pour se charger de tes affaires. » On
lui rendit la liberté, et il reçut des secours.

« J'étais à une réception chez Mamoun, raconte Toma-
mah, fils d'Achras, lorsqu'on lui amena un homme qui
se donnait pour Abraham, *l'ami de Dieu.* — « Je n'ai
» jamais entendu, » s'écria Mamoun, « une pareille insolence
» à l'adresse de Dieu. — Sire, » lui dis-je, « me permettez-
» vous de parler à cet homme? — Je te l'abandonne. —
» Tu sais, » dis-je au prétendu prophète, « que Abraham (sur
» qui soit le salut!) attesta sa mission par des miracles.
» — Lesquels? — On alluma un grand feu dans lequel
» on le jeta, et il y trouva la fraîcheur et le bien-être.
» Nous allons allumer un bûcher et t'y précipiter ; si le
» feu te traite comme il a traité Abraham, nous croi-
» rons en toi et à tes paroles. — Demandez-moi des preu-
» ves plus faciles. — Eh bien, repris-je, les preuves
» fournies par Moïse. — Quelles sont-elles ? — Il jeta son
» bâton, qui, se changeant en serpent, courut et dévora
» ceux des magiciens; il frappa la mer avec ce bâton et
» les flots s'écartèrent; enfin sa main devint toute blan-
» che sans qu'il en souffrît. — C'est encore trop difficile;
» citez-moi quelque chose de plus commode. — Les mi-
» racles de Jésus? — Quels sont ces miracles? — Il ressus-
» cita des morts. » Notre homme ne me permit pas de
continuer la série de ces miracles et s'écria : « Laissez-
» moi donc tranquille avec les preuves de Jésus, puisque
» j'apporte la *grande catastrophe.* — Non, » répliquai-je,
« il nous faut absolument des preuves. — Je n'ai rien de

« tout cela, » dit-il ; « j'avais pourtant dit à Gabriel : Puisque
« vous m'envoyez chez des démons, donnez-moi du
« moins quelque *signe* que je puisse emporter ; sinon, je
« ne bouge pas. Mais l'ange s'est fâché et m'a répondu :
« Tu emportes une catastrophe plus terrible que l'heure
« du jugement ; pars toujours, et vois ce que ces gens-là
« te répondront. » Mamoun se mit à rire ; « Voilà, dit-
« il, un de ces prophètes comme il en faut aux heures
« d'amusement. »

II.

On a souvent relevé ce fait important que les khalifes
abbasides, bien que du plus pur sang arabe, ont en réalité beaucoup de traits du caractère persan. Un de ces
traits est la perpétuelle préoccupation de la mort. A la
suite d'une longue discussion de physique et de métaphysique qui eut lieu un soir chez le khalife Watik, le khalife, dont l'attention commençait à se lasser, pria chacun
des savants qui avaient pris part à la conférence de citer
de mémoire quelques sentences sur le renoncement à un
monde où tout passe et s'anéantit. Ils dirent les uns après
les autres ce qu'ils savaient en ce genre, et racontèrent des
traits tirés de la vie des anciens philosophes et des sages
de la Grèce, comme Socrate et Diogène. Watik leur dit
alors : « Vous avez développé ce sujet et vous l'avez orné
du charme de votre éloquence ; je désire maintenant que
l'un d'entre vous me cite la plus belle sentence qui fut
prononcée par les sages qui entouraient le cercueil d'or

massif où Alexandre venait d'être déposé. » Un des docteurs répondit alors au khalife : « Toutes leurs paroles
sont dignes d'admiration ; mais la plus belle sentence
prononcée parmi les sages convoqués à cette cérémonie
fut celle de Diogène, sentence que d'autres attribuent à
un sage de l'Inde ; la voici : « Alexandre était hier moins
» silencieux qu'aujourd'hui ; mais, aujourd'hui, il nous
» instruit mieux qu'hier. » Watik répandit des larmes
abondantes et sanglota avec force ; tous les assistants
mêlèrent leurs larmes aux siennes. Puis il se leva brusquement et improvisa ces vers :

« Dans les vicissitudes capricieuses de la destinée, il y a des chu-
tes et des effondrements.
» L'homme était au faîte de sa fortune, et le voilà qui tombe au
fond de l'abîme.
» Les jouissances humaines sont éphémères ; la vie de l'homme
n'est qu'un vêtement d'emprunt. »

Un immense ennui, une sorte de mélancolie profonde
qui cherche à s'étourdir, se cachaient, en effet, au-dessous de ces enfantillages. Le khalife qui trouvait son
divertissement dans un déjeuner champêtre, dans un plat
de viande hachée volé à des matelots, dans des pasqui-
nades de rôdeurs de nuit, était, au fond, poursuivi par
un invincible dégoût de toutes choses et par la vue claire
du néant universel. Il s'y joignait, au moins chez Motéwakkil, le sentiment de la fragilité d'un pouvoir qui ne
reposait que sur la fidélité de mercenaires étrangers. Ce
khalife passe sa vie à fondre en larmes. Il essaye de la
réaction religieuse. Le libre examen et les discussions
philosophiques, qui avaient passionné l'opinion sous Watik et sous Motacem, furent interdits pendant quelque

temps. On sentait la faiblesse du libéralisme pour fonder
quelque chose, et l'on pensait se donner de la force en
rendant une valeur officielle à des routines auxquelles
on ne croyait pas. La frivolité n'y perdit rien, et le goût
baissa. Les divertissements de la cour devinrent bouffons.
La mode se tourna vers une poésie légère, élégante
parfois, souvent grossière; derrière ces puérilités usées,
apparaissaient comme des menaces le fanatisme musulman grandissant chaque jour et la protestation souter-
raine des partisans d'Ali. L'assassinat nocturne de Motéwakkil est un récit frappant, que Maçoudi a emprunté
au poëte Bohtori, qui passa la soirée au château. Le matin, le khalife avait paru plus gai que de coutume. Il se
réveilla dispos, crut sentir un certain mouvement de
sang et se fit saigner; puis il réunit ses familiers, ses
musiciens, et s'abandonna tout entier à la bonne humeur.
Le soir, il eut des pressentiments. L'entretien roula sur
l'orgueil et les façons hautaines des souverains. Le khalife témoigna l'horreur que ce défaut lui inspirait, se
tourna vers la Mecque, prit une poignée de terre et la
répandit sur sa tête, ce qu'on trouva excessif. Il se fit
ensuite servir à boire, et, quand les fumées du vin eurent
commencé à troubler sa raison, ses chanteurs lui exécu-
tèrent un morceau qu'il loua fort. Il se retourna vers
son ami le plus intime : « De tous ceux qui ont entendu
cet air chanté par Moukharik [1], il ne reste plus que toi
et moi! », et il pleura. A ce moment, le serviteur de
Kabiha, l'une de ses favorites, entra portant enveloppée
dans une serviette une robe de chambre que Kabiha lui

---

1. Chanteur célèbre.

offrait. Le khalife s'en revêtit. Bohtori avoue qu'il en eut envie, et qu'il cherchait l'occasion de quelque compliment improvisé qui lui aurait valu le don de la robe, lorsque Motéwakkil, faisant un mouvement brusque, la déchira d'un bout à l'autre, puis la prit, la roula, et, la remettant au valet, lui dit : « Va et dis à ta maîtresse qu'elle conserve ce manteau pour m'en faire un linceul après ma mort. » Bohtori, ému, se dit en lui-même la phrase que les musulmans répètent volontiers dans les moments graves : « Certes, nous appartenons à Dieu, et nous retournons à lui. »

Cependant, le khalife s'était fortement enivré. Les valets qui se tenaient à son chevet avaient coutume de le remettre sur son séant lorsque le corps s'inclinait. En ce moment, il était à peu près trois heures de nuit ; tout à coup parut Baguir, accompagné de dix Turcs. Leur visage était voilé, et les sabres qu'ils tenaient dans leur main étincelaient à la lueur des flambeaux. Tout le monde s'enfuit, Bohtori comme les autres. Seul, un chambellan fidèle lutta contre les assassins et fut percé de part en part. Baguir porta au khalife un grand coup de sabre, promptement suivi d'un autre. Les deux cadavres, roulés dans le tapis sur lequel ils avaient été frappés, furent poussés dans un coin où ils restèrent cette nuit-là et une grande partie du jour suivant. Kabiha les ensevelit ensuite dans le manteau même qui avait été déchiré par Motéwakkil.

La touchante histoire de Mahboubé (p. 281-286) montre, chez une musicienne du harem, des qualités de cœur et une culture d'esprit qu'on est surpris d'y trouver. Les additions que fait Maçoudi aux aventures des poètes morts d'amour (p. 223-228, 351-360), sujet toujours cher aux historiens de la littérature arabe, ont un grand charme romanesque. Après les *journées* des Arabes, les récits sur ceux d'entre eux qui moururent du mal d'amour étaient un des sujets les plus ordinaires dans les conversations des hommes instruits. Mostaïn, surtout, en raffolait, et la meilleure manière de lui plaire était de lui apporter quelque nouveau détail sur ces martyrs, dont les Actes furent recueillis avec presque autant de soin que ceux des témoins de l'islam. L'histoire de Medjnoun, en particulier, est un morceau exquis, empreint de toute la poésie du désert.

« J'étais allé chez les Benou-Amir uniquement pour y rencontrer Medjnoun. Je trouvai là son père, un vieillard, et ses frères, hommes dans la force de l'âge ; on voyait que le bien-être et l'aisance régnaient dans cette famille. Je leur parlai de Medjnoun ; ils pleurèrent, et son père me répondit : « En vérité, c'était, de mes en-
» fants, celui que je préférais ; il tomba amoureux d'une
» femme de sa tribu, qui certes n'aurait pu prétendre à
» un tel parti ; cependant, lorsque la passion qu'ils
» éprouvaient l'un pour l'autre s'ébruita, le père de cette
» femme refusa de la donner en mariage à mon fils et
» lui choisit un autre époux. Nous avons alors enchaîné
» Medjnoun ; il se mordait la langue et les lèvres avec
» une telle fureur, que nous craignîmes qu'il ne se les
» coupât ; nous lui rendîmes donc la liberté. Il s'est
» enfui dans ces plaines désertes ; chaque jour on lui
» porte son repas, que l'on place en évidence ; quand il
» le voit, il s'approche et mange ; lorsque ses vêtements
» sont usés, on lui en apporte d'autres, et on les place

» à portée de sa vue. » Je les priai de me conduire près
de lui ; ils m'indiquèrent un jeune homme de la tribu.
« Il a toujours été son ami », me dirent-ils, « et Medjnoun
» ne se familiarise qu'avec lui seul. » J'allai trouver ce
jeune homme et le priai de me servir de guide. « Si
» vous voulez ses vers », me répondit-il », je les possède
» tous, jusqu'à ceux qu'il fit hier ; demain, j'irai le trou-
» ver, et, s'il en a improvisé d'autres, je vous les appor-
» terai. » Comme je le priais de vouloir bien m'y con-
» duire, il reprit : « Dès qu'il vous verra, il prendra la
» fuite ; je crains aussi qu'il ne m'évite désormais, et que
» ses vers ne soient perdus pour moi. » Mais j'insistai
avec tant d'opiniâtreté qu'il ajouta : « Eh bien , allez à
» sa recherche dans ces solitudes ; quand vous l'aperce-
» vrez, approchez-vous doucement de lui ; il cherchera
» à vous intimider et fera mine de vous lancer ce qu'il
» aura sous la main ; asseyez-vous sans faire attention à
» lui ; mais observez-le à la dérobée, et, lorsque vous
» le trouverez plus calme, tâchez de lui réciter quelque
» passage de Kaïs, fils de Doreïh ; c'est un poëte qu'il
» affectionne. » Je me mis en route le jour même, et,
dans l'après-midi, je trouvai Medjnoun. Assis sur un mon-
ticule, il traçait des lignes sur le sable avec ses doigts.
Je m'approchai sans hésitation ; il s'enfuit comme un
animal sauvage à la vue de l'homme, et ramassa une
des pierres qui étaient sur le sol. Je continuai cependant
à m'avancer, je me plaçai près de lui et demeurai tranquille quelques instants, tant qu'il parut vouloir m'éviter.
Quand il vit que je restais, il se calma et se rapprocha
en jouant avec ses doigts. Alors je le regardai et lui dis :
« Qu'ils sont beaux, ces vers de Kaïs ben-Doreïh :

« Je répandrai toutes les larmes de mes yeux, tant est grande l'épouvante que m'inspirent le présent et le passé.

» Demain, me dit-on, ou la nuit d'après, partira une amante qui ne s'était jamais éloignée, mais dont le départ est résolu.

» Je n'aurais jamais pensé que mes propres mains me donneraient la mort; ce qui doit arriver arrive. »

» Le fou pleurait à chaudes larmes et me dit : « Vrai » Dieu ! j'ai été, moi, meilleur poète en ces vers :

« Mon cœur n'aimera jamais que la belle Amirite, dont le surnom est *Oumm-Amr*.

» Ma main, en la touchant, semblait humide de rosée et prête à se couronner de feuilles verdissantes.

» J'admire l'acharnement de la destinée à nous désunir : elle ne s'apaisera qu'après nous avoir séparés.

» Amour, redouble mes tortures chaque nuit, et toi, ô consolation de mes jours, je t'attends au jour de la résurrection. »

» Après cela, il s'échappa et je partis. Je revins le lendemain, et, quand je l'eus rencontré, la même scène que la veille se passa entre nous. Dès qu'il se fut radouci, je lui dis : « Quels beaux vers, vraiment, que ceux » de Kaïs ! — Lesquels ? » fit-il. Je repris :

« Voyez en moi un homme qui est reconnaissant de vos bontés et qui excuse vos rigueurs.

» Si la tribu a décidé que nous serions séparés, du moins entre toi et moi les relations sont restées pures. »

» Medjoun pleura et me dit : « Je jure que j'ai été » supérieur à Kaïs dans les vers suivants :

« Tu m'as attiré vers toi, et, quand tu as eu captivé mon cœur par des paroles qui forceraient les chamois de descendre dans les plaines rocailleuses,

» Tu m'as abandonné, incapable de me défendre, et tu as laissé dans mes flancs le mal qui les consume. »

» En ce moment une gazelle passa devant nous, et il s'élança à sa poursuite; quant à moi, je m'éloignai. Je revins le troisième jour et ne le rencontrai point; je courus en informer sa famille. On dépêcha l'homme qui avait coutume de lui porter sa nourriture; il revint en disant que les mets étaient restés intacts. Je me mis alors en route avec ses frères; nous passâmes une journée et une nuit entière à sa recherche, et nous le trouvâmes, le lendemain matin, étendu mort dans le lit d'un torrent. Ses frères le transportèrent chez eux, et je retournai dans mon pays. »

Comme critique littéraire, Maçoudi a souvent beaucoup de justesse. Ce qui concerne Abou-Temmam, le poëte le plus célèbre du temps avec Bohtori, est plein d'intérêt. Cet homme de talent ne pratiquait pas les devoirs de l'islam. « Abou-Temmam, racontait un de ses amis, vint me trouver pendant mon séjour en Perse et demeura longtemps chez moi. Il me revint de différents côtés qu'il ne faisait pas la prière; je chargeai donc quelqu'un de le surveiller aux heures canoniques et je trouvai que l'information était exacte. Comme je censurais sévèrement sa conduite, il me répondit : « Crois-tu qu'après » être accouru de Bagdad jusque chez toi, après avoir » supporté les fatigues de cette longue route, je néglige- » rais quelques génuflexions faciles, si je croyais qu'une » récompense est réservée à celui qui les accomplit, et » une peine à celui qui les néglige ? » — « Je songeai à le tuer, ajoute le narrateur, et je ne renonçai à ce projet que dans la crainte qu'on n'attribuât le meurtre à un autre motif. » — Une jolie page, citée par Maçoudi, est celle-ci : « Abou-Temmam se distingue par des in-

18

ventions gracieuses et des pensées délicates; quand il est
excellent, il l'emporte sur Bohtori et sur tous ceux qui
l'ont précédé parmi les modernes. Mais la poësie de
Bohtori est d'un ton plus soutenu et plus égal; ce poëte
composait une kaçida tout entière sans laisser la moindre
prise aux sévérités de la critique, tandis qu'Abou-Temmam, après avoir trouvé un vers d'une beauté rare, le
fait suivre d'un vers assez faible. Je ne saurais mieux le
comparer qu'au plongeur qui retire du fond de la mer
perles et fucus, et les étale sur la même ligne. Si Abou-
Temmam n'était suspect, comme beaucoup d'autres poètes,
d'aimer ses productions d'une façon peu éclairée, et qu'il
fût permis d'effacer de ses œuvres tout ce qui choque le
goût, il resterait le plus grand parmi ses émules. » Abou-
Temmam avait des admirateurs fanatiques et des détrac-
teurs enragés. Maçoudi, modéré en tout, veut qu'on
observe à son égard un sage éclectisme, et surtout qu'on
se défie des jugements passionnés des orthodoxes. Il
rappelle à ce sujet un beau mot attribué à Ali : « La
science est la brebis égarée du croyant; reprends ta
brebis égarée, même chez les infidèles. » — « La passion,
ajoute-t-il, est une divinité qu'on adore; l'homme passionné est, à sa manière, l'adorateur d'un faux dieu. »

La vivacité, l'esprit, le talent, la largeur de jugement
qui résulte de la liberté des mœurs et de la liberté de
croyance, coulent à pleins bords dans ces récits décousus,
mais pleins de charme. L'histoire doit rendre avec égards
les derniers honneurs à cette civilisation brillante, l'une
de celles où, en certaines heures, l'on se surprend à
désirer d'avoir vécu. Mais elle eut des vices incurables,
qui devaient la faire mourir jeune. Un manque général

de caractère, de dignité sérieuse chez presque tous, con-
damnait cette société à ne durer qu'un jour. Les premières milices de l'islam, avec leur entraînante bravoure,
avaient disparu ; l'Arabe n'est pas capable de former des
armées permanentes ; on fut obligé de chercher l'élément
de la force publique dans les esclaves achetés au Turkestan. Les milices soudoyées firent ce qu'elles ont toujours
fait : elles s'emparèrent du pouvoir. Il resta de ce monde
évanoui un ravissant souvenir, comme d'une époque de
plaisir, de mœurs élégantes, de culture littéraire ; le
monde en rêvera éternellement. Bagdad fut durant un
siècle le centre du mouvement de l'humanité, et, comme
tout éveil, même sous sa forme la plus frivole, profite à
la philosophie et à la science, ces khalifes, qu'on serait
tenté parfois d'appeler de grands enfants, ont rendu à
l'esprit humain un service de premier ordre. C'est sous
leurs auspices que se firent les traductions du grec
et du syriaque en arabe des principaux monuments de
la science et de la philosophie grecques. Il y a eu
dans l'histoire peu d'événements plus considérables ;
car ce fut par ces traductions arabes que notre Occident, au XIIᵉ siècle, eut la première connaissance des
écrits fondamentaux de toute science, dont il ne posséda
les originaux grecs que lors de la grande renaissance du
XVᵉ siècle.

L'ESPAGNE MUSULMANE.

LE CID[1].

Peu d'histoires ont excité la curiosité autant que celle des Arabes d'Espagne, et peu d'histoires, il faut l'avouer, ont plus joué de malheur. C'est par une sorte d'intuition anticipée que l'imagination en a deviné l'intérêt. À l'heure qu'il est, il n'existe pas encore une véritable histoire de l'Espagne musulmane, j'entends une histoire sérieuse, faite avec critique et d'après les sources authentiques. L'Espagne musulmane est cependant le pays d'Europe où l'on a le plus écrit durant le moyen âge, et où le sentiment historique était à cette époque le plus exact et le plus développé. Malheureusement les orientalistes ont trop rarement tourné leurs études vers cette

1. *Recherches sur l'histoire politique et littéraire de l'Espagne durant le moyen âge*, par M. Reinhart Dozy, professeur à l'université de Leyde. — T. I. Leyde, 1849.

province écartée de leurs domaines, et les littérateurs qui
ont voulu aborder ce difficile sujet ne semblent pas s'être
aperçus que pour écrire une histoire dont tous les documents sont en arabe, la connaissance de cette langue
était la première et la plus indispensable des conditions.

L'académicien Joseph Conde est le premier et le seul
qui ait annoncé la prétention d'écrire l'histoire des Arabes d'Espagne d'après les monuments originaux. Il en
coûte de révéler les méfaits littéraires d'un homme dont
la carrière fut honorable à beaucoup d'égards, et qui
passe chez ses compatriotes pour un remarquable écrivain. Mais la saine critique oblige de dire que son ouvrage ne mérite en aucune manière la confiance qui lui
a été trop facilement accordée. Conde ne possédait guère
que les premiers éléments de l'arabe. Il déguisait ses
légèretés sous un caquetage de faux bonhomme, affectant
de traiter son sujet avec assurance en auteur qui a le droit de
se mettre à l'aise avec ses documents. Aussi son histoire
fourmille-t-elle de bévues et de non-sens. D'un même
individu Conde en fait deux ou trois; un homme meurt
deux fois, et quelquefois avant d'être né; des infinitifs
deviennent des noms de villes; des personnages imaginaires jouent des rôles imaginaires aussi. Se servant, par
exemple, du Dictionnaire biographique d'Ibn-el-Abbar,
Conde ne remarque pas que l'ordre des feuillets a été
troublé par un relieur maladroit; il brouille à tort et à travers les vies des grands hommes du iv° et du v° siècle
de l'hégire, et sort bravement de ce pêle-mêle à travers
les coq-à-l'âne les plus réjouissants.

Tel est l'ouvrage qui a servi jusqu'ici de source presque unique à ceux qui ont écrit l'histoire des Arabes

d'Espagne. On broda sur les broderies de Conde; on prit pour des documents authentiques ce qui n'était qu'un tissu de contre-sens ou d'à peu près. Un traducteur, par exemple, trouvant le livre de l'académicien de Madrid beaucoup trop fort pour le public, décida que ce livre devait être pris comme un recueil de matériaux, et se donna avec Conde les mêmes libertés que Conde s'était permises avec les historiens arabes. C'eût été merveille si à travers ces remaniements il fût resté quelque chose de la vérité. Les erreurs s'ajoutèrent aux erreurs; on voulut éclaircir des conjectures par des conjectures. Nous sommes prêts à faire toutes les réserves possibles pour le talent que d'habiles écrivains ont déployé dans ce labeur ingrat; mais avec tout l'esprit du monde ils ne pouvaient être plus exacts que leur maître, et nous persistons à croire que dans un tel état de choses il n'y avait à choisir qu'entre deux partis : apprendre l'arabe, ou attendre que les orientalistes eussent rendu abordables les sources authentiques de l'histoire que l'on entreprenait de traiter.

C'est à quoi de doctes arabisants, MM. Gayangos Hoogvliet, Dozy, plusieurs autres encore, se sont appliqués depuis quelques années. Parmi eux, M. Reinhart Dozy, professeur d'histoire à l'Université de Leyde, mérite une place tout à fait distinguée, par son savoir et son activité. Dans l'espace de sept ans, et sans préjudice de bien d'autres travaux, M. Dozy a publié une masse de documents arabes-espagnols vraiment surprenante, et qui ne permet qu'un regret : c'est que l'auteur n'ait pas toujours accompagné les textes orientaux de traductions en langue européenne. L'école française a raison de ne pas se départir de ce principe qu'un texte non traduit n'est qu'à demi publié. Heureusement, dans des introductions pleines d'intérêt, et dans un précieux volume de *Recherches* écrit en français, M. Dozy a permis au public d'apprécier la finesse de sa critique, et de pressentir ce qu'on est en droit d'attendre de son talent si, après avoir largement contribué pour sa part à la publication des documents, il s'applique à nous donner une histoire définitive de l'Espagne musulmane[1]. Quoique la diction de M. Dozy soit loin d'être exempte de ces taches qu'on évite si difficilement en écrivant une langue étrangère, il y a cependant çà et là dans son ouvrage des pages écrites avec un rare bonheur. Cet effort d'un esprit plein de vigueur pour s'exprimer en une langue dont il n'a pas la pleine conscience ou qu'il suppose beaucoup plus flexible qu'elle n'est en réalité, donne même à son style quelque chose d'âpre et de heurté qui pourra bien effrayer les puristes, mais qui ne manque assurément pas d'originalité.

On a reproché à M. Dozy son goût pour la polémique et le ton un peu trop vif de ses réfutations. Nous reconnaissons volontiers que la forme des écrits de M. Dozy s'éloigne sensiblement de notre goût, et que l'auteur, bien que Français d'esprit et de race[2], ne possède pas encore ce tact délicat qui constitue ce qu'on appelle en France l'art de *bien écrire*. Qu'est-ce que bien écrire, en effet, comme on l'entend parmi nous? C'est sacrifier sans cesse à la mesure du langage la saillie et souvent la frau-

---

1. C'est ce que M. Dozy a fait dans ses quatre volumes intitulés : *Histoire des musulmans d'Espagne* (Leyde, 1861). M. Dozy a, en outre, publié une nouvelle édition, fort augmentée, de ses *Recherches*, en deux volumes (Leyde, 1860).

2. M. Dozy appartient à l'une des familles françaises qui se réfugièrent en Hollande à la suite de la révocation de l'édit de Nantes.

chise de la pensée. C'est dire tout au plus la moitié de
ce que l'on pense, et au moins un quart de ce que l'on
ne pense pas. M. Dozy n'a pas ce talent. Il exprime sa
manière de voir crûment et sans vergogne, avec une sorte
de verve caustique, fort amusante assurément, mais trop
peu conforme aux habitudes littéraires de notre temps. Le
pauvre Condé, qui n'a d'autre tort que d'être un fort
médiocre arabisant, devient, sous la plume du sévère professeur de Leyde, un faussaire, un misérable, un imposteur ; ses copistes, gens d'esprit parfois, bien qu'ils eussent
mieux fait, j'en conviens, de ne pas écrire l'histoire des
Arabes, sont traités avec une rigueur excessive. Mais, en
vérité, conçoit-on aussi la position d'un investigateur
pénétrant et zélé, reprenant les choses par la racine,
découvrant que tout est à refaire, et trouvant sans cesse
en face de lui un livre détestable, en possession d'une
réputation mal acquise, et qui a la prétention d'être définitif ? Qu'on se figure M. Dozy employant ses rares
facultés à tirer de l'oubli cette belle période de l'histoire,
et l'opinion ignorante ou prévenue lui disant impertur-
bablement : « Condé l'a fait avant vous ! »

Rien n'est aussi difficile à détruire que l'autorité d'un
livre superficiel qui a eu la fortune d'être adopté par le
public. Les démonstrations savantes sont impuissantes
pour cela ; les gens du monde ne sont pas en conscience
obligés de les lire ; ceux qui écrivent pour les gens du
monde, et qui y seraient obligés, ne le font souvent que
d'une manière bien légère, et c'est ainsi qu'il arrive que
les livres destinés au public sont d'ordinaire au moins
de vingt-cinq ans en arrière sur les travaux de première
main destinés aux savants. M. Dozy n'est-il pas exeu-

sable d'avoir déployé un peu de chaleur dans sa croisade
contre de vieilles erreurs qu'il désespérait presque de
détrôner? Peut-être, s'il n'avait pas aussi vivement ac-
centué ses critiques, le livre de Conde eût-il continué
longtemps encore à faire les délices de ceux qui aiment
à rêver aux Abencérages et à l'Alhambra. Mais, je le
répète, je n'envisage les travaux de M. Dozy que sous le
rapport du fond et des résultats acquis. Sous ce rapport,
ils doivent prendre place parmi les recherches les plus
originales de ce siècle, car ils ont éclairé d'un jour nouveau l'histoire de l'Espagne musulmane, c'est-à-dire l'une
des pages les plus curieuses de l'histoire de la civilisation.

C'est un spectacle unique, en effet, que celui de ce
coin privilégié du monde qui tint un moment la tête de
l'humanité, et réalisa une si belle, mais si passagère
combinaison des éléments d'une société civilisée : culture
intellectuelle, tolérance, douceur de mœurs, science
et philosophie, sentiment délicat du beau ; tout, excepté
ce qui fait la durée d'un État, je veux dire le germe du
développement et du progrès. La race arabe ne tarde
jamais à rencontrer sa limite ; sa mesure comblée, elle
ne sait plus que déchoir ; l'infini lui semble refusé. Malgré de remarquables instincts de justice et d'égalité, elle
n'a jamais réussi à ouvrir une série vraiment féconde
d'améliorations sociales. Son développement intellectuel,
un moment supérieur à celui des nations chrétiennes, ne
sut pas résister à ce premier sentiment de fatigue qu'é-
prouve l'esprit humain après chacun de ses efforts. Arrivées au xiii° siècle à leur apogée, la science et la philosophie arabes entrent tout à coup dans la voie du plus
rapide déclin. Les souverains qui les avaient protégées

s'effrayent; la conscience populaire se trouble et s'irrite;
une formidable réaction religieuse s'organise de toutes
parts. J'ai coutume de me représenter ce moment critique
de la civilisation musulmane par celui que traversa la
chrétienté dans la seconde moitié du XVIe siècle, à l'époque
du concile de Trente, de Charles Borromée, de Pie V, quand
l'esprit moderne, épouvanté de ses propres hardiesses,
sentit la nécessité d'enrayer. En Europe, cette réaction ne
réussit qu'à demi : seules l'Espagne et l'Italie s'y prêtèrent,
et cette dernière encore avec bien des réserves. Dans l'islamisme au contraire, l'esprit humain n'offrit qu'une très-
faible résistance, et la réaction l'emporta complétement.
Des causes extérieures coïncidèrent avec cet affaiblissement intellectuel et moral. Il semble que la barbarie veille
sans cesse à côté de la civilisation pour épier ses défail-
lances. Des races étrangères, qui s'étaient introduites
subrepticement dans la société musulmane, se trouvèrent
plus fortes qu'elle. Les Turcs en Orient; en Espagne, les
Berbères et les Esclavons triomphèrent facilement de l'indiscipline arabe. Le rôle de ces Esclavons dans l'histoire
d'Espagne est un des points les plus curieux que M. Dozy
ait mis en lumière. Les souverains, se défiant de la noblesse,
lui opposaient ces esclaves, qui, comptant sous leurs ordres
un nombreux domestique et maîtres de fiefs considérables,
arrivaient à faire la loi à des gens du plus pur sang
arabe, et, comme dit un historien, « habitaient des palais
dont ils n'avaient jamais vu les pareils, même dans leurs
rêves ».

L'irrémédiable faiblesse de la race arabe est dans son
manque absolu d'esprit politique et dans son incapacité de
toute organisation. Anarchique par nature, l'Arabe est

invincible dans la conquête, mais impuissant le jour où il s'agit de fonder une société durable. Il ne comprend que sa vie d'Orient, oisive, libérale, ignorant le travail, toute consacrée à ses *disputes de gloire* et aux rêves de son imagination. De là cette passion pour les exercices de l'esprit qui forme un des caractères les plus persistants de l'aristocratie arabe. C'est un spectacle charmant que celui de ces petites cours d'Espagne qui succédèrent au démembrement du khalifat de Cordoue, vraies académies où présidait une famille patricienne, et dont M. Dozy nous a donné un tableau très-spirituel dans son esquisse du mouvement littéraire de la cour des Beni-Çomadih D'Almérie. Jamais on ne s'est livré à une pareille dépense d'esprit : rois, princes et princesses faisaient des vers que l'hôtel de Rambouillet n'eût pas désavoués. On s'adressait, par exemple, des billets comme celui-ci : « Je vous écris le cœur plein de désirs et de tristesse ; ah ! s'il le pouvait, ce pauvre cœur, il irait lui-même vous porter ce message. Imaginez-vous en le lisant que vous me regardez tendrement dans les yeux, et que les lettres noires et le papier blanc sont mes prunelles noires bordées de blanc. Adieu ! je baise ce billet en songeant que vos doigts (que Dieu les bénisse !) vont le toucher tout à l'heure. »

On conçoit combien ces petites dynasties patriciennes, résidant à quelques lieues les unes des autres et incessamment rivales, offraient un champ favorable au développement d'une race pleine de finesse et de vivacité, et aussi combien un pareil état politique devait se trouver sans force contre les attaques du dehors. Pour comble de malheur, la nature avait placé un des foyers les plus redoutables de fanatisme à côté de cette élégante mais

faible civilisation. Le Maroc ne cessait de verser au delà
du détroit son trop-plein de barbarie. L'indifférence religieuse avait jeté dans l'Andalousie les plus profondes
racines : tiraillée entre le fanatisme et l'incrédulité, la
société arabe espagnole devait périr, comme toute société
qui porte les extrêmes dans son sein. La race arabe,
conservant dans la misère son savoir-vivre et ses manières aristocratiques, ne retrouva une étincelle de son
génie que pour exhaler ses poétiques plaintes. Le cœur se
fend en voyant cette noble race insultée par des barbares
et d'insolents parvenus. En même temps tout s'attriste
et s'obscurcit : « Sous le règne de l'aristocratie, dit
M. Dozy, la poésie andalouse avait été vigoureuse, pleine
de sève, toute mondaine ; on jouissait de tous les biens
de la vie, et on en jouissait sans arrière-pensée ; les
poètes chantaient le vin et les plaisirs, sans souci de
l'orthodoxie. C'était une poésie qui ne voulait que l'action ; fier de son talent et de son importance, le poète
critiquait impitoyablement les fautes des princes ; tout ce
qui aux yeux des Arabes porte un caractère de noblesse
et de beauté excitait son enthousiasme. Sous le règne d'Ali
l'Almoravide au contraire, de ce monarque insignifiant et
dévot, les femmes et les prêtres remplacèrent les patriciens,
et la poésie réfléchit fidèlement l'image de l'époque. De vigoureuse, d'insouciante, de légère, de frivole même qu'elle
était, elle est devenue peureuse, sévère, mélancolique,
religieuse. Les temps étaient si mauvais, qu'on détournait
les yeux de la terre pour les élever vers le ciel : on souf-
frait, on se résignait, quand les hommes du siècle précédent auraient lutté contre la fortune. Les belles formes
ont disparu ; quand les poètes veulent imiter les grands

modèles, ils tombent dans l'enflure ou dans la platitude. Ce ne sont plus que d'insipides flatteries sur le monarque envisagé comme représentant la Divinité, et des sentiments d'une dévotion affectée, qui s'alliait à une grande corruption de mœurs et à un renversement complet de l'ordre social. »

De tous les morceaux que M. Dozy a recueillis dans son excellent volume de *Recherches*, le plus important est sans contredit son mémoire sur le Cid, qui formerait à lui seul un ouvrage. Grâce à une découverte inattendue, M. Dozy a trouvé moyen d'être neuf sur un sujet qui semblait depuis longtemps épuisé. En examinant, en 1844, un manuscrit de la bibliothèque de Gotha, dont le contenu avait été mal décrit, M. Dozy reconnut que ce manuscrit renfermait un ouvrage d'Ibn-Bassam, où il est longuement parlé du Campeador. Or Ibn-Bassam écrivait dix ans après la mort du Cid, et plus de trente-deux ans avant la plus ancienne chronique latine qui prononce le nom de Rodrigue ; de plus, il tenait ses renseignements d'une personne qui avait connu le Cid et qui avait assisté au siége de Valence. On comprend qu'en un sujet tout fabuleux, quand le jésuite Masdeu a pu écrire : « Je dois reconnaître que nous ne savons rien de certain sur Rodrigue Diaz le Campeador, pas même sa simple existence », on comprend, dis-je, quelle valeur acquiert aux yeux de l'historien le récit d'un témoin oculaire. Il faut avouer cependant que ceux qui préfèrent la légende à la réalité sauront assez mauvais gré à M. Dozy de sa découverte. L'amant de Chimène nous apparaît dans ce texte nouveau tout à fait à son désavantage, comme un brigand sans foi ni loi, manquant aux capitulations et aux serments, brûlant ses prisonniers à petit feu ou les faisant déchirer par ses dogues, et cela, non pas, comme l'Inquisition, pour le plus grand bien de leurs âmes, mais uniquement pour les forcer à découvrir leurs trésors !

Ce ne sont là, dira-t-on, que des calomnies trop facilement explicables sous la plume d'un musulman, intéressé à rabaisser le héros chrétien. Mais que dire de cet autre fait, maintenant avéré, que le représentant de l'enthousiasme religieux de l'Espagne, ce Rodrigue devenu un saint dans l'opinion populaire, dont les reliques font des miracles, et dont Philippe II réclama à Rome la canonisation, passa la moitié de sa vie au service des musulmans, en vrai soudard uniquement occupé de la solde à gagner et du pillage à faire? Ce qu'il y a de plus curieux, c'est que les chroniques latines disaient exactement la même chose, et qu'on ne voulait pas les croire. Impossible, disait-on, que le champion par excellence de l'Espagne chrétienne ait servi les infidèles contre les chrétiens, et qu'un prince musulman ait accordé sa confiance à son plus mortel ennemi. Or voici la plus irrécusable des autorités, un témoin oculaire, qui nous raconte dans les plus grands détails les exploits du Cid sous les drapeaux de l'islam.

« En ce temps-là, Ahmed-Ibn-Houd, roi de Saragosse, héla un chien de Galice, appelé Rodrigue et surnommé le Campeador (que Dieu le mette en pièces!). C'était un homme qui faisait métier d'enchaîner les prisonniers, de raser les forteresses. Les Beni-Houd l'avaient fait sortir de son obscurité, et s'étaient servis de son appui pour exercer leurs violences et exécuter leurs misérables projets. Ils lui avaient livré les plus belles provinces de la péninsule, et il n'y avait contrée d'Espagne que ce tyran n'eût pillée. Quand donc Ahmed craignit la chute de sa dynastie, il appela le Campeador (que Dieu fasse goûter à son âme le feu de l'enfer!), lui donna de l'argent et le fit entrer sur le territoire de Valence. Il se cramponna à cette ville comme le créancier se cramponne au débiteur. Combien de superbes endroits dont le tyran s'empara et dont il profana le mystère! Combien de charmantes jeunes filles (quand elles se lavaient le visage avec du lait, le sang jaillissait de leurs joues; le corail rivalisait avec les perles dans leur bouche,) épousèrent les pointes de ses lances, et furent écrasées, comme des feuilles mortes, sous les pieds de ses insolents mercenaires! »

M. Dozy nous fait marcher de surprise en surprise. Ce ne sont pas seulement les musulmans qui se plaisent à médire du Campeador; c'est la *Chronica general* elle-même, rédigée par Alphonse le Savant, qui le présente sous un jour singulièrement défavorable, à tel point que le récit du roi historien avait jusqu'à nos jours provoqué l'incrédulité. Or il se trouve que le récit d'Alphonse est parfaitement d'accord avec la tradition musulmane. Bien plus, M. Dozy démontre de la manière la plus incontes-table que les chapitres de la *Chronica general* relatifs au Cid sont en grande partie traduits de l'arabe, et que probablement ils ont été écrits par un de ces Valenciens que Rodrigue fit brûler vifs lors de la prise de cette ville en juin 1095[1]. On sait la prédilection d'Alphonse pour

1. L'opinion de M. Dozy a reçu depuis une confirmation frappante par la découverte qu'a faite M. Pidal d'un manuscrit de la *Chronica general*, où se trouve insérée en arabe, mais en caractères espagnols, le texte de l'élégie de Valence assiégée par le Cid. Voir l'introduc-tion de M. Pidal au *Cancionero* de Baena (Madrid, 1851).

les Arabes. Dans sa haine pour la noblesse qui finit par
le détrôner, il dut se trouver heureux de dénigrer le représentant idéal du noble Castillan. Le Cid, en effet, toujours exalté dans les romances comme rebelle et ennemi de
la royauté; le Cid, si cher à la Castille parce qu'il triomphe
du roi qui l'a exilé, le Cid était un ennemi pour Alphonse,
et ce prince aura accepté avec empressement le récit de
l'Arabe valencien, qui avait d'ailleurs, à ce qu'il paraît,
l'avantage d'être parfaitement conforme à la vérité.

Quoi qu'il en soit, il est assez curieux que le Cid ne
soit devenu un personnage historique que grâce aux musulmans, et que la connaissance des auteurs arabes ait
seule pu dissiper les doutes graves que soulevait le récit des
chroniqueurs latins. Aucun héros n'a perdu plus que
celui-ci à passer de la légende dans l'histoire. Il faut s'y
résigner. Rodrigue Diaz le Campeador n'était de son vivant
qu'un aventurier. Tout ce qu'il fut, il le dut aux ennemis de sa patrie, même le nom sous lequel il est resté
dans l'histoire. Le représentant idéal de l'honneur espagnol était un *condottiere*, combattant tantôt pour le Christ,
tantôt pour Mahomet. Le représentant idéal de l'amour
n'a peut-être jamais aimé. Encore une idole qui tombe sous
les coups de l'impitoyable critique! Encore un triomphe
pour ceux qui pensent que le peuple, dans le choix de ses
héros, a fort peu de souci de la réalité, et que les grandes
renommées recèlent presque toujours un contre-sens ou
un caprice!

IBN-BATOUTAH [1]

Ce volume est le premier d'une collection orientale que la Société asiatique de Paris se propose de publier, et qui contiendra le texte et la traduction, sans notes ni commentaires, d'un certain nombre d'ouvrages inédits ou très-rares des principales littératures de l'Asie. Grâce aux excellentes traditions qui se sont perpétuées dans son sein, la Société asiatique, fondée en 1822 par le concours d'un certain nombre d'orientalistes français, en tête desquels il faut placer l'illustre Silvestre de Sacy, a vu les ressources de son budget s'accroître d'une manière constante, et, à l'issue d'une crise qui a fait disparaître la plupart des sociétés savantes de l'Europe, elle se trouve en état d'élargir le cercle de ses entreprises litté-

1. *Voyages d'Ibn-Batoutah*, texte arabe, accompagné d'une traduction, par C. Defrémery et le docteur B.-R. Sanguinetti. Tome I. 1853.

raires. Dans la pensée du conseil de la Société [1], les
études orientales en seraient à peu près de nos jours au
point où en étaient les études grecques et latines au
xviᵉ siècle. Ce que réclamait à cette époque l'état de la
science, ce n'était pas des dissertations sans fin, des subtilités de critique sur des littératures dont tous les monuments étaient loin d'être connus ; ce qui importait avant
tout, c'était la publication et la traduction des textes. Les
Aldes et les Estiennes ont bien mieux mérité de l'Europe
savante en donnant souvent à la hâte des éditions facilement accessibles des auteurs grecs et latins, que s'ils
eussent voulu du premier coup les entourer de ce luxe
d'érudition et de critique qu'on a déployé plus tard. La
Société s'est donc interdit les longs commentaires, les
introductions, les notes, et ces magnificences typographi-
ques qui rendent trop souvent les publications du gouvernement inabordables aux véritables travailleurs. Elle
ne s'est permis de joindre au texte qu'une simple traduction, parce qu'un texte oriental n'est réellement publié
que quand il est traduit, et aussi parce que, le français
commençant à être fort étudié chez tous les peuples musulmans qui avoisinent la Méditerranée, elle a espéré
contribuer à ce mouvement en leur fournissant des traductions d'ouvrages qu'ils sont accoutumés à respecter
et qui ne réveillent en eux aucune antipathie religieuse
ou nationale.

La Société asiatique ne pouvait mieux débuter dans
cet excellent dessein que par la publication des *Voyages
d'Ibn-Batoutah.* Ibn-Batoutah est peut-être de tous les

1. On peut lire les excellentes vues développées sur ce sujet par
M. Jules Mohl, dans le *Journal asiatique*, août 1854.

voyageurs par terre qui ont laissé des mémoires celui qui a parcouru le plus de pays. C'est au moins, de tous les voyageurs arabes, le plus honnête, le plus curieux, le plus éveillé. Né à Tanger, il visita, de 1325 à 1354, les côtes barbaresques, l'Égypte, la Syrie, l'Arabie, la Perse, l'Asie Mineure, Constantinople, la Russie méridionale, la Tartarie, l'Afghanistan, l'Inde, la Chine, les îles Maldives, Ceylan, le Zanguebar, le Soudan, Tombouctou, Grenade. La rareté des manuscrits complets de sa relation, qui paraît s'être peu répandue en dehors du Maroc et de l'Algérie, explique seule comment un ouvrage de cette importance est resté presque inconnu jusqu'à nos jours. Les cinq manuscrits qu'en possède notre Bibliothèque nationale, et parmi lesquels figure une moitié du manuscrit autographe, sont sans contredit le plus précieux butin littéraire qu'ait produit et que produira sans doute la conquête de l'Algérie. Déjà, à diverses reprises, la Société asiatique avait publié dans son journal des fragments de ce curieux récit; elle a pensé avec raison qu'il était temps de le présenter dans son ensemble, et elle a chargé de ce soin deux de ses membres les plus habiles, MM. Defrémery et Sanguinetti. Le premier volume, qui vient de paraître et qui sera suivi de quatre autres, fait le plus grand honneur au savoir et au goût de ces deux orientalistes, et inaugure de la façon la plus heureuse une collection destinée, nous le croyons, à exercer une grande influence sur les études relatives à l'Orient.

La passion des voyages est un des traits les plus saillants du caractère des Arabes et un de ceux par lesquels ils ont marqué le plus profondément leur trace dans l'histoire de la civilisation. Avant le grand élan de la naviga-

tion espagnole et portugaise au xv° et au xvi° siècle, aucun peuple n'avait contribué autant que les Arabes à
élargir l'idée de l'univers et à donner à l'homme une
idée exacte de la planète qu'il habite, première condition de tout véritable progrès. L'absence de nationalités
distinctes dans le sein de l'islamisme dégageait les musulmans d'un des liens les plus forts qui retiennent l'individu attaché à un point de l'espace. Le musulman n'a
d'autre patrie que l'islam. De Tanger jusqu'à la Malaisie,
Ibn-Batoutah ne sort pas de son pays; partout il trouve
sa langue, ses mœurs; nulle part il ne laisse derrière
lui un regret. Le goût des merveilles, autre trait si marqué chez les musulmans; l'extrême diffusion de la culture intellectuelle, qui faisait que, pour entendre les docteurs
célèbres et visiter les directeurs en vogue, il fallait aller
de Maroc au Caire, de la Mecque à Samarkand; la
sobriété de la race arabe et l'hospitalité si facile à pratiquer en un pays où elle ne risque pas d'être exploitée,
étaient autant de causes qui faisaient entreprendre ou
rendaient possibles de longues pérégrinations. La religion
enfin les érigeait en précepte, par l'obligation imposée à
tout musulman, quelque éloigné qu'il fût du centre de
l'islamisme, de visiter une fois en sa vie le sanctuaire
de la Caaba. Une des preuves que les apologistes musulmans font valoir en faveur de la divinité de l'islamisme
est la consolation qu'on trouve dans le pèlerinage, les
joies sensibles qu'on y ressent, et le vif désir qu'on
éprouve de le faire de nouveau. Les fondations pieuses
qui facilitaient aux pauvres l'accomplissement de ce devoir, les charités que répandaient autour d'eux les riches
pèlerins, et la touchante fraternité qui régnait dans le

voyage, étaient pour beaucoup dans ce charme, auquel l'instinct du commerce pouvait bien aussi n'être pas étranger. La Mecque, en effet, au temps du pèlerinage, était un vaste marché et le centre des échanges du monde entier. Le fatalisme enfin, en débarrassant l'homme du calcul pénible des chances de l'avenir, contribuait à entretenir le goût de cette vie errante. Le voyageur est toujours un peu fataliste, et rien ne contribue plus à jeter l'homme dans les aventures que de croire qu'il obéit à un destin immuable en obéissant à sa mobilité.

L'organisation de la société musulmane prêtait merveilleusement à ce perpétuel vagabondage. Le voyageur n'est pas, chez les Arabes, un homme à part, sans fonctions, sans famille, un étranger tenu à distance et condamné à ne voir que du dehors la vie des pays qu'il traverse. Le voyageur arabe, presque toujours jurisconsulte ou médecin, exerce sa profession en voyageant. A chaque station de sa route, il s'établit, prend racine dans le pays, devient un personnage considérable; puis, quand sa passion se réveille, il reprend l'état nomade, sûr d'être partout recherché et pourvu de fonctions lucratives. Chez nous, la vie du voyageur est coûteuse et suppose un capital longuement amassé. Chez les Arabes, cette vie était la plus économique de toutes : le voyageur s'acquittait envers son hôte par des consultations médicales ou juridiques, des récits, des pièces en prose et en vers; quelques-uns même se défrayaient en professant la sorcellerie et en faisant des tours d'adresse. Rien n'égale l'étonnant spectacle que présente sous ce rapport la vie d'Ibn-Batoutah. Durant trente années, sans crédit ni fortune, il court le monde

dans tous les sens, vivant tantôt avec les princes, tantôt
avec les ermites, exerçant tous les métiers, s'arrêtant où il
trouve une place avantageuse : cadi à Dehli, ambassadeur
en Chine, juge aux Maldives, partout fort honoré, si bien
que, ayant trouvé au fond du Soudan un prince moins bien
appris que les autres, qui négligea de lui assigner une maison, il le lui reprocha en public et s'en fit donner une de
sa propre autorité. Ce qu'il y a de plus curieux, c'est de le
voir se marier partout où il s'établit, et divorcer à son départ, pour convoler à l'étape suivante à un nouvel hymen.

Quand on se demande, en lisant Ibn-Batoutah, quel est
le mobile qui le pousse à ces prodigieuses pérégrinations, on est fort embarrassé pour se répondre. Est-ce le
commerce ? est-ce la dévotion ? est-ce le goût des aventures ? est-ce le dévouement scientifique ? Ce n'est rien
de tout cela, et c'est un peu de tout cela. Aucune passion
dominante ne l'entraîne : sa carrière à lui, c'est d'être
voyageur; il est vagabond par nature. Cette vie singulière
était celle d'un nombre infini d'hommes au sein de la
société arabe. De longtemps, on peut le dire, l'espèce humaine n'atteindra une unité comparable à celle que l'islamisme réalisa durant quelques siècles. La dispersion des
individus dans les diverses parties du monde musulman
était incroyable. Ibn-Batoutah trouve presque toutes les
fonctions en Orient occupées par des gens du Magreb.
A Delhi, il rencontre un fakir de Grenade qu'il avait
déjà vu à Médine, marié à la fille d'un docteur de Bou-
gie, aussi établi à Delhi. A Ségelmesse, dans le Maroc, il
reçoit l'hospitalité d'un jurisconsulte dont il avait connu
le frère au fond de la Chine. D'un bout du monde à
l'autre on était en pays de connaissance. Chose étrange !

la seule contrée qui semble ne pas exister pour ces infatigables voyageurs, c'est la chrétienté. Ils n'y mettent
jamais le pied, et les ouï-dire qu'ils rapportent parfois
sur les parties de l'Europe chrétienne les plus rappro-
chées des terres musulmanes ressemblent à ces fables que
la géographie populaire relègue à l'extrémité des régions
connues. Là était la profonde limite que la famille humaine devait mettre bien des siècles à franchir.

On ne peut pas dire qu'Ibn-Batoutah soit un homme
très-spirituel ni un très-fin observateur ; on ne saurait
pourtant lui refuser un grand fond de droiture et de raison.
C'est un homme dévot, mais sensé ; sunnite sévère, mais
sans haine religieuse bien violente. Sa critique, indulgente à l'excès quand il s'agit des miracles de sa secte,
est au contraire d'une remarquable pénétration quand
il s'agit de trouver en défaut les miracles des schiites.
Parfois on voit poindre chez lui, je ne dirai pas quelque
doute, mais quelque velléité de demander des preuves :
il fait alors des dissertations fort amusantes pour raffer-
mir sa foi et réfuter les objections des hérétiques. Le
nombre incroyable de prodiges permanents dont il est
témoin et l'extravagance des reliques qu'il vénère à chaque pas nous surprendraient, si la crédulité humaine
avait jamais le droit de surprendre. Il croit aux tombeaux apocryphes des patriarches et des prophètes ; il
croit que les oiseaux ne volent jamais au-dessus de la
Caaba ; mais j'ose affirmer qu'il n'eût pas cru aux tables
parlantes ni aux esprits frappeurs. Nous aurons bientôt
des leçons de critique et de bon goût à demander au
moyen âge : au moins le merveilleux de ce temps-là
avait-il d'ordinaire quelque grâce et quelque saveur.

La partie la plus intéressante du volume d'Ibn-Batoutah qui vient de paraître est, à mon gré, le récit de son
voyage aux villes saintes. Ce doit être vraiment un des
plus grands spectacles religieux du monde que celui de
la Mecque au temps du pèlerinage : grand, non pas pour
les yeux, car j'imagine que la mise en scène doit en être
singulièrement triste et sévère, mais grand pour l'esprit,
à la façon du culte chrétien des bonnes époques, avant
que l'adoption universelle des modes italiennes et jésuiti-
ques l'eût fait dégénérer en pompes théâtrales et de mauvais goût. Ces prières simples s'élevant de toutes parts
vers le Dieu unique, ces prédications austères des imams,
cette scène extraordinaire du *débordement de l'Arafat*,
cette procession qui se déroule nuit et jour autour de
la Caaba, cette unanimité religieuse, où la possibilité
même d'un doute n'est pas entrevue, tout cela doit
être étrange, saisissant. Ibn-Batoutah nous y fait d'autant mieux assister que, dans sa conscience parfaitement
naïve de musulman, il ne songe pas un moment au pittoresque de tout ce qu'il raconte. Il a prié, comme tout
le monde, à la station d'Abraham ; il a bu de l'eau du
puits de Zemzem ; il a baisé, après des millions de millions de croyants, la pierre noire, et a trouvé dans ce
baiser une grande douceur. « Les yeux, dit-il, y voient
une beauté admirable ; à l'embrasser, on éprouve un
plaisir qui réjouit la bouche, et celui qui y colle ses lèvres désirerait ne plus les en séparer ; c'est là une de ses
propriétés et une des grâces divines dont elle est douée.
Louange à Dieu, qui l'a distinguée par la noblesse et lui
a départi l'illustration et le respect ! »

Je ne suis pas sur ce point de l'avis d'Ibn-Batoutah :

la pierre noire, loin d'être, comme il l'appelle, « un grain
de beauté sur une face resplendissante », est une tache
dans l'islamisme, un vrai fétiche, avec lequel on peut
justement reprocher à Mahomet d'avoir pactisé, une des
concessions que ce grand adorateur de Dieu crut devoir
faire au vieux paganisme arabe, qu'il traitait d'ailleurs
avec si peu de ménagement. Mais il n'est pas de puritanisme qui tienne contre les faiblesses, ou, si l'on veut,
contre les besoins de la nature humaine. Cette religion à
l'origine si austère, si abstraite, repoussant comme polythéisme tous les dogmes qui semblaient donner à Dieu
un père, une mère et introduire dans l'unité suprême
des distinctions de personnes, aboutit au XIIIᵉ siècle à des
pratiques mesquines, à des petitesses de casuites, au scrupule enfin, cette maladie des vieilles religions qui tournent
en subtilité. Ibn-Batoutah, qui, sans être lui-même un
ascète bien consommé, a beaucoup vécu dans la compagnie des personnes religieuses, nous donne sur tout cela
de fort curieux détails. En définitive, malgré bien des
misères, la dévotion musulmane resta toujours fière, sérieuse, virile, une dévotion d'hommes, créée par des
hommes et pour des hommes. Les femmes, qui partout
ailleurs jouent un rôle si important dans les révolutions
du sentiment religieux et règlent la mode en ceci comme
en bien d'autres choses, sont restées dans l'islamisme
presque en dehors de la religion. Les musulmans n'aiment pas que leurs femmes soient dévotes, et je ne sais
plus quel poëte compte au nombre des qualités de sa
maîtresse de se soucier peu du Coran.

La description que donne Ibn-Batoutah de la cérémonie
du vendredi (jour férié des musulmans), telle qu'elle se

pratiquait de son temps à la Mecque, me semble très-ca-
ractéristique de ce culte triste, sans grâce, sans variété,
sévère comme le désert, qui a toujours été celui de l'islamisme. « On place la chaire bénie contre le côté de la
noble Caaba qui est entre la pierre noire et l'angle de
l'Irak. Le prédicateur s'avance, habillé entièrement de
noir, coiffé d'un turban et d'un voile de mousseline de
même couleur. Il est rempli de gravité et de dignité,
et marche en se balançant entre deux drapeaux noirs,
portés par deux muezzins. Il est précédé par un des administrateurs du temple, agitant une sorte de fouet dont
les claquements avertissent de la sortie du prédicateur les
fidèles qui se trouvent au dehors, et par le chef des muezzins, habillé également de noir, et portant sur son épaule
une épée dont il tient la garde avec la main. On fixe les
deux étendards des deux côtés de la chaire, et, au moment où le prédicateur se dispose à monter, le muezzin lui
passe l'épée, avec laquelle il frappe sur chaque marche
pour attirer l'attention des assistants. Arrivé au haut de
la chaire, il se tourne vers le public en saluant de droite
et de gauche, et l'assistance lui rend son salut. Il s'as-
sied alors, et tous les crieurs font l'appel de la prière du
haut de la coupole de Zemzem. Lorsque l'appel est fini,
le prédicateur prononce un discours dans lequel il multiplie les prières pour Mahomet, pour les quatre premiers
califes, pour les souverains musulmans, puis il s'en re-
tourne, précédé des deux drapeaux, et on remet la chaire
à sa place. » Que dirait-on parmi nous d'un prédicateur qui monterait en chaire un sabre à la main et en
faisant claquer un fouet devant lui ?

Cette âpreté, ce défaut d'onction et de mysticité tien-

nent au caractère du peuple arabe, le moins mystique de
tous les peuples, celui dont la théologie est la plus simple et se réduit à deux mots : Dieu est Dieu. Pas de
saints, pas de Vierge, aucun élément d'épopée divine,
pas une ombre de symbolique. Ce qui s'est développé
de mythologie dans l'islam est venu de ce levain d'illu-
minisme qui a toujours couvé en Perse et y a produit
de perpétuelles révoltes contre la simplicité de la foi musulmane. A la Mecque, rien de tout cela : une mâle et
rude aristocratie, restée immobile dans sa fierté, son
manque absolu d'imagination religieuse, son monothéisme
exalté; des vengeances, des meurtres, une complète anarchie, comme à l'époque qui précéda l'islam; nulle dispute de théologie, seulement des luttes de préséance et
de généalogie. Ibn-Batoutah raconte à ce propos une
curieuse histoire : « On rapporte, dit-il, qu'un jour le
jurisconsulte Aboul-Abbas, s'entretenant à Médine avec
quelqu'un, proféra une grosse erreur dans laquelle il
tomba par suite de son ignorance dans la science des
généalogies, et faute de savoir retenir sa langue. Il lui
échappa de dire que Hosein, fils d'Ali, ne laissa pas de
postérité. L'émir de Médine, Tofaïl, informé de ce propos, le blâma avec raison, et voulut tuer le coupable. Sur
les instances qu'on lui adressa, il se contenta de le chasser
de Médine; mais on dit qu'il dépêcha après lui quelqu'un
pour l'assassiner; il est sûr au moins que depuis on n'a
jamais eu de ses nouvelles. Que Dieu nous garde des
fautes et des erreurs de la langue! »

Voilà les controverses des théologiens de la Mecque!
C'est qu'en effet pour les *cherifs* (nobles) mecquois, le
premier article de foi est la généalogie, le plus souvent

du reste incontestable, qui les rattache au Prophète et aux familles héroïques. Cette religion du sang l'emporte de beaucoup dans leur esprit sur la considération de l'orthodoxie; le Turc, quelque élevées que soient ses fonctions, n'est jamais à leurs yeux qu'un mameluk parvenu, et un chef arabe à qui un spirituel voyageur [1] demandait lequel méritait plus d'égards d'un pacha turc, bon musulman, ou d'un gentilhomme chrétien, répondit sans hésiter : « Il suffit d'un seul instant pour qu'un polythéiste ou un idolâtre devienne un saint musulman, tandis qu'il faut des siècles pour faire un gentilhomme. »

La relation du voyage d'Ibn-Batoutah à Médine présente aussi de bien curieux détails. On touche avec le pèlerin le clou d'argent qui indique la place de la tête de l'envoyé de Dieu. Mahomet, étant presque le seul prophète qui ait joui de son vivant de toute sa notoriété, et qui soit entré de plain-pied et sans intervalle dans sa réputation prophétique, est le seul aussi dont le tombeau soit parfaitement authentique et dont on pourrait à la rigueur toucher les ossements. Il est là, vraiment, à Médine, sous une plaque de marbre, et un jour peut-être on verra à la clarté du soleil cet étrange cadavre, qui, plus puissant que l'aimant ridicule dont l'ignorance l'entoura, attire encore des extrémités du monde des millions de croyants. Abou-Bekr et Omar, *ses deux camarades de lit*, reposent dans le même tombeau; alentour, les Mohadjir et les Ansar, tout l'âge héroïque de l'islamisme. Peu de religions, il faut l'avouer, ont des lieux saints aussi authentiques et aussi historiques. C'est le propre de l'islamisme de nous faire toucher du doigt ce qui ailleurs

---

1. M. d'Escayrac de Lauture.

ne nous apparaît qu'à travers le nuage de la légende ou les fraudes innocentes des traditions apocryphes.

Mais la relique la plus étrange, c'est sans contredit l'Arabie elle-même, identique du temps d'Ibn-Batoutah (et aussi de nos jours) à ce qu'elle était du temps de Mahomet, identique du temps de Mahomet à ce qu'elle était du temps d'Ismaël. On ne songe pas assez à ce singulier pays, effacé de la scène du monde depuis dix siècles et dont la destinée semble être de ne compter dans l'histoire de l'humanité que par de brusques et courtes apparitions, pour rentrer ensuite dans le vaste oubli de ses déserts. On confond l'Arabie dans l'idée d'universelle décadence, qui, depuis la domination des Turcs, embrasse pour nous tout l'Orient. Or l'Arabie n'est vraiment pas responsable de cette irrémédiable faiblesse. N'avons-nous pas vu, de nos jours, le mouvement réformateur des Wahhabis sur le point d'aboutir à un nouvel islam, sans autre prestige que l'éternelle idée de l'Arabie : simplifier Dieu, écarter sans cesse toutes les superfétations qui tendent à s'ajouter à la nudité du culte patriarcal? Je pense, pour ma part, que l'islamisme a là son dernier et infranchissable boulevard, qu'il finira par où il a commencé, par n'être plus que la religion des Arabes, selon le vrai programme de Mahomet; mais aussi que nul ne sait ce qui arriverait dans le monde le jour où l'Arabie se lèverait de nouveau au nom de sa foi invincible en la supériorité de sa race et en la religion d'Abraham.

LE DÉSERT ET LE SOUDAN [1].

————————

M. d'Escayrac de Lauture a parcouru pendant huit ans les diverses parties du continent africain ; le livre qu'il vient de publier est le fruit de ses observations personnelles et de ses réflexions. On y reconnaît partout un esprit pénétrant, original, rempli de l'amour le plus désintéressé de la science, et possédé de cette large et vive curiosité qui est le signe des natures vraiment distinguées. A toutes les qualités du voyageur, à l'audace, à l'activité, à la persévérance, M. d'Escayrac joint plusieurs de celles du penseur et de l'écrivain. Les défauts de son ouvrage sont ceux d'un esprit encore peu maître de sa

1. *Le Désert et le Soudan, études sur l'Afrique au nord de l'équateur*, par M. le comte d'Escayrac de Lauture. — Paris, 1853.

méthode et trop charmé du plaisir de penser pour penser avec sobriété. On peut lui reprocher d'avoir donné
dans un livre de renseignements précis une trop grande
place aux généralités. Ce qu'on est en droit de demander
au voyageur, en effet, ce n'est pas de faire preuve d'é-
rudition et de philosophie ; c'est uniquement de bien voir
et de bien rendre ce qu'il a vu, c'est d'être le témoin
véridique et judicieux des pays lointains devant le tribunal de la critique européenne. La forme du récit ou du
journal est pour cela la meilleure. M. d'Escayrac raconte
trop peu et raisonne trop. Cela le conduit à des vues parfois hasardées, qui tiennent uniquement à certaines habitudes de style et ne portent aucun préjudice à la justesse et à l'impartialité habituelles de son esprit.

La philosophie de l'histoire de M. d'Escayrac pourrait
donner lieu à des observations analogues. Elle est trop
absolue, et, s'il fallait la comparer à quelque chose, ce
serait au curieux essai d'histoire *a priori* que le plus
ingénieux des chroniqueurs arabes, Ibn-Khaldoun, nous
a donné dans ses *Prolégomènes*. Dominé par l'idée d'un
plan uniforme de l'espèce humaine, supposant que tous
les peuples sont partis d'un même état, suivent la même
ligne et tendent au même but, M. d'Escayrac ne tient
pas assez de compte de la diversité des races. Or il
semble que, plus on étudie l'histoire dans ses véritables
sources, plus on arrive à écarter toute formule générale
et à se renfermer dans de pures considérations ethnogra-
phiques. M. d'Escayrac, par exemple, trompé par l'équivoque du mot *barbarie*, rapproche souvent les Germains
des premiers siècles de notre ère des diverses populations du Soudan, et semble supposer qu'il ne faudrait à

ces dernières que du temps et des circonstances favorables pour produire des œuvres comparables à celles du génie germanique. Il faut avouer que tous les progrès de la science moderne amènent au contraire à envisager chaque race comme enfermée dans un type qu'elle peut réaliser ou ne pas réaliser, mais dont elle ne sortira pas. Gœthe et Kant étaient en germe dans les contemporains d'Arminius ou de Witikind. L'Afrique ne révèle peut-être pas autant que l'Asie cette profonde individualité des branches diverses de l'espèce humaine. Le degré de civilisation y a plus d'importance que la race. C'est en Asie que le fait primordial du sang apparaît dans toute sa force, et c'est en étudiant cette partie du monde qu'on s'habitue à envisager d'une façon toute relative les destinées intellectuelles, morales et religieuses de la planète que nous habitons.

La race arabe semble l'objet de prédilection des études de M. d'Escayrac. Il l'a trouvée dans ses longs voyages, de l'Irak au Sénégal, de Maroc à Madagascar, partout inaltérable, homogène, offrant, si j'ose le dire, l'identité du métal, et présentant l'image d'un peuple qui, suivant la belle expression de Jérémie (XLVIII, 11), « n'a point été remué de dessus sa lie ». Les meilleures pages du livre de M. d'Escayrac sont celles qu'il a consacrées au portrait de cette race étrange, dont le privilége est de passionner si vivement tous ceux qui l'étudient. Jamais famille humaine n'offrit, en effet, un si séduisant assemblage de brillantes qualités et de brillants défauts. On l'aime, tout en étant persuadé qu'elle a peu de valeur solide et qu'il n'y a désormais rien à en faire pour le bien général de l'humanité. Les Arabes, comme tous les

peuples qu'on appelle sémitiques[1], manquent de cette
variété, de cette largeur, de cette étendue d'esprit qui
sont les conditions de la perfectibilité. Leur civilisation
n'a qu'un seul type et ne tarde jamais à rencontrer sa
limite : on a remarqué avec raison que la domination
des Arabes a exactement le même caractère dans les pays
les plus éloignés les uns des autres où elle a été portée,
en Afrique, en Sicile, en Espagne. L'infini, la diversité, le germe du développement et du progrès leur semblent refusés.

L'illustre M. Lassen, que ses sympathies exclusives
pour la race indo-européenne rendent parfois injuste
pour la race sémitique, a défini d'un mot cette dernière :
une race personnelle, égoïste, et, comme on dit en Allemagne, *subjective*. Il est certain que nulle part ailleurs
les passions individuelles, l'amour, la haine, la vengeance,
n'ont eu autant de développement. Jamais la poésie
arabe ne s'élève au-dessus des sentiments personnels.
Les *Moallakat* sont sous ce rapport un genre unique, auquel on ne saurait rien comparer dans aucune littérature. Le poëte arabe ne se résigne jamais à prendre au
sérieux un sujet étranger à lui-même. Pas de drame, pas
d'épopée, aucune de ces grandes compositions où l'auteur doit s'effacer. Race incomplète par sa simplicité
même, la race sémitique se distingue presque exclusivement par des caractères négatifs; elle n'a ni mythologie,
ni science, ni philosophie, ni fiction, ni arts plastiques,
ni vie politique. La moralité elle-même a toujours été

---

1. On donne ce nom très-impropre aux peuples qui parlent ou ont
parlé hébreu, syriaque ou arabe, trois langues fort ressemblantes
entre elles, et qu'on a regardées bien à tort comme correspondant
à la catégorie biblique des enfants de Sem.

entendue par cette race d'une manière fort différente de
celle que nous imaginons. Le mélange bizarre de sincérité et de mensonge, d'exaltation religieuse et d'égoïsme
qui nous frappe dans Mahomet, la facilité avec laquelle
les musulmans eux-mêmes avouent que dans plusieurs
circonstances le Prophète obéit plutôt à sa passion qu'à
son devoir, ne peuvent s'expliquer que par cette espèce
de machiavélisme qui rend le sémite indifférent sur le
choix des moyens, quand il a pu se persuader que le but
qu'il veut atteindre est la volonté de Dieu. Notre manière
désintéressée et pour ainsi dire abstraite de juger les
choses lui est complétement inconnue.

C'est dans la vie nomade qu'il faut chercher la cause
de cette indomptable personnalité, et aussi du sort étrange
qui prédestinait l'Afrique à devenir, par le travail continu des siècles, une terre sémitique. N'est-il pas bien
remarquable que, tandis qu'en Asie la race arabe ne put
dépasser les limites de la Syrie et de l'Irak, en Afrique
elle se répandit, comme par une sorte d'infiltration lente,
jusqu'à l'Atlantique et jusqu'à la Cafrerie? C'est que le
désert est, à vrai dire, la patrie de l'Arabe. Partout où
il trouve un sol convenablement disposé pour le recevoir,
il est chez lui, si bien qu'à cette heure les limites de
l'Arabie sont à proprement parler les limites du désert.

Une affinité aussi étroite, une prise de possession aussi
complète, feraient croire que l'envahissement du continent
africain par la race arabe a dû se produire dès une époque reculée, et sans doute bien avant l'islamisme. La
race arabe nous apparaît dans la plus haute antiquité
répandue sur les deux rivages de la mer Rouge. L'Égypte
n'était qu'une étroite vallée, entourée de Sémites noma-

des, tantôt soumis, ainsi que nous le voyons pour les Israélites, tantôt maîtres, comme les Hyksos. Abd-el-Kader
exposait naguère[1], avec sa remarquable érudition, les
traditions des Arabes sur leurs émigrations anté-islami-
ques en Barbarie. L'émir, comme la plupart des savants
de sa religion, n'a pas beaucoup de critique, et je n'accorde, pour ma part, aucune valeur historique à ces récits, qui occupent une grande place chez les historiens
musulmans. Ils reposent pourtant sur un fait réel, je
veux dire les profondes racines que la race arabe a jetées en Afrique ; on peut dire, en effet, que l'Afrique, et
en particulier le Maroc, est de nos jours le sanctuaire de
l'esprit arabe et le point du monde où cet esprit semble
le moins prêt à céder aux influences de l'étranger.

M. d'Escayrac a été frappé de trouver au fond du Soudan les mœurs, la langue, la religion de l'Arabe conservées avec une merveilleuse pureté, tandis que, partout où
la race arabe s'est renfermée dans la vie citadine, elle a
bientôt perdu ses qualités essentielles, sa fierté, sa grâce,
sa sobre et sévère majesté. Cette race n'a jamais
compris la civilisation dans le sens que nous y donnons. La vraie société arabe est celle de la tente et de
la tribu, sans aucune institution politique ni judiciaire,
sans autre autorité et sans autre garantie que celle du
chef de la famille. Les questions d'aristocratie, de démocratie, de féodalité, qui forment le secret de l'histoire de
tous les peuples indo-européens, n'ont pas de sens pour
les Sémites. L'aristocratie n'ayant pas chez eux une origine militaire, est acceptée sans contradiction et sans la

1. Lettre au général Daumas, dans la *Revue des Deux Mondes*,
15 février 1854.

moindre répugnance. La noblesse arabe est toute patriarcale; elle ne tient pas à une conquête, elle a sa
source dans le sang. Quant au pouvoir suprême, l'Arabe
ne l'accorde rigoureusement qu'à Dieu et à ses envoyés.
« C'est un curieux spectacle, dit M. d'Escayrac, que celui
que présente la tente d'un chef arabe, lorsque quelque
affaire s'y traite; elle est pleine de monde, et ceux qui
ne peuvent s'y placer se pressent à la porte. Chacun
donne son avis, sans que personne l'interrompe : l'un
blâme le chef, l'autre lui reproche d'être incapable ou
poltron; il se justifie ou laisse dire : les femmes mêmes
prennent la parole et la gardent volontiers; l'enfant parle
et tous sont attentifs; le domestique, le mendiant, l'étranger parlent aussi, souvent tous à la fois, sans qu'on les
fasse taire. »

Il peut sembler paradoxal de le dire, et rien n'est
pourtant plus exact, l'anarchie complète a toujours
été l'état politique de la race arabe. Cette race nous
donne le spectacle singulier d'une société se soutenant
à sa manière sans aucune espèce de gouvernement ni
d'idée de souveraineté. Le khalife n'est nullement un
souverain, c'est un *vice-prophète*. Les historiens arabes
sont pleins d'anecdotes qui témoignent de la liberté
avec laquelle les premiers musulmans blâmaient en face
ces représentants de l'autorité prophétique, et résistaient
à leurs ordres quand ils ne les approuvaient pas.
Les révolutions des premiers siècles de l'hégire, l'ex-
termination de la famille du Prophète et du parti
resté fidèle à l'idée primitive de l'islamisme, venaient
de l'incapacité absolue de rien fonder et de l'impossibilité où était la race arabe de se développer dans des

pays qui appellent une organisation régulière. En Afrique, au contraire, où elle rencontrait un sol approprié à la vie nomade et patriarcale, cette race s'est répandue de proche en proche, par un mode de propagation analogue à celui du sable dans le désert, portant avec elle ses habitudes d'indiscipline, sa religion simple, son purisme grammatical.

L'islamisme n'était pas moins bien adapté que la race arabe à la nature africaine. Né dans le désert, il tend de plus en plus à s'y renfermer. M. d'Escayrac de Lauture insiste vivement sur ce phénomène bizarre que l'islamisme est bien plus pur dans le Soudan qu'en Syrie, en Égypte, à Constantinople. Les superstitions, les dévotions mesquines, qui ont terni presque partout la pureté de la doctrine unitaire, n'ont aucun accès parmi les tribus nomades de l'Afrique; les derviches et les ordres religieux, qui ailleurs ont supplanté les oulémas dans la faveur du peuple, n'exciteraient ici que le dégoût. Ce puritanisme confine parfois à l'incrédulité. L'Arabe bédouin, à force de simplifier sa religion, en vient presque à la supprimer : c'est assurément le moins mystique et le moins dévot des hommes. Sa religion ne dégénère jamais en crainte servile ; le monothéisme est moins pour lui une religion positive qu'une manière de repousser la superstition. Il est prouvé aujourd'hui que l'islamisme se produisit au viie siècle presque sans conviction religieuse, et n'obtint une créance absolue que quand, sortant de l'Arabie, il tomba sur un sol mieux disposé pour la foi. La plupart des tribus bédouines se convertirent par force, sans trop savoir ce qu'elles faisaient. M. Fresnel nous a appris que, dans le Hadramant, des tribus entières n'ont embrassé l'islamisme que depuis peu d'années, par suite du mouvement wahhabite. L'Arabie, qui a converti le monde, a été convertie la dernière. « Le Persan, le Criméen, le Turc traversent la moitié de l'Asie, le noir du Sénégal affronte un voyage de deux années, pour adresser à Dieu leurs ferventes prières dans le sanctuaire de l'islamisme ; le Bédouin, qui, chaque année, vient planter ses tentes sous les murs de la ville sainte, ne dépense pas un quart d'heure pour assurer son salut, et meurt à quatre-vingts ans sans avoir accompli le premier devoir du musulman. »

« Je voyageais dans le Soudan avec un secrétaire égyptien, continue M. d'Escayrac ; parfois nous réclamions le soir l'hospitalité du désert, je le priais de chanter, comme les muezzins du Caire, l'appel à la prière : l'étonnement des Arabes nous amusait beaucoup. « Que » chante-t-il ? » venaient-ils me demander ; « qu'est-ce » que cela veut dire ? — C'est l'appel à la prière, » leur » disais-je, « ne l'avez-vous jamais entendu ? — Jamais. » — Est-ce que vous ne priez pas ? — Nous ne le » pouvons pas : l'eau est rare chez nous et les ablutions » en demandent beaucoup. — Ne pouvez-vous donc pas » les pratiquer avec le sable ? C'est pour vous que le » Prophète a institué le teyemmum[1] ; voulez-vous que » je vous le fasse connaître ? — Ce n'est pas la peine ; » nous sommes des Arabes, nous ne sommes pas des » saints. »

» Parcourant la Syrie, il m'arriva de passer devant un Arabe qui déjeunait de fort bon appétit et m'invita à

---

1. Mode d'ablution qui se pratique avec du sable à défaut d'eau.

prendre part à son repas. Nous étions en ramadhan, et
je lui en fis l'observation. « Dieu, » lui dis-je, « n'a-t-il
» pas ordonné de jeûner pendant ce mois béni ? — Je
» ne l'ai pas entendu, » me répondit-il. « Mais, » ajou-
» tai-je, « c'est écrit dans le Coran. — Bah ! » fit-il, « je
» ne sais pas lire. »

La langue arabe enfin présente chez les nomades du
Soudan le même caractère d'inaltérable pureté. Elle y
a conservé tout son atticisme, tandis que partout dans
les villes elle s'est promptement altérée. Ainsi se vérifie
encore ce fait capital que le désert est le centre et le
milieu naturel de la culture arabe. Une poésie d'une
extrême recherche, une langue qui surpasse en délicatesse les idiomes les plus cultivés, des subtilités de critique littéraire telles qu'on en rencontre aux époques les
plus fatiguées de réflexion, voilà ce qu'on trouve au
désert, cent ans avant Mahomet, et cela chez des poëtes
voleurs de profession, à demi nus et affamés. Des caractères tels que ceux de Tarafa et d'Imroulkaïs, fanfarons
de débauche et de bel esprit, unissant les mœurs d'un
brigand à la galanterie de l'homme du monde, à un
scepticisme complet, sont certes un phénomène unique
dans l'histoire. Les Arabes ont toujours cru que les
tribus nomades conservent le dépôt du langage choisi et
des manières distinguées. Les familles nobles d'Espagne
et d'Afrique faisaient faire à leurs fils un voyage littéraire parmi les Bédouins. Les chérifs de la Mecque envoient encore aujourd'hui leurs enfants passer un certain
nombre d'années et, en quelque sorte, faire leur rhétorique au désert.

C'est bien à tort, en effet, qu'on envisage la vie no-

made comme inséparable de la barbarie, parce qu'elle
n'admet pas le genre de raffinements auxquels nous sommes habitués à donner exclusivement le nom de civilisation. Elle en admet d'une autre sorte, et n'est nullement incompatible avec une grande culture intellectuelle
et morale. Est-il un plus charmant tableau que celui que
nous offrent dans la haute antiquité les patriarches abra-
hamides, menant partout leur noble vie de pasteurs,
riches, fiers, chefs d'un nombreux domestique, en possession d'idées religieuses pures et simples, traversant
les sociétés plus compliquées des Chananéens et des
Chamites sans s'y confondre et sans en rien accepter?
Il est difficile de se figurer à quel point la vie du *douar*
développe les instincts individuels, combien elle fortifie
le caractère personnel, mais aussi combien elle rend incapable de discipline et d'organisation. Un cercle d'idées
assez étroit, des passions très-profondes, un grand sens
pratique, une tendance à faire prédominer les considérations de l'intérêt égoïste sur celles de la moralité, une
religion épurée, tel est l'esprit du *douar*. Nos préoccupations toutes naturelles en faveur de la vie urbaine
nous font en général envisager la vie nomade sous de
très-fausses couleurs. Nous ne comprenons en dehors
du citadin que le paysan à demi serf, ne recevant la
vie sociale d'aucune institution, tel que l'a créé le moyen
âge; or, c'est là un genre de vie assez nouveau, et de
tous, peut-être, le plus fermé à la civilisation; c'est celui
où l'homme est le plus isolé et participe le moins à la
vie commune de la société. On peut affirmer que le genre
de vie du Kirghiz, abstraction faite de l'inégalité des
races, est bien plus propre à cultiver l'individu que ce-

lui de nos paysans. La vie commune de la tribu est, en effet, comme une grande école traditionnelle à laquelle tous assistent; le contact perpétuel et intime des individus excite à un haut degré certaines facultés; enfin, si une telle vie est très-impropre aux spéculations scientifiques et rationnelles, elle constitue un milieu souverainement poétique et où les grandes idées religieuses trouvent merveilleusement à se développer.

Tel est l'intéressant résultat qui sort du livre de M. de Lauture. Ce livre est en quelque sorte l'apologie du désert et de la race du désert. On ne peut nier que la conversion et par suite la conquête de l'Afrique centrale ne semblent dévolues à l'Arabie par une sorte de droit naturel. A l'heure présente la langue arabe est partout en Afrique le signe d'une certaine civilisation : c'est grâce à l'arabe que l'Afrique a eu quelque littérature, et qu'on a vu, par exemple, un assez beau mouvement littéraire se produire à Tombouctou [1]. De nos jours, l'islamisme et la langue arabe font de grands progrès dans la partie orientale de l'Afrique, du côté de Mozambique et de Madagascar, comme nous l'apprennent les renseignements fournis par le missionnaire Krapf [2]. Plusieurs pays du Soudan, tels que le Ouaday, paraissent avoir été récemment convertis, et la propagande musulmane chez les noirs du Sénégal est de plus en plus active. L'islamisme est encore conquérant de ce côté, et bien que des causes physiques

---

1. L'histoire littéraire de Tombouctou nous a été récemment révélée par M. Cherbonneau, *Journal asiatique*, janvier 1855.

2. *Journal de la Société asiatique allemande*, 1846, page 44 et suivantes. — Depuis la publication de cet article, l'islamisme a fait en Afrique des progrès effrayants.

condamnent à jamais l'Afrique à n'occuper qu'un rang secondaire dans l'histoire de la civilisation, on devra savoir gré à l'islamisme et aux Arabes d'avoir élevé les races noires du Soudan, autant peut-être qu'il était possible, au-dessus de leur incurable matérialité.

LA SOCIÉTÉ BERBÈRE[1].

L'exploration scientifique de l'Algérie sera l'un des titres de gloire de la France au XIXᵉ siècle, et la meilleure justification d'une conquête qui a mis en lumière chez la nation conquérante tous les talents, excepté ceux du colonisateur. Je n'ai le droit de parler que des sciences historiques. Dans cet ordre d'études, l'Algérie a vu s'élever une forte école, qui a su appliquer les plus solides qualités d'esprit à l'exploration ethnographique, linguistique, archéologique, épigraphique du sol nouvellement acquis à la civilisation. De la part de l'autorité militaire et de la population civile, le zèle a été le même; la rivalité ici n'a existé que pour le bien. Pas une période

---

1. *La Kabylie et les coutumes kabyles*, par MM. A. Hanoteau, général de brigade, et A. Letourneux, conseiller à la cour d'Alger, trois volumes. Imprimerie nationale. Paris, 1873.

du passé de l'Algérie qui n'ait été l'objet de capitales recherches, d'importantes découvertes, dont plusieurs ont fort dépassé l'étroit horizon de l'histoire locale, et ont apporté à l'histoire générale du monde des données de premier intérêt. On peut comparer ce qui s'est passé à cet égard dans notre colonie au spectacle que présente la Société asiatique de Calcutta vers la fin du dernier siècle. A une époque où les études critiques étaient en décadence dans la mère patrie, Calcutta eut Colebrooke, William Jones, grands esprits ouverts, sans routine ni parti pris, aux directions nouvelles. Les colonies se formant d'ordinaire des éléments les plus indépendants d'une nation, il n'est pas rare de voir s'y développer ainsi, avec un éclat tout particulier, ce qui demande de l'intelligence ou de l'activité.

I.

L'histoire de l'Algérie se divise d'après le nombre des conquêtes étrangères qu'elle a subies. Les victoires successives des Romains, des Vandales, des Byzantins, des Arabes, des Français, sont les jalons qui coupent la monotonie de ses annales. N'y a-t-il pas cependant, au-dessous de ces couches de maîtres imposés tour à tour par la force, un fond indigène encore retrouvable, matière toujours prête à subir les dominations étrangères, pépinière éternelle de serfs pour les vainqueurs qui se sont succédé de siècle en siècle? Ce fond existe, et il ne fallut qu'un coup d'œil superficiel pour le découvrir dans les Kabyles.

Le Kabyle, personne n'en doute, n'a été amené dans le pays ni par la conquête musulmane, ni par celle des Romains; ce n'est ni un Vandale, ni un Carthaginois; c'est le vieux Numide, le descendant des sujets de Masinissa, de Syphax et de Jugurtha. Une langue à part, profondément distincte des langues sémitiques, bien qu'ayant avec elles des traits de ressemblance et leur ayant fait de nombreux emprunts, est, à cet égard, le plus irrécusable des témoins. Cette langue se retrouve sur les anciens monuments du pays. Elle n'y a sûrement été introduite ni par Carthage, qui parlait presque hébreu, ni par Rome, ni par les Germains, ni par les Byzantins, ni par les Arabes. Un trait de lumière a été jeté sur l'obscure histoire de l'Afrique quand il a été constaté, surtout par les beaux travaux de M. Hanoteau, que la langue kabyle est à peu près identique au touareg, et que le touareg lui-même est dans la parenté la plus étroite avec tous les idiomes sahariens qui se parlent depuis le Sénégal jusqu'à la Nubie, en dehors du monde nègre ou soudanien. A partir de cette découverte, le vieux fond de race de l'Afrique du Nord a été nettement déterminé. Le nom de *berbère* paraît, à l'heure présente, le meilleur pour désigner ce rameau du genre humain. L'avenir montrera sans doute que cette dénomination est trop étroite : au touareg et au kabyle, on trouvera des frères et des sœurs ; on montrera que cet idiome n'est qu'un membre d'une famille plus vaste. Déjà du côté de l'Égypte et de l'Espagne se sont ouvertes bien des perspectives séduisantes, décevantes peut-être. On s'est demandé si le copte, le basque, ne trouveraient pas de ce côté le biais qui les ferait sortir de leur solitude linguistique. Rien de

démonstratif n'a encore été proposé à cet égard. La
famille dont nous parlons est donc jusqu'à nouvel ordre
purement africaine, ou plutôt atlantique et saharienne.
A côté des deux groupes linguistiques et historiques déjà
si bien dessinés, groupe indo-européen, groupe sémitique, est venu de la sorte se placer un troisième groupe,
dont les caractères ne sont pas moins tranchés, bien qu'assurément sa destinée dans l'histoire ait été moins brillante.

On ne pouvait soupçonner, il y a trente ans, l'étendue
et la solidité qu'on arriverait à donner à cette individualité ethnographique. Non-seulement la race berbère a
maintenant un droit de cité incontestable dans le monde
de l'anthropologie ; elle est même devenue l'objet d'une
science. Autour de cette race indigène du nord de l'Afrique
s'est créé, en effet, un ensemble d'études analogues à celles
dont le monde sémitique et le monde indo-européen four-
nissent la matière. Sans doute l'intérêt n'est pas le même ; les
instruments d'étude sont moins nombreux ; la race berbère
tient dans le monde une place de quatrième ou cinquième ordre, si on compare le rôle qu'elle a joué à celui
des Hébreux, des Phéniciens, des Arabes, des Grecs, des
Romains, des Celtes, des Germains ; mais, pour n'avoir
qu'un rang assez humble dans l'échelle du génie, la race
berbère n'en est pas moins importante dans l'ensemble
de l'humanité. Son étonnante vivacité est un des phénomènes de l'histoire les plus dignes d'être étudiés. A
l'époque romaine, d'ailleurs, le monde berbère a introduit
quelques éléments essentiels dans le mouvement général
de la civilisation, en prenant une part considérable à la
formation du christianisme latin.

Au point de vue des sciences historiques[1], cinq choses constituent l'apanage essentiel d'une race, et donnent droit de parler d'elle comme d'une individualité dans l'espèce humaine. Ces cinq documents, qui prouvent qu'une race vit encore de son passé, sont une langue à part, une littérature empreinte d'une physionomie particulière, une religion, une histoire, une civilisation. On peut y joindre, dans certains cas, une écriture propre; cette condition n'est pourtant pas de rigueur, car de très-grandes races, telles que la race indo-européenne, n'ont jamais eu d'alphabet à elles, et ont emprunté l'écriture des autres peuples. On en peut dire autant de l'art, l'art s'empruntant avec plus de facilité que la langue, la religion et la législation. Si nous demandons à la race berbère quels sont, de ces titres de noblesse, ceux dont elle peut faire la preuve, nous la trouverons à quelques égards assez pauvre; par d'autres côtés, au contraire, elle pourra le disputer aux races les plus privilégiées. La race berbère, en effet, possède ce que n'ont pas toujours les plus illustres races, une *écriture* qui n'appartient qu'à elle, écriture singulière, peu employée, connue presque uniquement des femmes, mais dont l'antiquité nous est attestée par le monument bilingue (carthaginois et berbère) de Tugga, et par les inscriptions bilingues (latines et berbères), beaucoup plus nombreuses, des cimetières voisins de La Calle. Grâce aux soins patients et aux efforts successifs de MM. de Saulcy, Reboud, Duveyrier, Faidherbe, Judas, Halévy, Letourneux, ces petits textes ont été recueillis, étudiés, et

---

1. Nous laissons à d'autres le soin de parler des caractères physiologiques, anthropologiques, qui, en ce qui concerne la race berbère, ne sont pas moins nettement accusés que les caractères linguistiques.

constituent un curieux chapitre des études paléographiques
et épigraphiques. L'origine de l'écriture en question est in-
certaine; il n'est pas sûr que les Berbères l'aient inventée
de toutes pièces; ce n'en est pas moins un fait bien remarquable que cette race, en apparence si déprimée, ait
un alphabet à elle, un alphabet qu'on n'a trouvé jusqu'ici nulle part ailleurs que sur les côtes barbaresques
et dans le Sahara, et qui, selon toutes les apparences,
n'a jamais servi à écrire que le berbère.

C'est surtout par la *langue* que la race berbère a
triomphé de ses ennemis. Quoique des populations entières du littoral aient perdu tout souvenir de leur origine, qu'elles ne parlent plus que l'arabe, qu'elles se disent et se croient sincèrement arabes, d'autres fractions
de la race berbère, même dans la région maritime, ont
gardé et leur langue, mêlée il est vrai d'arabe, et leurs
mœurs, altérées jusqu'à un certain point par la conquête
musulmane. Ce sont les tribus qu'on appelle *kabyles*. Si
l'on s'enfonce dans l'intérieur, le vieux fond se retrouve
bien plus pur. Le touareg, langue autochthone de toute
l'Afrique du Nord, est sans mélange d'arabe. Pour étudier la physionomie de ces curieux idiomes, le touareg
est donc un type bien préférable au kabyle. Le général
Hanoteau, dans ses deux grammaires kabyle et touareg,
a présenté les traits principaux de ce grand système linguistique avec sincérité, sans parti pris, en laissant pru-
demment aux philologues comparatifs le soin de tirer les
conséquences des faits bien observés qu'il leur soumet.
— Il peut sembler ambitieux de parler de *littérature* à
propos de peuples aussi peu littéraires. M. Hanoteau a
néanmoins recueilli ce qu'on a de la littérature berbère,

c'est-à-dire quelques chants populaires, quelques récits.

L'*histoire* des Berbères est obscure; on la conclut surtout de l'histoire des autres races qui ont été en rapport avec eux. Les Berbères ont eu cependant un historien qu'on peut appeler de génie, l'arabe Ibn-Khaldoun. Dans sa vaste encyclopédie historique, le monument de beaucoup le plus surprenant que nous ait légué l'historiographie musulmane, Ibn-Khaldoun consacre aux Berbères un livre entier, qu'a publié et traduit, avec sa sûreté ordinaire, M. de Slane. — Quant à la vieille *religion* africaine, elle a disparu sans retour; l'islamisme l'a complètement oblitérée. On parle vaguement de quelques massifs de montagnes très-avancés vers le sud, chez les Touaregs, où les habitants ne seraient pas musulmans; peut-être sont-ils chrétiens, peut-être juifs. Jusqu'à présent nous n'avons, pour connaître le culte indigène de l'Atlas, du Sahara et des côtes barbaresques, qu'un petit nombre de passages des auteurs grecs et latins, notamment de la *Johannide* de Corippus, et quelques indices épigraphiques. C'est bien peu; des dieux si fort oubliés de leurs anciens fidèles n'ont guère d'espoir de résurrection.

Reste la *législation* coutumière, partie d'ordinaire si persistante de l'individualité d'une race. Cet élément essentiel est très-bien conservé chez les Kabyles. Tout en étant sans réserve convertis à l'islam et en se montrant, sous le rapport du dogme, des musulmans irréprochables, les Kabyles, dans un grand nombre de cas, s'écartent des prescriptions de la loi civile du Coran, disant avec beaucoup de sens que ces prescriptions ont été faites pour un pays très-différent du leur, et pour un peuple qui n'avait pas leur manière de vivre. C'est là un phénomène

dont on trouverait à peine un autre exemple dans le
monde musulman. Partout ailleurs la foi religieuse et le
code ont été inséparables. Ici, la coutume locale a eu
la force d'abroger une moitié du livre sacré. Dans certaines parties du monde berbère, le droit commun musulman a, il est vrai, pris le dessus; mais ce fait, quand il
s'est produit, a toujours été le résultat d'une conquête
postérieure, et non de la simple conversion à l'islam. Ce
qui prouve bien, d'un autre côté, que les coutumes qui
ont ainsi triomphé de la plus intolérante des révélations
sont une forme innée, un vieux legs de race, c'est qu'elles sont communes à tous les Berbères, c'est-à-dire à des
fractions nombreuses de populations inconnues les unes
aux autres, et entre lesquelles les relations sont souvent
impossibles. Un sujet capital ouvert aux investigations ultérieures sera de voir jusqu'à quel point cette législation
se retrouve chez les Touaregs. Il y a au moins un point
où la différence est sensible, c'est tout ce qui touche à la
situation sociale de la femme. La femme, chez les Touaregs, a une situation privilégiée; chez les Kabyles, la
condition de la femme est celle d'une servante achetée.
Une telle différence peut venir, chez les Berbères d'Algérie, d'une pression plus forte des conquérants et d'un
affaiblissement des mœurs primitives. L'existence, chez
les Touaregs, de nobles et de serfs paraît, au contraire,
être le résultat de divers accidents historiques, en particulier de l'assujettissement aux Berbères de tribus soudaniennes[1]. On trouvera probablement un jour que les
mœurs des Touaregs, comme la langue des Touaregs,
offrent un critérium scientifique plus sûr que les mœurs

1. H. Duveyrier, les Touaregs du nord, p. 327 et suiv.

des Kabyles ; mais ces derniers sont mieux à notre portée, et il serait certainement impossible aujourd'hui
d'exécuter chez les Touaregs le travail qui vient d'être
fait chez les Kabyles, et dont nous avons en ce moment
le volumineux résumé sous les yeux.

L'entreprise de recueillir cet antique droit coutumier
d'une des plus vieilles races du monde offrait de grandes difficultés. Beaucoup de tribus kabyles ont des petits
livres de coutumes écrits en arabe. Le plus souvent
pourtant il a fallu travailler sur la tradition orale, sur
les délibérations écrites des villages, sur les actes des
oulémas, sur les témoignages des personnes autorisées.
Le général Hanoteau, dont nous avons déjà rencontré le
nom dans presque toutes les directions de la science, et
M. Letourneux, conseiller à la cour d'Alger, l'une des
personnes qui ont le plus fructueusement travaillé sur
l'épigraphie berbère, ont rempli cette tâche avec une
conscience parfaite. Exempts de préjugés de race, les
deux savants auteurs n'ont eu qu'une préoccupation, la
recherche exacte de la vérité. Leurs fonctions leur offraient de grandes facilités pour la savoir. Les trois
magnifiques volumes, imprimés à l'Imprimerie nationale,
où ils ont déposé les fruits de leur enquête, feront le plus
grand honneur à la France auprès de ce public européen
dans l'approbation duquel les publications sérieuses sont
trop souvent réduites chez nous à chercher leurs encou-
ragements et leur appui.

II.

L'organisation politique et sociale dont MM. Hanoteau et Letourneux nous ont présenté l'excellent exposé[1] peut sûrement compter entre les plus originales du monde. Je ne connais pas de tableau qui fasse méditer plus profondément sur les conditions des sociétés humaines et sur leurs inévitables compensations. Le monde berbère nous offre ce spectacle singulier d'un ordre social très-réel, maintenu sans une ombre de gouvernement distinct du peuple lui-même. C'est l'idéal de la démocratie, le gouvernement direct tel que l'ont rêvé nos utopistes; mais hâtons-nous de dire que les plus fanatiques partisans de ce paradoxe seraient vite convertis, s'ils pouvaient voir les résultats que leur chimère a produits en Afrique depuis des siècles, et la patriarcale simplicité où la vie humaine s'est trouvée renfermée par un régime que, dans leur ignorance puérile, ils s'imaginent être celui de la liberté de l'individu.

Il n'en faut pas nier la possibilité. Il y a une société au monde où le peuple est tout et suffit à tout, où le

1. MM. Hanoteau et Letourneux ont décrit le système de la constitution kabyle tel qu'il existait avant l'occupation française; ils ont montré ensuite les modifications introduites par la conquête. La première partie est naturellement celle qui a pour nous le plus d'intérêt. Nous avons imité les judicieux auteurs en présentant comme encore existantes des pratiques ou des institutions modifiées notre administration, mais qui durent encore virtuellement dans 't de la race, et ont en tout cas la valeur de faits ethnogra-

gouvernement, la police, l'administration de la justice,
ne coûtent rien à la communauté. Partout où la race
berbère a échappé à la domination de l'étranger, nous
la trouvons organisée en petites républiques indépendantes, groupées par fédérations de peu d'étendue. La
forme monarchique est dans cette race une exception,
et, quand on la rencontre, on peut être sûr que la population qui la subit n'est pas constituée d'une manière
normale, qu'elle a fait violence à ses instincts en vue
de la défense nationale ou par esprit de domination. La
passion de l'égalité a toujours empêché chez les Berbères la constitution d'une nationalité forte et homogène.
Ils n'en ont pas les charges, ils n'en ont pas non plus
les avantages. La facilité extrême qu'ont eue à toutes les
époques les conquérants pour s'établir dans le nord de
l'Afrique vient du manque total d'institutions centrales,
d'armées, de dynastie, de noblesse militaire. On ne vit
jamais société plus faible pour se défendre contre l'a-
gresseur. D'un autre côté, rien de plus éloigné de l'avi-
lissant despotisme de l'Orient, de ce culte de la force,
considérée comme une manifestation de la volonté divine, qui est le grand mal des sociétés musulmanes. Les
rois assez puissants que l'on voit en Numidie, en Mau-
ritanie, en Gétulie, vers l'époque des guerres puniques,
paraissent des *condottieri*, des embaucheurs de cavaliers
nomades, plutôt que de vrais chefs de dynasties héréditaires appuyées sur une féodalité.

L'islamisme est une religion très-peu républicaine.
Toute société musulmane arrive vite au plus sanglant
absolutisme. Il a fallu dans la race berbère une obstination démocratique bien prononcée pour avoir résisté à

cette tendance fatale. Une seule exception à la loi d'égalité qui domine la société berbère s'est faite en faveur des marabouts. A l'origine toute religieuse, la caste des marabouts est devenue avec le temps une véritable noblesse de naissance, avec ses préjugés et ses priviléges. Il n'est pas douteux que, si les Kabyles étaient arrivés à la monarchie, les marabouts n'eussent constitué une classe sociale très-vexatoire pour le reste de la communauté ; mais la démocratie met un frein à ces prétentions. Les marabouts savent que les Kabyles se révolteraient contre eux, s'ils blessaient trop ouvertement les habitudes du pays. Ils sont restés ainsi dans un état analogue à celui des moines de la première moitié du moyen âge, avant que l'empire carlovingien en décadence eût conféré aux monastères les droits féodaux.

L'unité de la société kabyle est le village ; l'autorité du village, c'est l'assemblée générale de citoyens ou *djémâa*. Cette assemblée émet des décisions souveraines et les exécute elle-même. Son autorité s'étend à tout, descend aux détails les plus intimes de la vie privée, et n'est limitée que par la coutume. Tout homme ayant atteint l'âge où il peut observer dans sa rigueur le jeûne du ramadhan fait partie de la *djémâa* et a voix délibérative. Il est vrai que ce droit, absolu en théorie, se réduit à peu de chose dans la pratique. « Sur le forum kabyle, disent MM. Hanoteau et Letourneux, il y a en réalité plus de comparses que d'acteurs véritables. » Le propre de la race berbère est d'avoir créé la quantité d'inégalités dont une société ne peut se passer, sans classe nobiliaire, sans règlement permanent, uniquement par la force des mœurs et par le consentement tacite des citoyens.

La *djémâa* ne délègue en réalité aucun de ses pouvoirs souverains, mais elle choisit dans son sein un
agent, l'*amin*, chargé de faire la police, d'assurer l'exécution des arrêts, de veiller au maintien de l'ordre et à
l'exécution des règlements [1]. Cet agent n'est qu'un chef
temporaire du pouvoir exécutif ; il ne peut prendre aucune décision sans la *djémâa*. Une fois nommé et installé, l'*amin* choisit dans chacune des fractions du village une sorte d'adjoint, responsable envers lui et chargé
de le seconder dans l'accomplissement de ses nombreux
devoirs. Toutes ces fonctions sont gratuites. Si le gouvernement à bon marché est le meilleur de tous, les
Kabyles ont réalisé la perfection. On verra plus loin à
quel prix cette simplicité décevante a été obtenue, et
comment la conséquence de ce singulier régime a été
de maintenir la guerre civile en permanence dans chaque
village et dans chaque tribu.

La durée des fonctions de l'*amin* n'est pas fixée. Il y
a des exemples d'*amin* qui sont restés dix ans et plus à
leur poste. L'élection se fait sans compter les voix, après
une série de pourparlers et de concessions mutuelles. La
votation par scrutin est contraire à toutes les idées des
Kabyles sur les prérogatives auxquelles donnent droit
l'âge, la position, la naissance et la valeur personnelle
des individus. Tout Kabyle peut être *amin* de son village ; mais ici encore les mœurs restreignent le principe
général. Pour être appelé à cette dignité, il faut présenter certaines conditions qui, bien que n'étant stipulées nulle

---

1. Inutile de rappeler que la conquête française et surtout les mesures qui ont été la conséquence de la dernière révolte ont profondément modifié cette organisation.

part, n'en sont pas moins exactement observées. D'abord
on ne choisit que des gens relativement riches. L'a-
mîn, en effet, ne reçoit aucun traitement et est obligé à
d'assez fortes dépenses. Ces fonctions soulèvent beaucoup
de haines contre celui qui les remplit. Pour ménager
leur popularité, les chefs de parti les déclinent et se
contentent de faire nommer des candidats à leur dévotion, qu'ils soutiennent et dirigent. Un *amîn* est obligé
de consulter ces personnages influents, que l'opinion
publique place au-dessus de lui. La *djemâa* d'un village
kabyle est ainsi le théâtre d'intrigues tout aussi compliquées que le parlement le plus jaloux. Lorsqu'un *amîn*
a perdu la confiance de son village, on lui donne à entendre avec toute sorte d'égards qu'il a besoin de repos
et que ses intérêts réclament son temps. S'il reste sourd
à ces insinuations, un marabout lui exprime d'une manière plus claire le voeu de la population.

La *djemâa* se réunit une fois par semaine, ordinaire-
ment le lendemain du jour où se tient le marché de la
tribu. Si, dans l'intervalle des séances régulières, il y a
lieu de convoquer une réunion extraordinaire, l'*amîn* en
fait donner avis la veille par le crieur public. Tous les
citoyens sont tenus d'assister aux réunions de la *djemâa*;
celui qui s'abstient sans motif valable ou sans une per-
mission de l'*amîn* est mis à l'amende. L'*amîn* préside la
réunion, expose le motif de la séance et invite les citoyens à émettre leur avis. Le Kabyle est naturellement
orateur, et ces tribunes de village voient souvent déployer une éloquence digne des *agora* les plus célèbres
de l'antiquité. L'usage limite fort la liberté laissée à tous
de parler. Pour prendre la parole, il faut être influent,

respecté, âgé. Il paraît que la convenance de ces débats parlementaires ne laisse rien à désirer. Tout excès de parole est sévèrement réprimé ou même puni de l'amende. Quand les esprits s'échauffent, les hommes influents s'entendent pour ajourner la discussion. Dans les affaires importantes, l'unanimité est nécessaire. L'opinion de la minorité, quelque faible qu'elle soit, est toujours prise en sérieuse considération. S'il n'est pas possible de se mettre d'accord, la discussion est abandonnée. Dans les cas où une prompte solution est nécessaire, on convoque les notables de la tribu. Ceux-ci, assistés d'un ou deux marabouts renommés par leur sagesse, forment une espèce de tribunal qui prononce sans appel. Parfois on s'en réfère à la *djémâa* d'un autre village. Souvent on convient de s'en remettre à l'arbitrage d'un homme investi de la confiance générale. Le règlement de presque toutes les affaires en Kabylie se fait ainsi par une suite de transactions où l'opinion publique et l'autorité des notables jouent le rôle principal.

Voilà une démocratie naïve sans doute, et qui n'a jamais pu procurer aux populations qui s'y sont abandonnées des jours bien glorieux; on voit déjà cependant combien elle diffère du rêve des radicaux européens. La commune kabyle, qui *a priori* paraît une impossibilité, existe assez fortement; mais elle existe grâce à l'empire incontesté de la coutume, à une très-puissante organisation de la famille, et à une sélection de personnes désignées par une supériorité quelconque à la considération publique. Une pareille société n'a pas dans son sein de force matérielle qui puisse lui donner une paix durable; mais elle a dans ses règles sévères, dans ses usages, une

base de respect suffisante pour durer. A défaut de la
noblesse militaire des peuples aryens, et du chef à la
façon arabe, désigné à la fois par la naissance et par
la valeur personnelle, le village kabyle a ses notables,
aristocratie sans titre défini, résultant de l'estime, des
services rendus, supposant pour condition une certaine
aisance qui permet à l'individu de vivre sans travailler
journellement de ses mains. Il y a même des familles
ayant donné des chefs temporaires au pays, et vers lesquelles les yeux se tournent d'eux-mêmes aux moments
de crise. Seulement le nombre de ces notables n'est pas
limité; aucune condition n'est imposée pour en faire
partie; l'opinion seule est juge à cet égard. — En réalité, tout se juge par la *djémâa* restreinte des notables.
L'approbation de l'assemblée générale n'est plus qu'une
formalité. Des rôles analogues à ce que nous appelons
« l'opposition » seraient accueillis par des huées; l'exclusion de la jeunesse des affaires est le trait de ces
sortes de constitutions patriarcales. La révolution y est
impossible; malheureusement les plus grandes folies (les
dernières révoltes de la Kabylie l'ont prouvé) ne sont
pas du même coup frappées d'impossibilité.

L'étendue des pouvoirs de la *djémâa* est sans limite.
Elle cumule le pouvoir politique, le pouvoir administratif,
le pouvoir judiciaire; elle prononce la peine de mort,
punit d'amende les moindres infractions aux règlements
municipaux; elle statue dans les affaires civiles, ou
délègue ses pouvoirs à des juges arbitres, et se réserve
l'exécution. Dans les attributions de la *djémâa* et de
l'*amin*, nulle distinction de ce que nous considérons comme
du domaine de la loi et du domaine de la morale privée.

Des déloyautés, des manquements aux devoirs du galant homme, des fautes contre l'hospitalité, deviennent dans une telle société des délits punis par l'amende. L'amende, appartenant à la *djémâa*, est à dessein multipliée. Elle constitue une sorte de reprise exercée par le pauvre sur le riche, et c'est par elle que la société kabyle fait au socialisme la part qu'il est bien difficile à une démocratie de lui refuser.

Cette organisation politique si simple repose, en effet, sur un esprit de solidarité qui dépasse tout ce qu'on a pu constater jusqu'ici dans une société vivante ou ayant vécu. Les institutions d'assistance mutuelle sont, dans la société kabyle, poussées à un point qui nous étonne; la coutume à cet égard a force de loi et renferme des dispositions pénales contre ceux qui voudraient se soustraire aux obligations de ce que nous appellerions la charité et la générosité. Le pauvre est nourri en partie par la communauté, du fruit des amendes, des distributions gratuites, d'une réserve de la propriété générale, frappée de séquestre en sa faveur. La *thimecheret* ou « partage de la viande » est une des institutions particulières aux Kabyles. La pauvreté de ces tribus est telle que l'abatage d'une bête y est un acte public, réglé de la façon la plus minutieuse. La plupart des « partages de viandes » se font sur les deniers publics. Ces distributions présentent de bons et de mauvais côtés. « Une partie des amendes frappées par le village y étant affectée, disent MM. Hanoteau et Letourneux, tout le monde est intéressé à la répression des crimes et délits; mais, d'autre part, les juges qui infligent ces amendes étant les convives qui profitent de la *thimecheret*, la perspective d'un bon repas

exerce quelquefois sur leurs décisions une fâcheuse
influence. »

Il est rare que les sociétés où la souveraineté réside
dans l'universalité des citoyens échappent à l'abus de
faire servir ainsi le bien de tous à des fins privées. La
pauvreté du sol départi à la race berbère a développé
outre mesure dans son droit coutumier les dispositions
érigeant en obligation l'aide fraternelle. Une foule de
traits de la législation kabyle nous montrent le village
organisé comme une famille, et à quelques égards comme
une communauté. Si, dans l'intervalle de deux marchés, une famille veut tuer une bête pour son usage
particulier, elle est tenue d'en informer l'*amin*. Celui-ci
en fait donner avis au village par le crieur public, afin
que les malades et les femmes enceintes puissent se procurer de la viande. Le propriétaire de l'animal abattu ne
peut se refuser à céder la quantité demandée. Les tribus
voisines des passages des montagnes que la neige rend
dangereux pendant l'hiver ont soin d'y construire des
bâtiments où les voyageurs trouvent, avec un abri, une
provision de bois pour se chauffer et faire cuire leurs
aliments. Quand les ouragans font craindre des accidents, les hommes des villages les plus rapprochés vont
à la recherche des voyageurs égarés, et chaque hiver ils
en arrachent plusieurs à la mort.

Dans un pays où il n'y a pas d'hôtelleries, l'hospitalité
devient une charge publique, et, chez des populations
aussi pauvres que celles dont nous parlons, c'est une
charge pénible. Les Kabyles s'en acquittent d'une façon
vraiment touchante. Une sorte de réserve est légalement
faite sur la fortune publique pour celui qui traverse la

tribu. L'étranger, dès qu'il entre dans le village, a sa part dans le bien commun. Les Kabyles poussent jusqu'à l'héroïsme l'application de ce beau principe. Pendant l'hiver de 1866-1868, lorsque la famine décimait les populations indigènes de l'Algérie, les Kabyles de la subdivision de Dellys eurent à nourrir des mendiants étrangers accourus de tous les points de l'Algérie et même du Maroc. Les villages venaient au secours des réfugiés sans s'inquiéter de leur origine, avec une charité pleine de délicatesse. Pas un seul de ces malheureux n'est mort de faim sur le sol kabyle; ces actes de charité étaient accomplis simplement, sans bruit, sans ostentation et comme un devoir tout naturel.

Voilà qui est admirable et montre tout ce qu'il y a d'excellentes qualités de cœur dans la race berbère. Les pages héroïques et touchantes de l'histoire du christianisme africain s'expliquent par cet esprit d'humanité, de douceur. D'autres dispositions du code kabyle, instituant ce qu'on peut appeler le droit de corvée réciproque, et sanctionnées, comme les lois de secours mutuels, par l'amende ou l'exil, viennent du même fonds, combiné avec les habitudes d'une vie étroite et besoigneuse. Un Kabyle qui bâtit une maison a droit à l'assistance du village entier. Le village doit lui fournir des manœuvres pour servir les maçons. Dans certaines localités, il y a un tour de corvée établi et réglé par l'*amin*. Ailleurs les travailleurs sont des hommes de bonne volonté; mais chacun sait qu'en cas de refus il serait désigné d'office et puni d'amende. Les femmes apportent l'eau nécessaire à la construction. Les tuiles sont fabriquées et déposées à pied d'œuvre par les gens du village. Les bois de charpente, les meules de

moulin, sont portés par les hommes valides, sur la réqui-
sition de l'amin. Nul ne peut refuser le passage sur sa
propriété. Les travaux des champs se font également avec
le secours de la prestation mutuelle. Chacun au besoin
requiert le village et souffre d'en être requis. Cette institution et le mot berbère qui la désigne ont passé chez
les Arabes; mais, entre les mains de tribus organisées d'une
façon féodale, l'institution a changé de nature, elle n'est
chez les Arabes qu'une corvée gratuite au profit des chefs
et sans nul avantage pour la communauté.

La conséquence de cette organisation a été de favoriser très-peu le développement de la richesse, mais aussi
d'empêcher la formation d'un résidu social voué par
décret fatal à la misère. Le monde berbère n'a pas, à
proprement parler, de classe pauvre, distinguée de la
classe aisée par son extérieur, ses manières, son langage
et ses habitudes. En assistant à une djémâa, il est très-
difficile de dire qui sont les pauvres et qui sont les riches.
La différence d'éducation et d'instruction n'existant pas,
la noblesse féodale n'ayant laissé aucune trace, il y a
dans une telle société des différences de fait, non des
différences de droit. Le dernier mendiant vient s'asseoir
familièrement à côté du premier personnage, sans que
celui-ci s'en étonne. La misère est un accident auquel
tout le monde est exposé; l'indigent n'est en rien humi-
lié par le secours qu'il reçoit. Aucune société ne s'est
montrée à cet égard plus libérale que la société kabyle.
La part du pauvre est faite par la loi extrêmement large,
les fondations privées l'élargissent encore; on sent que
la société n'est chez de telles populations qu'une extension
de la famille. Il n'y a pas d'enfants naturels; l'enfant né

hors mariage est toujours mis à mort, même dans les
cas rares où la mère obtient son pardon.

L'honneur est, après le principe d'association mutuelle,
la base de la société kabyle[1] ; avec ces deux principes,
les Berbères sont arrivés à se passer à peu près de la
force. De même que l'assistance mutuelle, le code kabyle
rend l'honneur obligatoire et y met une sanction. Telle
est la base de l'*anaïa*, rouage essentiel de cette organisation primitive, et qu'on peut définir un engagement
d'honneur d'un protecteur envers son protégé, ayant une
valeur légale. On s'étonne au premier coup d'œil que la
loi s'occupe d'une relation d'un ordre purement moral
et privé entre deux citoyens ; mais dans une pareille
société, presque dénuée de force publique, l'*anaïa* est la
garantie suprême. Celui qui l'affaiblit affaiblit la chose
publique, lui enlève son principal étai. Supposons toutes
nos garanties sociales disparues, les villages, les quar-
tiers formant des ligues pour se défendre ; la parole
d'honneur prendrait une valeur officielle, et les ligues
seraient amenées à se donner le droit de punir la violation d'un engagement moral. Les garanties publiques
étant très-faibles chez les Kabyles, les pactes individuels
y suppléent. Celui qui a engagé son *anaïa* est obligé sous
peine d'infamie d'y faire honneur. S'il est dans l'impuissance d'y donner suite, l'*anaïa* passe à sa famille, à sa
tribu, à son village, aux diverses confédérations dont il
est membre. La violation de leur *anaïa* est la plus grave
injure qu'on puisse infliger à des Kabyles. Un homme
qui, selon l'expression consacrée, brise l'*anaïa* de son vil-

1. Voyez le beau passage d'Ibn-Khaldoun sur le caractère de la race
berbère, t. I, p. 199-200 de la traduction de M. de Slane.

lage ou de sa tribu, est puni de mort et de la confisca-
tion de tous ses biens; sa maison est démolie. « On ne
peut refuser à l'institution de l'anaïa, disent MM. Hanoteau et Letourneux, un caractère de véritable grandeur.
C'est une forme originale de l'assistance mutuelle, poussée jusqu'à l'abnégation de soi-même, et les actes héroïques qu'elle inspire font le plus grand honneur au
peuple kabyle. Malheureusement la nécessité même de ces
dévouements est l'indice d'un état social peu avancé, où
l'individu est obligé de se substituer à la loi pour protéger les personnes. » L'anaïa est aussi la cause de la
plupart des petites guerres qui formaient le fond de l'histoire kabyle avant que l'occupation étrangère fût venue y
mettre fin.

III.

La guerre est, en effet, l'état naturel d'une société composée de petites unités communales, sans pouvoir supérieur qui ait le droit de s'interposer entre elles et de
juger leurs différends. Il n'y a pas à cela une exception
dans l'histoire. Le régime des villes, des communes, des
tribus indépendantes, est le régime de la guerre de tous
contre tous. Les hommes s'entre-tuent, dès qu'ils n'en
sont pas empêchés par un État fort, qui les domine. Nous
avons dit que le village est la seule unité véritable du
monde kabyle; nous montrerons bientôt certaines agglo-

mérations supérieures au village; mais ces agglomérations sont d'importance secondaire et sans autorité réelle;
elles n'empêchent pas les guerres civiles de *djémâa* à *djémâa*. Tout berbère est, de la sorte, un guerrier, et les
guerres sont très-fréquentes. Heureusement elles sont peu
meurtrières. L'esprit de conquête n'existant pas et les
intérêts généraux ne fournissant pas matière à discussion, les Kabyles ne se battent entre eux que pour des
questions d'amour-propre : violations vraies ou prétendues de l'*anaïa*, enlèvements de femmes, rixes particulières. La grande majorité des combattants n'a aucun
intérêt direct à la lutte. Ils vont au feu sans haine, par
esprit de solidarité et par point d'honneur. Ces guerres
sont de véritables duels de village à village, de tribu à
tribu. Après que la fusillade a duré un temps raisonnable
et que les pertes sont à peu près égales de part et
d'autre, les deux partis se retirent, emportant leurs blessés
et leurs morts. Les choses se retrouvent alors exactement dans l'état où elles étaient avant la guerre, et la
lutte n'a eu d'autre résultat que l'honneur satisfait.

La tribu est, au milieu de cette anarchie communale,
le seul élément pacificateur. La tribu kabyle est formée
par la réunion de plusieurs villages. Lorsqu'une querelle
éclate entre deux villages, la tribu se porte comme mé-
diatrice. Elle intervient aussi dans les discussions intérieures des *djémâa*. La tribu soutient de plus chaque village dans les affaires qui intéressent son honneur contre
des étrangers. Les marchés, toujours situés hors des villages, lui appartiennent. Les villages, de leur côté, contribuent aux dépenses de la tribu, et lui doivent les
prestations en nature; mais la tribu ne s'immisce pas

dans les affaires des villages. Il n'y a, dans la tribu, rien d'analogue à ce qu'est l'*amin* dans le village. En certains cas de guerre, les notables choisissent pour centraliser les ressources et veiller aux intérêts généraux un « *amin* de la tribu » ; mais ces fonctions, qu'on peut comparer à celles d'un chef d'état-major, cessent avec la cause qui leur a donné naissance. Les tribus se font et se défont, se démembrent, s'incorporent à d'autres tribus, parfois disparaissent, tandis que, pour la disparition du village, il faudrait l'extinction de toutes les familles qui le composent, c'est-à-dire une véritable impossibilité.

Il est très-rare que la tribu se réunisse en assemblée générale. Dans les temps ordinaires, lorsqu'il y a lieu de prendre quelque mesure, les notables des différents villages, délégués par leur *djemâa* respective ou désignés par leur position pour prendre part aux conseils du pays, se réunissent et délibèrent. Ces espèces de conseils fédéraux se tiennent en plein air, dans des endroits consacrés par l'usage. Malgré l'extrême simplicité de ses institutions, la tribu kabyle inspire un véritable patriotisme. Tout le monde tient à honneur de la défendre, de la venger, de faire respecter son *anaïa*. Si une tribu déclare la guerre à une tribu voisine ou est attaquée, toute guerre de village à village doit finir, tous doivent se réunir contre l'ennemi commun.

Le patriotisme kabyle ne va pas au delà de la tribu. Il existe bien entre les tribus des confédérations qui sont à la tribu ce que la tribu est au village ; mais le lien en est très-relâché. Toutes les tribus d'ailleurs n'entrent pas dans ces confédérations ; plusieurs restent isolées et se contentent d'assurer leur sécurité par des alliances, et

surtout en s'appuyant sur l'élément de beaucoup le plus
fort et le plus singulier de la constitution kabyle, ce qu'on
appelle le çof.

Dans une société où l'autorité organisée d'une façon
durable ne dépasse pas l'agglomération communale, où la
tribu n'est constituée qu'à demi, où rien n'existe qui
ressemble de près ou de loin à l'État, l'individu a
éprouvé le besoin de chercher dans d'autres associations
une garantie que ne donne pas suffisamment l'anaïa de
son village ou de sa tribu. C'est ce qu'on appelle les çof
ou « partis »; mais il faut se garder de donner à ce dernier mot le sens qu'il a chez nous : à quelques égards,
on traduirait mieux le mot çof par « coterie » ou « société d'assurance mutuelle ». Comme il n'y a chez les
Kabyles rien qui ressemble à des partis politiques, tout
le monde étant d'accord pour rester dans la coutume, ni
de partis religieux, personne ne songeant à discuter
l'islam, ni de partis économiques, le commerce et l'industrie étant à l'état d'enfance, ni de partis sociaux, la
différence des classes n'existant pas, les distinctions des çof
ont quelque chose de tout matériel. Souvent ils ne se
désignent que par le nom du membre le plus connu. Le
çof kabyle n'est, à vrai dire, qu'une association en vue
de toutes les éventualités de la vie. Il n'a rien de durable.
On change de çof sans honte, quand on n'y trouve plus
d'abri efficace, ce qui n'empêche pas qu'on n'y dépense
beaucoup de passion, et que le çof ne soit une source de
guerres à perpétuité.

Ce n'est pas ici le beau côté de la société berbère. Le
çof est l'inconvénient inséparable d'une constitution où
l'État fait si peu pour l'individu que celui-ci est obligé de

demander à des combinaisons individuelles un patronage
efficace ; or le *çof* introduit une vénalité effrénée : il
conduit à la négation de toute idée de droit et de justice. Pour soutenir un membre du *çof*, on ment, on
porte de faux témoignages, on se parjure. Le *çof*, de son
côté, n'abandonne jamais ses adhérents. Si l'un d'eux
meurt pour la cause du *çof*, celui-ci adopte ses enfants,
les nourrit, les entretient aux frais de la coterie. En toute
occasion, l'associé est sûr du concours le plus actif de
ses coassociés. Lorsqu'une tribu est en proie à la guerre
civile, les *çof* envoient fréquemment des contingents
armés pour soutenir leurs sociétaires respectifs. En tout
cas, si le sort des armes force un parti à s'expatrier momentanément, il est sûr de trouver chez ses amis un
accueil empressé.

Les *çof* s'étendent d'un village à un village, d'une tribu
à une tribu, d'une confédération à une confédération,
et même à toute la Kabylie. Cependant ces associations
n'ont pas lieu indistinctement entre toutes les tribus ; il y
a des groupes en dehors desquels le lien en question ne
s'établit pas. D'ailleurs la solidarité dans toute l'étendue
d'un groupe n'est pas à beaucoup près aussi complète
qu'entre les *çof* d'une même tribu ou d'un même village.
Les fonds nécessaires au *çof* sont fournis par des cotisations volontaires. Les chefs n'en rendent pas compte ; ce
sont de véritables fonds secrets employés à nouer des
intrigues, à corrompre des consciences, à préparer des
trahisons, à négocier l'assassinat d'un ennemi dangereux.
Les chefs du *çof* deviennent ainsi des espèces de petits
souverains assez puissants, et il est singulier que jamais
chef de *çof* n'ait réussi à former tige de royauté,

On arrive à cette position par la bravoure, par l'habileté
dans l'intrigue, par l'influence de la famille à laquelle
on appartient, et aussi par la richesse. Un chef de çof
est un personnage fort occupé, et ses dépenses sont très-
considérables. Toutes les affaires du pays aboutissent à
lui, et c'est avec lui bien plus qu'avec les *amin* de village
et de tribu qu'une politique habile devrait traiter.
Beaucoup de chefs de çof font preuve d'une rare souplesse d'esprit et d'une vraie connaissance du cœur humain.

Le çof paraît avoir eu autrefois une importance plus
grande encore que de nos jours, et avoir produit de
grandes ligues s'étendant d'un bout à l'autre de la Barbarie. C'est là un fait analogue aux factions des *blancs*
et des *noirs* dans les républiques italiennes, des *Kayssi*
et des *Yémani* chez les Arabes de Palestine. Partout où
l'État central n'a pas été assez fort pour garantir l'entière sécurité des personnes et des intérêts, de pareilles
coteries sont inévitables. Il est possible que ces rôles
puissants des Masinissa, des Syphax, des Jugurtha, se
soient rattachés pour une part à des causes analogues, et
qu'il faille envisager ces hommes célèbres comme des chefs
de çof attachés tour à tour à la fortune des Romains ou
des Carthaginois. Il n'est pas donné à tous les pays d'être
des nations ; or partout où un esprit national ne s'empare pas de la société humaine pour *l'informer*, comme
on disait au moyen âge, c'est-à-dire pour lui donner
une forme, une âme, un principe vivant, il est inévitable que les factions, les coteries, les groupements les
plus artificiels prennent la place de la patrie et remplissent les fonctions que celle-ci ne remplit pas. Le çof ka-

bile paraît de la sorte un des traits essentiels de la race berbère et une des suites de l'impuissance qu'elle a toujours montrée pour se créer des dynasties nationales.

IV.

Nous venons d'exposer, d'après d'excellents observateurs, un système social qui, durant des milliers d'années, a paru une garantie suffisante à toute une fraction de l'espèce humaine. Par quelques côtés, ce système a de l'analogie avec celui de toutes les peuplades patriarcales et à demi nomades qui, sans dépasser la vie de la tribu, sont arrivées à une certaine civilisation. Il ne faut pas, en pareille matière, exagérer l'idée de race. La race, en ce qui concerne les lois et les coutumes, est primée par le genre de vie et surtout par le degré de culture. Ce que nous savons de la constitution fédérale des Gaulois rappelle singulièrement l'état social que nous voyons exister encore chez les Berbères. La vie de l'Arabe bédouin a beaucoup d'analogie avec celle du Touareg. Les Kirghiz ont des mœurs fort analogues à celles que nous voyons attribuées dans la Genèse aux ancêtres supposés du peuple hébreu, et pourtant il n'y a aucune communauté de race entre les Gaulois, les Berbères, les Arabes, les Kirghiz. De telles analogies viennent moins d'une consanguinité que d'une similitude d'état social et d'une façon identique d'entendre l'autorité du village ou de la tribu comme une extension de celle de la famille. Les races sont des moules d'éducation morale encore plus qu'une

affaire de sang. Voici un fait attesté par les honorables
auteurs du livre que nous analysons. Parmi les Kabyles
des environs du Fort-Napoléon se trouvait, il y a quelques années, un déserteur natif d'Angers. A part un
penchant à l'ivrognerie, qu'il satisfaisait dans les caba-
rets du fort, il avait perdu toutes les habitudes de sa
jeunesse, et rien ne le distinguait plus d'un vrai Kabyle.
Il avait des enfants qui ne savaient pas un mot de français, se montraient en tout musulmans fanatiques, et
n'étaient pas moins hostiles à la domination française que
le reste de la population.

A quelques égards, la constitution berbère n'est donc
autre chose qu'un type conservé jusqu'à nos jours des
vieilles sociétés qui couvrirent le monde avant les royautés administratives, telles que l'Égypte, et les grands empires conquérants, tels que l'Assyrie, la Perse et Rome.
Cela suffirait pour en faire un très-curieux monument
historique ; mais la constitution berbère possède un trait
qui lui assure parmi les lois des peuples conservateurs et
traditionnels une place à part. Ce trait, c'est la démocratie. Sans dynastie, sans classe militaire, sans noblesse, la
société berbère a duré des siècles. Les populations patriarcales ont d'ordinaire une aristocratie, seule chargée
de la tradition et de l'honneur de la tribu. Le Berbère
ne connaît pas d'aristocratie héréditaire, et tout porte à
croire que c'est là chez lui un système primitif. En dehors des pays révolutionnaires, en effet, nous avons beaucoup d'exemples de tribus qui ont passé de la démocratie
au pouvoir de chefs héréditaires et plus ou moins absolus, tandis qu'on n'a pas d'exemple de tribus qui soient
arrivées de l'aristocratie à la démocratie. On est surpris

d'abord qu'une société ait pu vivre dans des conditions aussi simples que celles que nous avons décrites. La société berbère doit sa longévité à sa pauvreté. La race berbère a été la moins favorisée de toutes sous le rapport du sol qui lui est échu. Elle n'y trouva pas de peuplades antérieures pour les réduire en servage. N'ayant pas de serfs, elle n'eut pas de nobles. Exempte en même temps de toute tendance conquérante, elle n'eut pas besoin de chefs militaires[1]. Enfin n'oublions pas que la race berbère remplace ce qui lui manque en fait de garanties politiques par le droit coutumier le plus serré qui fut jamais, par un droit qui laisse aussi peu que possible de liberté à l'individu, qui organise la surveillance sur la vie privée. Ces deux aspects de la vie sociale se font une sorte de compensation. Une nation qui a des mœurs très-étroitement surveillées peut se contenter d'intitutions politiques élémentaires ; une nation qui a un grand appareil de force publique, une royauté, une noblesse, peut se permettre une plus grande liberté de mœurs.

A nos yeux, en effet, ces vieux droits coutumiers, dont la législation hébraïque contenue dans le Pentateuque est la forme la plus parfaite, ont ce que nous osons appeler un défaut fondamental, c'est qu'ils sont à la fois un code de lois civiles et un code de morale. La liberté de l'individu vous paraît atteinte et la vertu diminuée, si la loi se mêle de la moralité, de la charité, de la générosité, de l'honneur. La loi défend ce qui est subversif

1. Les Touaregs, par la tentation qu'ils ont eue de réduire en esclavage des peuplades soudaniennes, sont arrivés à posséder une classe militaire et des serfs.

de la société et contraire au droit d'autrui, voilà tout ;
quand le code attribué à Moïse recommande la douceur
pour l'esclave, la courtoisie pour l'étranger, la fraternité pour l'Israélite, quand il frappe de peines terribles
des délits moraux ou religieux, nous pouvons admirer
le moraliste, mais le législateur nous paraît s'égarer. Nous
éprouvons la même impression devant plusieurs articles
des coutumes kabyles. Si un Kabyle abandonne sans secours un voyageur, même d'une autre tribu, le village
de ce dernier ou quelquefois la tribu entière porte plainte
à la *djémâa* du coupable, qui est souvent puni et toujours fortement réprimandé. Des muletiers qui rencontrent sur la route un homme dont le mulet s'est abattu
ou ne peut plus marcher doivent se partager la charge
et remettre le fardeau en lieu sûr. Que la religion et la
morale fassent de telles recommandations, rien de mieux ;
mais nous sommes choqués de les voir figurer dans un
code : la pénalité nous paraît enlever tout mérite à la
bonne action. J'en dirai autant des mesures sévères prises
pour assurer la règle des mœurs. Les plus graves abus
ont moins d'inconvénients qu'un système d'inquisition
qui abaisse les caractères. L'homme de cœur veut à tout
prix croire sa vertu désintéressée.

Là est le malentendu des théoriciens politiques qui se
représentent comme libéral ce qui est le contraire d'un
grand État organisé. Les petites sociétés républicaines,
fondées sur les mœurs, presque sans gouvernement, sans
noblesse provenant d'une conquête, sont les plus tyranni-
ques de toutes, celles où l'individu est le plus impérieu-
sement pris, formé, élevé, surveillé par la communauté.
C'est dans de telles sociétés que fleurissent ces législations

à la fois morales, religieuses, civiles, pénales, politiques,
se donnant le droit de censurer l'individu, qui rappellent
les règles d'un chapitre de religieux et qui sont la plus
complète négation de la liberté. Le grand service que
Rome rendit au monde fut de faire disparaître ces vieilles coutumes locales et de créer la notion du droit libéral, fixant des pénalités pour les délits que la société ne
peut supporter sans se détruire, protégeant chacun dans
sa personne et dans ses biens, et abandonnant le reste
à la morale individuelle. L'Église chrétienne, devenue
officielle à partir du v⁵ siècle, fit revivre le droit de la
communauté sur les mœurs de l'individu ; l'œuvre principale de la civilisation moderne a été de supprimer une
telle ingérence. L'acte le plus coupable moralement ne
relève que du mépris public, s'il n'implique un délit for-
mel prévu par la loi. Cette différence entre les sociétés
anciennes et les sociétés modernes vient d'une cause toute
simple. Nos puissants États modernes protègent assez l'individu pour que la coutume devienne une garantie su-
perflue. Dans une société comme celle des Kabyles, où
il n'y a pas de force publique, il est de la plus haute importance qu'un Kabyle garde son *anaïa*, et il est juste
que celui qui y manque soit puni par l'amende, car cette
anaïa est la condition qui permet à la société d'exister
sans force publique ; elle constitue, qu'on me permette
l'expression, une économie de gendarmes, et celui qui
ne paye pas cette quote-part de la sûreté publique est en
reste avec la société. En principe, la vertu est d'autant
plus nécessaire que l'État est moins fort. L'État est,
si j'ose le dire, un équivalent de vertu ; il la rend
moins nécessaire, et restitue à la liberté de l'individu

ce qu'il lui prend en impôts et en sujétions militaires.

On peut dire en ce sens que les grands États ont créé la liberté de l'individu. La tribu, la cité, ont été impuissantes pour cela; car la tribu, la cité, ont trop d'intérêt à ce que l'individu observe les usages traditionnels. Seul aussi le grand État permet la richesse, qui n'est qu'une application de la liberté de l'individu. — Or le grand État peut-il être un résultat de la démocratie? Peut-il se maintenir avec la démocratie? Il est permis d'en douter. Le grand État est l'ouvrage de nobles et de dynastes ayant su s'élever au-dessus des préjugés locaux et des coutumes patriarcales des peuplades et des cantons. C'est à leurs royautés que certains pays doivent leur civilisation. Aussi voyons-nous la démocratie moderne incapable de conserver les grands États sortis des royautés du moyen âge. Si le système républicain triomphe en Europe, il est probable que les grandes unités formées par les rois se briseront. OEuvres de dynasties, ces agglomérations périront avec les dynasties. Le peuple voudra des unités plus restreintes; la province deviendra l'unité politique; souvent on descendra jusqu'à la commune. La haute culture, la civilisation, courront alors de sérieux dangers, car partout en Europe, excepté en Italie, la haute culture et la civilisation sont venues d'initiatives aristocratiques. Athènes, Florence, les républiques grecques et italiennes, prouveront éternellement que des communes peuvent être des centres brillants, et que même la création originale ne se produit à l'aise qu'en de tels milieux; mais il est à craindre que, dans ces vastes Scythies parsemées de colonies grecques où nous vivons, le règne de la province et de la commune ne soit la des-

truction de l'édifice que des générations d'élite ont péniblement élevé par des efforts séculaires. Un jour, peut-
être, nos institutions, réduites à l'état de ruine, seront
aussi peu comprises des futurs héritiers de tant de sacrifices, que les vieux édifices romains de Syrie, construits
en pierres de vingt pieds de long, le sont des nomades
qui dressent parmi ces blocs gigantesques un abri d'un
jour pour eux et leurs troupeaux.

HISTOIRE

DE

L'INSTRUCTION PUBLIQUE EN CHINE[1].

I.

De toutes les nations asiatiques, la Chine est celle dont les institutions, au moins dans leur mécanisme extérieur, offrent avec la civilisation européenne les rapports les plus remarquables. Les découvertes de la science moderne sur d'autres parties de l'Orient n'ont fait que signaler à notre connaissance un ordre de vie intellectuelle et sociale entièrement différent de celui des nations occidentales. Au contraire, les premières recherches dont la Chine fut l'objet semblèrent révéler une autre Europe, et les explorations des sinologues du XIXᵉ siècle n'ont fait que montrer des analogies encore plus profondes. Je n'entends point seulement parler ici des inventions

[1]. *Essai sur l'histoire de l'instruction publique en Chine et de la corporation des lettrés*, par M. Édouard Biot. Paris, 1847.

23

isolées ou ce peuple semble nous avoir devancés, mais
dont l'identité avec celles des modernes est plus ou
moins contestable, bien qu'elles attestent au moins une
direction semblable des esprits. On est sans doute plus
frappé de retrouver en Chine, et cela dès la plus haute
antiquité, plusieurs de nos institutions, notre système
administratif, notre forme générale de gouvernement et
de société, une histoire, en un mot, conduite par des
mobiles analogues à ceux qui dirigent la nôtre, tandis
que les idées européennes sont si étrangement dépaysées
en s'appliquant aux autres peuples de l'Asie. La Chine est
en quelque sorte une Europe non perfectible : elle a été
dès son enfance ce qu'elle devait être à jamais, et telle
est la raison de son infériorité. Elle n'a pas eu l'avantage
de commencer par la barbarie et de ne posséder d'abord
que le germe de son développement ultérieur, sauf à
conquérir la perfection par de longs efforts. De là cette
terne médiocrité qui ôte à sa vie toute couleur tranchée,
et qui, l'élevant du premier coup bien au-dessus de
notre barbarie primitive, la retint ensuite si loin en
arrière de notre civilisation actuelle.

Ces ressemblances de la civilisation chinoise avec celle
de l'Europe moderne ne sont nulle part plus frappantes
que dans le système d'instruction publique qu'elles ont
l'une et l'autre adopté. C'est à peine si nous trouvons
chez nos ancêtres immédiats dans l'ordre de l'esprit, je
veux dire les Grecs et les Romains, quelque trace des
institutions qui règlent l'instruction chez les peuples modernes. L'école était le plus souvent, chez eux, individuelle et privée ; l'éducation physique et morale avait
seule un caractère officiel. Du reste, nul grade, nul con-

cours reconnu par l'État et constituant un titre ou du
moins une condition à la nomination aux fonctions publiques. L'idée des universités est une des plus originales
qu'aient eues les nations occidentales, une de celles
qu'elles ont tirées le plus exclusivement de leur propre
fond. Et pourtant, longtemps avant notre ère, on trouve
chez les Chinois un système analogue, établi sur le principe d'une instruction autorisée, d'un corps conférant des
grades valables aux yeux de l'État et servant pour l'admission aux charges du gouvernement. Ce système, ils
l'ont même appliqué d'une manière bien plus large que
ne l'ont fait les peuples de l'Europe, et ils lui ont donné
une extension qui, à nos yeux, ne saurait être qu'un excès.

L'histoire de l'origine et des vicissitudes successives de
ce système d'instruction publique à travers les diverses
dynasties qui se sont succédé sur le trône de la Chine
a fourni à M. Édouard Biot le sujet d'un livre à la fois
savant et utile, non moins précieux pour ceux qui s'occupent des questions d'instruction publique que pour le
sinologue et l'historien. Ce dernier genre d'intérêt a principalement dirigé l'auteur. Son livre est avant tout un
livre d'érudition, destiné au savant qui fait de la littérature chinoise l'objet d'une étude spéciale. Celui qui ne
cherche que les résultats peut d'abord regretter que, au
lieu de présenter ses conclusions dégagées des travaux qui
l'y ont amené, l'auteur ait préféré donner l'analyse des
documents chinois qui servent de base à son ouvrage.
Mais l'ensemble qui sort de ces riches détails, l'assurance
que donne aux recherches scientifiques l'appui des pièces
originales, les aperçus généraux qui se trouvent semés au
milieu des citations savantes, compensent abondamment

ce que cette forme pourrait avoir de moins attrayant
pour certains lecteurs L'écrivain, qui, obligé de choisir
entre l'utilité de la science et la curiosité d'un public
superficiel, a le courage de préférer la première, ne
mérite sans doute que des éloges.

Deux faits principaux, spécialement intéressants pour les
nations européennes, nous semblent mis en lumière dans
l'ouvrage de M. Édouard Biot. D'une part, le système des
concours décidant de l'admission aux fonctions publiques,
de l'autre, le choix d'un certain nombre d'auteurs anciens
servant de base à l'éducation intellectuelle et morale,
constituent les traits les plus caractéristiques de l'instruction publique en Chine. A chacun de ces deux sujets se
rapporteront les deux articles que nous consacrerons à
l'examen de l'ouvrage de M. Biot.

Les traditions conservées sur les plus anciennes dynasties chinoises font déjà mention d'établissements d'instruction publique, fondés et soutenus par l'État. Ces
établissements étaient à la fois des collèges pour l'éducation de la jeunesse, des prytanées pour les vieillards, des
athénées de musique, où l'on réunissait les aveugles, qui,
devenus inhabiles à la vie active, étaient chargés de
cultiver cet art. La poésie, la danse, la musique, les
exercices militaires formaient alors, comme à l'enfance
de toutes les sociétés, l'objet de l'éducation. « Ceux qui
instruisaient le prince héritier et les gradués littéraires,
dit le Li-ki, devaient observer les saisons de l'année. Au
printemps et en été, ils enseignaient les danses avec la
plume et la flûte [1]. Au printemps, on récitait des airs;

1. Sortes de danses où les danseurs tenaient à la main une plume
ou une flûte.

en été, on jouait des instruments à corde. L'intendant de la musique donnait cet enseignement dans la salle d'honneur des aveugles. En automne, on étudiait les rites; en hiver, on lisait les livres sous la direction des préposés à l'étude des livres. L'enseignement des rites avait lieu dans la salle d'honneur des aveugles ou musiciens; l'étude des livres avait lieu dans le collège supérieur. »

Un autre chapitre du Li-ki contient des détails très-curieux sur l'éducation de cette époque reculée : « A six ans, on enseigne à l'enfant les nombres (1, 10, 100, 1000, 10000), les noms des côtés du monde (l'orient, l'occident, le midi, le nord). A sept ans, le garçon et la fille ne s'assoient pas sur la même natte; ils ne mangent pas ensemble. A huit ans, pour entrer et sortir à la porte de la maison, pour se placer sur la natte, pour boire et pour manger, les enfants doivent passer après les personnes plus âgées. On commence à leur apprendre à céder le pas et à montrer de la déférence. — A neuf ans, on leur apprend à distinguer les jours. A dix ans, ils sortent et s'appliquent aux occupations extérieures. — Ils demeurent un certain temps hors de la maison. Ils étudient l'écriture et le calcul.... Pour les rites, le maître commence, et les enfants suivent ses mouvements. Ils interrogent ceux qui sont plus âgés, ils s'exercent à tracer les caractères sur des planches de bambou, et à prononcer. — A treize ans, ils étudient la musique; ils lisent à haute voix les chants en vers. Ils dansent la danse *tcho*. Quand ils ont quinze ans accomplis, ils dansent la danse *siang*. Ils apprennent à tirer de l'arc et à conduire un char. — A vingt ans, le jeune homme prend le bonnet viril; il commence à étudier les rites... Il exécute la danse

ta-hia. Il pratique sincèrement la piété filiale et l'amour
fraternel; il étend ses connaissances, mais il n'enseigne
pas. Il se renferme en lui-même, et ne se produit pas
au dehors. — A trente ans, il a une épouse; il commence à accomplir les devoirs de l'homme. Il continue
ses études, mais sans s'assujettir désormais à une règle
rigoureuse; s'il y a un sujet qui lui plaise, il l'étudie. Il
se lie avec des amis; il compare la pureté de leurs intentions. — A quarante ans, il commence à entrer dans les
offices publics de second ordre; selon la nature des affaires, il émet des propositions, il produit ses observations.
Si les ordres des supérieurs sont conformes à la bonne
règle, alors il remplit son devoir et obéit; s'ils ne le
sont pas, alors il se retire. — A cinquante ans, il reçoit
les insignes supérieurs, il devient préfet, et entre dans
les affaires de premier ordre. — A soixante-dix ans, il
quitte les affaires. »

La suite de ce curieux fragment nous apprend que
l'éducation des femmes était dès lors ce qu'elle fut toujours depuis en Chine, c'est-à-dire fort négligée. « La
fille, à l'âge de dix ans, ne sort plus de la maison. L'in-
stitutrice lui apprend à être polie et décente, à écouter et
obéir. La fille s'occupe à filer le chanvre; elle travaille
la soie et en tisse diverses sortes d'étoffes... Elle a l'inspection sur les sacrifices (c'est-à-dire sur les repas); elle
apporte le vin, les sucs extraits, les paniers et les vases
de terre. Pour les cérémonies des rites, elle aide à placer les objets qui sont offerts. »

Dès l'ancienne dynastie des Tcheou, qui commence
environ 1200 ans avant l'ère vulgaire, on voit déjà appa-
raître en germe le système des concours littéraires, qui

devait par la suite constituer un trait si remarquable de
l'éducation et du gouvernement de la Chine. Ce peuple
a toujours été pénétré de cette idée que la culture intellectuelle constitue le droit le plus naturel aux places de
l'État, et que le concours légal est l'indice le plus sûr du
mérite. Les souverains paraissent continuellement préoccupés de rechercher les hommes les plus dignes des emplois publics, d'en tenir un compte fidèle, d'en demander
l'indication aux gouverneurs des provinces. L'hérédité
des charges, bien qu'elle ait par intervalles dominé en
Chine, y a toujours été considérée comme un abus, contre
lequel les souverains et les lettrés ont réuni leurs efforts.
Ce fut cette hérédité qui, s'établissant sous les derniers
souverains de la dynastie Tcheou, hâta leur décadence et
leur chute définitive, et transforma la Chine d'abord en
une féodalité, puis en une fédération également contraires aux anciens principes. Alors paraît Confucius, qui
essaye de ramener ses compatriotes aux traditions primitives, enseigne la centralisation du pouvoir, unit la cause
des lettrés à celle de la monarchie, et dépose sa doctrine,
ou plutôt la tradition dont il se porte comme l'organe,
dans ces livres célèbres qui, sous le nom de *King*, sont
devenus pour la Chine les classiques par excellence et les
bases de l'éducation. Ses disciples se multiplient peu à
peu et se constituent en association ; Meng-Tseu, le plus
célèbre d'entre eux, consolide l'œuvre du maître, et
ainsi se trouve établie la corporation des lettrés, qui va
désormais jouer dans l'histoire un rôle si important.
Les premiers souverains qui régnèrent de nouveau sur la
Chine réunie en monarchie ne semblèrent pas comprendre
la communauté de leur cause avec celle des lettrés. Ce fut

le premier d'entre eux, le célèbre conquérant Thsin-chi-
Hoang, qui ordonna de brûler tous les exemplaires des
livres de Confucius et avec eux les autres ouvrages anciens qui se trouvaient répandus dans l'empire, et de
réduire au silence leurs admirateurs. Mais ce ne fut là
qu'un orage passager; il eut pour causes l'esprit nova-
teur de ce prince, qui voulait que la civilisation de la
Chine datât de son règne, et aussi la liberté des lettrés,
lesquels usaient largement du droit qui leur fut légalement
accordé à certaines époques de critiquer les actes du
gouvernement. Dès les premiers temps de la dynastie
des Han, les rois se rallient à la corporation puissante
dont les principes étaient si bien d'accord avec leurs vues
politiques. « La création des concours et l'adoption des
King comme base de l'enseignement moral et littéraire,
dit M. Edouard Biot, furent des actes de pure politique
de la part des empereurs de la dynastie Han. Obligés de
lutter contre les princes apanagés de leur propre maison
et contre les familles de leurs grands officiers qui récla-
maient l'hérédité des charges, ils apprirent que les livres
de Confucius condamnaient cette hérédité, recommandaient
expressément la centralisation de l'autorité entre les mains
du souverain, et conseillaient l'appel public au mérite
pour le choix des officiers. De tels principes devaient leur
plaire, et ils devaient accueillir ceux qui les professaient
comme des auxiliaires utiles dans la lutte où ils étaient
engagés. Ils furent donc conduits par leur propre intérêt à favoriser l'influence des lettrés; ils consentirent
aisément à laisser ceux-ci régler les conditions qui pouvaient leur procurer de bons officiers et les délivrer de
l'hérédité des charges. Dans des circonstances extraordi-

naires, ils essayèrent plusieurs autres moyens d'appel au
mérite. Ils admirent aux places supérieures de bons employés secondaires, et plus de professeurs que d'officiers
sortirent de leur grand collége ; mais le principe de l'entrée aux hautes charges par la voie des concours fondés
par la connaissance des King fut établi nettement sous
cette dynastie. »

La faveur des lettrés commença à décroître vers la fin
du iie siècle de notre ère, en même temps que la splendeur de la dynastie qui les avait exaltés. Les sectateurs
du Tao (disciples de Lao-Tseu), qui, dans toute la suite de
l'histoire, se montrent les rivaux des lettrés classiques
(disciples de Confucius), obtiennent un crédit fatal à l'enseignement des King : les eunuques, d'ailleurs, profitant
de la faiblesse des souverains, font succéder le régime
de la faveur à celui des concours. De là des rivalités,
des complots chez les lettrés, des persécutions sanglantes
de la part de leurs ennemis. L'anarchie et les guerres
qui désolèrent la Chine du iiie au vie siècle achevèrent de
perdre la tradition des bonnes études. Les efforts des
Souï et des Thang ne réussirent qu'imparfaitement à les
relever. Une autre cause depuis le viiie siècle nuisit con-
sidérablement au bon effet des anciennes institutions.
Ce fut la lutte des deux ministères, le ministère des rites
et celui des offices. Le premier fut investi à cette époque
de la direction supérieure des examens et des concours,
qui avait appartenu jusque-là au ministère des offices.
Néanmoins, le ministère des offices resta investi du droit
de présentation aux places vacantes de l'administration.
De là un conflit perpétuel de pouvoirs entre les deux
ministères. « Ces deux départements administratifs, dit

Ma-touan-lin, opérèrent sans accord, de sorte que des hommes gradués par le département des rites n'étaient pas admis à gérer les charges publiques, tandis que d'autres qu'ils n'avaient pas reçus furent investis des charges par le département des offices. » — « Parmi les gradués portés sur les listes du ministère des rites, dit-il ailleurs, il n'y en avait pas un sur dix qui réussît à se faire agréer pour une charge par le ministère des offices. »

La dynastie des Soung (960-1200) fut la dynastie lettrée par excellence. Les colléges impériaux sont rétablis, les concours sont remis en honneur et décident presque seuls de l'admission aux charges publiques. Les épreuves supérieures se passent devant l'empereur en personne; Confucius est honoré dans un pavillon particulier sous le nom de « roi souverain de la diffusion des principes réguliers ». Néanmoins, plusieurs orages passagers troublèrent encore cette florissante période. Tantôt ce furent les disciples de Lao-Tseu ou les sectateurs de Fo (bouddhistes)[1], qui essayèrent de remplacer le rationalisme de Confucius, les premiers par le mysticisme et la théurgie, les seconds par un système mythique; tantôt on eut à lutter contre les innovations du ministre Wang-Ngan-Chi, qui entreprit de changer les principes de l'enseignement et de l'interprétation des King, et dont la méthode, anathématisée par les lettrés de la pure doctrine, reprit faveur à diverses reprises. Souvent aussi les souverains se montrèrent mécontents du tour trop littéraire donné à des études qui avaient pour objet de fournir à toutes les fonctions civiles et militaires. Néanmoins la corporation des lettrés resta puissante, et toutes

---

1. *Fo* n'est qu'une abréviation de *Fo-tho*, transcription chinoise du nom de *Bouddha*.

les nations tartares qui entamèrent à cette époque le territoire de l'empire ou qui se trouvèrent en contact avec
la civilisation chinoise, se hâtèrent d'adopter l'institution
des concours. Kublaï et les souverains mongols qui régnèrent sur la Chine après les Soung se montrèrent, il est
vrai, peu favorables à ce système, qui eût conféré à la
nation conquise une trop grande part dans le gouvernement. Les grades littéraires ne purent donner accès qu'aux
places inférieures, et encore les candidats mongols avaient-
ils un visible avantage sur les indigènes. Mais, aussitôt
qu'une nouvelle dynastie chinoise eut remplacé cette dynastie conquérante, on vit revivre les anciennes institutions, et, lorsque les Mantchoux imposèrent de nouveau
à la Chine une domination étrangère, ils respectèrent
l'ordre établi, ordre qui est encore aujourd'hui une des
bases de la constitution chinoise. De graves abus, toutefois, tels que l'histoire en présente lors de la décadence
de chaque dynastie, se sont introduits dans la direction
des concours. L'achat des grades, la substitution trop
souvent tolérée des candidats, la faveur achetée à prix
d'argent, les irrégularités du ministère des offices, qui est
loin de ne considérer dans la distribution des emplois
que le titre littéraire, sont autant de plaies qui ont porté
atteinte à cette antique institution nationale. « Il résulte
de l'aperçu de la situation actuelle, dit M. Biot, qu'il existe
des germes de désunion entre les Mantchoux, qui ont le
pouvoir suprême, et la vaste corporation des lettrés chinois, qui est répandue dans tout l'empire... Des sociétés
secrètes, formées par les lettrés, comptent beaucoup d'adhérents dans diverses provinces de la Chine; mais probablement elles ne se sentent pas encore assez fortes pour

agir à découvert, puisqu'elles n'ont pas profité de l'attaque des Anglais. Il est certain que les Mantchoux redoutent ces sociétés et les poursuivent activement. Aujourd'hui le gouvernement semble aussi gêné dans ses finances qu'en 1826 et 1828, où la vente des charges fut légalement autorisée pour subvenir aux frais de la guerre contre le Turkestan. S'il n'a pas mis de nouveau les grades littéraires à l'encan, il a fait quêter chez les gens riches pour payer le prix de la paix obtenue des vainqueurs. L'empereur est âgé, et son successeur désigné est encore très-jeune. On peut donc présumer qu'il y aura dans quelque temps une collision des deux partis, semblable à celle qui se termina, il y a près de cinq cents ans, par l'expulsion des Mongols ; mais on ne peut savoir au juste quand la pusillanimité des lettrés chinois sera poussée à bout par la fiscalité mantchoue. »

Ces résultats historiques, quel que soit leur intérêt, ne sont pas les plus importants qui ressortent du livre de M. Édouard Biot. Le tableau d'un système d'instruction publique aussi original, n'ayant subi depuis des siècles que des modifications peu considérables, fait naître des réflexions également importantes, et pour celui qui recherche les lois de l'esprit humain, et pour celui qui veut en appliquer la connaissance à l'œuvre si difficile de l'éducation.

Le principe fondamental du système chinois est l'uniformité de l'éducation littéraire, intellectuelle, morale et même spéciale, en entendant par cette dernière celle qui est destinée à donner à chacun les connaissances de la profession qu'il est appelé à remplir. Ce prin-

cipe, qui chez nous n'est appliqué que jusqu'à une certaine limite, l'est en Chine de la manière la plus absolue. Nous voulons, en effet, que tout homme appelé à
une carrière libérale possède ce fonds commun d'instruction qui constitue à nos yeux la culture intellectuelle.
Antérieurement aux études spéciales, nous exigeons une
base de connaissances générales, les mêmes pour tous;
mais, au-dessus d'une certaine limite, nous permettons
les spécialités aux différentes carrières et même aux différentes branches de l'enseignement. Ainsi ne l'ont point
compris les Chinois. L'administrateur, le magistrat, le
lettré, le soldat même, bien que cette dernière profession
ait été souvent exceptée, doivent passer par les mêmes
degrés de bachelier (*sieou-tsaï*), licencié (*kiu-jin*), docteur
(*tsin-sse*), pour arriver aux hautes fonctions de leur ordre. Cette institution semblerait inexplicable, si l'on ne
se rappelait que le travail littéraire n'a de valeur aux
yeux de ce peuple que comme exercice intellectuel et
moral. Les King sont pris pour base de l'éducation, parce
qu'on les envisage comme le répertoire de toute sagesse
et comme les sources nécessaires où il faut puiser la connaissance des rites ou du cérémonial antique, qui forme
presque seul la morale chinoise. « L'instruction littéraire n'est donnée dans les écoles que comme moyen de
connaître les principes du grand maître, dont l'étude
assidue doit apprendre à chaque homme à perfectionner
à la fois sa moralité et sa tenue extérieure. En constituant
l'éducation du peuple sur cette base, les lettrés ont attaché à la tenue extérieure et aux pratiques du cérémonial
de la vie ordinaire une importance qui nous paraît étrangement exagérée dans nos idées européennes. Il nous

semble même qu'ils ont enchéri à cet égard sur l'habitude des écoles de la cour des Tcheou, où l'on ensei
gnait les six sciences usuelles, savoir la musique, l'écriture, l'arithmétique, le cérémonial, l'art de tirer de l'arc
et l'art de conduire un char. Sous les Han, les textes
ne parlent plus que de l'enseignement des King dans
les écoles de la cour et dans celles des districts. Cette
étude paraît répondre à tous les besoins de la vie générale. » Le mérite littéraire est, en effet, aux yeux des
Chinois, inséparable de la vertu privée. Être habile dans
les King, pratiquer la piété filiale ou fraternelle, être
fidèle à ses amis, être versé dans le cérémonial, sont pour
eux des termes synonymes de la profession de lettré.
Souvent, il est vrai, les études ont dégénéré de cet esprit;
le mérite littéraire a été seul considéré; les candidats
ont préféré la calligraphie, le beau style, la facilité de
composition en style vulgaire, ou même des connaissances spéciales dans telle ou telle branche, à l'étude des
principes de morale et d'administration contenus dans
les King. Mais cette conduite a toujours été considérée
comme un abus; elle a été de la part des empereurs
l'occasion de plusieurs édits de réforme. La connaissance
des institutions nationales, la morale, la science politique
et administrative étant ainsi rattachées à l'étude des King,
on comprend comment celle-ci a pu devenir l'objet exclusif de l'éducation préparatoire à toutes les fonctions de
l'État, et comment le fondateur de la dynastie des Ming,
par exemple, refusait de créer des collèges inférieurs pour
l'instruction littéraire des militaires, disant qu'il ne concevait qu'un seul système d'éducation applicable à toutes
les carrières. Des esprits sages, tels que Ma-touan-lin,

au xive siècle de notre ère, déclarent ouvertement qu'il n'est pas très-convenable d'apprécier le mérite des candidats aux emplois administratifs par leur unique mérite littéraire. Mais l'école de Confucius a vaincu tous les obstacles, et, en obligeant les aspirants aux fonctions publiques sans distinction à passer d'abord par l'étude des King, elle a enchaîné l'esprit chinois dans le respect des anciens usages et lui a inspiré une aversion invincible pour les innovations.

Le concours littéraire est donc en Chine la voie naturelle pour parvenir aux diverses fonctions de l'État. Il est même remarquable que les grades n'y sont point seulement comme chez nous des conditions nécessaires à l'exercice de ces fonctions, mais qu'ils y donnent un certain droit et mettent d'eux-mêmes le gradué sur la liste des éligibles. On pourrait les rapprocher sous ce rapport de notre agrégation plutôt que de nos grades universitaires. Les concours ne sont pas, il est vrai, les seules voies pour parvenir aux emplois publics. Nous avons vu que de fait la faveur et la vénalité infligent à la règle de trop fréquentes exceptions; il existe même d'autres voies légales, comme le passage par les emplois subalternes, et la protection pour les fils d'officiers supérieurs. Néanmoins le principe général n'en demeure pas moins établi, bien que les empereurs mantchoux, à diverses reprises, en aient senti les abus. Il arrive en effet trop souvent que les lettrés actuels étudient beaucoup plus les arguties du style des concours que les idées morales et politiques contenues dans les ouvrages de Confucius. En 1726, Young-Tching suspendit les études littéraires de la province de Tche-Kiang, parce que les can-

didats s'occupaient de pure littérature au lieu d'étudier
les principes de la morale et de l'administration. « On
doit se souvenir, dit-il, qu'en subventionnant les lettres,
l'État n'a pas pour but d'exciter le talent littéraire, qui
est inutile, mais d'inspirer au peuple le respect qu'il doit
aux princes et aux ancêtres. » Ce fut par un motif semblable que Kia-King, le prédécesseur de l'empereur actuel, refusa en 1800 d'autoriser l'établissement de colléges
et de concours littéraires dans les provinces de Tartarie,
parce que, dit-il dans son rescrit, ces provinces doivent
avant tout conserver les habitudes et l'esprit militaires.

L'obtention des grades littéraires et l'admission aux
fonctions publiques, ou, comme l'on dit, au titre de
« membre du gouvernement », étant devenues le but unique de l'éducation, on a vu naître tous les abus qui se
produisent chaque fois que l'on substitue dans la culture
intellectuelle une fin trop pratique à la recherche désintéressée de la science. Ainsi l'usage exclusif des manuels,
la préparation mécanique et dirigée uniquement en vue
du concours, sont, à ce qu'il paraît, le défaut des bache-
liers en Chine comme dans bien d'autres pays. En outre,
l'âge des candidats n'étant pas limité, ceux-ci continuent
indéfiniment à se présenter, et souvent ils réussissent à
un âge trop avancé pour remplir convenablement les
fonctions qui exigent de l'activité. C'est ce qui sert au
moins de prétexte pour tolérer le rachat pécuniaire des
examens, et ce qui amène souvent les magistrats à com-
penser par leurs exactions, dans l'exercice de leur charge,
les dépenses qu'ils ont dû faire pour l'obtenir.

II.

L'éducation officielle dont nous venons de décrire les principaux caractères est celle qui se donne dans les collèges annexés au palais de l'empereur ou distribués dans les provinces. Au-dessous de ces collèges se trouvent d'innombrables établissements d'instruction primaire, lesquels ont un caractère privé, et ne relèvent du gouvernement que par l'inspection à laquelle ils sont soumis. Toutes les relations s'accordent du reste à témoigner que l'instruction élémentaire est très-répandue en Chine.

L'admission dans les collèges impériaux est assujettie à certains examens : ce qui fait de cette admission un premier titre littéraire. Les élèves sont subventionnés par l'État ; en sorte que de tels établissements correspondent exactement à ce que nous appelons les « écoles du gouvernement. » Ces collèges ont été de la part des empereurs l'objet d'innombrables édits. Vers eux se sont toujours portés les premiers soins des fondateurs de dynastie, et ils ont ressenti le contre-coup de toutes les révolutions. On comprend, en effet, d'après ce qui précède, qu'ils tiennent au fond même de l'édifice de l'État.

Quant aux règlements particuliers qui concernent les différents grades, ils offrent avec les nôtres de frappantes ressemblances. Les grades sont au nombre de trois, correspondant à nos titres de bachelier, licencié, docteur. La

24

première épreuve se compose uniquement d'examens oraux,
la seconde de compositions écrites. Les questions se tirent
au sort[1]; les plus grandes précautions sont prises pour
constater l'identité des candidats et cacher leurs noms à
l'examinateur; ce qui n'empêche pas qu'il ne se passe de
nombreuses supercheries au su ou à l'insu des juges du
concours. Il est sévèrement interdit aux candidats d'apporter aucun livre; les aspirants au doctorat peuvent seuls
s'aider de quelques dictionnaires dans leur composition
de poésie. Mais les éditions en petit format, très-répan-
dues en Chine, et plus encore les larges manches des
candidats déjouent sous ce rapport toutes les précautions,
et c'est ce qui a porté les inspecteurs sévères à demander
la suppression absolue dans l'empire de ces sortes de
formats. — Les épreuves de licence n'ont lieu que dans
les capitales de province ; elles durent plusieurs jours, et
leur résultat est proclamé avec beaucoup de solennité.

Les matières de ces trois examens sont à peu près les
mêmes quant à la nature des sujets, et ne diffèrent que
quant à la difficulté. Un des documents les plus curieux
de l'ouvrage de M. Édouard Biot est un programme ou
questionnaire pour la licence qu'il a analysé et traduit,
et qui est très-propre à nous faire comprendre la portée
des études chinoises. Voici les principaux sujets, dont

---

1. La forme seule du tirage est un peu différente de la nôtre. Les
séries de questions sont écrites sur des planchettes rangées les unes
à côté des autres; les concurrents tirent des flèches jusqu'à ce qu'ils
en aient touché une : on appelle cela « tirer sur la planchette »
« Ce fut une idée analogue, dit Ma-touan-lin, qui plus tard fit cou-
vrir de colle les noms des candidats pour empêcher les recommandations et les intrigues. » — Telles étaient au moins les formes
autrefois usitées. Le second usage subsiste encore; je ne sais si le premier a été modifié.

chacun donne lieu à plusieurs questions : Astronomie ou cosmographie ; — Morale ; — Science critique et histoire littéraire des King, de leurs commentaires, de leurs éditions ; — Histoire littéraire et critique des auteurs classiques et de leurs commentaires ; — Critique des livres erronés ou qui ne renferment qu'une part de vérité ; — Histoire : critique des différents historiens ; parallèle des plus célèbres d'entre eux ; de la manière d'écrire l'histoire en général ; — Jugements sur le style des différentes époques ; — Histoire de l'enseignement ; règlements qui le régissent ; — Etude des caractères et de la prononciation ; — Musique ; — Droit politique et civil ; administration, économie politique ; — Questions d'utilité publique actuelle.

A diverses reprises, les empereurs ont ordonné par leurs édits d'insister sur les questions politiques, et, ce qui peut nous paraître plus singulier, de demander aux candidats des dissertations sur les affaires du temps. La médecine, l'astronomie (astrologie) et le calcul ont eu presque toujours des écoles spéciales, en dehors de l'enseignement libéral, parce que ces études sont envisagées par les Chinois comme de simples professions. Les sciences furent de la part des empereurs mongols l'objet d'une protection particulière. Quant aux exercices militaires, ils faisaient primitivement partie de l'éducation commune à tous ; ils furent plusieurs fois rétablis au même titre ; d'autres empereurs séparèrent profondément l'éducation civile et l'éducation militaire, et créèrent des grades militaires à côté des grades civils.

Les concours et les grades littéraires ne sont passe seul trait de ressemblance qui existe entre le système

d'instruction publique des Chinois et celui des nations
européennes. Le choix identique des moyens d'éducation
adoptés de part et d'autre constitue une autre analogie non
moins remarquable. De même, en effet, que les nations
européennes se sont accordées à donner pour base à l'instruction de la jeunesse, non point l'étude de la langue
moderne, au moins dans son état contemporain, mais
l'étude des langues et des littératures anciennes, ainsi que
d'un certain nombre d'auteurs représentant un autre âge
de la langue moderne; de même les Chinois n'ont jamais
fait consister l'éducation dans l'étude du style vulgaire,
mais dans la connaissance de ces monuments antiques
dont la forme est si différente de celle qui est maintenant
usitée. Les King sont les *classiques* de la littérature chinoise. Ces ouvrages sont écrits dans une langue plus ancienne et tellement différente de l'usuelle, que M. Abel
Rémusat ne craignait pas de dire que le chinois vulgaire
est peut-être plus éloigné du chinois littéral que celui-ci
ne l'est du latin et du français [1]. Cette langue ancienne est,
en outre, d'une concision désespérante, sans caractères
alphabétiques, d'une structure imparfaite, dénuée de formes
grammaticales rigoureusement définies, et, par toutes ces
raisons, d'une obscurité que les commentaires peuvent à
peine dissiper; ce qui la rend inaccessible au vulgaire. On
peut d'abord s'étonner que les Chinois aient choisi comme
moyen d'éducation des textes dont l'étude paraît être de si
peu d'usage dans la vie ordinaire. Le style moderne, en
effet, est clair et facile. « Ici, dit M. Rémusat, tous les
rapports sont marqués, toutes les nuances sont exprimées,

---

1. *Recherches sur les langues tartares*, page 119.

les sujets ne sont plus sous-entendus, ni les particules de
nombre ou de temps abandonnées à la sagacité du lecteur
ou de l'auditeur. Les mots groupés en forme de polysyl-
labes, les substantifs affectés de désinences spéciales, les
conjonctions et les prépositions soigneusement mises à
leur place, les adverbes distingués par des terminaisons,
une foule d'auxiliaires et de mots analogues aux particules tant séparables qu'inséparables dans les verbes
allemands, une construction enfin toujours conforme à
l'ordre naturel des idées, font du chinois familier la
plus claire comme la plus facile de toutes les langues » [1].

Pourquoi donc n'avoir pas choisi cet idiome, qui semble
réunir à une plus grande perfection l'avantage d'être l'instrument du commerce ordinaire de la vie ? C'est exactement l'objection qu'on entend répéter tous les jours contre
les langues classiques, et qui, bien que superficielle, ne
laisse pas d'être en apparence l'expression de ce qu'on
a coutume d'appeler le bon sens ou l'esprit positif. Ne
serait-ce point déjà une raison pour s'en défier, puisqu'il
est rare que ces difficultés trop apparentes tiennent
devant une discussion sévère ? On peut le croire. Mais,
sans faire à l'opinion que nous combattons un reproche
de sa prétendue évidence, opposons-y du moins un fait
bien remarquable, je veux dire le choix par lequel les
Chinois ont fait de leur langue ancienne la base de l'éducation pour toutes les professions et toutes les conditions,
et cela sans obéir à aucun motif religieux. En effet, cette
langue et cette littérature anciennes sont, à leurs yeux,
beaucoup moins sacrées que classiques. Confucius est

1. *Recherches sur les langues tartares*, loc. cit.

pour eux non l'objet d'un culte religieux, mais d'un
culte philosophique et littéraire. C'est comme exercice
intellectuel et comme leçon de morale que l'étude des
King a paru aux Chinois propre à servir de fondement à l'éducation. « La double difficulté qu'il faut
vaincre pour les lire et en comprendre le sens est supposée exercer au plus haut degré les diverses facultés
de l'esprit. L'inégalité du succès dans leur explication,
constatée par des concours réguliers, sert comme une
sorte de caractère spécifique pour marquer la portée
de l'intelligence et désigner le rang auquel chacun peut
légitimement atteindre dans les emplois publics pour
l'utilité de l'État. » A diverses époques, il est vrai, l'étude
du style antique fut négligée et on y substitua les modèles
écrits en style moderne ; mais ces innovations eurent
toujours de fâcheux effets pour la culture intellectuelle
et morale, et, au lieu de la gravité, de la modestie que
les anciens candidats puisaient dans l'étude des King, on
n'eut plus que des esprits légers et futiles, sans sérieux
et sans principes. De même pourtant que chacune des
nations européennes a bientôt ajouté aux auteurs anciens
une classe d'auteurs modernes, mais non contemporains,
qu'une forme plus sévère et je ne sais quel vernis d'antiquité ont déjà consacrés ; de même les Chinois ont
associé aux King un certain nombre d'ouvrages d'une
date relativement récente, et se sont ainsi constitué un
second ordre de classiques. Tous les faits d'ailleurs qui
ont coutume de se produire autour de livres placés au
panthéon littéraire se sont manifestés dans la manière
dont les King ont été traités par les lettrés. Critique
scrupuleuse des textes, innombrables commentaires, admi-

ration sans réserve, culte pour les auteurs; rien ne leur a manqué de ce qui constitue la religion classique.

Ce fait d'une langue ancienne choisie comme objet principal de l'éducation, et concentrant autour d'elle les efforts littéraires d'une nation qui s'est depuis longtemps formé un nouvel idiome, n'est pas du reste particulier à la Chine. C'est le fait général des langues classiques, lequel dérive, non pas, comme on voudrait le faire croire, d'un choix arbitraire, mais bien d'une des lois les plus générales de l'histoire des langues, loi qui ne tient en rien au caprice ni aux opinions littéraires de telle ou telle époque. C'est mal comprendre le rôle et la nature des langues classiques que de donner à cette dénomination un sens absolu et de la restreindre à un ou deux idiomes, comme si c'était par un privilége essentiel et résultant de leur constitution qu'ils fussent prédestinés à être l'instrument d'éducation de toutes les races. L'existence des langues classiques est un fait universel de linguistique, et le choix de ces langues, de même qu'il n'a rien d'absolu pour tous les peuples, n'a rien d'arbitraire pour chacun d'eux.

L'histoire générale des langues a depuis longtemps amené les savants à constater ce fait, que, dans tous les pays où s'est produit quelque mouvement intellectuel, deux couches de langues se sont déjà superposées, non pas en se chassant brusquement l'une l'autre, mais la seconde sortant par d'insensibles transformations de la poussière de la première. Partout une langue ancienne a fait place à un idiome vulgaire, qui ne constitue pas à vrai dire une langue différente, mais plutôt un âge différent de la langue qui l'a précédée; celle-ci plus savante, plus synthétique, chargée de flexions exprimant les rapports les plus délicats de la pensée, plus riche même dans son ordre d'idées, bien que cet ordre d'idées fût comparativement plus restreint ; le dialecte moderne, au contraire, correspondant à un progrès d'analyse, plus clair, plus explicite, séparant ce que les anciens assemblaient, brisant les mécanismes de l'ancienne langue pour donner à chaque idée et à chaque relation son expression isolée. Peut-être le mot d'analyse n'est-il pas le plus exact pour exprimer cette marche des langues ; on pourrait même en s'y arrêtant trouver quelques exceptions apparentes à la loi dont il s'agit. Ainsi l'arménien moderne a beaucoup plus de syntaxe et de construction synthétique que l'arménien antique, qui pousse très-loin la dissection de la pensée. De même on ne peut dire que le chinois moderne soit plus analytique que le chinois ancien, puisqu'au contraire les flexions y sont plus riches, et que l'expression des rapports y est plus rigoureuse. Mais ce qui est absolument général, c'est le progrès en détermination, et, par suite, en clarté. Les langues modernes correspondent à un état plus réfléchi de l'intelligence et à une conscience beaucoup plus distincte ; les langues anciennes tiennent encore de la spontanéité primitive, où l'esprit confondait tous les éléments dans une confuse unité et perdait dans le tout la vue analytique des parties[1].

Quel que soit, du reste, le procédé qui préside à la décomposition et à la succession des langues, cette suc-

---

1. De là cette loi, en apparence singulière, que les langues des peuples les moins avancés sont précisément les plus compliquées. V. Frédéric Schlegel, *Philosophische Vorlesungen insbes. über Phil. der Sprache*, 3e leçon, p. 68.

cession est en elle-même un fait incontestable, et l'on pourrait à peine citer une partie considérable de l'ancien monde civilisé où deux langues ne se soient ainsi remplacées l'une l'autre. Si nous parcourons, par exemple, les diverses branches de la famille indo-germanique, tout d'abord, au-dessous des idiomes de l'Inde, nous trouvons le sanscrit. Le sanscrit, avec son admirable richesse de formes grammaticales, ses huit cas, ses six modes, ses désinences nombreuses et ces formes de mots variées qui énoncent, avec l'idée principale, une foule de notions accessoires, représente une sorte d'âge d'or du langage. Mais bientôt ce riche édifice se décompose. Le pâli, qui signale son premier âge d'altération, est empreint d'un remarquable esprit d'analyse. « Les lois qui ont présidé à la formation du pâli, dit M. Eugène Burnouf [1], sont celles dont on retrouve l'application dans d'autres idiomes; ces lois sont générales, parce qu'elles sont nécessaires... Les inflexions organiques de la langue mère subsistent en partie, mais dans un état évident d'altération. Plus généralement, elles disparaissent, et sont remplacées, les cas par des particules, les temps par des verbes auxiliaires. Ces procédés varient d'une langue à l'autre, mais le principe est toujours le même; c'est toujours l'analyse, soit qu'une langue synthétique se trouve tout à coup parlée par des barbares qui, n'en comprenant pas la structure, en suppriment et en remplacent les inflexions, soit que, abandonnée à son propre cours et à force d'être cultivée, elle tende à décomposer et à subdiviser les signes représentatifs des idées et des rapports, comme elle décompose et

1. *Essai sur le pâli* de MM. Burnouf et Lassen, p. 140-141.

subdivise sans cesse les idées et les rapports eux-mêmes.
Le pali paraît avoir subi ce genre d'altération ; c'est du
sanscrit, non pas tel que le parlerait une population
étrangère pour laquelle il serait nouveau, mais du sanscrit pur, s'altérant et se modifiant lui-même à mesure
qu'il devient populaire. » — Le prâcrit, qui représente
le second âge d'altération de la langue ancienne[1], est
soumis à des lois analogues : d'une part, il est moins
riche, de l'autre plus simple et plus facile. Le kawi
enfin, autre corruption du sanscrit, mais formé sur une
terre étrangère, participe aux mêmes caractères. « Si je
devais présenter une opinion sur l'histoire du kawi, dit
Crawfurd, je dirais que c'est le sanscrit privé de ses
inflexions, et ayant pris à leur place les prépositions et
les verbes auxiliaires des dialectes vulgaires de Java. Nous
pouvons facilement supposer que les Brahmanes natifs de
cette île, séparés du pays de leurs ancêtres, ont, par insouciance ou ignorance, essayé de se débarrasser des inflexions
difficiles et complexes du sanscrit, par les mêmes raisons
qui ont porté les barbares à altérer le grec et le latin,
et à former le moderne romaïque et l'italien[2]. » — Mais
ces trois langues elles-mêmes, formées par dérivation du
sanscrit, éprouvent bientôt le même sort que leur mère.
Elles deviennent à leur tour langues mortes, savantes et
sacrées, le pali dans l'île de Ceylan et l'Indo-Chine, le
prâcrit chez les Djaïnas, le kawi dans les îles de Java,
Bali et Madoura, et à leur place s'élèvent dans l'Inde des

---

1. *Essai sur le pali*, p. 158-159.
2. Cf. *Asiat. Researches*, vol. XIII, Calcutta, 1820, p. 161. — Voyez
surtout W. de Humboldt : *Über die Kawi-Sprache auf der Insel Java*,
t. II, § 1, etc.

dialectes plus populaires encore, l'hindoustani, le bengali et les autres idiomes vulgaires de l'Indoustan, dont le système est beaucoup moins savant [1].

Dans la région intermédiaire de l'Inde au Caucase, le zend, le pehlvi, le parsi [2] ou persan ancien, sont remplacés par le persan moderne. Or le zend, par exemple, avec ses mots longs et compliqués, son manque de prépositions et sa manière d'y suppléer au moyen de cas formés par flexions, représente une langue éminemment synthétique.

Dans la région du Caucase, l'arménien et le géorgien modernes succèdent à l'arménien et au géorgien antiques. En Europe, l'ancien slavon, le gothique, le nordique se retrouvent au-dessous des idiomes slaves et germaniques. Enfin, c'est de l'analyse du grec et du latin, soumis au travail de décomposition des siècles barbares, que sortent le grec moderne et les langues néo-latines.

Les langues sémitiques présentent une marche analogue. L'hébreu, leur type le plus ancien, montre une tendance marquée à accumuler l'expression des rapports, et souvent il les laisse dans l'indétermination. « Les Hébreux, semblables aux enfants, dit Herder, veulent tout dire à la fois. Il leur suffit presque toujours d'un seul mot où il nous en faut cinq ou six. Chez nous, des monosyllabes inaccentués précèdent ou suivent en boi-

---

1. L'hindoustani, par exemple, n'a plus que six cas et deux nombres. Sa conjugaison est beaucoup moins riche que celle du sanscrit, et il n'a plus de flexions pour exprimer diverses relations, comme celle du comparatif.

2. Le parsi est encore parlé par les Guèbres, mais seulement entre eux; car pour tout l'usage vulgaire ils prennent la langue du pays où ils vivent.

tant l'idée principale ; chez les Hébreux, ils s'y joignent comme proclitique ou comme son final, et l'idée principale reste dans le centre, semblable à un roi puissant que ses serviteurs et ses valets entourent de près, formant avec lui un seul tout, lequel se produit spontanément dans une harmonie parfaite [1] ». Or l'hébreu disparaît à une époque reculée pour laisser dominer seuls le chaldéen, le samaritain, le syriaque, le rabbinique, dialectes plus analysés, plus longs, plus clairs aussi quelquefois. Mais l'arabe, de son côté, est trop savant pour l'usage vulgaire de peuples illettrés. Les peuples conquis par les premiers khalifes ne peuvent en observer les flexions délicates et variées, le solécisme se multiplie et devient de droit commun, au grand scandale des grammairiens ; on y obvie en abandonnant les flexions et en y suppléant par le mécanisme plus commode de la juxtaposition des mots. De là, à côté de l'arabe littéral, qui devient le domaine exclusif des écoles, l'arabe vulgaire, d'un système beaucoup plus simple et moins riche en formes grammaticales. Les notations de cas, l'expression des modes par les terminaisons du futur, l'usage de la voix passive pour chaque forme verbale, la distinction des genres dans plusieurs circonstances, mille autres nuances ont disparu, et la langue semble rentrer dans l'ancien cercle sémitique, au delà duquel elle avait fait, en sa forme savante, une si brillante excursion.

Les langues de l'extrême Orient présentent un phénomène analogue dans la superposition du chinois ancien et

---

1. *Histoire de la poésie des Hébr.*, premier dial.

du chinois moderne; les idiomes malais, dans cette langue ancienne à laquelle Marsden et Crawfurd ont donné le nom de grand polynésien, qui fut autrefois la langue de la civilisation de Java, et que Balbi appelle « le sanscrit de l'Océanie ». Les faits que nous venons de citer suffisent pour établir en loi générale que chacune des langues modernes a son antécédent antique, ou plutôt n'est que la transformation d'une langue ancienne, qui a servi d'instrument à la pensée dans un autre âge[2].

Mais que devient la langue ancienne ainsi expulsée de l'usage vulgaire par le nouvel idiome? Son rôle, pour être changé, n'en est pas moins remarquable. Si elle cesse d'être l'intermédiaire du commerce habituel de la vie, elle devient la langue savante et presque toujours la langue sacrée du peuple qui l'a décomposée. Fixée d'ordinaire dans une littérature antique, dépositaire des traditions religieuses et nationales, elle reste le partage des savants, la langue des choses de l'esprit, et il faut d'ordinaire des siècles avant que l'idiome moderne ose à son tour sortir de la vie vulgaire, pour se risquer dans l'ordre des choses intellectuelles. Elle devient en un mot classique, sacrée, liturgique, termes corrélatifs suivant les divers pays où le fait se vérifie, et désignant des emplois qui ne vont pas d'ordinaire l'un sans l'autre. Chez les nations orientales, par exemple, où le livre antique ne tarde jamais à devenir sacré, c'est toujours à la garde de cette langue savante, obscure, à peine connue, que sont

---

1. *Atlas ethnographique*, tabl. XXIII.

2. L'écriture présente une marche analogue, l'hiéroglyphisme ayant précédé l'alphabétisme. Tant il est vrai que la complexité se retrouve bien plutôt que la simplicité au début de l'esprit humain.

confiés les dogmes religieux et la liturgie. Le sanscrit chez les Hindous, le pali chez les bouddhistes, le kawi à Java et dans l'île de Bali, le zend et le pehlvi chez les Parsis, le tibétain chez les Mongols, l'hébreu chez les juifs, le samaritain, le mendaïte ou nazoréen, le copte chez les sectes du même nom; le chaldéen chez les Syriens orientaux, le syriaque chez les Maronites, le grec chez les Abyssins, l'arabe dans toutes les régions musulmanes, l'arménien, le géorgien anciens, dans les pays où ces dialectes furent jadis vulgaires, sont l'idiome d'une liturgie, d'un livre sacré ou d'une version vénérée à l'égal d'un livre sacré, et constituent l'objet presque exclusif des études, réduites dans ces contrées à l'ordre sacerdotal. C'est une loi générale, en effet, que la langue liturgique et sacrée ne soit pas la langue vulgaire[1].

Une autre cause a dû contribuer à maintenir chez les nations chrétiennes de l'Orient le culte de la langue ancienne. La plupart de ces nations n'ont commencé à cultiver leur langue, souvent même à l'écrire, que par suite de l'introduction du christianisme. Leur premier ouvrage a d'ordinaire été une version de la Bible, que l'antiquité a entourée aux yeux du peuple d'un prestige de sainteté, et qui d'ordinaire a sa légende miraculeuse. C'est à la forme fixée par cette première littérature que la nation demeure dans la suite invariablement attachée. Les peuples de l'Orient, en effet, n'ont d'ordinaire été déterminés

---

1. Souvent même elle est complétement ignorée de ceux qui en répètent les sens avec un respect traditionnel, en leur attribuant encore une efficacité surnaturelle. C'est ainsi que le copte et le zend ont été à certains moments presque entièrement ignorés des sectes religieuses qui s'en servent dans leur liturgie. Cf. Abel Rémusat, *Rech. sur les langues tartares*, p. 161, 371.

à écrire que par un motif religieux. Les Arméniens, les Géorgiens, les Syriens, les Éthiopiens n'ont guère eu de littérature que depuis le christianisme et sous son influence. Le Tibet n'a connu les lettres que par suite de l'introduction du bouddhisme.

Le même fait se reproduit, avec des modifications profondes, chez les nations occidentales. L'ancien slavon sert de langue liturgique à l'Église russe, et constituait avant Pierre le Grand l'organe unique de la littérature. Les traditions mythologiques de l'Edda sont consignées dans l'ancien nordique, et maintenant encore le grec et le latin servent de langues sacrées et liturgiques à des cultes chrétiens. Mais les langues anciennes étaient destinées chez ces nations à un rôle plus étendu et plus universel. Ce qui est langue sacrée pour les Orientaux, lesquels ne conçoivent la science que sous la forme religieuse, devient langue classique chez les nations européennes. A vrai dire, ces deux rôles ne sont pas distincts : ce sont deux manières, accommodées au génie divers des peuples, d'être la langue des choses de l'esprit; et ce serait même se tromper que de considérer une de ces deux fonctions comme excluant l'autre. En effet, la langue antique, qui, chez les Occidentaux, est surtout classique, y est quelquefois sacrée, et réciproquement la langue sacrée des Orientaux joue souvent chez ces nations le rôle de classique. En un mot, soit sous forme de langue sacrée, soit sous forme de langue liturgique, soit sous forme de langue classique, qu'elle se réfugie dans les temples ou dans les écoles, ou dans les uns et les autres, la langue antique, après sa disparition de l'usage vulgaire,

1. Cf. Ludolfi, *Historia æthiopica*, l. IV, c. 1, init.

n'en reste pas moins l'organe de la religion, de la science,
souvent même des rapports civils et politiques, c'est-à-
dire de tout ce qui s'élève au-dessus de la sphère des
idées ordinaires. De là, chez les Orientaux, l'existence
universelle de deux langues, l'une *vulgaire*, abandonnée
au caprice de l'usage populaire, l'autre *littérale*, depuis
longtemps fixée et seule ayant le privilège d'être écrite.
C'est ainsi que l'arabe littéral et le gheez, par exemple,
s'emploient dans les lois, dans les ordonnances, dans
toutes les pièces officielles. Les Arabes, même dans leurs
lettres particulières, se rapprochent beaucoup du style
littéral ; tant il est vrai que ces peuples se figurent la
langue savante seule comme susceptible d'être écrite.

Ce n'est pas que la langue vulgaire ne puisse aussi,
du moins en Europe, arriver à s'ennoblir et à toucher
aux choses de l'esprit. L'esprit européen, bien plus fécond que l'esprit asiatique, a su animer de nouveau
les débris de son analyse, et se créer de nouvelles formes
après avoir brisé les formes anciennes. Toutefois, lors
même que la langue vulgaire s'est ainsi élevée à la dignité de langue savante et littéraire, la langue ancienne
n'en conserve pas moins son caractère sacré. Elle subsiste
comme un monument nécessaire à la vie intellectuelle
du peuple qui l'a dépassée, comme une forme antique
dans laquelle devra parfois venir se mouler la pensée
moderne, pour retrouver sa force et sa discipline.

C'est donc un fait général de l'histoire des langues que
chaque peuple trouve sa langue classique dans les conditions mêmes de son histoire, et que ce choix n'a rien d'arbitraire. C'est un fait encore que, chez les nations peu
avancées, tout l'ordre intellectuel est confié à cette lan-

gue, et que, chez les peuples où une activité intellectuelle plus énergique s'est créé un nouvel instrument mieux adapté à ses besoins, la langue antique conserve un rôle grave et religieux, celui de faire l'éducation de la pensée et de l'initier aux choses de l'esprit.

La langue moderne, en effet, étant toute composée de débris de l'ancienne, il est impossible de la posséder d'une manière scientifique, à moins de rapporter ces fragments à l'édifice primitif, où chacun d'eux avait sa valeur véritable. L'expérience prouve combien est imparfaite la connaissance des langues modernes chez ceux qui n'y donnent point pour base la connaissance de la langue antique dont chaque idiome moderne est sorti. Le secret des mécanismes grammaticaux, des étymologies, et par conséquent de l'orthographe, étant tout entier dans le dialecte ancien, la raison logique des règles de la grammaire est insaisissable pour ceux qui considèrent ces règles isolément et indépendamment de leur origine. La routine est alors le seul procédé possible, comme toutes les fois que la connaissance pratique est recherchée à l'exclusion de la raison théorique. On sait sa langue comme l'ouvrier qui emploie les procédés de la géométrie sans les comprendre sait la géométrie. Formée, d'ailleurs, par dissolution, la langue moderne ne saurait donner quelque vie aux lambeaux qu'elle essaie d'assimiler, sans revenir à l'ancienne synthèse pour y chercher le cachet qui doit imprimer à ces éléments épars une nouvelle unité. De là son incapacité à se constituer par elle-même en langue littéraire, et l'utilité de ces hommes qui durent, à certaines époques, faire son éducation par l'antique et présider, si on peut le dire, à ses humani-

tés. Sans cette opération nécessaire, la langue vulgaire
reste toujours ce qu'elle fut à l'origine, un jargon populaire, né de l'incapacité de synthèse et inapplicable aux
choses intellectuelles. Non que la synthèse soit pour nous
à regretter. L'analyse est quelque chose de plus avancé,
et correspond à un état plus scientifique de l'esprit
humain. Mais, seule, elle ne saurait rien créer. Habile
à décomposer et à mettre à nu les ressorts secrets du
langage, elle est impuissante à reconstruire l'ensemble
qu'elle a détruit, si elle ne recourt pour cela à l'ancien
système, et ne puise dans le commerce avec l'antiquité
l'esprit d'ensemble et d'organisation savante. Telle est la
loi qu'ont suivie dans leur développement toutes les langues modernes. Or les procédés par lesquels la langue
vulgaire s'est élevée à la dignité de langue littéraire sont
ceux-là mêmes par lesquels on peut en acquérir la parfaite intelligence. Le modèle de l'éducation philologique
est tracé dans chaque pays par l'éducation qu'a subie la
langue vulgaire pour arriver à son ennoblissement.

L'utilité historique de l'étude de la langue ancienne ne
le cède point à son utilité philologique et littéraire. Le
livre sacré pour les nations antiques était le dépositaire de tous les souvenirs nationaux; chacun devait y
recourir pour y trouver sa généalogie, la raison de tous
les actes de la vie civile, politique, religieuse. Les langues
classiques sont, à beaucoup d'égards, le livre sacré des
modernes. Là sont les racines de la nation, ses titres, la
raison de ses mots et par conséquent de ses institutions.
Sans elle, une foule de choses restent inintelligibles et
historiquement inexplicables. Chaque idée moderne est
entée sur une tige antique; tout développement actuel

sort d'un précédent. Prendre l'humanité à un point isolé de son existence, c'est se condamner à ne jamais la comprendre ; elle n'a de sens que dans son ensemble. Là est le prix de l'érudition, créant de nouveau le passé, explorant toutes les parties de l'humanité ; qu'elle en ait ou non la conscience, l'érudition prépare la base nécessaire de la philosophie.

L'éducation, plus modeste, obligée de se borner et ne pouvant embrasser tout le passé, s'attache à la portion de l'antiquité qui, relativement à chaque nation, est classique. Or ce choix, qui ne peut jamais être douteux, l'est pour nous moins que pour tout autre peuple. Notre civilisation, nos institutions, nos langues sont construites avec des éléments grecs et latins. Donc le grec et le latin, qu'on le veuille ou qu'on ne le veuille pas, nous sont imposés par les faits. Nulle loi, nul règlement ne leur a donné, ne leur ôtera ce caractère qu'ils tiennent de l'histoire. De même que l'éducation chez les Chinois et les Arabes ne sera jamais d'apprendre l'arabe ou le chinois vulgaire, mais sera toujours d'apprendre l'arabe ou le chinois littéral ; de même que la Grèce moderne ne reprend quelque vie littéraire que par l'étude du grec antique ; de même l'étude de nos langues classiques, inséparables l'une de l'autre, sera toujours chez nous, par la force des choses, la base de l'éducation. Que d'autres peuples, même européens, les nations slaves par exemple, les peuples germaniques eux-mêmes, bien que constitués plus tard dans des rapports si étroits avec le latinisme, cherchent ailleurs leur éducation, ils pourront s'interdire une admirable source de beauté et de vérité ; au moins ne se priveront-ils pas du commerce direct avec leurs ancêtres ;

mais, pour nous, ce serait renier nos origines, ce serait
rompre avec nos pères. L'éducation philologique ne saurait consister à apprendre la langue moderne, l'éducation
morale et politique, à se nourrir exclusivement des idées
et des institutions actuelles; il faut remonter à la source
et se mettre d'abord sur la voie du passé, pour arriver
par la même route que l'humanité à la pleine intelligence du présent.

HISTOIRE

LA PHILOLOGIE CLASSIQUE DANS L'ANTIQUITÉ[1].

I.

Un des caractères les plus originaux de l'érudition littéraire du XIXᵉ siècle sera d'avoir porté l'attention
vers les histoires de sciences spéciales, dont l'ensemble
offrira le tableau complet des efforts de l'esprit humain
dans sa période réfléchie. Ce n'est pas que toutes les
sciences aient un égal profit à tirer de l'étude de leur
passé. Un médecin gagnera peu, j'imagine, à lire la
savante histoire que Sprengel a faite de son art ; un ma-
thématicien ne profitera guère pour ses théories en lisant
l'ouvrage de Montucla ou les recherches plus modernes

1. *Geschichte der klassischen Philologie im Alterthum*, par M. Gra-
fenhan. Bonn, H. B. Kœnig, 1843-1846.

de quelques savants. Les sciences dogmatiques, ou qui devraient l'être, peuvent se passer d'un tel secours ; les sciences critiques, au contraire, aspirent de plus en plus à devenir historiques, au moins dans leur exposition. La philosophie nous en offre un curieux exemple.

La philologie est, de toutes les branches de la connaissance humaine, celle dont l'histoire a dû venir en dernier lieu, parce qu'elle est de toutes peut-être la moins définie, celle dont il est le plus difficile de saisir l'unité. L'astronomie, la zoologie, la botanique, etc., ont un objet déterminé. Mais quel est celui de la philologie ? Le grammairien, le linguiste, le lexicographe, le critique, le littérateur dans le sens spécial du mot, ont droit au titre de philologues, sans que l'on saisisse au premier coup d'œil entre ces études diverses un rapport suffisant pour les appeler d'un nom commun. C'est qu'il en est du mot de philologie comme de celui de philosophie, de poésie et de tant d'autres dont le vague même est expressif. Quand on cherche, d'après les habitudes des logiciens, à trouver une phrase équivalente à ces mots compréhensifs, et qui en soit la *définition*, l'embarras est grand, parce que la philosophie, la poésie n'ont, ni dans leur objet ni dans leur méthode, rien qui les caractérise uniquement. Platon, Épictète, Pascal, Voltaire sont appelés philosophes ; Théocrite, Aristophane, Lucrèce, Martial sont appelés poëtes, sans qu'il soit facile de trouver le lien de parenté qui réunit sous un même nom des esprits si divers. C'est que les appellations ont été formées non sur des notions d'avance définies, mais par des procédés plus libres et au fond plus exacts que ceux de la logique artificielle.

L'antiquité, en cela plus sage que nous et plus rapprochée de l'origine de ces mots, les appliquait avec moins d'embarras. Depuis que nous avons dressé une carte de la science, nous nous obstinons à donner une place à part à la philologie et à la philosophie; et pourtant ce sont là moins des sciences spéciales que des faces diverses sous lesquelles on peut envisager les choses de l'esprit.

A une époque où l'on demande avant tout au savant de quoi il s'occupe et à quel résultat il arrive, la philologie a dû trouver peu de faveur. On comprend le physicien, le chimiste, l'astronome, beaucoup moins le philosophe, moins encore le philologue. La plupart, interprétant mal l'étymologie de son nom, s'imaginent qu'il ne travaille que sur les mots (quoi, dit-on, de plus frivole!), et ne songent guère à distinguer comme Zénon le *philologue* du *logophile*[1]. Ce vague qui plane sur l'objet de ses études, cette latitude presque indéfinie qui renferme sous le même mot des recherches si diverses, portent à ne voir en lui qu'un amateur qui se promène dans la variété de ses travaux, et explore le passé, à peu près comme certaines espèces d'animaux fouisseurs creusent des mines souterraines pour le plaisir d'en faire. Sa place dans l'organisation philosophique n'est pas encore suffisamment déterminée; les monographies s'accumulent sans qu'on en voie le but; la dispersion du travail atteint ses dernières limites.

La philologie, en effet, n'a point son but en elle-même: elle a sa valeur comme condition nécessaire de l'histoire de l'esprit humain et de l'étude du passé. Sans doute, plusieurs des philologues dont les savants travaux nous

1. Ζήνων τῶν μαθητῶν ἔφασκε τοὺς μὲν φιλολόγους εἶναι, τοὺς δὲ λογοφίλους. (Stobée, Ἀποφθέγματα, 8, 11, p. 44, édid. Gaisford.)

ont ouvert l'antiquité n'ont rien vu au delà du texte
qu'ils interprétaient, et autour duquel ils groupaient les
mille paillettes de leur érudition. Ici, comme dans toutes
les sciences, il a pu être utile que la curiosité naturelle
de l'esprit humain ait suppléé à l'esprit philosophique et
soutenu la patience des chercheurs. Est-il nécessaire que
l'ouvrier qui extrait les blocs de la carrière ait l'idée du
monument futur dans lequel ils entreront? Parmi les
laborieux travailleurs qui ont construit l'édifice de la
science, plusieurs n'ont vu que la pierre qu'ils polissaient,
ou tout au plus la région limitée où ils la plaçaient. Et
pourtant il arrive que, par les travaux réunis de tant
d'hommes, sans qu'aucun plan ait été combiné d'avance,
une science se trouve organisée dans ses belles proportions. Elle se pose d'elle-même à la place qui lui convient,
et, se fondant enfin dans l'organisation générale, elle
devient une maxime dans la vérité universelle, un ton de
plus dans l'harmonie des choses. Un génie invisible a été
l'architecte qui présidait à l'ensemble, et faisait concourir
ces efforts isolés à une parfaite unité.

Bien des gens sont tentés de rire en voyant des esprits
sérieux dépenser une prodigieuse activité pour expliquer
des particularités grammaticales, recueillir des gloses,
comparer les variantes de quelque ancien auteur, qui
n'est souvent remarquable que par sa bizarrerie ou sa
médiocrité. Tout cela faute d'avoir compris dans un sens
assez large l'histoire de l'esprit humain et l'étude du
passé. C'est une loi de l'intelligence, après avoir parcouru un certain espace, de revenir sur ses pas pour
revoir la route qu'elle a fournie, et repenser ce qu'elle a
déjà pensé. Les premiers créateurs ne regardaient pas

derrière eux; ils marchaient en avant, sans autre guide que les éternels principes de la nature humaine. A un certain jour, au contraire, quand les livres se sont assez multipliés pour pouvoir être recueillis et comparés, l'esprit veut avancer avec connaissance de cause, il songe à confronter son œuvre avec celle des siècles passés; ce jour-là naît la littérature réfléchie, et parallèlement la philologie. Cette apparition ne signale donc pas, comme on l'a dit trop souvent, la mort des littératures; elle atteste seulement qu'elles ont déjà toute une vie accomplie. Aussi n'est-il aucune culture qui n'ait offert ce phénomène remarquable. La Chine, l'Inde, l'Arabie, la Grèce, Rome, les nations modernes ont connu ce moment où le travail intellectuel de spontané devient savant, et ne procède plus sans consulter ses archives déposées dans les musées et les bibliothèques. Le développement original du peuple hébreu lui-même, qui semble offrir moins de traces qu'aucun autre d'effort réfléchi, présente dans ses derniers siècles des vestiges sensibles de cet esprit de recension, de collection, de rapiécetage, si j'ose le dire, qui termine la série de toutes les littératures.

Il est donc dans les conditions de l'esprit humain de se replier sur lui-même et de cultiver religieusement son passé, lors même qu'il n'espère retirer immédiatement de ce travail aucun résultat philosophique. Dans l'état actuel de la pensée, cette étude est devenue d'un intérêt plus puissant encore, par l'immense importance que l'histoire de l'esprit humain a prise à nos yeux. Cette histoire, en effet, est-elle possible sans l'étude immédiate des monuments, et ces monuments sont-ils abordables sans les recherches spéciales du philologue? Telle forme du passé

suffit à elle seule pour occuper une laborieuse existence.
Une langue ancienne et souvent à moitié inconnue, une
paléographie à part, une archéologie et une histoire
péniblement déchiffrées, voilà certes plus qu'il n'en faut
pour absorber tous les efforts de l'investigateur le plus
patient, si d'humbles artisans n'ont antérieurement consacré de longs travaux à extraire de la carrière les matériaux qui, soumis à l'appréciation du critique, doivent
servir à reconstruire l'édifice du passé.

C'est donc dans la philosophie des choses qu'il faut
chercher la véritable valeur de la philologie. Là est la
dignité de toute recherche particulière et des derniers
détails d'érudition, qui n'ont point de sens pour les esprits
superficiels et légers. A ce point de vue, il n'y a pas
de recherche inutile ou frivole. Il n'est pas d'étude,
quelque mince que paraisse son objet, qui n'apporte son
trait de lumière à la science du tout, à la vraie philosophie des réalités. Les résultats généraux, qui seuls, il
faut l'avouer, ont de la valeur par eux-mêmes, et constituent
la fin de la science, ne sont possibles que par le moyen
de la connaissance, et de la connaissance érudite des détails. Bien plus, les résultats généraux qui ne s'appuient
pas sur la connaissance des derniers détails sont nécessairement creux et factices, au lieu que les recherches particulières, même destituées de l'esprit philosophique,
peuvent être du plus grand prix, quand elles sont exactes
et conduites suivant une sévère méthode. L'esprit de la
science est cette communauté intellectuelle qui rattache
l'un à l'autre l'érudit et le penseur, fait à chacun d'eux
sa gloire méritée, et confond dans une même fin leurs
rôles divers.

L'union de la philologie et de la philosophie, de l'érudition et de la pensée devrait donc être le caractère de notre époque. Le penseur suppose l'érudit; et, ne fût-ce qu'en vue de la sévère discipline de l'esprit, je ferais peu de cas du philosophe de nos jours qui n'aurait pas travaillé au moins une fois dans sa vie à éclaircir quelque point spécial de la science. Sans doute, les deux rôles peuvent se séparer, et ce partage même est souvent désirable. Mais il faudrait au moins qu'un commerce intime s'établît entre ces fonctions diverses, que les travaux de l'érudit ne demeurassent plus ensevelis dans la masse des collections savantes, où elles sont comme si elles n'étaient pas, et que le philosophe, d'un autre côté, ne s'obstinât plus à chercher exclusivement au dedans de lui-même les vérités vitales que les sciences du dehors révèlent si libéralement à celui qui les interroge avec intelligence et sagacité.

On pourrait croire qu'en rappelant l'activité intellectuelle à la philologie ou à l'érudition, on constate par là même son épuisement, et qu'on assimile notre temps à ces époques où la littérature, ne pouvant plus produire, devient critique et rétrospective. Ce serait une erreur; car, outre que les formes littéraires des modernes sont plus vivaces que les formes anciennes, et peuvent offrir plusieurs floraisons consécutives, notre manière d'envisager la philologie est bien plus philosophique et plus féconde que celle de l'antiquité. La philologie n'est pas pour nous ce qu'elle était dans l'école d'Alexandrie, une simple curiosité d'érudit; c'est une science organisée, ayant un but sérieux et élevé; c'est la science des produits de l'esprit humain, c'est la condition nécessaire de cette critique universelle, un des premiers besoins de l'homme pensant.

M. Graefenhan est le premier qui ait entrepris une histoire complète de la philologie. Cette histoire offre des difficultés toutes spéciales, dont la première est sans doute de donner à l'ouvrage un cadre précis. Entendue dans son sens le plus restreint, l'histoire de la philologie ne serait que l'histoire de la grammaire, de l'exégèse et de la critique des textes; les travaux d'érudition, d'archéologie, de critique esthétique en seraient distraits. Or une telle exclusion est peu naturelle; car ces deux ordres de recherches ont entre eux les rapports les plus étroits. D'ordinaire, ils sont réunis par le même individu, souvent dans le même ouvrage. Éliminer l'érudition de l'histoire des travaux philologiques serait opérer une scission artificielle et arbitraire dans un groupe naturel. Que l'on prenne, par exemple, l'école d'Alexandrie; à part quelques spéculations philosophiques et théurgiques, tous les travaux de cette école, ceux mêmes qui ne rentrent pas directement dans la philologie, ne sont-ils pas empreints d'un esprit qu'on peut appeler philologique, esprit que ladite école porte jusque dans la poésie et la philosophie? Une histoire de la philologie serait-elle complète, si elle ne parlait d'Apollonius de Rhodes, d'Apollodore, d'Élien, de Diogène Laërce, d'Athénée et des autres polygraphes, dont les œuvres pourtant sont loin d'être philologiques, dans le sens le plus restreint du mot? — Si, d'un autre côté, on prend l'histoire de la philologie dans toute son extension possible, où s'arrêter? Sans s'en douter, on sera presque forcément amené à en faire l'histoire de la littérature, au moins de la littérature réfléchie. Les historiens, les critiques, les polygraphes, les écrivains d'histoire litté-

raire devront y trouver place. Tel est l'inconvénient, grave
sans doute, mais nécessaire et compensé par de sérieux
avantages, qu'il y a dans le droit qu'on se donne de choisir
un groupe particulier de manifestations, pour en faire une
étude spéciale, et de le séparer ainsi de l'ensemble de
l'esprit humain, auquel il tient par toutes ses fibres. Ajoutons que les rapports des mots changent avec les révolutions des choses, et que, dans le langage, il faut surtout
considérer le centre des notions, sans chercher à y substituer des définitions qui ne leur sont jamais parfaitement
équivalentes. Quand il s'agit de littérature ancienne, la
critique et l'érudition rentrent de droit dans le cadre de
la philologie; au contraire, celui qui ferait l'histoire de la
philologie moderne ne se tiendrait pas, j'imagine, pour
obligé de parler de nos grandes collections d'histoire
civile et littéraire, ni de ces brillantes œuvres de critique
esthétique qui se sont élevées de nos jours au niveau
des plus belles créations philosophiques.

M. Græfenhan a pris la philologie dans son sens le
plus étendu. Non content de faire l'histoire des travaux
ex professo sur la matière, il étudie le tour général
de la littérature, le système d'éducation, l'attention donnée aux bibliothèques et aux établissements scientifiques;
il recherche les signes de l'esprit philologique aux siècles
où la philologie n'était point encore organisée et chez
les auteurs qui n'ont pas songé à être des philologues.

Il était difficile d'être autre chose que subtil en voulant trouver la philologie dans des temps où elle n'existait pas. Cette partie de l'ouvrage de M. Græfenhan
n'échappe pas au reproche de puérilité. Au contraire, la
partie de son travail où il relève toutes les traces de

philologie dans les temps où, sans avoir d'existence indépendante, elle s'annonçait déjà en traits caractérisés, est
pleine de finesse et d'érudition. Il place avec raison cette
époque vers le siècle de Solon et de Pisistrate. Pisistrate
est déjà le centre d'un mouvement philologique assez
actif. Il a sous lui un collège de copistes et de rédacteurs.
Les collections de livres se forment : les diaskévastes
(διαθέται, διορθωταί), fondent, bien que sans aucune prétention scientifique, la critique des textes ; les poèmes
homériques sont, dès lors, ce qu'ils seront pour toute la
philologie antique, le centre des travaux de critique et
d'exégèse. Déjà Hérodote refuse d'attribuer à Homère les
Cypriaques, élève des doutes sur l'authenticité des *Épi-
gones*. Les bibliothèques devenaient plus nombreuses et
plus riches. Polycrate, tyran de Samos, en rassembla une
considérable pour le temps ; les œuvres d'Eschyle, de
Sophocle et d'Euripide étaient conservées dans les archives d'Athènes par l'officier public appelé γραμματεὺς τῆς
πόλεως. Le caractère du philologue est encore mieux
dessiné chez les sophistes. Quelques-uns d'entre eux,
comme Euthydème, possédaient des collections de livres.
Le curieux caractère d'Ion, tel qu'il est dépeint dans le
dialogue de ce nom attribué à Platon, ce rapsode d'une
époque réfléchie, vouant un culte exclusif à tel poète
ancien, mais uniquement attentif au son des mots, est
un type original de la transition du rapsode ancien au
philologue. L'éducation, bornée avant le siècle de Platon
à la jouissance des chefs-d'œuvre nationaux, devient
désormais philologique et littéraire. Jusqu'alors elle avait
été à peu près la même pour tous. Maintenant elle est
inégale, et, selon ses degrés, elle commence à établir

une différence profonde entre les hommes : les uns sont εὐφυεῖς, εὐμαθεῖς, πολυμαθεῖς, πολύπειροι, εὐτράπελοι, μουσικοί, les autres, au contraire, μισόλογοι, ἄμουσοι. Le mot même de φιλόλογος se trouve pour la première fois dans Platon, et y est à peu près synonyme de πολυλόγος[1]. La manière de procéder par objections et par réponses (ἐνστατικοί et λυτικοί), qui devint la forme préférée de la critique alexandrine, apparaît dès cette époque d'une manière caractérisée. Homère, Hésiode, Archiloque, Simonide, Théognis, Mimnerme, Phocylide, les gnomiques, les fables d'Ésope, les premiers philosophes, et même (quoique les traces en soient encore peu sensibles), les tragiques, sont déjà des *classiques*, et comme tels objets d'études régulières. Les comiques, et surtout Aristophane, offrent des allusions et des parodies littéraires, témoignant d'un état assez avancé de l'esprit critique. Les manuels d'invention oratoire des rhéteurs siciliens et des sophistes, leurs théories de rhétorique artificielle, leurs τέχναι, leurs traités περὶ λέξεως, fondaient définitivement ce système de l'art oratoire dont Aristote ne fut que le rédacteur complet, et qui, à travers les Latins, a passé aux modernes. En somme, les bases de toutes les parties de la philologie grecque étaient posées, quelques parties même, comme la rhétorique, étaient presque achevées, quand Aristote, par son érudition et par la vaste compréhension de son esprit, vint déterminer le sens où devaient se diriger tout le mouvement de sa puissante école et tous les efforts ultérieurs du génie grec.

L'envahissement définitif de la littérature par la philo-

1. Legg. I, 641, E : Ὡς φιλόλογός τέ ἐστι καὶ πολυλόγος. — Lach. 188, C : Καὶ γὰρ ἂν δόξαιμί τῳ φιλόλογος εἶναι καὶ αὖ μισόλογος.

logie date du temps des successeurs d'Alexandre. Les
écoles d'Alexandrie, de Pergame, de Rhodes, de Tarse
transportent alors la Grèce en Orient, et réduisent la culture intellectuelle à l'érudition, à l'étude du passé. Rome
accepta la philologie dès les premiers moments de
son initiation à l'esprit grec, ou plutôt cette initiation fut elle-même toute philologique. Le phénomène
d'une littérature qui, dès son apparition, est ainsi
grammaticale et critique, et qui ne cesse point, pendant
toute la durée de son existence, d'être à la fois philologique et productive, ne doit point nous surprendre. Les
lois naturelles du développement de la littérature ne se
vérifient pas dans les littératures qui ont été formées sous
des influences étrangères, et ne sont point l'expression
pure et spontanée de l'esprit d'une nation. Ces littératures ne doivent être considérées que comme des prolon-
gements plus ou moins exotiques de celles qu'elles se
proposent d'imiter; l'ordre de production des genres et
des esprits y est complétement interverti, et, comme elles
se rattachent presque toujours aux derniers temps d'une
culture antérieure, elles commencent souvent par où les
autres ont fini.

II.

On ne saurait nier que les anciens, dans toutes les
branches dont se compose la philologie, ne soient restés
fort au-dessous de ce qu'ont fait plus tard les nations
modernes. Cela devait être ; les moyens leur manquaient.

Partout où ils ont eu sous la main des matériaux suffisants, comme dans la question homérique, ils nous ont
laissé peu à faire. J'excepte naturellement les questions de
haute critique, pour lesquelles la comparaison est indispensable. Ainsi la grammaire des Grecs est surtout défectueuse, parce qu'ils ne savaient que leur langue[1] ; les
grammaires particulières, en effet, ne vivent que par la
grammaire générale ; or la grammaire générale suppose
la comparaison des idiomes. Pour la minutie des détails
et la patience des rapprochements, les philologues anciens
ont égalé les plus scrupuleux des philologues modernes.
Leurs traités sur χρή et δεῖ et autres semblables valent
les dissertations que tel érudit de la Renaissance com-
posa sur le sens de la particule *quanquam*. — Pour la
critique des textes, la position des anciens était aussi
fort différente de la nôtre. Ils n'étaient pas comme nous
en face d'un inventaire des manuscrits faisant autorité.
Ils devaient donc songer moins que nous à les comparer
et à les compter. Aulu-Gelle, par exemple, dans les dis-

---

1. De là le ridicule de leurs étymologies. Comme ils ne connaissaient que leur langue, et de cette langue que la forme actuelle,
ils s'imposaient d'expliquer par l'idiome vulgaire les mots étrangers
ou archaïques. Cela donna occasion à une foule de mythes, qu'on
pourrait appeler *mythes étymologiques*, où le fait fabuleux a procédé du mot, et non le mot du fait. Ainsi le mot *Byrsa* signifiait
forteresse. Un Grec, en présence de ce mot, n'a pu chercher son
étymologie que dans βύρσα. D'où la nécessité d'une légende où il
entrât du cuir ; la fable de la peau de bœuf de Carthage n'a pas
d'autre origine. Les étymologies d'*Aphrodite*, *Latium*, *Pyrénées*, etc.,
ont été formées par des procédés analogues. Toutes les littératures
primitives, la littérature hébraïque, la littérature sanscrite, celles du
Nord, en offrent d'innombrables exemples. (Voyez, par exemple,
Ramayana, I, 50, etc. — Genèse, xvii, 5 ; xlix, etc.) Scot Érigène
et tous les philologues du moyen âge suivent la même méthode :
Θεός α θέω ; *bonus* a βόω ; ὕδωρ = εἶδος ὁράμενον, etc. Le peuple
pratique encore le même procédé avec beaucoup de naïveté.

26

cussions critiques auxquelles il se livre fréquemment,
raisonne presque toujours *a priori*, et n'en appelle jamais
à l'autorité des manuscrits. — L'imperfection de la lexi-
cographie, l'état d'enfance de la linguistique, jetaient
aussi beaucoup d'incertitude sur l'exégèse des textes
archaïques. La langue homérique, par exemple, en était
venue à former un idiome savant, qui exigeait une étude
toute particulière, et il ne faut pas s'étonner que les modernes se permettent parfois de censurer les interprétations que les philologues anciens donnaient de ces textes
difficiles. Car ceux-ci n'y étaient guère plus compétents
que nous, et nous possédons incontestablement des
moyens herméneutiques qu'ils n'avaient pas[1]. — Mais
c'est surtout dans l'érudition que l'infériorité de l'antiquité
. il sensible. Le manque de traités élémentaires, de
.   .ls renfermant les notions communes et nécessaires,
de dictionnaires biographiques, historiques, géographi-
ques, etc., réduisait chacun à ses propres recherches et
multipliait les erreurs, même sous les plumes les plus
exercées. La rareté des livres, l'absence de ces index et
de ces concordances qui facilitent si fort nos recherches,
obligeaient à citer souvent de mémoire, c'est-à-dire d'une
manière très-inexacte. — Enfin, les anciens n'avaient pas
l'expérience d'un assez grand nombre de révolutions littéraires, ils ne pouvaient comparer assez de littératures
pour s'élever bien haut en critique esthétique. Rappelons-

---

1. C'est ainsi que les arabisants européens croient sans témérité
beaucoup mieux entendre certains passages du Coran que les Arabes. C'est ainsi encore que les hébraïsants modernes corrigent plusieurs explications de textes anciens données dans des livres hébreux
d'une composition plus moderne, dans les Paralipomènes, par
exemple.

nous que notre supériorité en ce genre ne date guère que de quelques années. Les anciens, sous ce rapport, étaient exactement au niveau de notre XVII° siècle. Quand on lit les opuscules de Denys d'Halicarnasse sur Platon, sur Thucydide, sur le style de Démosthène, on croit lire les *Mémoires* de M. et de madame Dacier ou des honnêtes savants qui remplirent les premiers volumes des *Mémoires de l'Académie des Inscriptions et Belles-Lettres*. Dans le *Traité du Sublime* lui-même, qui cependant doit être regardé comme la meilleure œuvre critique de l'antiquité, et qu'on peut comparer aux productions de l'école française du XVIII° siècle, que d'artificiel, que de puérilités ! Peut-être les siècles qui savent le mieux produire le beau sont-ils ceux qui savent le moins en donner la théorie [1]. Rien de plus insipide que ce que Racine et Corneille nous ont laissé en fait de critique. On dirait qu'ils n'ont pas compris leurs propres beautés.

Un tel progrès est du reste dans la nécessité des choses. Tout ce qui relève de la science ne peut que gagner par la marche du temps et par les études successives qui s'accumulent. M. Græfenhan a tort, selon moi, de préférer la seconde période de la philologie grecque, depuis Aristote jusqu'à Auguste, à la troisième, depuis Auguste jusqu'à la fin du IV° siècle. Sans doute, l'esprit grec déploya, d'Aristote à Auguste, une force créatrice qu'il n'eut pas sous l'empire ; mais Descartes et Malebranche avaient sûrement plus d'originalité que bien des

---

1. Il y a une exception à faire en faveur de l'Allemagne, à qui appartient la gloire d'avoir créé l'esprit de la critique moderne, et où chaque nouvelle sève de création littéraire est déterminée par un nouveau système d'esthétique.

esprits distingués de nos jours, lesquels pourtant voient
des vérités inconnues à ces hommes de génie. Euclide et
Archimède avaient plus d'invention que bien des géomè-
tres modernes, auprès desquels ils ne seraient, sur certains chapitres, que des écoliers. Le travail intellectuel
de la période romaine tire, d'ailleurs, un grand intérêt
de l'état de l'humanité au milieu duquel il fut entrepris.
« C'est une remarque consolante, dit M. Græfenhan[1],
que, au milieu de la décadence toujours croissante de la
puissance politique, les progrès de l'esprit humain n'aient
point été interrompus. Tandis que, avec le sentiment de
l'impuissance civique, on laissait le frêle édifice de l'État
pencher vers sa ruine, on voyait encore briller, comme
sous un monceau de décombres et de cendres, l'étincelle
de l'esprit, qui bientôt devait éclater en une flamme brillante, rendre au citoyen enchaîné sa liberté individuelle
et l'éclairer d'une nouvelle lumière morale. Les écoles des
néoplatoniciens, des aristotéliciens et des stoïciens, auxquels vinrent se joindre de nombreux éclectiques, conservèrent la tradition de l'ancienne philosophie, et entretinrent dans les esprits l'exercice de la pensée. Les
malheurs politiques y furent aussi pour leur part. On
soupirait après la délivrance, et, comme on n'avait pas
la force de se la procurer soi-même, on ne la trouvait
que dans un stoïcisme résigné. Il est très-digne de remarque que la tension intellectuelle qui se manifesta
par suite de l'oppression politique, d'un côté, et, de l'autre, par l'étude silencieuse de la forte antiquité, ne se
borna pas à un petit nombre de maîtres et d'écrivains,

1. T. III. p. 4.

entourés d'un public grossier et sans intelligence, mais que l'activité de l'esprit, avec toutes ses espérances et ses craintes, avec ses vœux et ses combats, était répandue dans toute la société, bien que cette activité fût le plus souvent comprimée au fond du cœur, parce qu'il paraissait inutile de présenter aux yeux d'un monde ébranlé des idées qui contrastaient trop vivement avec l'état actuel de la société et étaient impuissantes à le guérir. »

Loin donc de placer la philologie parmi les causes qui rabaissent l'homme et le préparent à la servitude, ainsi que semblait le croire Épictète[1], il faut dire qu'elle a contribué, aux époques de dépression, à relever et à consoler l'humanité. Si parfois elle semble avoir recherché de préférence les époques où la pensée était le moins libre, ce n'est pas qu'elle ait affectionné la tyrannie ; mais c'est que l'esprit humain, se voyant interdire les grandes voies de la création philosophique, se réfugiait de lui-même dans cet humble exercice, où il trouvait un aliment inoffensif à sa curiosité et au besoin qu'il a de remuer des idées.

Les points de division que M. Græfenhan a adoptés dans l'histoire générale de la philologie prêtent à la critique aussi bien que le cadre qu'il a donné à cette histoire. Adoptant la division ordinaire en période ancienne, période du moyen âge et période moderne, il a choisi pour limite des temps anciens et du moyen âge la fin du IVe siècle, et pour limite du moyen âge et des temps modernes l'invention de l'imprimerie, c'est-à-dire le milieu

---

1. Μέμνησο ὅτι οὐ μόνον ἐπιθυμία ἀρχῆς καὶ πλούτου ταπεινοὺς ποιεῖ καὶ ἄλλοις ὑποτεταγμένους, ἀλλὰ καὶ σχολῆς καὶ ἀποδημίας καὶ φιλολογίας. (Arrien, Dissert., IV, 4, § 1.)

du xvᵉ. Cette division a l'inconvénient d'enlever à
l'histoire de la philologie ancienne son achèvement
nécessaire, et à la philologie moderne l'intéressant tableau
de ses premiers essais. Le fait de l'avénement définitif du
christianisme, qui a déterminé l'auteur à prendre la première date comme point d'arrêt, n'a pas eu assez d'influence sur les études philologiques pour qu'il doive servir
de limite. Les études classiques continuèrent comme auparavant, et les chrétiens lettrés ne différaient pas des païens
en ce qui concerne le mode de leur culture. La philologie
ancienne se prolongea ainsi en Occident bien plus tard
que le ivᵉ siècle. Le vᵉ fut, en Gaule surtout, un des plus
remarquables par le goût de la littérature. Saint Pros-
per, Sidoine Apollinaire, saint Loup de Troyes, tant de
rhéteurs, de grammairiens, d'amateurs beaux esprits,
Tonantius Ferreolus et sa célèbre bibliothèque, où le raffinement était poussé si loin, voilà des traits qui ne devraient pas manquer à l'histoire de la culture romaine.
Jamais tout l'exercice intellectuel ne se résuma mieux qu'a-
lors dans le nom de *lettré*. Comment omettre également,
dans une histoire de la philologie ancienne, ce curieux pro-
longement de la littérature latine qui se produit sous la
protection des rois ostrogoths et visigoths en Italie et en
Espagne; les travaux encyclopédiques de Boèce, de Cas-
siodore, d'Isidore de Séville et de la studieuse génération
de travailleurs qui se presse autour d'eux; ceux de l'é-
cole d'Afrique, sur laquelle saint Augustin nous a transmis de si curieux détails; l'Encyclopédie de Martien Capella, manuel de toute l'érudition du moyen âge; les études
bretonnes, enfin, qui se rattachent presque sans interruption aux travaux de l'école anglo-saxonne ? Il y a,

durant les premiers siècles de l'invasion, tout un mouvement littéraire qui n'est que la continuation des écoles romaines, et qui va peu à peu expirant jusque vers la fin du vii° siècle, pendant qu'une nouvelle série d'études, appartenant réellement au moyen âge, se développait en Irlande et chez les Anglo-Saxons, d'où elle devait bientôt passer sur le continent pour y déterminer la restauration carlovingienne.

L'invention de l'imprimerie n'est pas une limite plus heureusement choisie entre la philologie du moyen âge et celle des temps modernes. La renaissance des études classiques en Occident est bien antérieure à cette date, quelle que soit son importance. La renaissance des lettres est déjà parfaitement caractérisée dès le milieu du xiv° siècle. Paul de Pérouse et les savants de la cour de Robert de Naples, Pétrarque, Boccace, Jean de Ravenne, Barlaam, Léonce Pilati, et, dans la première moitié du xv° siècle, les élèves d'Emmanuel Chrysoloras, Leonardo Bruni, Niccolo Niccoli, Ambroise Traversari, Poggio Bracciolini et tant d'autres illustres humanistes, avaient fondé en Italie la philologie moderne, longtemps avant que l'invention de l'art typographique eût décuplé l'influence de leurs travaux. Le reste de l'Europe continua d'ailleurs le moyen âge jusqu'aux dernières années du xv° siècle.

L'attention principale de M. Græfenhan semble avoir été d'être complet, et, en effet, on ne saurait signaler dans son travail aucune lacune tant soit peu considérable. Les seuls points où l'on puisse le trouver trop bref sont ceux qui ont trait à la philologie orientale. Ainsi il ne parle nulle part avec étendue du soin que les an-

ciens donnèrent à l'étude des langues étrangères, et spécialement des langues de l'Orient. Cette branche de la
philologie fut très-peu cultivée, je le sais, par les anciens ; néanmoins il y avait là quelques faits qu'il pouvait être intéressant de ne pas omettre : par exemple,
les travaux d'exégèse biblique des premiers siècles du
christianisme. Les écoles juives d'Alexandrie et de Palestine sont aussi un peu négligées, et pourtant que de
traits intéressants il y avait là pour l'histoire philologique !
La légende des Septante, telle qu'elle est rapportée par
pseudo-Aristée, le rôle qu'on y fait jouer à Ptolémée et à
Démétrius de Phalère, la mention emphatique de la bibliothèque d'Alexandrie peignent à merveille la naïveté et
l'engouement de ces premiers essais d'hellénisme. Les
travaux de Philon et de Josèphe méritaient aussi quelque étude sous le rapport de la philologie, et spécialement de la critique. Enfin M. Græfenhan a omis un intéressant chapitre de l'histoire de la philologie ancienne,
en ne parlant pas de l'étude de la littérature grecque
chez les Syriens[1]. Car, bien que les écoles d'Édesse
et de Nisibe n'aient commencé à jeter tout leur éclat
qu'après l'époque où l'auteur a fixé la limite de la philologie ancienne, déjà, dès les premiers siècles du christianisme, et même dès l'époque des Séleucides, les Syriens s'étaient profondément empreints de l'hellénisme.
Les innombrables mots grecs qui se sont introduits dans
leur langue en sont le témoignage. Les premières Églises
de Syrie eurent des traducteurs et des interprètes attitrés

---

1. Il s'agit ici principalement des Syriens habitant la région au delà
de l'Euphrate, région où l'on parlait syriaque tout en cultivant avec
zèle les lettres grecques.

pour servir aux rapports continuels qu'elles entretenaient avec les Églises grecques, et traduire les ouvrages des Pères. Quelques-unes de ces traductions, celle des épîtres de saint Ignace Théophore, par exemple, sans parler de la célèbre version de la Bible connue sous le nom de *Peschito*, existent encore. Les nestoriens enfin naturalisèrent en Syrie toutes les sciences grecques, et particulièrement les études dialectiques et médicales, personnifiées en Aristote, Hippocrate et Galien. Aristote fut traduit par Cumas et Probus, de l'académie d'Édesse, dans le v° siècle de notre ère. La plupart des textes scientifiques et philosophiques de la Grèce le furent dans les siècles suivants.

On peut apprécier autrement que notre auteur l'influence du christianisme sur les études classiques ainsi que sur la conservation des auteurs anciens, et trouver qu'il n'insiste pas assez sur les pertes que le zèle mal entendu de quelques évêques de l'Orient et de ces moines que Libanius comparait à des éléphants pour leur brutalité firent éprouver à la littérature, par l'incendie des temples, auxquels étaient d'ordinaire annexées les bibliothèques. Le christianisme ne fut pas et ne pouvait pas être favorable aux études profanes. Ces études étaient la glorification perpétuelle du polythéisme, qui n'avait pas cessé d'être un ennemi sérieux. On s'étonne que saint Grégoire trouve mauvais qu'un évêque enseigne la grammaire et s'occupe des louanges de Jupiter. C'est que Jupiter n'était pas encore une simple figure de rhétorique ; c'était un dieu rival avec lequel on ne pouvait pactiser. Plus tard, quand la guerre fut finie, l'Église admit sans peine dans ses écoles tout le panthéon profane, peu suspect désormais de prétentions théologiques.

La manière qu'a choisie M. Græfenhan pourra sembler

à plusieurs trop exclusivement technique. Des deux formes, en effet, que peut revêtir l'histoire, — la forme libre
et réchauffée par l'esprit, où les faits sont présentés largement, comme des traits servant à l'unité d'un tableau, —
et la forme érudite, éparpillée, où l'auteur ne songe qu'à
instruire sans faire penser, — de ces deux formes, dis-je,
l'auteur a choisi la seconde. Son livre est exclusivement
savant et ne vaut que par les choses qu'on y trouve réunies. Un texte hérissé de passages grecs et latins, des notes
occupant régulièrement la moitié de la page, quand elles
ne la réduisent pas à deux ou trois lignes comme une
sorte d'encadrement accessoire, des citations bibliographiques où l'auteur a voulu surtout être complet sans
pouvoir l'être, parce que les sources françaises lui étaient
peu connues, voilà l'ouvrage de M. Graefenhan. On nous
dit que le public allemand ne demande pas autre chose.
Qui voudrait, du reste, exiger davantage, puisque cette
forme était ici à peu près commandée par le sujet, et q.
longtemps encore la science aura besoin de ces patie
recherches qui s'intitulent ou pourraient s'intituler :
moires pour servir... ? En un temps où l'on ne d
souvent que mettre de grandes phrases à la p
vues et des faits, être exact et vrai finit par dev
mérite.

LES CONGRÈS PHILOLOGIQUES

EN ALLEMAGNE[1]

Ce fut à Gœttingue, en 1837, que plusieurs des philologues les plus distingués de l'Allemagne, Thiersch,
Ottfried Müller, Lachmann, Jakob Grimm, Welcker, H.
Ewald, Gœttling, se réunirent en société, afin de soutenir et de ranimer dans leurs pays le zèle pour les travaux de littérature savante. L'association, disent les
statuts, a pour objet toutes les branches de la philologie, les améliorations possibles dans le système des
études, la pacification des controverses relatives aux mé-

---

1. *Verhandlungen der Versammlungen deutscher Philologen und
Schulmänner*; Nuremberg, 1838; Manheim, 1839; Gotha, 1840; Bonn,
1841; Ulm, 1842; Cassel, 1843; Dresde, 1844; Darmstadt, 1845;
Iéna, 1846. — Le congrès de 1847 a eu lieu à Bâle. Celui de 1848
est annoncé pour Berlin.

thodes d'enseignement, et l'entreprise des grands travaux
d'érudition qui demandent des efforts réunis. Pour obtenir ces résultats, les sociétaires, auxquels pourront se
joindre les philologues et les savants de tous les pays, se
réuniront, chaque année, dans une ville de l'Allemagne :
1° pour recevoir des communications sur les entreprises
et les recherches nouvelles dans le domaine de la philologie ; 2° pour donner des indications et des conseils sur
les travaux que la société considère comme utiles aux
progrès de la science ; 3° pour conférer sur des points
difficiles de philologie et de pédagogie ; 4° pour lire des
dissertations sur des sujets analogues au but de la Société ; 5° enfin, pour s'entendre sur la prochaine réunion
et sur les sujets qui y seront traités.

Bien que les congrès philologiques, qui depuis 1838 se
sont régulièrement succédé chaque année, n'aient pas
également rempli toutes les parties de ce programme, on
peut dire, néanmoins, que le nombre toujours croissant
des assistants, l'intérêt des séances, la part qu'y ont prise
les illustrations scientifiques de l'Allemagne, les Jacobs,
les Hermann, les W. Schlegel, ont définitivement assuré
l'existence de l'œuvre. La collection des Actes de ces réunions offre un intérêt réel à ceux qui ne recherchent que
les résultats sérieux de ces graves études.

Il est impossible d'ailleurs de trouver un tableau plus
vivant et plus vrai des habitudes et de la physionomie de
la science allemande. Elle s'y peint dans toute sa naïveté,
avec ses formes un peu pédantes, sa bonhomie honnête
et sans arrière-pensée, son oubli total de ce que nous
appelons le bon ton. J'entends non pas faire une critique, mais constater un fait : les mœurs philologiques

de nos voisins sont encore à peu près celles des humanistes de la Renaissance. Ainsi, la présence de Jacobs, ce *Nestor de la philologie allemande*, comme ils disent, au congrès de Manheim, en 1839, donna lieu à une scène patriarcale, qui chez nous paraîtrait d'un autre monde. Nous concevons à merveille le respect pour la science ; mais nos raffinements, en fait de goût, nous feraient craindre qu'on ne vît une parodie dans ces discours d'une rhétorique pompeuse, dans ces compliments emphatiques, dans ces adresses en style lapidaire, qui, chez nos voisins, ont encore le privilége de ne pas faire sourire. Chaque congrès finit d'ordinaire par un banquet, relevé de vers latins, d'acrostiches, de jeux littéraires. La joie même est classique chez ces respectables érudits : on joue avec des citations de Virgile et d'Homère ; on boit en pensant à Horace.

Les esprits sérieux ne se scandaliseront pas de ces enfantillages. Ils savent que le pédantisme est souvent nécessaire, toujours excusable. Personne ne s'en offense chez les humanistes de la restauration carlovingienne ni chez ceux de la Renaissance ; il faut que l'esprit humain s'amuse d'abord quelque temps de ses découvertes et des résultats nouveaux qu'il introduit dans la science, il faut qu'il s'en fasse un plaisir, quelquefois même un jouet, avant d'y voir un objet de méditation purement philosophique. Le même ton devra se retrouver et pareillement s'excuser chez l'érudit exclusif et absorbé, qui creuse sa mine avec passion, surtout si un puissant esprit ne vient pas élargir ses vues, et si la simplicité de sa vie extérieure le réduit à n'être jamais qu'érudit. La haute philosophie, le commerce de la société ou la pratique des affaires peuvent seuls préserver la science du pédan-

tisme. Mais longtemps encore il faudra pardonner aux
savants de n'être ni philosophes, ni hommes du monde,
ni hommes d'État, même quand ils s'intitulent, comme
en Allemagne, « conseillers de cour ».

Notre susceptibilité à cet égard est peut-être une des
causes pour lesquelles la philologie, bien que représentée
en France par tant de noms illustres, est toujours rete-
nue chez nous par je ne sais quelle pudeur et n'ose
s'avouer franchement elle-même. Nous sommes si timides contre le ridicule, que tout ce qui semble y prêter
nous devient suspect; or les meilleures choses, en changeant de nom et de nuance, peuvent être prises par le
tour du ridicule. Le mot de pédantisme, qui, si on ne le
définit nettement, risque d'être si mal appliqué, et qui
aux esprits légers paraît à peu près synonyme de toute
recherche savante, est ainsi devenu un épouvantail pour
les délicats, qui ont souvent mieux aimé rester superficiels que de donner prise à cette attaque, à laquelle
nous sommes immodérément sensibles. Le scrupule a été
poussé si loin, qu'on a vu des critiques de l'esprit le
plus distingué rendre à dessein leur expression incomplète, plutôt que d'employer le mot de l'école, alors qu'il
était le mot propre. Le jargon scolastique, quand il ne
cache aucune pensée, ou qu'il ne fait que servir de parade
à des esprits étroits, est fade assurément; mais vouloir
bannir le style exact et technique, qui seul peut exprimer
certaines nuances profondes de la pensée, c'est tomber
dans un purisme déraisonnable. Kant et Hegel, ou même
des esprits aussi dégagés de l'école que l'étaient Herder,
Schiller et Gœthe, n'échapperaient point, dans de telles
conditions, à notre terrible accusation de pédantisme.

Félicitons nos voisins de n'avoir point ces entraves, qui pourtant, il faut le dire, leur seraient moins nuisibles qu'à nous. Chez eux, l'école et la science se touchent; chez nous, tout enseignement supérieur qui, par sa manière, sent encore le collège, est déclaré insupportable; on croit faire preuve de finesse en se mettant au-dessus de tout ce qui rappelle l'enseignement des classes. Chacun se permet cette petite vanité, et croit prouver par là qu'il a bien dépassé son époque de pédagogie. Croira-t-on que, dans des cérémonies analogues à nos distributions de prix, où les frais d'éloquence nous paraissent de rigueur, les Allemands se bornent à des lectures de dissertations grammaticales du genre le plus sévère et toutes hérissées de mots grecs et latins? Cela suppose chez nos voisins un goût merveilleux pour les choses sérieuses, et peut-être aussi quelque courage à s'ennuyer bravement, quand cela est de règle. Madame de Staël dit que les Viennois de son temps s'amusaient méthodiquement et pour l'acquit de leur conscience. Peut-être le public de l'Allemagne est-il plus patient, en effet, que le nôtre, quand il s'agit de s'ennuyer cérémonieusement et sur convocation officielle. Bientôt ce sera sur les bords de la Seine un acte méritoire d'assister à une séance de l'Académie des Inscriptions, et cela pourtant sans qu'il y ait de la faute de l'Académie. Notre public est trop difficile; il exige de l'intérêt et même de l'amusement là où l'instruction devrait suffire; et, de fait, jusqu'à ce qu'on ait conçu le but élevé et philosophique de la science, tant qu'on n'y verra qu'une curiosité comme une autre, on devra la trouver ennuyeuse et lui faire un reproche de l'ennui qu'elle cause. Jeu pour jeu, pourquoi prendre le moins attrayant?

Une seule chose est nécessaire dans l'ordre intellectuel : savoir philosophiquement. C'est la philologie ou
l'érudition qui fournira au penseur cette forêt de choses
(*silva rerum ac sententiarum*, comme dit Cicéron), sans
laquelle la philosophie ne sera jamais qu'une toile de
Pénélope, éternellement à recommencer. Toute exclusion serait ici téméraire : il n'y a pas de recherche qu'on
puisse déclarer par avance inutile ; les veines du métal
précieux ne se laissent pas deviner ; en creusant de nouvelles mines dans le champ de la science, on ne saurait
prédire ce qu'on y trouvera. A combien de résultats
inappréciables n'ont pas mené les études en apparence
les plus stériles ? N'est-ce pas le progrès de la grammaire
qui a perfectionné l'exégèse, et par elle l'intelligence du
monde antique ? Les questions les plus capitales de l'exégèse biblique en particulier, lesquelles ne peuvent être
indifférentes au philosophe, dépendent d'ordinaire des
discussions grammaticales les plus humbles[1]. Nulle part
le perfectionnement de la grammaire et de la lexicogra-
phie n'a opéré une réforme plus radicale et plus importante. D'où viennent tant de vues nouvelles sur la marche des littératures et de l'esprit humain, sur la poésie
spontanée, sur les âges primitifs, sur les races et les
familles de langues, si ce n'est de l'étude patiente des
plus arides détails ? Vico, Wolf, Niebuhr, Strauss au-
raient-ils enrichi la pensée de tant d'aperçus nouveaux,

1. En voici un exemple, qui n'intéressera pas seulement les théologiens. A propos du passage célèbre *Regnum meum non est de hoc
mundo... nunc autem regnum meum non est hinc* (Joann. XVIII, 36),
plusieurs écoles, dans des intentions très-différentes, ont insisté sur
le νῦν δέ, et, le traduisant par *maintenant*, en ont tiré diverses conséquences. Cette remarque inexacte n'eût pas été si souvent répétée,

sans la plus minutieuse érudition? N'est-ce pas l'érudition
qui a ouvert devant nous tous ces mondes de l'Orient,
l'Inde surtout, dont la connaissance a rendu possible la
science comparée des développements de l'esprit humain?
Pourquoi un des plus beaux génies des temps modernes,
Herder, dans ce traité *de la Poésie des Hébreux*, où il a
mis toute son âme, est-il si souvent inexact, faux, chimé-
rique, si ce n'est parce que la critique savante ne servait
pas toujours de guide à l'admirable sens esthétique dont
il était doué? A ce point de vue, l'étude même des folies
de l'esprit humain offre de l'intérêt pour l'histoire et la
psychologie. Plusieurs problèmes importants de critique
historique ne seront résolus que lorsqu'un érudit intelligent aura consacré sa vie au dépouillement du Talmud
et de la Cabbale. Si Montesquieu, débrouillant le chaos
des lois ripuaires, visigothes et bourguignonnes, a pu se
comparer à Saturne dévorant des pierres, quelle force ne
faudrait-il pas supposer à l'esprit capable de digérer un
tel fatras? Et pourtant il y aurait à en extraire une foule
de données précieuses, auxquelles rien ne saurait suppléer.
Il ne faut pas demander compte à la science de l'humilité
des moyens par lesquels elle arrive à ses résultats. Les lois
les plus élevées des sciences physiques ont été constatées
par des manipulations fort peu différentes de celles de
l'artisan. Si les plus hautes vérités peuvent sortir de l'alam-
bic et du creuset, pourquoi ne pourraient-elles résulter

si l'on avait su que cet idiotisme νῦν δέ, répondant à la locution
hébraïque *ve-atta*, sert, dans la langue du Nouveau Testament, de
conjonction adversative, sans impliquer aucune notion de temps; en
sorte qu'il faut simplement traduire : *mais mon royaume n'est pas
de ce monde*. — Une autre discussion des plus importantes et des
plus vives de l'exégèse biblique (Isaïe, ch. LIII), roule tout entière
sur l'emploi d'un pronom.

également de l'étude des restes poudreux du passé. Aucune recherche ne doit donc être condamnée dès l'abord comme inutile ou puérile; car on ne sait ce qui peut en sortir, ni quelle valeur elle peut acquérir un jour. D'ailleurs, ce qui n'a pas de prix en soi-même peut en avoir comme donnée auxiliaire d'une autre science. Les profanes, et quelquefois même ceux qui s'appellent penseurs, se prennent à rire des minutieuses investigations de l'archéologue. De pareilles applications de l'esprit, si elles étaient leur fin à elles-mêmes, ne seraient sans doute que des fantaisies d'amateurs plus ou moins intéressantes; mais elles deviennent scientifiques, et en un sens sacrées, si on les rapporte à la connaissance de l'antiquité, laquelle n'est possible que par les monuments. Il est une foule d'études qui n'ont ainsi de valeur qu'en vue d'un but ultérieur. Vouloir réduire la science au nécessaire, c'est renouveler le triste raisonnement par lequel, dans le conte de Voltaire, on réussit, par des éliminations successives, à simplifier si fort l'éducation de Jeannot.

C'est comme élément de la science philosophique que tout a son prix et sa valeur. La légèreté d'esprit, qui ne comprend pas la science, le pédantisme qui la comprend mal et la rabaisse, viennent de l'absence de l'esprit philosophique. Il faut s'accoutumer à chercher le prix du savoir en lui-même, et non dans l'usage qu'on en peut faire pour l'instruction de l'enfance. Il y a là-dessus un préjugé trop répandu en France et qui est cause de bien des malentendus. Le département de la science est trop souvent à nos yeux celui de l'instruction publique, comme si les recherches sérieuses n'avaient de valeur qu'en tant qu'elles servent à l'enseignement. De là l'idée que l'éducation finie, on n'a point à s'en occuper, et que ces matières ne peuvent regarder que les professeurs. En effet, il serait, je crois, difficile de trouver chez nous un philologue qui n'appartienne en quelque manière à l'enseignement, et un livre philologique qui ne se rapporte à un but universitaire. Étrange cercle vicieux! Car, si ces choses ne sont bonnes qu'à être professées, si ceux-là seuls les étudient qui doivent les enseigner, à quoi bon les enseigner?

A Dieu ne plaise que nous cherchions à rabaisser ces nobles et utiles fonctions qui préparent des esprits sérieux à toutes les carrières; mais il convient, ce nous semble, de distinguer profondément la science de l'instruction, et de donner à la première, en dehors de la seconde, un but religieux et philosophique. La confusion qu'on en a faite a contribué à jeter une sorte de défaveur sur les branches les plus importantes de la science, sur celles-là mêmes qui, à cause de leur importance, ont mérité d'être choisies pour servir de base aux études classiques. La mode n'est pas aussi sévère contre des études d'une moindre portée, mais qui n'ont pas l'inconvénient de rappeler autant le collége.

La science allemande, je le répète, n'est pas obligée, sous ce rapport, à autant de précautions que la nôtre. Elle peut se permettre des airs d'école qui chez nous feraient le scandale des profanes. Ainsi, dans les congrès qui nous occupent, il arrive souvent qu'on sent trop peu le savant et beaucoup trop le professeur. Nous concevons fort bien l'utilité des réunions scientifiques; d'un autre côté, nous aimons qu'un conseil spécial discute les questions d'instruction publique; mais l'opinion ne tolérerait point chez nous un congrès de professeurs réunis pour discuter leurs questions d'école, peut-être parce que, dans notre système d'instruction publique, où la centralisation est beaucoup plus forte qu'en Allemagne, la direction venant d'en haut, de pareilles discussions seraient sans objet entre les membres du corps enseignant. Le corps médical, étant tout autrement organisé, a des congrès qui réunissent sans inconvénient les fonctions administratives et les attributions purement scientifiques.

La plus grande difficulté de l'institution des congrès, et en général de toutes les réunions scientifiques, est de trouver un but précis, suffisant pour en justifier la convocation. Il est des réunions où le but est extérieur, si j'ose le dire : seul, il rassemble des personnes qui sans cela ne songeraient point à se trouver ensemble. Il en est d'autres, au contraire, où la fin est la réunion elle-même. Comme il faut à toute assemblée un but avoué, on imagine alors un objet plus ou moins artificiel, lequel n'est réellement qu'un prétexte et n'a souvent en lui-même qu'une valeur médiocre. Tel est le cas de la plupart des réunions académiques. N'était le désir de se voir, ou d'accomplir une cérémonie publique, vaudrait-il la peine de s'y rendre pour entendre quelques fragments, qui seront bientôt imprimés, et qu'on lirait chez soi avec plus de fruit et de loisir? La parole improvisée, la discussion de sujets indiqués d'avance satisfait davantage. Mais, si le sujet de pareilles discussions est arbitrairement choisi ou purement littéraire et spéculatif, ces exercices courent le risque de devenir des tournois, où l'amour-propre des combattants est le seul mobile réel, et où la question traitée n'est qu'un prétexte à des prouesses académiques. La discussion d'intérêts positifs, le jugement de con-

cours, l'indication de sujets à traiter, les questions relatives à l'administration et au gouvernement de la société
prêtent moins à la pédanterie, et rappellent les assemblées politiques, qui, de toutes les réunions, sont les plus
dominées par leur objet. Mais il faut pour cela que le
corps littéraire dont il s'agit occupe un rang dans l'État
et joue le rôle de commission pour les intérêts de la
science. Telle est chez nous la constitution de l'Institut
et le principe de sa force. Les congrès philologiques de
l'Allemagne auraient, ce semble, besoin de s'en rapprocher. Les premières séances de chaque session se bornent trop exclusivement à des lectures. Des adresses vo-
tées aux illustrations scientifiques, des félicitations aux
savants présents à l'assemblée ne suffisent pas pour justifier de longs voyages de la part de personnes sérieuses et
très-occupées.

Pour offrir des résultats et un objet vraiment solides,
les congrès devraient se proposer avant tout de discuter les intérêts de la science, de lui donner une direction générale, d'indiquer et d'encourager les travaux
utiles, d'entretenir et de ranimer l'esprit philosophique,
qui seul peut donner un but et une valeur aux recherches
spéciales. On ouvrirait des voies nouvelles à l'ardeur des
jeunes philologues, on leur inculquerait par l'esprit général de la réunion ce bon goût qui n'est pas moins
nécessaire dans les recherches d'érudition que dans les
travaux purement littéraires; chaque membre commu-
niquerait ses vues et ses essais; les branches diverses
de la philologie, qui, dans l'état actuel de la science,
vivent presque isolées, se prêteraient des secours et des
conseils réciproques. Quel fruit l'helléniste ne retirerait-

il pas du commerce de l'orientaliste ! Combien l'orientaliste, à son tour, ne gagnerait-il pas à recevoir le ton de
ceux qui cultivent avec succès et savoir les littératures
classiques[1] ! On s'occuperait, en un mot, beaucoup plus
de travaux à faire que de travaux déjà faits ; les lectures
et les discussions d'apparat ne formeraient qu'un accessoire et un ornement aux actes et aux délibérations de
l'assemblée.

Dans ces conditions de sérieux et d'élévation, nous
comprendrions des congrès philologiques en France. Ils
auraient l'avantage d'établir des communications utiles
entre les sciences spéciales, qui, se développant à part
et sans égard les unes pour les autres, deviennent étroites,
égoïstes, et perdent le sens élevé de leur mission. Ainsi
serait prévenue cette funeste dispersion du travail, qui
fait recommencer sans cesse les mêmes recherches, et
entasse tellement les monographies, que leur nombre
même les annule et les rend presque inutiles. Une vie
suffirait à peine pour épuiser tout ce qui serait à consulter sur tel point spécial d'une science, qui n'est elle-même
que la moindre partie d'une science plus étendue. Il
viendra, ce me semble, un âge où les études philologiques se recueilleront de tous ces travaux épars, et où,

1. En 1843, plusieurs orientalistes, MM. Pott, Rœdiger, Brockhaus,
Fleischer, Seyffarth, Olshausen, se réunirent à Leipzig dans l'intention de fonder des réunions analogues pour la philologie orientale. Il fut résolu qu'on se réunirait aux congrès généraux déjà
établis. En effet, depuis 1844, les orientalistes, après avoir ouvert
la session avec les autres membres, se retirent, dans le courant de
la première séance, pour leurs réunions particulières. On trouvera
le compte rendu de la session de 1847 dans le journal de la Société
orientale allemande (Zeitschrift der deutschen morgenländischen Ge-
sellschaft, 1848, p. 96-406).

les résultats étant acquis, les monographies devenues inutiles ne seront conservées que comme souvenirs. Quand
l'édifice est achevé, il n'y a pas d'inconvénient à enlever
l'échafaudage qui fut nécessaire à sa construction. Ainsi
le pratiquent les sciences physiques. Les travaux approu-
vés par l'autorité compétente y sont faits une fois pour
toutes et adoptés de confiance, sans que l'on s'impose
de revenir, si ce n'est rarement et à de longs intervalles,
sur les recherches des premiers expérimentateurs. C'est
ainsi que des années entières d'études assidues se sont
parfois résumées en quelques lignes ou quelques chiffres,
et que le vaste ensemble des sciences de la nature s'est
fait pièce à pièce, avec une admirable solidarité de la
part de tous les travailleurs. La délicatesse beaucoup plus
grande des recherches philologiques ne permettrait pas
sans doute l'emploi rigoureux d'une telle méthode. Il
sera urgent, néanmoins, que ces études se résument
et se centralisent, et, pour atteindre ce but, des sociétés
et des congrès littéraires ne seraient certes pas inutiles.

Les fragments relatifs à la philologie en général, lus
aux divers congrès, contiennent des vues ingénieuses sur
la portée et l'avenir de cette science. MM. Bensen,
Thiersch, Dœll, Kreuser, aux congrès de Nuremberg,
Manheim et Bonn, envisagèrent surtout la question au
point de vue de l'éducation, et s'alarmèrent du danger
que font courir à ces études les tendances industrielles et
utilitaires de l'époque ; trop peut-être, car, en admettant
que le xix* siècle soit plus préoccupé que les autres des
intérêts matériels, il ne semble pas qu'il le cède à aucun
temps pour la curiosité intellectuelle et le besoin de remuer les idées. La somme d'activité ayant augmenté, il

a pu y avoir accroissement d'une part, sans qu'il y ait
eu perte de l'autre. Le discours le plus remarquable sur
ce sujet est celui que prononça M. Welcker, au congrès de
Bonn, en 1841 (*Ueber die Bedeutung der Philologie*).
M. Welcker y a surtout envisagé l'étude de l'antiquité
dans l'influence heureuse qu'elle peut exercer sur la production littéraire et sur l'éducation esthétique des nations modernes. Les anciens sont beaucoup plus pour
lui des modèles et des objets d'admiration que des objets
de science; il avoue même que, s'il ne fallait voir dans
la philologie que le côté scientifique, il n'en ferait guère
d'estime. Ce n'est pas néanmoins à une imitation servile
que M. Welcker nous invite. Ce qu'il demande, c'est une
influence intime et secrète, analogue à celle de l'électri-
cité, qui, sans rien communiquer d'elle-même, développe
sur les autres corps un état semblable; ce qu'il blâme,
c'est la tentative de ceux qui veulent trouver chez les
modernes la matière suffisante d'une éducation esthétique
et morale. Sans combattre cette thèse, qui est au fond
la nôtre, nous ferons toutefois observer que l'on place la
philologie dans une sphère beaucoup plus élevée et plus
sûre, en lui donnant une valeur scientifique et philosophique pour l'histoire de l'esprit humain, qu'en la réduisant à n'être qu'un moyen d'éducation ou de culture
littéraire. Si les nations modernes pouvaient trouver en
elles-mêmes une source vive d'inspirations originales, il
faudrait bien se garder de troubler par le mélange étranger de l'antique cette veine de production nouvelle. Les
tons, en littérature, sont d'autant plus beaux qu'ils sont
plus vrais et plus purs. A l'érudit, au critique, appartiennent l'universalité et l'intelligence des formes les plus

diverses ; au contraire, une note étrangère ne servira qu'à troubler le poëte original et créateur. Or, quand bien même les temps modernes trouveraient une poésie et une philosophie qui les représenteraient avec autant de vérité qu'Homère et Platon représentèrent la Grèce de leur temps, alors encore l'étude de l'antiquité aurait sa valeur au point de vue de la science. Les considérations de M. Welcker ne suffiraient pas pour faire l'apologie de toutes les études philologiques. Si on ne cultive les littératures anciennes qu'afin d'y chercher des modèles, à quoi bon cultiver celles qui, tout en ayant leurs beautés, ne sont point imitables pour nous? Il faudrait se borner à l'antiquité grecque et latine, et, même dans ces limites, l'étude des chefs-d'œuvre aurait seule du prix. Or les littératures de l'Orient et les œuvres de second ordre des littératures classiques, si elles servent moins à former le goût esthétique, offrent quelquefois plus d'intérêt philosophique, et nous en apprennent plus sur l'histoire de l'esprit humain que les monuments accomplis des époques de perfection.

LES GRAMMAIRIENS GRECS.

Le sujet de ce beau Mémoire[1], bien que emprunté à celle des littératures anciennes qui a été le plus étudiée depuis la Renaissance, est neuf et à peu près inconnu. Le plus illustre des grammairiens grecs, cet Apollonius dont nous sommes tous les disciples sans le savoir, et sur les mérites duquel l'antiquité n'a qu'une voix, a cessé depuis longtemps de régner dans les écoles, et n'a été fort peu lu des savants. Quelques-uns de ses ouvrages les plus importants étaient restés inédits jusqu'à nos jours, et attendent encore un traducteur ; les grammairiens les plus renommés des deux derniers siècles ne le citent jamais. Le lira-t-on maintenant davantage ? J'en doute, et je crois au contraire que le travail si conscien-

1. *Apollonius Dyscole. Essai sur l'histoire des théories grammaticales dans l'antiquité*, par E. Egger. — Paris. A. Durand, 1854.

cieux de M. Egger lui enlèvera encore, s'il est possible,
des lecteurs. En effet, ceux qui voudront connaître Apollonius le trouveront tout entier analysé, interprété, dis-
cuté, dans le Mémoire de M. Egger, avec une clarté et,
j'ose le dire, un charme qu'on chercherait vainement
dans les écrits originaux du célèbre grammairien d'A-
lexandrie.

On comprend que l'intérêt d'une pareille étude est nécessairement tout historique. Nous n'avons plus rien de
nouveau à apprendre d'Apollonius ni de ses contemporains en fait de grammaire, précisément parce que nous
avons tout appris d'eux et que leur méthode s'est en
quelque sorte confondue avec les procédés les plus familiers de notre esprit. On ne songe pas assez à ce qu'il a
fallu d'invention et de finesse pour constituer cet humble
livre qu'on appelle un *Rudiment*. Ce qui est là résumé à
la portée de l'intelligence d'un enfant, ces notions tellement tombées dans le domaine commun qu'on cesse d'y
attacher un nom propre et qu'il n'y a plus aucun mérite
à les enseigner ni à les connaître, quel effort de génie
n'a-t-il pas fallu pour les créer! Dieu me garde de comparer la grammaire au langage lui-même, l'œuvre toujours imparfaite de la réflexion à l'œuvre complète et
vraiment divine de la spontanéité primitive. Mais de
même qu'il nous est impossible de concevoir les voies
mystérieuses par lesquelles l'esprit humain est arrivé à
créer le langage, de même comprendrons-nous difficilement le mérite de ceux qui les premiers ont tenté l'analyse du langage. Or, en cela comme dans tout ce qui est
l'œuvre de la réflexion philosophique, il n'est rien que
nous ne tenions de la Grèce. C'est la grammaire des

Grecs, transmise jusqu'à nous par les Latins, qui s'enseigne encore dans nos écoles, et qui fournit à chacun de nous les catégories du langage, par conséquent l'élément le plus essentiel de la pensée. C'est Apollonius remanié, éclairci, mais bien peu perfectionné quant à l'ensemble des vues et de la méthode, qui s'est appelé tour à tour Donat, Priscien, Despautère, Port-Royal et, de décadence en décadence, Lhomond ; de même que toutes les logiques qui, jusqu'à nos jours, ont eu la prétention d'apprendre à bien raisonner ne sont au fond que l'*Organon* d'Aristote, moins l'originalité.

On peut donc soutenir sans exagération que Apollonius a régné en grammaire jusqu'au moment où le génie des Schlegel, des Humboldt, des Bopp, des Grimm, des Burnouf a ouvert à la science du langage une voie toute nouvelle, en créant la méthode comparative, qui embrasse chaque famille de langue comme un ensemble organique et vivant, et substitue les explications historiques aux explications artificielles de l'ancienne philologie. La France, qui en toute chose dépasse si difficilement l'horizon latin, s'est tenue jusqu'ici à la méthode de la vieille école ; elle n'a rien vu en grammaire au delà de Donat. La révolution qui, au commencement de ce siècle, a renouvelé l'étude des langues, révolution comparable à celle qui, dans les sciences physiques a remplacé la doctrine d'Aristote par la science expérimentale des modernes, est encore à peu près non avenue parmi nous ; je n'en veux d'autre preuve que le peu de succès des ouvrages, pleins de mérite cependant, qui ont aspiré à détrôner Lhomond. Nous ne sommes pas un peuple grammairien ; heureusement c'est là un défaut qui nous met

en assez bonne compagnie pour que nous puissions nous
en consoler.

C'est en effet un phénomène historique bien remarquable que la disposition innée qui porte certains peuples à réfléchir sur le langage et à en dresser la théorie,
tandis que d'autres peuples, souvent plus avancés en
civilisation, possédant une littérature aussi riche, n'ont
jamais songé à entrer dans cette voie d'analyse et d'observation. Un coup d'œil attentif jeté sur l'histoire de l'esprit humain nous révèle qu'il n'y a eu réellement que
trois peuples créateurs en grammaire, et que, avant l'apparition de la philologie comparée vers 1815, trois systèmes grammaticaux, celui des Hindous, celui des Grecs
et celui des Arabes, ont seuls droit de prétendre à l'originalité. Tout le reste n'est que imitation ou emprunt. Pour
ne parler que des peuples européens, par exemple, les
Latins se sont bornés en grammaire à copier les Grecs, et
les peuples modernes jusqu'à ces dernières années se sont
bornés à répéter les grammairiens latins. En fait de tentatives vraiment originales, je ne vois que ces trois-là.
Mais aussi ces trois systèmes n'ont rien de commun l'un
avec l'autre ; ce sont trois créations entièrement indépendantes, apparues à des siècles de distance, et entre
lesquelles il n'est possible de saisir aucun lien de filiation,
aucune trace d'influence réciproque.

Ce qu'il y a, dis-je, de singulier dans cette espèce de
vocation grammaticale qui a prédestiné certaines nations
à se faire une analyse de leur propre langue, c'est que
les peuples qui n'ont pas participé à ce privilège sont
loin d'avoir été inférieurs en intelligence et en civilisation à ceux qui en ont joui. Je ne parle pas des Chinois,

qui n'ont pas de grammaire, par la raison fort simple
que leur langue n'en est pas susceptible, et qui sans
cela eussent été, je n'en doute pas, d'excellents grammairiens. Mais les Hébreux, par exemple? Voilà certes un
peuple merveilleusement doué, qui est arrivé de très-
bonne heure à la réflexion, qui, six cents ans avant Jésus-
Christ, avait une admirable littérature, riche en ouvrages
sur toute sorte de sujets ; pourquoi n'a-t-il pas eu de
grammaire? Je le conçois à la rigueur pour la première
époque de la littérature hébraïque (la période antérieure
à la captivité), durant laquelle on n'aperçoit dans les
écrits de ce peuple aucune trace de rhétorique, où la
langue a conservé toute sa naïveté, où le divorce entre
l'idiome du peuple et celui des lettrés ne se fait pas
sentir encore. Mais dans la seconde période (depuis la
captivité jusqu'au IIᵉ siècle avant l'ère chrétienne), où
la littérature est presque toute tombée entre les mains
de lettrés, où les traces de composition artificielle sont
manifestes, comme cela se voit, par exemple, dans
certains Psaumes, dans l'Ecclésiaste, dans la seconde
partie d'Isaïe, à cette époque où les savants écrivent
une langue déjà morte et dont le modèle ne se trouve
que dans les livres anciens, n'est-il pas étrange que,
malgré le soin extrême que mettaient les Hébreux à la
conservation de leurs souvenirs nationaux, on ne voie
poindre chez eux aucune idée de grammaire? Et quelques siècles plus tard, quand la fièvre du scrupule et de
la subtilité s'empare de ce peuple, qu'il se met à compter les lettres de ses livres sacrés, à les entourer de
points, d'accents, d'un luxe de signes qu'aucune autre
langue n'a connus, au milieu des puérilités de la Massore,

pas une trace de grammaire; et ce n'est qu'au x° siècle de notre ère, sous l'influence et à l'imitation des Arabes, qu'on voit paraître quelques essais de grammaire hébraïque. Voilà certes un fait étrange et qui m'a toujours singulièrement frappé; car il ne suffit pas de dire que c'est là une conséquence de l'esprit sémitique, peu ouvert de sa nature aux combinaisons intellectuelles, aux spéculations abstraites. Les Arabes sont des Sémites aussi, et même des Sémites restés bien plus inaccessibles que les Hébreux à l'action de tout esprit étranger, et cependant les Arabes se sont fait une grammaire éminemment originale et tirée de leur propre fonds. Je le répète, l'esprit grammatical souffle où il veut, et il est presque aussi impossible de dire quelles sont les races qui sont appelées à y participer que de déterminer le moment intellectuel où se fait cette curieuse apparition.

Voyez l'Inde, en effet. La grammaire s'y montre, dès les époques mythologiques, comme une annexe des Védas. Son origine est divine; Indra a été le premier grammairien; des fables sans nombre entourent son berceau. Le *Nirukti* de Yaska, qu'on peut regarder comme le plus ancien essai de grammaire qui soit venu jusqu'à nous, doit être au moins du vi° ou du vii° siècle avant l'ère chrétienne; or Yaska cite une foule de travaux qui supposent avant lui une grande série de grammairiens. Enfin, au iii° ou iv° siècle avant notre ère, c'est-à-dire à une date où nulle autre race ne possédait une ébauche même imparfaite d'institutions grammaticales, la grammaire indienne atteint, entre les mains du célèbre Panini, un degré de perfection qu'il n'a été donné à aucune autre race de dépasser.

En grammaire, on le voit, les Grecs sont fort en retard sur l'Inde. Avant l'école d'Alexandrie, on chercherait en vain parmi eux quelques traces d'une théorie régulière du langage. Apollonius, le Panini des Grecs, après lequel le système grammatical des anciens n'a fait que d'insignifiantes acquisitions, est du II⁰ siècle de notre ère. — Quant aux Arabes, en grammaire comme dans toutes les branches de la réflexion philosophique, ils sont notoirement les derniers venus. Les plus anciens essais de grammaire arabe sont du VIII⁰ siècle : au XIII⁰, cette grammaire est complète et en possession de tous les éléments essentiels qui la constituent.

Par son incomparable beauté comme par sa prodigieuse ancienneté, le système grammatical des Hindous mérite d'occuper la première place. Aucune littérature n'a rien à comparer à l'œuvre extraordinaire de Panini. Il est impossible de se figurer l'impression que produit cette création étrange, miroir fidèle d'un peuple vivant tout entier dans l'abstraction, sans un regard pour ce qui passe. L'Inde, qui, par un phénomène unique peut-être dans l'histoire de l'esprit humain, a su se faire une immense littérature sans y mêler aucun élément historique ou réel, devait être par excellence le pays de la grammaire. Il faut avouer au moins que, si l'on entend par ce mot la théorie absolue d'une langue envisagée isolément et en faisant abstraction de toutes les autres, Panini est le parfait grammairien. La forme énigmatique et concise, la profondeur du sentiment étymologique, la précision et l'élégance des aphorismes font de cette composition singulière l'essai le plus hardi qui ait jamais été tenté pour réduire le langage à des formules d'algèbre, et four-

29

nissent un éclatant témoignage de cette puissance métaphysique du génie indien, qui devait élever en philosophie un peuple simple d'ailleurs comme l'enfant le plus
simple, ignorant comme le dernier des paysans, à des
spéculations du même ordre que celles où Fichte et Hegel sont arrivés de nos jours par tous les raffinements de
la pensée moderne.

La grammaire des Arabes, c'est le génie arabe lui-
même : spirituelle, subtile dans les détails, défectueuse
et incomplète dans son ensemble. Ce sont des vues ingénieuses jetées au hasard, des petits faits bien observés ;
c'est une analyse du discours fort délicate à sa manière
et entièrement différente de celle que nous imaginons ;
mais, à côté de ces mérites, absence complète de méthode,
nul essai de théorie générale, nulle tendance à chercher
la raison historique ou logique des procédés de la langue.
En cela, la grammaire arabe nous apparaît comme moins
artificielle en un sens, mais aussi moins philosophique
que celle des Grecs. Les Arabes ne voient dans la
grammaire qu'une série de règles pour l'art de la parole,
le seul art à peu près que ce peuple ait connu ; elle est
pour eux le culte du langage bien plutôt que la science
du langage ; aussi forme-t-elle à leurs yeux un privilège
que Dieu a réservé aux descendants d'Ismaël, et que
nulle autre race ne saurait posséder.

On ne peut dire que les grammairiens grecs aient
beaucoup mieux saisi que les Arabes le véritable esprit
de la science grammaticale telle qu'on l'entend de nos
jours. L'idée fondamentale de la grammaire indienne, la
recherche du radical pur, qui se cache sous l'infinie variété des formes dérivées, leur est restée étrangère. Les

mots leur semblent faits tout d'une pièce, comme des
jetons frappés d'un coin invariable. N'apercevant pas la
raison historique et la génération intime des procédés de
la langue, ils veulent tout expliquer par des raisons logiques d'une désespérante subtilité, poursuivant mille
questions oiseuses, jouant avec les mots et les syllabes,
sophistes enfin, comme les Grecs le sont toujours plus
ou moins, même dans les plus belles créations de leur
génie. Jamais ils ne saisirent l'organisme de la parole
humaine, jamais ils n'envisagèrent la langue comme un
tout vivant, qui se décompose et se recompose sans cesse
par une sorte de végétation intérieure, et où chaque état
a sa raison dans un état antérieur, jusqu'au fait primordial dont le mystère nous échappera toujours.

Un autre sérieux défaut des grammairiens grecs est de
ne savoir que leur propre langue et de vouloir fonder
des inductions générales sur une base aussi étroite. A
leurs yeux, tout ce qui n'est pas grec est barbare et ne
mérite pas qu'on s'en occupe. Un papyrus trouvé à
Herculanum, et récemment déchiffré, est consacré au
développement de cette curieuse thèse « Que les dieux
parlaient grec! » Le croira-t-on? Apollonius, vivant sous
les Antonins, à une époque où il semble que le latin dût
être la langue politique du monde entier, Apollonius ne
sait pas le latin! Il ne suppose pas un moment l'existence
de cette langue ; il ne nomme Cicéron, Virgile, non plus
que s'ils n'avaient jamais existé. Voilà bien ce magnifique
orgueil de la Grèce, cette aristocratique fierté de l'intelligence, qui ne brave pas la force, s'y soumet au besoin,
mais ne la reconnaît pas, et se venge en n'en tenant pas
compte. Voilà ce que la Grèce a fondé dans le monde :

la noblesse de l'esprit. Rome, après lui avoir enlevé son
indépendance, n'a pas su peser d'un atome sur sa direction intellectuelle, philosophique, religieuse, ni obtenir d'elle un moment d'attention. A part quelques Grecs
sans caractère ralliés à leurs vainqueurs, jamais Hellène
vraiment digne de ce nom n'a fait à la littérature latine
l'honneur de s'en occuper; à peu près comme un Français du xviiie siècle n'imaginait pas qu'en dehors de la
France, on pût avoir de l'esprit, ni qu'il y eût une autre
langue que le français acceptable pour un galant homme.

J'aime cet orgueil, je l'avoue, ou, pour mieux dire,
cette assurance d'un peuple qui a conscience de sa supériorité intellectuelle, et n'hésite pas à s'attribuer le droit
de régler les choses délicates; mais, en grammaire, il faut
reconnaître que cet esprit exclusif a de fort graves
inconvénients. S'agit-il de l'article, par exemple? Apollonius présente sa théorie de la manière la plus absolue,
et suppose hardiment que cette partie du discours est
indispensable à tout idiome : or la connaissance la plus
simple de la langue latine eût suffi pour lui révéler son
erreur. De même en parlant du nombre duel, l'idée ne
lui vient pas un moment qu'une langue puisse s'en passer. Cette ignorance est d'autant plus singulière chez
Apollonius, que tout semblait l'inviter, comme le fait
remarquer M. Egger, à des études comparatives sur les
langues diverses qu'il entendait parler autour de lui.
« Alexandrie, où il vivait, était le foyer d'une érudition
active et variée, le rendez-vous de vingt nations diverses; l'Egypte entière offrait le spectacle de plusieurs langues également en usage pour tous les besoins du commerce et de la vie. Le grec et les trois formes de l'écri-

ture nationale s'y montraient quelquefois rapprochés sur
les monuments, dans les actes de la chancellerie, dans
les contrats entre particuliers. Sous le règne de Claude
ou de Néron, un scribe sacré, nommé Chérémon, gardien d'une partie au moins de la bibliothèque d'Alexandrie, publiait sur les hiéroglyphes un ouvrage de pure
philologie, dont il s'est conservé de précieux fragments.
On sait même, par le témoignage d'un papyrus du Musée
britannique, que l'étude de la langue égyptienne était
pour les Grecs de ce pays un moyen de gagner leur vie,
soit en donnant des leçons, soit en faisant le métier d'interprètes. L'esprit de la conquête et de la domination
romaine poussait encore à ce rapprochement des langues
par les relations politiques et commerciales... Les actes
du sénat et du peuple, les rescrits des magistrats, les
décisions arbitrales, étaient gravés, en grec et en latin,
sur l'airain ou le marbre... Mais tous ces secours, il
faut bien l'avouer, ne paraissent pas avoir eu d'influence
considérable sur les progrès de la philosophie du langage
dans l'antiquité; Apollonius, du moins, n'en a aucun
souci... Il a fallu les progrès du christianisme et le vif
intérêt d'une polémique où la littérature hébraïque était
sans cesse en jeu, pour attirer sérieusement sur les langues orientales l'attention des philologues de l'Occident;
encore leurs travaux en ce genre ont-ils laissé peu de
traces. »

Pour bien écrire une langue, il ne faut pas l'avoir trop
analysée; aussi a-t-on remarqué que les grammairiens
en général écrivent mal. Apollonius ne fait pas exception
à cette règle. La rudesse et l'obscurité de son style ont
droit de nous surprendre. Écrivant à une époque de

finesse et d'extrême élégance, vivant dans un commerce
journalier avec les meilleurs écrivains de l'ancienne
Grèce, il ne songe guère à se rapprocher par le charme
du langage ni de ses contemporains ni des modèles qu'il
cite. A le voir manier avec tant d'embarras la langue
dont il décrit savamment les ressorts, on se prend à
douter de l'efficacité d'un art qui rend si gauche et qui,
pour comble de malheur, ne contribue pas à rendre plus
sociable. Tout ce qu'on sait, en effet, de la vie d'Apollonius, c'est qu'il était fort maussade. Le surnom de *Dyscole* en est la preuve et n'est que trop justifié par les
traces de mauvaise humeur qui se retrouvent presque à
chaque page de ses écrits. Il y insulte ses confrères de
la façon la plus outrageante, quand ils se permettent
d'avoir pensé autrement que lui sur l'adverbe ou le pronom. « C'est là une niaiserie »; ou bien : « Il est ridicule de croire »; ou bien : « Il est superflu d'argumenter
plus longtemps contre des puérilités »; telles sont les
formes habituelles de sa polémique.

La grammaire, qui n'a jamais eu le don de rendre
aimable, n'avait pas, à ce qu'il paraît, dans l'antiquité
plus que de nos jours, le privilége d'enrichir. On rapporte que Apollonius était si pauvre que, ne pouvant
acheter ni papyrus ni parchemin, il écrivait ses ouvrages
sur des morceaux de poterie. M. Egger, qui ne veut pas
admettre la vérité de ce récit, a parfaitement droit de
trouver que, pour écrire des livres de grammaire, ce
devait être là une matière assez incommode. Mais le
savant critique rappelle lui-même fort à propos que nos
musées renferment un bon nombre de tessons qui ont
suppléé jadis à la rareté du papier. Les soldats de la

haute Égypte en particulier donnaient souvent l'acquit de leur solde sur des fragments de terre cuite; on avouera qu'une comptabilité militaire avec de pareils reçus ne devait guère être plus commode à tenir qu'un portefeuille de grammairien. M. Egger ne peut croire non plus que le plus illustre des maîtres de son temps, au centre même et comme au foyer de la philologie alexandrine, ait pu souffrir à ce point de l'indigence. Mais les exemples de pareils dénûments ne sont pas rares. Si l'on faisait une dissertation *Sur les hommes savants qui sont morts de faim* (la liste en serait assez longue), on trouverait que presque tous ont été des grammairiens; je ne citerai que Lilius Giraldus et Sébastien Castalion, qui, en pleine renaissance, finirent, dit-on, de cette triste manière. Il n'est donc pas impossible que, même à Alexandrie, un grammairien ait été réduit à écrire ses ouvrages sur des morceaux de pots cassés. La grammaire a toujours été pauvre; ne lui contestons pas son unique vertu.

Voilà, je crois, le seul point sur lequel il me soit possible d'être en désaccord avec M. Egger. Son excellent mémoire, d'une érudition à la fois spirituelle et sûre, démontre une fois de plus qu'en traitant le sujet le plus austère, on peut toujours intéresser sans jamais chercher à amuser : deux choses si différentes et dont la confusion fait commettre tant de fautes aux personnes dont le goût n'est pas sûr ! Si l'homme sérieux, en effet, ne se résigne jamais à faire le moindre sacrifice pour complaire à la frivolité, d'un autre côté, dès qu'on s'adresse au public, on est tenu de l'intéresser; or on ne peut manquer d'y réussir quand on possède profondément son sujet, qu'on l'aime, et qu'on sait l'envisager dans ses rapports élevés avec l'histoire de l'esprit humain. C'est ainsi que M. Egger, sans recourir à aucun de ces faciles procédés par lesquels on croit quelquefois égayer les matières scientifiques, a réussi à faire un ouvrage éminemment instructif et qui fait revivre pour nous dans toute sa vérité une des plus curieuses physionomies de la science antique. Un moment effrayé lui-même de l'âpreté de son sujet, le savant auteur se croit obligé de faire observer « que le portrait du grand philologue qu'il essaye de faire revivre devra paraître d'autant plus fidèle qu'il aura moins d'agrément ». Cette excuse n'était vraiment pas nécessaire. A propos du plus sévère des grammairiens, M. Egger a su être toujours attachant, et on se prend par moments à envier à ce Dyscole la fortune qu'il a eue de revivre par les soins d'une critique aussi bienveillante et aussi ingénieuse.

LA PRIMITIVE GRAMMAIRE DE L'INDE.

I.

M. Adolphe Regnier, membre de l'Académie des inscriptions et belles-lettres, continue de nous donner le résultat de ses travaux sur l'idiome des Védas. Le volume qu'il vient de publier a pour titre: *Études sur la Grammaire védique*[1] ; il contient le texte, la traduction et le commentaire du premier livre du *Prâtiçâkhya* du Rig-Véda. Le savant académicien a porté dans ce nouveau travail la sûreté de méthode et la précision scrupuleuse qui distinguent toutes ses recherches. Nulle part la prudence et la rigueur philologique n'ont autant de prix que dans les études du genre de celle-ci, qui tentent souvent l'ambition des esprits plus hardis que sages. Les magnifiques résultats que l'étude des Védas promit tout

_____

1. Paris, Imprimerie impériale, 1857.

d'abord, les fruits qu'elle a déjà donnés, et qui ne sont
rien peut-être en comparaison de ceux qu'elle produira
un jour, ont inspiré à la jeunesse des universités d'Allemagne une sorte d'enthousiasme que M. Regnier n'essaye
pas d'éteindre, mais qu'il voudrait diriger. Il pense qu'on
doit s'attacher à l'intelligence littérale du texte, avant de
chercher à en tirer des conséquences philosophiques ou
historiques ; pour arriver à cette intelligence, c'est aux
interprètes indiens eux-mêmes qu'il s'adresse. Il ne se
dissimule pas combien l'autorité de guides aussi subtils
et aussi préoccupés de choses étrangères à la philologie a
besoin d'être contrôlée ; mais il croit qu'il faut les prendre comme les dépositaires d'une tradition toujours digne
d'être écoutée, même lorsqu'il y a des raisons décisives
pour s'en écarter.

Les livres compris sous le nom commun de *Prâtiçâkhyas* sont des recueils d'axiomes grammaticaux annexés
à chacun des Védas, de vrais manuels en vers mémoriaux
destinés à l'enseignement et qui ont dû servir de livres
élémentaires dans les écoles védiques. Ils font partie de
ce vaste système de précautions que l'Inde a élevé autour
de ses hymnes sacrés, et qui a eu pour résultat un phénomène sans exemple dans l'histoire des littératures : les
Védas nous sont parvenus sans une seule variante, sans
une seule nuance d'orthographe, ni même, on peut le
dire, d'accentuation. Cette merveilleuse intégrité est due
en grande partie aux *Prâtiçâkhyas*. La date est toujours ce
qu'il y a de plus embarrassant à prononcer quand il
s'agit d'ouvrages indiens. Cependant de très-sûres inductions amènent à placer la compilation des *Prâtiçâkhyas*
vers le vi° ou le v° siècle avant notre ère : je dis la

compilation, car la composition de la plupart des axiomes doit être beaucoup plus ancienne.

Une telle antiquité explique suffisamment l'intérêt qui s'attache à de pareils écrits, quelle que soit leur apparente sécheresse. Les *Prâtiçâkhyas* sont certainement le plus ancien essai de grammaire qui existe. L'imagination s'étonne quand on songe que ces singulières compositions supposent avant elles un long mouvement d'études et de disputes scolastiques. Les *Prâtiçâkhyas*, en effet, mentionnent une foule de sectes grammaticales et de maîtres célèbres qui, antérieurement à l'époque de leur rédaction, avaient agité les plus subtils problèmes de l'idiome des Védas. Il est évident que, depuis des siècles, l'Inde dépensait à la grammaire de ses livres sacrés cette immense activité intellectuelle qui l'a toujours dévorée. Les *Prâtiçâkhyas* sont une sorte de compromis entre les écoles, un de ces ouvrages qui aspirent à clore par l'éclectisme une ère d'interminables discussions. Pour que la controverse des sectes rivales ait pu, après avoir amené leur ruine, provoquer une pareille tentative de conciliation, que de siècles n'a-t-il point fallu! La Massore des Juifs n'est venue que douze ou quinze cents ans après la rédaction définitive des textes qu'elle devait protéger. Il serait téméraire d'affirmer que dans l'Inde l'intervalle ait été nécessairement aussi long. Qu'on songe cependant au nombre de révolutions intellectuelles et de changements dans la langue qui ont dû avoir lieu pour que, d'une part, on soit arrivé à considérer les anciens livres comme sacrés, et que, d'une autre part, on ait cru indispensable de leur appliquer un système de critique et d'exégèse aussi minutieux. C'est en présence de pareils faits qu'on arrive à regarder comme bien probable, sinon à adopter entièrement, l'opinion de ceux qui voient dans les Védas le plus ancien document qui nous reste de la plus vieille humanité.

Je rappelais tout à l'heure la Massore des Juifs; c'est qu'en effet l'analogie qu'offre cette œuvre bizarre avec les *Prâtiçâkhyas* est frappante. En général, rien ne se ressemble plus que la manière dont les livres sacrés ont été traités dans les différents pays; partout c'est l'idolâtrie de la lettre étouffant le culte de l'esprit. Les commentateurs des Védas et de Manou, ceux du Coran, les interprètes juifs et chrétiens de la Bible semblent élevés à une même école. Comme les Védas, bien qu'à un moindre degré, la Bible et le Coran nous sont arrivés sans variantes essentielles; comme les Védas, la Bible chez les Juifs et le Coran chez les Arabes ont provoqué de vastes travaux de grammaire. Partout enfin le livre sacré a donné naissance à une exégèse patiente, mais faussée dans son principe même, et, au point de vue de la science indépendante, ayant besoin d'être réformée. Qu'on songe, en effet, à combien d'exigences opposées à la libre critique est assujettie l'exégèse orthodoxe. D'abord un auteur inspiré n'a pu parler comme un autre; chaque mot du texte révélé doit cacher un sens profond; il n'est pas permis à l'écrivain de s'être répété, d'avoir employé une expression inexacte ou faible. Le livre sacré d'ailleurs doit répondre aux besoins sans cesse renaissants de la foi et résoudre une foule de questions auxquelles l'auteur ne pensait pas. Les poétiques songes d'une époque naïve deviennent ainsi le prétexte d'une théologie subtile et sont chargés de fournir un aliment aux disputes des casuistes. Tout devient symbole et mystère, et il n'est plus loisible à l'antiquité d'avoir parlé simplement. Mais ce raffinement, fatal à la saine interprétation du texte, n'a que de bons effets pour sa conservation. Du moment qu'un livre est envisagé comme le résultat de l'inspiration immédiate de la Divinité, rien de ce qui touche à ce livre ne saurait être indifférent ; les puériles statistiques de la Massore, les supputations de mots et de lettres deviennent des œuvres pies ; chaque syllabe du texte admis comme sacré prend aux yeux du croyant un sens et une valeur.

C'est certainement dans l'Inde que ce curieux phénomène s'est produit avec le plus d'originalité. L'Inde est le pays où le respect du livre sacré a été poussé le plus loin, et où l'idée de révélation a été prise de la manière la plus exagérée. L'absolu est en toute chose la loi du génie indien ; les tendances qui, chez les autres peuples, ont été balancées par des tendances contraires agissent ici avec toute leur énergie première. L'Inde ne fait rien à demi : c'est une humanité très-incomplète, puisque des parties essentielles du développement de la civilisation lui font défaut, mais qui a poussé jusqu'au dernier degré de la sublimité ou de la folie les dons particuliers qui lui furent à l'origine départis.

La nouvelle publication de M. Adolphe Regnier est un de ces livres qui, par leur caractère spécial, ne s'adressent naturellement qu'à un très-petit nombre de lecteurs. Pourquoi ces travaux de grande école, auxquels les sérieuses récompenses de l'estime publique et de la gloire devraient être réservées, sont-ils de jour en jour plus rares ? La mine toujours ouverte de l'histoire de l'esprit

humain reste sans travailleurs. On semble croire qu'il n'y
a plus à s'occuper des sources, on improvise des systèmes et on ne songe pas que tout est à faire ou à refaire, que des documents de premier intérêt (je ne citerai que les Védas) sont encore inexplorés, que d'autres connus depuis longtemps attendent leur véritable
interprétation. J'ose le dire : Hérodote n'a pas encore
été lu; ce vaste ensemble de documents que la Grèce
nous a légué sur le monde antique prendra un sens
inattendu quand on en rapprochera les données nouvelles
fournies par la philologie orientale. Il y a là une révolution qui sera un jour comparée à celle que fit, à la
Renaissance, l'étude des sources grecques, presque inconnues du moyen âge. Le public, qui ne prend d'intérêt
qu'aux résultats, la routine, qui ne veut pas qu'on dérange ses partis pris ni que l'on sorte des sentiers battus,
comprennent peu, je le sais, ces travaux de première
main, dont la destinée est de n'être lus qu'en vue
de l'œuvre à laquelle ils concourent. Mais c'est une raison
de plus pour que ceux à qui est confié le patronage des
œuvres à longue portée se fassent les promoteurs des travaux pour lesquels le public n'a pas de récompense.
Durant trente années, à la suite de cet admirable mouvement de curiosité qui signala l'avénement de la Restauration, l'État a été pour la science le plus éclairé des
Mécènes. Sommes-nous destinés à voir les besoins grossiers de tous prendre la place des besoins plus délicats
qui, au premier coup d'œil, semblent n'appartenir qu'à
un petit nombre? Je l'ignore; mais il y a pour le faire
craindre plus d'un signe alarmant. On entend demander
tous les jours de ces nobles études: « A quoi servent-elles ? »

On veut le fruit, mais on ne comprend pas le travail nécessaire pour le faire naître et mûrir. On se croit obligé de tenir compte du public, et, au lieu de servir ses véritables intérêts sans le consulter lui-même, on adopte ses vues étroites. Il n'est pas jusqu'au *Journal des Savants* dont on ne veuille faire une Revue simplement instructive, sous prétexte de lui donner des abonnés. Qu'auraient dit le judicieux Daunou, l'illustre Silvestre de Sacy, l'austère Eugène Burnouf d'une telle prétention? Que deviendra la grande culture de l'esprit, si l'on pratique ce système égoïste et à courte vue qui sacrifie le progrès séculaire de la science pour le pain de chaque jour? L'histoire littéraire montre l'état de décrépitude où tombe toute culture intellectuelle qui, au lieu de renouveler continuellement ses matériaux, ne fait que remuer un fonds d'idées toujours le même et par conséquent vieilli. Pourquoi l'antiquité latine s'abîma-t-elle dans cette pauvreté intellectuelle qui nous est représentée par les maigres encyclopédies de Martien Capella et d'Isidore de Séville? Pourquoi l'université de Paris, au XVIe siècle, arriva-t-elle à ce degré de pédantisme dont il serait difficile de trouver un autre exemple? Parce que l'on s'enferma dans un cercle de notions banales et dont toute la vertu était épuisée, parce qu'on négligea de chercher et qu'on repoussa systématiquement les nouvelles études. Les travaux de première main les plus sévères, uniquement destinés à livrer à la science des résultats qui n'entrent en circulation que longtemps après, sont au fond les livres qui contribuent le plus au progrès de l'esprit humain. Ces travaux sont essentiellement aristocratiques, en ce sens qu'ils sont l'œuvre d'un très-petit nombre d'hommes; mais ils importent à tout le monde, parce qu'ils se rattachent directement aux intérêts les plus graves de l'humanité.

II.

M. Adolphe Regnier vient de terminer l'impression du savant travail qu'il poursuivait depuis plusieurs années sur le *Prâtiçâkhya* du Rig-Veda [1]. Toutes les écoles savantes de l'Europe ont apprécié à sa juste valeur cette belle publication, qui apporte un élément d'une fort grande importance à la branche des études philologiques qui a de nos jours le plus d'avenir. La clef des vieilles religions de l'Inde, de la Perse, de la Grèce, du Latium, de la Germanie est dans les Védas. L'antique tissu de fables, où toute poésie a ses racines, qu'Homère ne comprenait déjà plus, dont Eschyle, par moments, a soulevé le voile, qu'Ovide a transformé en historiettes, que Porphyre et Julien ont vainement cherché à interpréter par la philosophie, se retrouve, sous sa forme primitive, la seule qui pouvait en suggérer la vraie explication, dans les vieux hymnes des ancêtres de notre race, conservés par miracle au delà de l'Indus. Il ne s'agit point ici, en effet, d'écrits particuliers à un peuple, d'une littérature nationale et d'un intérêt borné; il s'agit des origines de toute une race. Les Védas ne sont point propres aux Hin

1. Paris, Imprimerie impériale, 1859.

dous, ils ne font point partie de ce qu'on peut appeler la *littérature sanscrite*; ils sont le bien commun des peuples aryens. Tous y retrouvent leurs plus vieux souvenirs ; les Hindous n'ont d'autre mérite que de les avoir conservés avec un scrupule dont l'histoire des religions n'offre pas un autre exemple. On conçoit quelle valeur prennent, aux yeux du philologue, les écrits qui peuvent contribuer à jeter quelque jour sur d'aussi antiques monuments.

Au premier rang de ces écrits, dont l'étude attire en ce moment, à juste titre, tous les esprits actifs en Allemagne, il faut placer les *Prâtiçâkhyas*. Ce sont des essais de grammaire, probablement les plus vieux du monde, d'où sortent à chaque instant des traits de lumière pour l'histoire et la critique des hymnes védiques , comme aussi pour la philologie comparée des langues indo-européennes. Le travail de M. Adolphe Regnier est un chef-d'œuvre de précision et d'analyse. Les plus délicates pesées de la chimie égalent à peine cette rigueur , cette minutie, ne laissant derrière elle rien d'obscur ni d'inexpliqué. On ne saurait trop répéter que, dans des études en voie de se fonder, comme celles-ci, les travaux qu'il faut placer au premier rang sont ceux qui sont destinés à un tout petit nombre de travailleurs. « L'époque des dissertations et des mémoires n'est pas encore venue pour l'Inde, disait très-bien Eugène Burnouf, ou, plutôt, elle est déjà passée, et les travaux des Colebrooke et des Wilson, des Schlegel et des Lassen ont fermé pour longtemps la carrière qu'avait ouverte avec tant d'éclat le talent de sir W. Jones. Nous , qui venons après ces grands maîtres, nous devons savoir profiter de leurs le-

çons; et, en conservant avec reconnaissance et admiration
la mémoire de l'homme célèbre qui, dans ses brillantes
esquisses, a touché avec une hardiesse si heureuse à toutes les questions indiennes, nous devons ne pas oublier
que le seul moyen de résoudre un jour ces questions
avec certitude, c'est de ne pas les traiter prématurément; nous devons savoir qu'il faut auparavant, comme
il avait lui-même commencé de le faire dans ses belles
traductions de Manou, de la *Çakuntalá* et du *Gítagó-*
vindá, demander aux textes eux-mêmes les connaissances
positives sans lesquelles la critique manque à la fois de
base et d'objet. »

Des textes et des faits nouveaux, voilà, en effet, ce
que réclament avant tout ceux qui savent comprendre la
vraie organisation des sciences historiques. Mais les textes ne se découvrent qu'à ceux qui possèdent la vue de
l'ensemble, savent comprendre les problèmes et en apprécier l'importance relative. La condition essentielle
pour rendre des services en ces études est de bien voir
toute l'étendue du champ à exploiter; rien ne sera fait,
tant que chacun creusera isolément son sillon, sans
s'inquiéter si la ligne qu'il poursuit se rattache à un
plan général d'exploration. Des écoles organisées peuvent seules produire, dans un tel ordre de travaux, des
résultats féconds. L'avantage que l'Allemagne possède
sous ce rapport est d'offrir en ses universités un enseignement libre et varié, représentant à chaque heure le
dernier mot de la science, et transportant le jeune homme,
au moment de sa plus grande activité, à la tête
même de la tranchée que viennent d'ouvrir les pionniers.
Chez nous, il faut des années pour comprendre le but

où l'on veut arriver, les moyens dont on dispose, ce qui est déjà fait, ce qui reste à faire, ce qui est urgent, ce qui peut attendre, ce qui donnera une riche moisson, ce qui restera une simple curiosité d'érudit. Les livres n'apprennent point cela; l'enseignement public peut seul entretenir, à cet égard, une tradition efficace et qui ait de la continuité.

JOSEPH-VICTOR LE CLERC.

C'est surtout quand il s'agit des grands travaux d'érudition que les bons esprits sont fondés à se plaindre de ce qu'il y a parfois de superficiel dans les maximes de notre temps. Ces travaux, n'étant susceptibles d'aucune application pratique et ne s'adressant qu'à une élite d'hommes instruits, ne sauraient avoir dans le public ni lecteurs, ni approbateurs. Les institutions qui, autrefois, fournissaient à de telles études tant de facilités, comme les corporations universitaires et les ordres religieux jouissant de grands loisirs, ont disparu ou changé de caractère. Les classes qui, avant la Révolution, apportaient aux patientes recherches un docte contingent de travailleurs, clergé, magistrature, barreau, sont absorbées maintenant par les fonctions ou les passions de leur ordre, et ne trouvent plus de temps pour les occupations désintéressées. L'État, qui s'imagine avoir

remplacé avec avantage les mécanismes indépendants
de l'ancien régime par des ministères et des adminis-
trations, ne sait pas se comporter comme il faut envers
ces délicates études. Plus soucieux d'encourager ce qu'on
appelle le talent, apprécié du grand nombre, que de
montrer son estime pour des œuvres essentiellement
aristocratiques, l'État est presque toujours, en pareille
matière, un juge distrait, frivole ou peu sûr. Enfin, les
nouvelles conditions que les transformations économiques du siècle ont amenées pour la vie matérielle sont
tout à fait contraires aux occupations de recherche pure.
La noblesse de ces recherches est de n'avoir presque
aucune valeur vénale, de répondre à la demande d'un
petit nombre de lecteurs. Celui qui s'y livre a d'ordinaire très-peu de besoins ; il en a cependant. Le séjour
à Paris lui est presque indispensable ; une vaste bibliothèque, des voyages littéraires lui sont nécessaires. Que
deviendra-t-il dans un état social où des politiques qui
se croient profonds ont visé systématiquement à rendre
la vie chère et à faire de Paris une ville inhabitable
pour quiconque ne mène pas une vie de luxe. La conséquence de ce régime sera, si l'on n'y prend garde, un
grand abaissement pour les parties les plus importantes
de la culture de l'esprit.

Il y a satisfaction, du moins, sur le seuil de ce
triste avenir, à reposer sa pensée sur la vie tranquille
d'un homme éminent qui traversa des jours meilleurs.
M. Victor Le Clerc a été proclamé par un de ceux qui
l'ont le mieux connu, M. Naudet, le vrai bénédictin de
notre âge. Sa paisible retraite de la Sorbonne fut pour
nous, durant des années, le sanctuaire de l'investigation

savante et libre. Sa vie innocente et pure a été, malgré
la différence des croyances religieuses, une image fidèle
de ces vies saintes et graves dont le xviie et le xviiie siècle nous ont légué le souvenir comme une leçon éternelle
de sérieux et de sincérité. Un sculpteur de rare mérite,
son confrère à l'Institut, M. Guillaume, nous a rendu sa
belle tête, toujours calme et pensive, sa bouche fine et
souriante, ses yeux pleins de douceur. Nous voudrions
aussi le montrer tel qu'il nous apparut tant de fois dans
sa vieillesse respectée, ne vivant que de la passion du
vrai, ferme en toutes ses convictions, décoré de la double
noblesse de la science et de la vertu. Puissions-nous le
rendre à la mémoire de ceux qui l'ont eu pour maître
ou pour ami et le peindre à ceux qui ne l'ont pas connu
en traits assez justes et assez vrais, pour que cette peinture
soit aux uns une consolation, aux autres une excitation
à l'imiter !

I.

Joseph-Victor Le Clerc naquit à Paris le 2 décembre
1789[1]. Enfant unique d'une modeste famille d'ouvriers,

1. L'éloge de M. Le Clerc a déjà été prononcé par M. Bellaguet,
à la séance annuelle de la Société de l'histoire de France, le 8 mars
1866, et par M. Guignaut, à la séance annuelle de l'Académie des
inscriptions et belles-lettres, le 3 août 1866. MM. Egger et Patin, aux
funérailles, MM. Berger et Havet, à l'ouverture de leurs cours,
rendirent également des hommages bien sentis à la mémoire de leur
maître ou de leur confrère.

il perdit son père en très-bas âge. On était au plus fort
de la tourmente révolutionnaire; sa mère se trouva
réduite à une grande pauvreté. C'était une femme cou-
rageuse et dévouée; elle s'imposa les plus durs sacrifices
pour donner de l'éducation à l'enfant, dont la nature
respectueuse et honnête se laissait déjà pressentir.

Dans l'ordre des études littéraires, la Révolution avait
tout détruit. Les anciennes institutions avaient disparu,
les nouvelles n'étaient pas encore créées. Quelques survi-
vants de l'université de Paris et des congrégations religieuses vouées à l'enseignement cherchaient, avec une
louable ardeur, à recueillir les débris du naufrage et à
relever les études classiques. L'école centrale du Panthéon, installée dans les bâtiments de l'abbaye Sainte-
Geneviève, rendait de véritables services. Au premier rang
parmi les écoles secondaires qui suivaient les cours de cet
établissement était l'institution de M. Dabot. C'était une
maison sérieuse et austère, où les délicatesses qui ont été
introduites depuis dans l'éducation étaient inconnues.
M. Dabot ne négligeait rien pour exciter parmi ses élèves
l'ardeur du travail et l'émulation du succès. Ayant eu connaissance des efforts de la pauvre veuve et des dispositions
de l'enfant, il adopta en quelque sorte celui-ci. Victor Le
Clerc était dès lors tel que nous l'avons vu plus tard, sé-
dentaire, se mêlant peu au mouvement de la vie extérieure,
uniquement attiré par l'étude. Vers le même temps, M. Dabot
s'associait un de ses élèves, dont le nom, par une alliance
de famille, devint inséparable du sien, M. Hallays. Une
vive sympathie existait déjà entre le jeune Le Clerc et le
jeune Hallays. Celui-ci, un peu plus âgé, était le protecteur de son petit camarade, pauvre, craintif et souffre-

teux. Les succès de l'enfant recueilli par cette bienveil-
lance éclairée furent éclatants. D'illustres amitiés com-
mençaient en même temps pour lui. M. Villemain et
M. Naudet étaient à divers titres ses condisciples ou ses
émules. Deux fois de suite, en 1806 et 1807, l'élève
Victor Le Clerc obtint le prix d'honneur au concours
général. Ces récompenses avaient une grande valeur officielle. Un décret inséré au *Moniteur* du 5 septembre
1806 conféra au lauréat une place gratuite à son choix
dans une des écoles spéciales du gouvernement.

Mais la vocation de M. Le Clerc était marquée
d'avance. L'enseignement n'était pas pour lui un pis aller;
il l'aimait pour lui-même, il le préféra à tant d'autres
carrières plus brillantes. De 1808 à 1815, il fut attaché
d'abord comme maître surveillant, puis comme professeur, à l'école où il avait fait ses études, et qui était
devenue le lycée Napoléon. En 1815, il succéda à M. Villemain dans la chaire de rhétorique au lycée Charlemagne.
Pour réussir en ce genre de professorat, il avait à sur-
monter beaucoup de difficultés. Ses allures graves et
solennelles, contrastant avec sa jeunesse, sa mise suran-
née, un bégaiement qu'il sut dompter à force de volonté,
ses habitudes, et, si j'ose le dire, ses coquetteries d'érudition minutieuse, devaient surprendre un jeune audi-
toire. Sa classe était un docte commentaire que peu
d'élèves étaient capables d'apprécier, et néanmoins
aucun professeur n'était plus respecté. On n'avait pas
encore vu dans l'Université d'enseignement aussi solide.
Bien des noms célèbres figurent dans la liste de ses
élèves, ou, si l'on veut, de ses auditeurs; il en est deux
qui effacent tous les autres: M. Michelet eut M. Le Clerc

pour professeur de rhétorique en 1815 ; M. de Rémusat
fit toutes ses études au lycée Napoléon sous sa direction
et en recevant de lui des soins particuliers.

Ce serait méconnaître ce qui fit la véritable grandeur
de M. Le Clerc que de prétendre qu'à cette époque il fût
exempt des défauts de l'école d'où il sortait. Respectueux
pour ses maîtres, M. Le Clerc adopta d'abord tout d'une
pièce la discipline qui lui fut enseignée. Sauveurs coura-
geux des épaves d'un monde disparu, les fondateurs de
l'Université de France, à côté de rares qualités, d'un
goût vif pour les études classiques, d'un sentiment des
humanités qui était presque une foi, offraient dans leur
culture intellectuelle des lacunes qui venaient moins de
leur faute que des défauts du temps. La langue et la
littérature grecques étaient peu comprises ; le travail de
critique des textes était négligé ; l'histoire s'enseignait
selon des doctrines trop absolues ; l'éducation se donnait
comme si tous les élèves eussent été destinés à être des
hommes de lettres ou des professeurs. M. Victor Le Clerc
entra d'abord dans cette tradition. Ses premiers essais
furent profondément empreints de l'esprit du moment.
On croyait trop alors à la poésie que les académies
encouragent et récompensent. Hésitant sur sa vocation,
M. Le Clerc cueillit quelques-unes de ces palmes dont
lui-même plus tard sembla peu se soucier. Des jeux littéraires alors fort à la mode le tentèrent, et l'on n'est pas
peu surpris d'avoir à compter au nombre des œuvres de
l'infatigable érudit un poëme en vers grecs du dialecte
éolien dédié à madame de Rémusat : *Lysis, poëme trouvé
par un jeune Grec sous les ruines du Parthénon et traduit en vers français par l'éditeur*, et sous ce titre : *De*

officiis ad pueros, une traduction en vers latins des qua-
trains de M. Morel de Vindé sur la *Morale de l'enfance*.
Il se rapprochait déjà des lettres savantes par sa traduction en vers du joli poëme latin intitulé *Pervigilium
Veneris*. L'exemple de Boissonade, de Coray, de Gail (il
ne voulait pas qu'on oubliât ce dernier), l'entraînait en
même temps vers l'étude de la langue grecque. La
*Chrestomathie grecque, les Pensées de Platon sur la
religion, la morale et la politique*, comptèrent parmi les
ouvrages qui contribuèrent le plus à introduire l'étude
du grec dans l'Université. La nouvelle édition, avec
d'utiles notes, de la *Grammaire latine* de Port-Royal, la
*Rhétorique extraite des meilleurs écrivains anciens et
modernes*, furent également des services rendus aux études.
A travers quelques préoccupations scolaires, le futur
érudit s'y laissait deviner. La bibliographie surtout était
dans ces premiers travaux d'une exactitude et d'une
richesse qu'on n'était pas habitué à trouver dans de simples livres de classe ou dans des jeux d'esprit.

Une question posée par l'Académie française amena
M. Le Clerc à s'occuper de travaux plus élevés. L'Académie avait mis au concours pour 1812 l'éloge de Montaigne; M. Le Clerc et M. Villemain concoururent : le prix
fut décerné à M. Villemain ; toutefois l'ouvrage de M. Le
Clerc fut mentionné honorablement. Un peu de déclama-
tion, un certain dédain pour le moyen âge, dont l'étude
devait être plus tard l'occupation et l'honneur de sa
vie, déparaient cet essai de jeunesse ; mais les plus
nobles sentiments, un attachement filial au xviiie siècle,
dont il partageait l'enthousiasme philosophique, y répandaient beaucoup de chaleur et de vie. Les principes de

M. Le Clerc étaient dès lors arrêtés. Il s'avouait hautement le disciple de cette grande école française qui a tant fait pour la raison et pour l'humanité. Dans la maison de madame de Rémusat, il avait pu voir quelques-uns des derniers représentants de cette forte génération, que des pygmées et des déclamateurs se vantaient témérairement d'avoir dépassée. Il y connut entre autres Morellet, alors dans son extrême vieillesse, qui lui parlait d'original de Fontenelle, de Montesquieu, de Voltaire. Ce fut M. Le Clerc que l'on chargea de liquider la succession littéraire du judicieux abbé. Les *Mémoires sur le* xviiiᵉ *siècle et sur la Révolution*, avec leurs divers suppléments, parurent par ses soins et avec des notes de lui. Il recueillait encore la meilleure tradition du passé par M. Daunou, qui avait pour lui une bonté paternelle, par le philanthrope éclairé Morel de Vindé, qu'il visitait souvent dans son riche domaine de la Celle-Saint-Cloud, par l'abbé L'Ecuy, le dernier abbé général de l'ordre de Prémontré, homme d'une rare instruction en histoire littéraire, qui ne contribua pas peu à la grande érudition ecclésiastique de M. Le Clerc. Divers recueils, entre autres la *Quinzaine littéraire*, le *Lycée français*, fondé par MM. Ch. Loyson et Patin, recevaient en même temps de lui une collaboration active et variée.

L'érudition qui causait aux élèves du lycée Charlemagne tant d'étonnement fut enfin appelée à des emplois plus dignes d'elle. En 1821, M. Le Clerc fut nommé maître de conférences à l'Ecole normale. L'école bientôt après fut supprimée pour satisfaire les rancunes cléricales. En 1824, M. Le Clerc fut appelé à la chaire d'éloquence latine à la Faculté des lettres de Paris. Il

ne chercha pas à rivaliser avec les maîtres célèbres qui
vers le même temps inauguraient à la Sorbonne un
séduisante forme d'enseignement. Si le cours qu'il fit
pendant dix années n'eut ni l'éclat ni la célébrité des
cours de MM. Guizot, Cousin, Villemain, il n'en eut pas
non plus les dangers. Ce ne fut pas sa faute si, par
suite de ces enivrants succès, l'enseignement supérieur
en France s'est renfermé dans un cercle de brillantes
généralités dont on s'est figuré qu'il ne peut sortir
sans déchoir. La connaissance historique de la prose
latine, voilà ce qu'il aspirait à donner. Ce qu'il rappelait, c'était un savant de la solide école hollandaise, un
Ruhnkenius, un Wyttenbach. Son cours fut pour lui-
même un précieux exercice. Il y acquit cette admirable
expérience de l'antiquité qui devait être plus tard le
secret de la supériorité de ses travaux.

Deux entreprises utiles, bien qu'elles appartiennent à
des genres dont les vrais principes n'étaient pas alors
connus en France, furent vers ce temps la principale
occupation de M. Le Clerc. En 1826, il donna une édition de Montaigne. L'habitude de traiter les grands
écrivains français comme des classiques, dont on poursuit les moindres variantes d'orthographe, n'existait pas
encore. M. Le Clerc n'examina pas toutes les questions
compliquées auxquelles donne lieu le texte de Montaigne; mais les efforts qu'il fit pour expliquer l'origine
des idées de l'illustre sceptique gardent tout leur prix.
La grande édition des œuvres complètes de Cicéron,
que M. Le Clerc publia, de 1821 à 1825, en collaboration
avec plusieurs de ses maîtres, de ses condisciples, de ses
élèves ou de ses amis, Guéroult, J.-L. Burnouf, Naudet,

Th. Gaillard, Ch. de Résumat, fut aussi une bonne fortune pour les lecteurs instruits. Par son goût littéraire et le tour particulier de son esprit, M. Le Clerc semblait désigné pour être l'interprète de ce grand et beau génie qui a donné aux théories morales de l'antiquité leur forme sinon la plus originale, du moins la mieux appropriée au goût français. Les philologues universitaires à cette époque avaient le tort de ne pas recourir aux manuscrits. Pour la constitution du texte, le travail de M. Le Clerc a été dépassé par les critiques allemands ; mais la traduction, le commentaire, les dissertations, renferment d'excellentes parties. C'était juste le moment où les œuvres de Cicéron s'enrichissaient de précieux débris arrachés aux manuscrits palimpsestes par les soins d'Angelo Maï et d'Amédée Peyron. Un des plus beaux écrits de Cicéron, le *Dialogue de la république*, sorte d'éloquent appel en faveur de la cause perdue du patriotisme et des vieilles institutions au moment où elles allaient disparaître, sortait, pour ainsi dire, des limbes du néant. M. Villemain venait d'en donner une traduction pleine d'élégance et d'éclat ; M. Le Clerc reprit le travail, et ce fut là, dans le champ des études antiques, son principal titre. La critique du cardinal Maï n'était pas toujours égale à son ardeur pour retrouver les pages oblitérées de l'antiquité ; la façon dont il avait constitué le texte laissait à désirer. M. Le Clerc, sur ce point, commença l'œuvre de la grande science avec beaucoup d'érudition et de bonheur.

Le projet qui le préoccupait alors était une histoire générale de la littérature latine. On peut dire que le sujet était complétement traité dans son esprit ; il n'y avait pas une partie de ce vaste ensemble qu'il n'eût approfondie. Aux livres il voulut joindre la leçon vivante des voyages. Deux fois, en 1827 et en 1831, il visita l'Italie, la première fois en compagnie de MM. Adrien de Jussieu et J.-J. Ampère, la seconde fois avec M. Valery. Il noua les relations les plus fructueuses avec les savants de ce pays, surtout avec le cardinal Maï. Ses compagnons cependant profitèrent plus que le public du fruit de ses voyages. Ampère lui dut une partie de ce savoir profond qu'il avait de l'Italie antique. Quant à M. Valery, il reçut de M. Le Clerc plusieurs de ces indications d'histoire littéraire, de ces charmantes citations, de ces réminiscences pleines d'agrément, qui font de son livre le meilleur guide du voyageur instruit en Italie.

M. Le Clerc compléta plus tard la série de ses voyages littéraires en visitant les savants, les bibliothèques, les universités de Belgique, de Hollande, d'Angleterre et de Suisse. Il n'alla jamais en Allemagne. Il tenait de son éducation certaines préventions contre la science allemande, lesquelles ne cédèrent qu'à l'expérience répétée qu'il fit plus tard de la solidité des travaux historiques et philologiques d'outre-Rhin. Son vaste savoir se dépensait sous les formes les plus variées. Il fut un collaborateur excellent de la *Revue encyclopédique*, de la *Biographie universelle* de Michaud, de l'*Encyclopédie des gens du monde*, pour les articles de littérature ancienne. Il donnait en même temps au *Journal des Débats* des études de critique savante, que les hommes lettrés appréciaient. Ce n'était pas le genre un peu superficiel qui a prévalu depuis pour ces sortes d'écrits; c'étaient de vrais articles critiques, nourris d'analyses et de jugements. L'avenir

préférera peut-être ces solides essais à des morceaux où
l'envie de briller n'est pas dissimulée, et où la première
règle est d'oublier le livre dont on parle pour montrer
son propre talent. On écrivait alors en vue d'un public
soucieux du vrai, non en vue de lecteurs indifférents à
l'instruction et désireux surtout d'être amusés.

Des devoirs plus graves vinrent chercher M. Le Clerc
et furent pour lui le commencement d'une nouvelle
vie. En 1832, il fut nommé doyen de la Faculté des lettres de Paris en remplacement de M. Lemaire. En 1834,
l'Académie des inscriptions et belles-lettres l'appela dans
son sein, pour remplir la place devenue vacante par
la mort de Charles Pougens. Ces nouvelles occupations
l'obligèrent de quitter l'enseignement; il renonça aussi
peu à peu à la presse périodique et ne songea plus qu'à
l'approbation de ses confrères. Quoique la littérature
latine fût encore sa principale occupation, on peut croire
que déjà il avait renoncé au vaste livre d'ensemble qu'il
avait projeté. Il voulut au moins publier quelques parties
de ses recherches, et, de 1835 à 1837, il lut à l'Académie
deux mémoires sur les *Annales des pontifes* et sur les
Journaux chez les Romains. M. Le Clerc abordait ici un
des problèmes les plus difficiles de la critique, un de ces
problèmes d'origines qui demandent des dons particuliers
et un certain tour d'esprit auquel nulle érudition ne supplée. L'école à laquelle appartenait M. Le Clerc s'exagé-
rait le degré de créance que mérite la vieille histoire
romaine. Oublieuse de ses gloires passées, la patrie de
Beaufort, de Lévesque de Pouilly, de Barthélemy (telle
avait été la décadence des études!), considérait comme
une partie de l'orthodoxie classique, au moins aussi into-

lérante que l'orthodoxie religieuse, de croire à Romulus
et à Numa Pompilius. Une complète ignorance de ce qui
constitue la nature de la légende, une naïve inintelli-
gence des procédés par lesquels se forme l'histoire
populaire, faisaient tenir pour des rêveries les principes
nouveaux que la critique allemande avait introduits. La
France, étant le pays qui a le plus oublié ses légendes
et qui s'est le plus éloigné de ses origines philologiques
et mythologiques, ne pouvait créer ni la philologie ni la
mythologie comparées. Wolf, Niebuhr, Bopp, Grimm,
Strauss, ne pouvaient naître en France ; les questions
d'origines devaient trouver chez nous méfiance et défaveur. Notre droit philosophique et nullement traditionnel,
notre manière d'expliquer par des combinaisons réflé-
chies l'établissement du langage, des croyances, des lois,
des coutumes, nous rendent sur ce terrain inférieurs à
l'Allemagne, laquelle parle encore la même langue qu'aux
jours les plus antiques, connaît et aime ses vieilles fables,
ses vieilles lois, ses vieilles coutumes, vit encore, si l'on
peut ainsi parler, sur le vieux trône aryen, tandis que
l'empire romain est pour nous le terme extrême au delà
duquel nous ne remontons plus. M. Le Clerc, plein des
idées du xviiie siècle, ne pouvait d'abord admettre des
conceptions qui souvent, il faut le dire aussi, se présen-
taient sous des formes blessantes et avec beaucoup d'exagérations. A travers les défauts de Niebuhr il ne sut pas
voir son génie ; il ne distingua pas dans l'œuvre de ce
grand homme les vues générales, qui sont admirables, et
les hypothèses de détail, qui sont très-souvent contestables.
Bientôt, du reste, l'Académie, par une lumineuse divination, allait tirer notre savant confrère de recherches où

il n'avait pas tous ses avantages, et l'appliquer au genre
de travail pour lequel la nature semblait l'avoir particulièrement doué.

II.

En 1838, une place devint vacante dans la commission chargée de rédiger l'*Histoire littéraire de la France*.
On sait les fortunes diverses de ce grand recueil, l'un de
ceux qui font le plus d'honneur à notre patrie. Le projet
d'un vaste répertoire où tout Gaulois, tout Français ayant
tenu la plume aurait sa biographie et sa bibliographie
critique, remonte aux premières années du xviii° siècle.
Deux religieux bénédictins de la congrégation de Saint-
Maur, dom Roussel et dom Rivet, en eurent simultanément l'idée ; mais dom Roussel mourut avant d'avoir
rien publié. Dom Rivet, relégué à cause de son ardeur
pour le jansénisme à l'abbaye de Saint-Vincent du Mans,
reçut communication des papiers de son confrère et
commença l'exécution. Un prospectus ou spécimen parut en 1728. Le premier volume, commençant par Py-
théas de Marseille, fut publié en 1733. Les neuf premiers volumes (1733-1750) furent tout entiers l'œuvre du
consciencieux Rivet. Il fallait du courage pour entrer
dans une mer infinie : d'heureuses illusions, sans lesquelles il est douteux qu'on se fût engagé dans une telle
œuvre, soutenaient les travailleurs. On espérait arriver
jusqu'aux temps modernes, faire l'histoire de MM. de Port-

Royal, dire combien on les admirait, venir même jus-
qu'au XVIIIe siècle. Voltaire écrit à Cideville, le 6 mai 1733 :
« Les infatigables et pesants bénédictins vont donner,
en dix volumes in-folio, que je ne lirai pas, l'*Histoire
littéraire de la France*. J'aime mieux trente vers de vous
que tout ce que ces laborieux compilateurs ont jamais
écrit. » L'ingrat ! les bénédictins s'occupaient déjà de
lui et préparaient sa notice. Dans les portefeuilles de dom
Rivet et de ses collaborateurs, que possède l'Institut, se
trouve une note d'une respectable écriture sur « le sieur
Arouet, jeune poète d'une haute espérance ».

La mort de dom Rivet faillit être un coup mortel pour
l'*Histoire littéraire*. L'attention publique n'était plus en
France aux recueils savants. Une brillante école laïque
sécularisait l'histoire, mais, en même temps, la rendait
parfois superficielle. Voltaire, Montesquieu, fermaient le
règne de l'in-folio ; la valeur des recherches de source
était peu comprise ; la critique, devenue frivole, se montrait injuste ou dédaigneuse pour les doctes recueils. Les
querelles du jansénisme, d'ailleurs, troublaient profondément la congrégation de Saint-Maur ; des discordes, des
procès et comme un sentiment lointain des orages du
siècle pénétraient en ces cloîtres paisibles. Les tomes X,
XI, XII, par dom Poncet, dom Clément, dom Clémencet,
dom Colomb, parurent à d'assez longs intervalles de 1750
à 1763. Qu'on était loin de l'espérance naïve qui avait pu
faire croire aux fondateurs de l'ouvrage qu'ils arriveraient
jusqu'aux temps modernes ! La fin du tome XII atteignait
l'an 1167 ; on n'avait pas encore pu y donner place à la
notice sur saint Bernard. Le découragement prit alors les
vénérables solitaires. Le siècle ne prenait nulle garde à eux.

Voltaire avait tué toute érudition par son aimable bon
sens, son adorable esprit, sa facile résignation à ne pas
savoir ce qui demande peine et labeur. Les libraires ac-
cueillirent avec bonheur dom Clément le jour où il vint
leur annoncer l'abandon de l'ouvrage qu'ils s'étaient engagés à imprimer. Cependant, comme les articles de saint
Bernard et de Pierre le Vénérable étaient faits, on les
publia (1773). Ce fut le dernier adieu des savants rédacteurs à un public qui ne voulait plus de leurs judicieuses
recherches. Quarante ans s'écoulèrent avant que l'on son-
geât de nouveau en France à ce grand monument national.
On n'y pensait guère qu'en Allemagne. En 1772, le
savant Ernesti écrivait à Paris pour en réclamer la suite
au nom de toute l'Europe lettrée.

La louable idée de reprendre nos grandes annales littéraires vint du gouvernement impérial. Un arrêté du 27
mai 1807 ordonna de continuer l'œuvre commencée par
dom Rivet, et chargea de ce soin l'Institut de France,
comme la seule compagnie permanente qui pût mettre
l'ouvrage au-dessus des chances d'interruption. La troisième classe de l'Institut, depuis Académie des inscriptions et belles-lettres, fut naturellement désignée pour le
travail. Cette compagnie se trouva d'abord médiocrement
préparée à l'ouvrage dont on la chargeait ; le treizième
volume ne parut qu'en 1814. Un survivant de la congrégation de Saint-Maur que l'Académie possédait, dom
Brial, fit peu de chose pour le recueil, occupé qu'il était
de la collection des *Historiens de la France*. Le restaurateur de l'œuvre, à ce moment difficile où il s'agissait de
renouer les traditions, fut Daunou. L'esprit juste et clair
de cet honnête homme, ses anciennes études ecclésias-

tiques, l'indépendance de son jugement, faisaient de lui le vrai continuateur laïque du monument commencé par les bénédictins. Il est permis de dire cependant que le travail n'atteignit pas entre ses mains toute la perfection dont il était susceptible. Ce fut M. Le Clerc qui y porta définitivement la précision et la richesse de la grande érudition. Après dom Rivet, il fut le plus laborieux, le plus dévoué, le plus savant collaborateur qu'ait eu *l'Histoire littéraire*.

Au premier coup d'œil, rien ne semblait le désigner pour ce travail. Jusque-là, les littératures anciennes, surtout la littérature latine, l'avaient occupé tout entier. Jamais cependant corps savant n'obéit à une intuition plus heureuse que celle qui guida l'Académie le jour où elle porta ses suffrages sur Victor Le Clerc. L'Académie vit avec une justesse parfaite que toutes les études historiques se tiennent, et que, pour bien traiter le moyen âge en particulier, la première condition est la profonde connaissance de l'antiquité. La méthode avec laquelle les littératures grecque et latine ont été étudiées depuis le xve siècle est le modèle de toute recherche critique. En outre, la littérature du moyen âge a ses racines dans l'antiquité : souvent elle en est une décadence; même quand elle est originale, l'antiquité reste la mesure à laquelle il faut la rapporter. L'antiquité est une règle toutes les fois qu'il s'agit des ouvrages de l'esprit; une irréparable lacune se remarque dans les travaux sur le moyen âge et l'Orient qui ne procèdent pas d'humanistes exercés.

Telle est la raison de ce fait qui surprit beaucoup de personnes, à savoir qu'un philologue classique, assez circonscrit jusque-là dans ses goûts, transporté à l'âge de

cinquante ans dans le champ des études du moyen âge,
s'y trouva du premier coup un critique excellent.
D'autres plus jeunes, formés par les leçons de l'École
des chartes, l'eussent surpassé peut-être comme paléogra-
phes pour la publication des textes inédits; mais personne
n'eût si bien rempli l'objet principal de la collection,
qui est le jugement des textes eux-mêmes. L'étude du
moyen âge, quand elle est exclusive, est dangereuse.
Elle entraîne presque toujours en des admirations exa-
gérées. Tantôt on ne voit que les douceurs de la piété
chrétienne, on n'entend que les soupirs mystiques des
saints et des saintes; on oublie le code féroce de l'inquisition, ces massacres, ces atrocités de la persécution
religieuse qui n'ont jamais été égalées. Le juste et bon
saint Louis, la pure et touchante Marguerite de Provence, nous voilent des scènes d'horreur comme les
règnes de Dèce et de Dioclétien n'en connurent pas, des
entraves sociales d'une insupportable pesanteur. D'autres
fois on s'enthousiasme pour les poëmes chevaleresques;
on oublie que la forme de cette poésie fut toujours imparfaite, que l'arrêt d'oubli qui l'a longtemps frappée ne
peut être de tout point injuste. Ce qui empêche de mourir, c'est le rayon divin de la beauté, ce quelque chose
de gracieux, de serein, de charmant, que la Grèce eut
en partage, et que le moyen âge ne connut guère avant
Dante et Pétrarque. L'inspiration religieuse au moyen
âge fut admirablement grandiose; mais l'élégance, la
largeur de la vie, manquèrent : l'art et la littérature, qui
sont le reflet de la vie, ne pouvaient avoir une finesse
que la société n'avait pas; le style et le goût firent
défaut presque en toute chose. Les chansons de geste ne

valent pas plus Homère que les voussures sculptées d'une
église gothique ne valent les frises du Parthénon. Rien
de tout cela n'est sculpté dans le marbre; le Parthénon
ne serait pas le Parthénon, s'il n'était en marbre penté-
lique; le précieux de la matière est la condition de tout
chef-d'œuvre. De pesants héros ne remplaceront jamais
dans le culte littéraire de l'humanité les formes divines
du monde épique de la Grèce. Ces paladins de Charlemagne sont honnêtes assurément, loyaux, créés d'une
seule pièce, mais ils n'ont ni grâce ni attitude; ils ne
sauraient fournir le sujet d'une frise, d'un vase peint.
Ajoutez le manque de lumière, de délicatesse, l'énorme
chaîne créée par des dogmes terribles, la surveillance
jalouse de l'Église, une complète laideur chez le paysan,
une grande platitude chez le vilain; vous aurez le secret
de la médiocrité à laquelle les œuvres du moyen âge
semblent condamnées. Encore si elles étaient simples et
vraies; mais non, leur défaut est le plus souvent une
déplorable afféterie, une choquante subtilité, une sorte de
gaucherie. Il y a des exceptions à tout cela; la chanson
surtout sut trouver quelques accents dont l'harmonie
suave égala presque les rhythmes de la lyre antique;
jamais pourtant le génie barbare ne fut assez fort pour
arriver au grand style, pour s'affranchir complètement de
l'espèce de fatalité qui condamna nos ancêtres à ne
jamais réaliser la parfaite beauté. Voilà en quel sens le
moyen âge est une déchéance, une éclipse dans l'histoire
de la civilisation, en quel sens aussi la Renaissance fut
un légitime retour à la grande tradition de l'humanité.
C'est ce que comprenaient bien nos anciens, Fleury, les
bénédictins, Daunou. L'étude du moyen âge ne faussa

jamais leur jugement, car ils comparaient toujours ce
temps à l'époque saine et classique, aux Pères de l'Église
en fait de christianisme, aux grands écrivains grecs et
latins en fait de littérature. Ils n'aiment pas le moyen âge,
et néanmoins ils l'étudient avec un soin minutieux, car,
pour les natures studieuses et savantes, le goût personnel
n'est rien ; pour elles, tout ce qui vient du passé est également digne d'intérêt.

Ce fut ce qui arriva pour M. Le Clerc. Cet humaniste,
nourri de la plus fine fleur de l'élocution antique, ce professeur d'un goût essentiellement classique, ce critique
dominé jusqu'à l'excès peut-être par les idées littéraires
des anciens rhéteurs latins, laissa là tout à coup ses
auteurs favoris pour une littérature qu'il trouvait barbare
et rebutante, pour des chroniques mal écrites, des scolastiques arides, des vers latins détestables, des sermons
souvent ridicules. Exemple frappant d'une vie partagée
entre deux objets poursuivis tous les deux avec la même
passion ! A peine désigné par l'Académie, il se mit aux
recherches avec ardeur. La commission apprécia bientôt
du reste son collaborateur nouveau. Presque le lendemain
de son admission, M. Daunou ayant résigné ses fonctions
« d'éditeur », ce titre fut déféré à M. Le Clerc. L'*Histoire littéraire* fut dès lors son travail par excellence,
son occupation de tous les instants. Vers le même temps,
M. Fauriel apportait à la commission sa vive intelligence de la littérature populaire, le sentiment profond
qu'il avait des origines, son goût pour les problèmes
difficiles d'histoire littéraire. Une ère nouvelle sembla
s'ouvrir pour le recueil, et sûrement dom Rivet, paraissant dans le docte cabinet où se conservent ses papiers

et où se réunissent ses continuateurs, eût été satisfait de voir au bout d'un siècle son esprit si bien compris et son œuvre en si bonnes mains.

On venait de livrer au public le tome XIX, avec lequel on croyait avoir presque atteint la fin du xiiiᵉ siècle. M. Daunou avait annoncé résolûment que le tome XX serait le dernier consacré à ce grand siècle; il avait compté sans le zèle de ses successeurs. D'énormes suppléments arrivèrent de toutes parts; les annales littéraires de ce siècle mémorable ne finirent qu'avec le tome XXIII. C'est que le xiiiᵉ siècle est, à beaucoup d'égards, le xviiᵉ siècle du moyen âge. Comme le xviiᵉ siècle il hérita d'une brillante époque antérieure, il vit la France exercer en Europe un ascendant universel; sur sa fin, il inclina vers la décadence. Comme le xviiᵉ siècle aussi, le xiiiᵉ siècle eut une conscience historique très-claire, et légua une image très-ferme de lui-même à la postérité. Certes, au xiiiᵉ siècle, il est permis de préférer le xiiᵉ, au moins en ce qui concerne l'originalité. Le xiiᵉ siècle fut vraiment le grand siècle créateur du moyen âge, le moment d'épanouissement du génie français. Le temps de Louis le Jeune, de Suger, de Philippe-Auguste, montre plus d'éveil que celui de saint Louis. Alors naissent la scolastique, l'architecture gothique, les rédactions des poëmes de geste, les écoles qui, en se groupant, formeront l'Université de Paris, la vraie France avec sa claire notion de l'état laïque. L'administration de Suger et le règne de Philippe-Auguste sont le point culminant de la première gloire française, une image de ce que seront plus tard les règnes de Richelieu et de Louis XIV. Le xiiiᵉ siècle vit plutôt avorter des espérances que naître de grandes choses. Il ne sut pas

faire une chanson de geste qui fût un chef-d'œuvre, il ne
sut pas tirer une science vraie de la scolastique, il ne sut
pas élever l'architecture gothique à la hauteur d'un art
complet. A partir de saint Louis surtout, un esprit étroit,
mesquin, pesant, borné, enlève la couronne du génie à
la France et la transfère à l'Italie. Mais dans cette décadence encore que de fécondité! Si la forme littéraire est
médiocre, quelle énergie dans les caractères, quelle hauteur dans les sentiments, que de naïveté, que de foi!

Les premiers travaux de M. Le Clerc dans l'*Histoire
littéraire* attirèrent justement son attention sur ce que
le xiiie siècle eut de plus grand, je veux dire sur les derniers et héroïques efforts que firent les Latins en Palestine
pour garder une souveraineté que la force des choses
leur arrachait. Ses articles sur Nicolas de Hanapes, le
dernier patriarche de Jérusalem, à la fois guerrier, mar-
tyr, inquisiteur, et avec cela le plus doux des hommes,
sur les relations de la prise de Saint-Jean-d'Acre, sur
Jeanne, comtesse d'Alençon, sur les lettres de Marguerite
de Provence, nous introduisent dans ce monde de saints
et de saintes que Louis IX créa autour de lui, monde
si hautement caractérisé par le courage, la douceur,
l'humilité simple et grande, une sorte de mélancolie profonde et touchante. Quel récit que celui de la dernière prise de Saint-Jean-d'Acre, tableau inouï de l'ago-
nie pleine de rage d'une troupe de moines et de chevaliers
voyant se serrer autour d'eux le cercle fatal : au milieu
de la bataille, les prédications enthousiastes de moines
fanatiques, le massacre avançant d'heure en heure, des
frénétiques qui se ruent pour chercher la mort, les religieuses qui se mutilent la figure avec des couteaux pour

éviter le harem! Entre toutes ces notices, la plus intéressante, cependant, fut celle que M. Le Clerc consacra
au dominicain Brocard. Brocard est le meilleur des écrivains sur la Palestine au moyen âge. C'est un homme
exact, de grand sens, relativement éclairé et même tolé-
rant, le dernier de la famille de ces hardis voyageurs
monastiques qui sont une des gloires du xiii° siècle. M. Le
Clerc corrigea, en ce qui le concerne, une foule de méprises, et montra où il fallait chercher le véritable texte
de son ouvrage. Le récent éditeur de Brocard, M. Laurent,
a repris le travail et confirmé les découvertes de M. Le
Clerc. — Comme pour faire voir que rarement, dans
l'humanité, les grandes choses se passent sans petitesses
et sans impostures, un cantique que chantaient les pèlerins de Saint-Jacques-de-Compostelle et un itinéraire
de ces mêmes pèlerins lui fournirent l'occasion de montrer comment le pèlerinage de Galice vint du même esprit
que les croisades et par quelle série de pieuses supercheries on réussit à le rattacher à l'histoire fabuleuse de
Charlemagne. Peu d'articles sont plus importants à lire
pour se rendre compte des principes de critique qu'il
faut appliquer à l'hagiographie et à certaines chansons
de geste.

Les vies de saints et de saintes échurent en général à
M. Le Clerc. C'était là, au xiii° siècle, un genre de littérature bien épuisé, donnant lieu à mille plagiats, abon-
dant en déclamations, en lieux communs, et, selon
l'ingénieuse comparaison de M. Le Clerc, « en fraudes
pareilles à celles de la statuaire antique, qui, sans rien
changer à l'attitude ni aux draperies de ses héros, substi-
tuait à la tête d'un empereur proscrit celle d'un autre

tyran qui régnait encore ». Ce sont partout les mêmes
apparitions, les mêmes vertus, les mêmes miracles. Des
biographies pieuses de personnes qui n'ont pas été canoni-
sées, en particulier de quelques saintes flamandes et braban-
çonnes, sœurs aînées d'A-Kempis, ont plus d'accent et
forment de jolis tableaux de sainteté douce et tranquille.
La notice de M. Le Clerc sur Marguerite de Duyn,
prieure de la chartreuse de Poletin, est pleine d'un sentiment très-juste de la mysticité chrétienne. Cette recluse
nous a laissé une apocalypse fort curieuse et des Médi-
tations, écrites en partie en français, qui rappellent sainte
Thérèse et Marie d'Agreda. La vie de Béatrix, vierge
d'Ornacieu, permet aussi d'étudier de près ces illusions
d'une affectueuse piété, ces rêves touchants, même quand
ils font sourire, d'une recluse qui eût été une mère
excellente, et qui remplace des sentiments hors de sa
portée par une dévotion tendre et presque maternelle.
M. Le Clerc ajouta une page importante à l'histoire du
christianisme en explorant cette province peu connue
du monde mystique.

Quand M. Le Clerc entra dans la commission de l'*Histoire littéraire*, les notices sur les grands scolastiques
étaient déjà faites. Dans ses articles sur Humbert de
Prulli, Pierre d'Auvergne et Raymond de Meuillon, il eut
cependant à raconter plus d'un épisode curieux de l'histoire du thomisme. Son étude sur Raymond de Meuillon
le conduisit à une découverte curieuse, c'est que les
œuvres de ce Raymond avaient été traduites en grec sous
ses yeux. A propos de Jofroi de Waterford, il groupa
d'autres faits qui mirent dans un grand jour les rapports
des dominicains avec Constantinople et la connaissance

que quelques membres de cet ordre purent avoir de la langue grecque. Ce fut le germe des recherches qu'il fit ou qu'il encouragea sur l'étude du grec en Occident durant le moyen âge. Les sermons furent aussi l'objet de ses investigations les plus suivies. Il prouva qu'on les prononçait souvent en langue vulgaire. Il fallut le courage de notre savant confrère pour lire et analyser ces fastidieux répertoires d'allégories puériles, de calembours, d'historiettes inconvenantes, de recettes presque mécaniques, qui entretinrent si longtemps dans le clergé la routine et la paresse d'esprit. Le plus singulier de ces recueils ou topiques est le *Dormi secure*; M. Le Clerc montra que ce titre naïf avait été ajouté à un recueil plus ancien par les premiers typographes, jaloux de spéculer sur l'envie de dormir d'un curé arrivé au samedi soir sans avoir préparé son sermon.

Ses études sur l'histoire du droit canonique furent des plus approfondies. Vers la fin du XIII° siècle et le commencement du XIV°, les légistes prirent le pas sur les théologiens. Guillaume Duranti, dit *le Spéculateur*, Provençal qui joua en Italie un rôle de premier ordre et fut le bras droit de dix papes dans l'espace de trente ans; Jacques de Revigni, Pierre de Sampson, d'autres encore, tombèrent en partage à M. Le Clerc. Sa notice sur Guillaume Duranti, notamment, est un morceau capital. Les statuts et l'histoire intérieure des ordres religieux lui étaient merveilleusement connus. La puérilité des discussions ne le rebutaient pas, et il exposait la controverse des *barres*, dont l'objet était de savoir si le manteau d'Élie eut des barres, avec autant de plaisir que les plus intéressantes questions de littérature. Les statuts syno-

daux et autres actes ecclésiastiques lui montrèrent l'Eglise
se resserrant, se fortifiant, devenant de plus en plus
tyrannique contre les juifs et les hérétiques, supprimant
la Bible, amoindrissant l'enseignement. Les registres de
visites de l'archevêque de Rouen, Eudes Rigand, lui offri-
rent la plus riche source d'informations authentiques sur
les mœurs du clergé. Il combattit les puériles idées
qu'on s'est faites sur le moyen âge en se l'imaginant comme
une époque de mœurs pures et de docile soumission. Il
montra qu'en fait de révolte, d'opposition au clergé, de
déclamations souvent injustes contre les prélats et contre
Rome, le XIII* siècle n'eut rien à envier au siècle de
Luther. Une bonne fortune sous ce rapport lui fut réservée. Le curieux poëme de Gilles de Corbeil, médecin
de Philippe-Auguste, intitulé *Girapiera ad purgandos*
prælatos, encore inédit, vint le trouver; il en donna la
première analyse étendue, et le rapprocha de tant d'autres
piquantes satires que les hommes les plus attachés au
christianisme dirigeaient alors contre le clergé. C'est
quand on a su entendre ce cri universel de réprobation
que l'on comprend combien la réforme était près d'aboutir
au XIII* siècle. Si elle tarde encore deux ou trois siècles
à se faire, il faut l'attribuer aux énergiques mesures par
lesquelles l'Eglise défendit son pouvoir.

Ces terribles annales de l'inquisition furent étudiées par
M. Le Clerc avec un soin minutieux. Il réfuta une erreur fort
répandue, selon laquelle l'inquisition n'aurait jamais légalement existé en France. Il montra les rigueurs qu'elle exerça,
même dans la France du Nord, et considéra ces rigueurs
comme une des causes qui changèrent en triste médiocrité
un des plus brillants éveils intellectuels qui furent jamais.

Mais ce fut surtout l'Université de Paris qui fournit
à M. Le Clerc un sujet favori d'études savantes. Il y porta
une sorte de piété filiale. Garlande, la rue du Fouarre,
le clos Bruneau et toute la montagne latine, ces rues
étroites, ces hautes maisons, avec leurs voûtes basses,
leurs cours humides et sombres, leurs salles jonchées
de paille, étaient pour lui comme une patrie. Jamais on
ne mit si bien en lumière le rôle capital que l'Université
de Paris joue dans l'histoire, tout ce qu'eut de hautement révolutionnaire cette première fondation d'un
centre puissant d'opinion, qui, à deux ou trois reprises,
gouverna l'Église et l'État, gourmanda le roi, gourmanda
le pape, dirigea les conciles, envoya des ambassadeurs
aux nations étrangères, inaugura la force de la publicité
et proclama l'idée toute française des droits du talent.
Habet magnam audientiam, dit d'elle le concile de Con-
stance. Sans aucune exagération, M. Le Clerc put considérer l'Université de Paris comme l'une des origines de
la démocratie moderne et comme ayant éminemment
contribué à établir chez nous le principe de l'égalité.
Dans cette singulière compagnie de maîtres et de disciples,
nulle distinction entre les roturiers et les nobles, les
pauvres et les riches : unité de costume, justice sévère
dans les examens, gratuité des cours, pauvreté pour
tous, pour tous la même paille. On ne se rappelle pas
assez que la moitié de Paris, depuis Philippe-Auguste
jusqu'à Charles VII, fut une école ou plutôt une république où régnait le seul mérite, qui montra, bien avant
la découverte de l'imprimerie, le pouvoir de la parole,
exprima la première l'idée de la souveraineté du peuple,
donna, par l'esprit d'équité qui présidait à ses leçons,

à ses examens, à ses élections, une grande leçon de morale. L'élection à la pluralité des suffrages, l'obtention des bénéfices au concours, étaient les règles de cette institution, qui fut, au XIV⁰ siècle, l'âme des mouvements du tiers état. M. Le Clerc vivait des souvenirs de ce glorieux passé. Il fut fier le jour où il se vit consulté, de la part d'une université d'Écosse, sur un point de règlement qui divisait les *fellows*. On s'imaginait, à ce qu'il paraît, au fond de l'Écosse, sur la foi de ce nom bizarre d'Université de France, choisi par Napoléon pour désigner son administration de l'instruction publique, que la vieille Université de Paris existait encore à quelques égards, et l'on s'était dit que, toutes les universités de l'Europe ayant été fondées *ad instar Parisiensis studii*, le meilleur moyen de régler le différend était de s'informer des usages de l'université mère. Hélas ! il n'existait plus rien qui ressemblât à l'antique *alma mater* ; il se trouva du moins un docte héritier des Du Boulay, des Crévier, qui sut résoudre les doutes proposés. De sa mansarde, sous les hauts toits de la Sorbonne, M. Le Clerc semblait le dernier de ces maîtres séculiers qui revendiquèrent au XIII⁰ siècle la liberté de travailler aux choses de l'esprit hors du cloître et de l'école épiscopale. C'étaient là ses ancêtres, et sa joie était grande quand il pouvait réparer quelques-unes des injustices de l'histoire envers ces pauvres et modestes fondateurs, à qui nous devons tant.

Cela lui fut donné plus d'une fois. Grâce surtout à la connaissance qu'il avait du riche fonds des manuscrits de la Sorbonne, qu'on peut appeler les archives des débats de l'Université de Paris au XIII⁰ siècle et au XIV⁰, il ajouta des traits de première importance à l'histoire de la lutte des

mendiants et de l'Université sous saint Louis. Guillaume
de Saint-Amour, Gérard d'Abbeville, Godefroi des Fontaines,
lui durent de sortir de l'obscurité où les avaient relégués
le mauvais vouloir de leurs puissants rivaux et la timidité
de leurs successeurs. Des recherches approfondies amenèrent
sur ce point M. Le Clerc à de précieuses découvertes ou à
des rectifications équivalant à des découvertes. Le caractère sérieux, ferme, dur, presque terrible de cette grande
école gallicane du xiii⁰ siècle sortit vivant de ses travaux.
Il retrouva juqu'aux chansons par lesquelles les étudiants
se vengaient des intrigues de leurs ennemis et du mauvais vouloir de Blanche de Castille; il montra avec
exactitude le rôle de saint Thomas et de saint Bonaventure en ces querelles. Il fit bien plus encore. Le plus
important, après Guillaume de Saint-Amour, de ces rudes
lutteurs qui soutinrent sous saint Louis les droits de la
pensée naissante, ce Siger, que Dante place dans le paradis
à côté d'Albert de Cologne et de Thomas d'Aquin, avait
été tellement trahi par la renommée, que le passage de
la Divine Comédie qui le concerne semblait une énigme.
Avec une prodigieuse érudition, aidée d'un jugement
pénétrant, M. Le Clerc retrouva les titres de cette gloire
oubliée, reconstruisit la biographie de Siger, montra son
rôle dans les écoles de la rue du Fouarre, retrouva ses
écrits, reconnut l'esprit de son enseignement. Ce Siger,
qui, selon Dante,

> Syllogisa discours dont on lui porte envie,

fut un vrai libéral, presque un républicain ; il fit un cours
de politique qui laissa chez plusieurs de ses auditeurs
une profonde impression ; il fut le maître de Pierre du

Bois, le conseiller intime et le publiciste de Philippe le Bel. Son principe était que « de bonnes lois valent mieux que de bons gouvernants ». L'idée qui manque le plus au moyen âge avant Philippe le Bel, l'idée de « la chose publique » ou de l'État, Siger la développa avec une netteté qui surprend.

Cette pénible naissance de la société laïque, cette lente émancipation du mondain, longtemps étouffé sous le poids d'un culte impérieux, M. Le Clerc aimait à l'étudier dans les faits les plus divers. Les chroniques, qui furent pour la plupart dévolues à son examen, lui en fournirent souvent l'occasion. Il y remarquait curieusement ce qui pouvait éclairer les origines de l'esprit moderne. A côté de l'histoire monacale, dure et malveillante pour tout le monde, excepté pour les protecteurs du couvent, il trouve déjà des chroniques laïques bien supérieures, où l'on voit la critique se dégager peu à peu des liens de l'ancienne abnégation claustrale. La curiosité maligne, qui est déjà presque de la liberté chez Baudouin de Ninove, les expressions sévères de Geoffroy de Courlon sur la papauté, les jugements sur l'Église qu'on remarque dans les chroniques fabuleuses, telles que la chronique dite de Rains, celle dite de Baudouin d'Avesnes, sortes de romans historiques faits pour le peuple, étaient des signes de l'émancipation de l'histoire. Gottfrid d'Ensmingen, notaire du sénat de Strasbourg, est bien plus remarquable. Deux cent trente ans avant Luther, l'insurrection religieuse éclate chez lui avec une vigueur toute germanique. Guillaume de Nangis n'offrit rien à M. Le Clerc qui le distinguât des autres moines historiens ; mais, à diverses reprises, le savant doyen signala le fait singulier de son

dernier continuateur, le carme Jean de Venette, professant les doctrines les plus démocratiques et écrivant déjà
l'histoire avec un plein sentiment des droits du peuple.

La poésie latine fut aussi le partage de M. Le Clerc.
Quand le moyen âge veut imiter les rhythmes de l'antiquité classique, il réussit bien rarement. Ses hymnes
liturgiques assujetties à la prosodie de l'antiquité, ses
poëmes solennels, comme celui de Jean de Garlande, ont
quelque chose de faible, de banal, d'écolier. Il faut faire
des exceptions pour Vital de Blois, Guillaume de Blois,
Matthieu de Vendôme, qui, par une vraie connaissance
de la poésie classique, surtout de Plaute, arrivèrent à
produire deux ou trois scènes du meilleur comique.
Quant aux pièces latines, où, renonçant à la quantité, les
poëtes se conformèrent aux rhythmes de la poésie vulgaire, elles sont bien supérieures. Quelques hymnes à la
Vierge sont d'une harmonie charmante. Dans les canti-
lènes profanes, éclate déjà toute la légèreté, toute la
finesse de l'esprit français. Tel recueil de chansons latines
du xiiie siècle, — les *Carmina Burana*, par exemple, —
égale par la variété des strophes, par la gaieté de la
phrase dominante, par l'heureux agencement des refrains,
tout ce que les chansonniers modernes ont fait de plus
exquis. Ce sont le plus souvent des chansons d'étudiants,
de clercs ribauds, de truands, de cette burlesque *familia
Golice*, sur le compte de laquelle on mettait toutes les
bouffonneries ; d'autres fois, des satires spirituelles contre
les désordres des moines et du clergé, contre l'avarice et
les exactions de la cour de Rome, contre les vices du
siècle ; parfois d'innocentes plaisanteries, d'inoffensives
histoires de curés à la façon de Gresset. M. Le Clerc

aimait ces témoignages de la vieille liberté cléricale ; il
aimait à plier son style grave à redire les folies des « go-
liards », leurs tensons, leurs chansons d'amour, leurs
chansons à boire, leurs messes burlesques, leurs parodies
souvent risquées. Il plaçait très-haut la *Confessio Goliæ*,
petit chef-d'œuvre sur lequel la chronique de Frà Salim-
bene, publiée depuis, a fourni des renseignements décisifs. Il fit rechercher en Allemagne le *Gaudeamus*, le
chant des anciennes fêtes universitaires. Plus d'une fois,
en traitant de ces libres monuments de la gaieté du
moyen âge, quelque fine malice, quelque sourire discret,
se mêlaient à son exposition savante ; il se retenait avec
art dans la carrière glissante où les chansonniers du
temps de saint Louis ne surent pas toujours s'arrêter.

Il porta les mêmes qualités dans la longue étude qu'il
consacra aux fabliaux en langue vulgaire. Les fabliaux
sont peut-être le plus riche héritage que nous ait légué
le vieil esprit français. L'abondance, la hardiesse, le
naturel, l'originalité de nos aïeux dans ce genre de poésie
familière, sont chose admirable. Il est vrai que l'Italie les
a surpassés par la science du style et l'habileté de la mise
en œuvre ; mais il ne faut pas oublier que, si Boccace
et les auteurs des nouvelles italiennes ont montré plus
d'art que nos conteurs du XIII° siècle, ils leur ont tout
emprunté pour le fond des récits. Quand La Fontaine
croit tant devoir à Boccace, il se trompe ; il ne fait que
reprendre à l'étranger ce que l'étranger avait pris à nos
vieux conteurs gaulois. Ceux-ci, on ne le conteste pas,
avaient eux-mêmes reçu des sujets de toutes mains ; les
romans de l'antiquité, l'Orient, la mythologie, la Vie des
saints, furent par eux mis à contribution ; mais ils in-

ventèrent beaucoup aussi. Des fabliaux qu'on peut admirer encore, *Saint Pierre et le Jongleur*, *les Deux Chevaux*, *Guillaume au faucon*, *le Vilain qui conquit le Paradis par plaid*, la plupart des petits drames où agissent et parlent les bourgeois, les vilains, sont le produit du sol de la France, l'œuvre de ses poëtes populaires. La vogue qui leur fit faire le tour de l'Europe était due à la facilité, à la clarté, à l'enjouement, à l'esprit libre et vif qui les animaient. M. Le Clerc retrouva chez ces conteurs oubliés les vrais ancêtres de Rabelais, de La Fontaine, de Molière, de Voltaire. Après Fauchet et Caylus, il prouva d'une manière triomphante que, au moyen âge, toute l'Europe s'approvisionna en France d'historiettes, d'anecdotes, de contes, de facéties, de même que, jusqu'à nos jours, la France fournit à l'Europe toute sa petite littérature amusante de vaudevilles et de pièces de théâtre. Il montra parfaitement pourquoi les auteurs de ces compositions parfois charmantes, toujours très-gaies, ne devinrent jamais des artistes ni des écrivains. Leur situation sociale, qui les réduisait au rôle de mendiants, de bouffons et de parasites, leur interdit toute noble visée. De là tant de bassesses et de trivialités, de « vilenies », comme on disait, où la délicatesse du goût ne corrige pas la licence des sujets. La façon dont M. Le Clerc sut concilier avec les justes exigences du langage poli la nécessité, dans un ouvrage d'érudition, d'être complet, reste un vrai tour de force. La partie sacerdotale des innombrables contes qui amusaient les châteaux et les veillées bourgeoises dut surtout être fort abrégée. Les contes dévots sur la Vierge, les anges, les saints, compositions bizarres, mêlant l'amour à la dévotion, où le rire confine à la

prière, la farce au sermon, étaient peut-être pour le
jongleur une expiation de ces crudités toutes profanes.
Elles ne le sont guère pour nous, car le talent y manque
d'ordinaire, bien qu'il y ait là plus d'une histoire touchante, animée par une vraie tendresse de cœur.

Les poésies morales et didactiques, les nombreux « doc-
trinaux », les « sommes » ou encyclopédies en vers furent
aussi analysés par M. Le Clerc. Ce genre ingrat a bien
rarement produit des chefs-d'œuvre ; pour examiner avec
autant de soin d'interminables rapsodies, il fallut cette
précieuse qualité qui rend l'érudit indifférent à la beauté
ou à l'ennui du texte qu'il étudie. Les peines du savant
érudit furent mieux récompensées dans l'examen des
poëmes de circonstance, pamphlets en vers qui étaient
récités sur les places, et qui souvent rappellent les
charges les plus plaisantes de nos petits journaux comiques. C'étaient les gazettes du temps, gazettes de carrefour,
ouvrages de publicistes peu exercés, mais toujours précieux à consulter, parce qu'on y trouve l'impression du
moment sur les mille petits faits qui frappèrent le peuple
et furent pour lui l'histoire. Tout le monde y comparait.
Pour les rois, pour les prélats, pour les grands, il y a des
complaintes funèbres, des saluts d'heureux avénement,
des récits de guerre et de tournois, mais aussi de sévères
leçons ou de piquantes railleries. On se moque de leurs
fragiles traités de paix, de leur confiance aveugle dans
ceux qui les flattent, de leurs terreurs devant les envoyés
de Rome. Plusieurs de ces ouvrages, comme le poëme de
Jordan Fantosme sur la conquête de l'Irlande, le poëme
sur la mort de saint Thomas de Cantorbéry, composé par
Garnier de Pont-Sainte-Maxence, remontent au xiie siècle.

D'autres sont relatifs aux luttes de la France et de l'Angleterre à partir de Philippe-Auguste. L'antipathie des deux
royaumes s'y montre au naturel. Tantôt l'auteur est Anglais ; alors il entasse contre la France les railleries triviales,
les reproches puérils, en ce français dégénéré qui se parlait
au delà de la Manche. Tantôt le trouvère tourne en dérision les prétentions du roi d'Angleterre et commet des
fautes de français pour faire rire ses auditeurs aux dépens
des Anglais. La satire sur la médiation de Louis IX entre
Henri III et ses barons, le traité burlesque appelé *la
Charte de la paix aux Anglais*, la pièce intitulée *le Privilège aux Bretons* (vers 1234), sont des parodies politiques où l'ironie n'est pas sans finesse. Le prestige toujours grandissant du roi de France, les luttes des barons
d'Angleterre contre leur royauté, la popularité des grands
révoltés, Foulques Fitz-Warin, Simon de Montfort, comte
de Leicester, toutes les affaires des règnes décisifs de
Jean sans Terre et de Henri III sont écrits là en traits vifs et
profonds. Ce sont aussi des pièces historiques du plus haut
intérêt que le *Dit de vérité*, touchante requête en vers de
l'Université contre les puissants ennemis qui l'attaquaient
auprès de Blanche de Castille et de saint Louis ; la *Complainte* et le *Jeu de Pierre de la Broce*, expression des
sentiments populaires sur la mort d'un ministre bourgeois
sacrifié aux rancunes aristocratiques ; la *Complainte de
Jérusalem* (vers 1223), cri éloquent d'une âme chrétienne,
ardente pour la croisade, mais animée contre le clergé
et la cour de Rome de la haine la plus violente, compa-
rant les prélats au traître Ganelon, appelant de ses vœux
un Charles Martel assez fort à la fois pour se mettre à la
tête des croisés et pour réformer le clergé.

Rien ne rebutait notre savant confrère; il ne s'épar-
gnait aucun des travaux qu'il pouvait épargner aux
autres. Pour dispenser désormais d'y revenir, il étudia
avec autant de soin qu'il eût fait un grand poëme les
« fatrasies », joyeusetés et poésies burlesques de tout
genre que le moyen âge nous a laissées. « Tout est pur
pour les purs, » dit l'Écriture; on peut dire aussi que
tout est sérieux pour l'homme sérieux. Au milieu des
amphigouris, coq-à-l'âne, jeux de rimes, grimoires, parodies des offices et vies de saints, M. Le Clerc trouva
les origines du Charlemagne héroï-comique, que l'Italie
n'a pas inventé; il rencontra ces jolis « tournois » burlesques, et surtout *Audigier*, cet incroyable poëme qu'on
peut appeler le poëme du laid, où le noble moyen âge
semble se tourner lui-même en dérision, et traîner dans
la boue ce qu'il adorait; il signala enfin ce curieux *Dit
d'aventures*, raillerie des poëmes chevaleresques, sorte de
Don Quichotte, où les « bourdes » des conteurs d'aventures sont raillées sur un ton qui rappelle tantôt Cer-
vantes, tantôt les plaisantes assurances de véracité de
l'Arioste. Pas une des données des littératures modernes,
pas une machine poétique, pas un épisode amusant ou
émouvant des poëmes romantiques, que notre XIIIᵉ siècle
n'ait possédés. Par quelle fatalité a-t-il pu se faire que,
avec tant de spirituelles inventions, il n'ait su ni produire
un chef-d'œuvre durable, ni se préparer, pour le siècle
suivant, des continuateurs français?

C'est le problème que M. Le Clerc examina sous toutes
ses faces dans le discours préliminaire à l'histoire des
lettres en France au XIVᵉ siècle. Avec le tome XXIII on
avait fini le XIIIᵉ siècle. On allait aborder le XIVᵉ siècle.

époque bien plus difficile en un sens, car les anciens
bibliothécaires l'ont beaucoup moins étudié que le XIIe et
le XIIIe. L'usage des bénédictins fut, en tête de chaque
siècle, de placer un discours général sur l'état des lettres
et des écoles, afin de donner ainsi place à des considérations d'ensemble que ne pouvaient renfermer les notices
séparées. C'est encore dom Rivet qui publie, en 1750, le
discours sur l'état des lettres en France au XIIe siècle. En
1824, M. Daunou fit paraître le discours sur le XIIIe siècle ;
la commission confia à M. Le Clerc le discours sur le
XIVe. M. Le Clerc donna à cet ouvrage des proportions
jusque-là inusitées. Le XIVe siècle est, en littérature, bien
inférieur au XIIe et au XIIIe. La langue, déjà fort abaissée
sous les successeurs immédiats de saint Louis, perd, sous
les Valois, toute régularité, toute dignité littéraire. L'esprit poétique est mort, toute originalité philosophique a
cessé, la science fait très-peu de progrès ; la France
n'occupe plus dans les lettres la première place qu'elle
avait tenue jusque-là, l'Italie la dépasse de beaucoup. Bru-
netto Latini, mort en 1294, n'est en presque rien supérieur à ses maîtres de France ; il leur est même inférieur
en beaucoup de choses ; Dante, Pétrarque, sont de tout
point supérieurs à leurs contemporains de deçà les monts.
Mais l'intérêt que le XIVe siècle n'a pas en littérature, il l'a
en politique. C'est un siècle d'action et de révolutions.
« Il commença, dit M. Le Clerc, beaucoup de choses
dont quelques-unes ne sont pas encore achevées. » Philippe le Bel et son triomphe durable sur la papauté
altière du moyen âge, la fondation d'une royauté administrative, la naissance de l'État, la constitution régulière des états généraux, la papauté rendue française pour

plus d'un siècle, le grand schisme d'Occident, les révolutions démocratiques de Paris, le rôle politique joué par l'Université, assurent au XIVᵉ siècle une place distincte dans l'histoire des progrès de la France. Ce caractère imposa à M. Le Clerc une méthode un peu différente de celle qu'avaient suivie dom Rivet et M. Daunou. Son discours fut moins exclusivement littéraire ; il s'y préoccupa des hommes et des choses autant que des livres ; il suppléa, par l'étendue des vues d'ensemble, à l'intérêt qui pourra manquer aux notices particulières dont se composeront les volumes suivants. Il résulta de là un vaste exposé plein de choses neuves et rares. Nous ne prétendons pas que ce grand ouvrage soit sans défauts : il porte certaines traces de fatigue ; M. Le Clerc le termina d'une plume déjà fort appesantie par l'âge. La vieillesse, loin de nuire à la maturité de son jugement, l'avait perfectionné ; mais il lui était devenu difficile d'éviter quelque prolixité, quelques embarras de style. Tel qu'il est, le discours sur le XIVᵉ siècle est un trésor de science historique, une des œuvres critiques les plus solides de notre temps.

M. Le Clerc débute par le tableau de l'état religieux et politique du monde. Il montre l'abaissement de la papauté, devenue l'otage de la France, la corruption de l'Église, les tentatives avortées de réformes, les ordres religieux en leur plus grande décadence, les rivalités et les haines des dominicains et des franciscains. Plus de saints, plus de croisades, plus de mysticité ! L'Église essaye de maintenir son règne par la terreur ; elle s'arme d'un droit redoutable, établit des lois de procédure odieuse, pose en principe que, dans les matières de foi, être soupçonné, c'est être criminel. Elle se décime elle-

même; la rivalité des dominicains (les jésuites d'alors) et
des franciscains (représentant la partie indisciplinée de
l'Église) ouvre un sanglant martyrologe, où l'on voit un
ordre religieux en poursuivre un autre avec autant de
férocité que s'il s'agissait d'infidèles ; au milieu de tout
cela, cette papauté d'Avignon, mélange bizarre de bien et
de mal, — Bertrand de Got, biffant sur les registres du
Vatican les actes de Boniface VIII, et fort embarrassé
quand le roi Philippe le Bel demande les os de ce pape
pour les brûler comme ceux d'un hérétique, — l'Italie ré-
clamant à grands cris la papauté, qui allait se détacher
d'elle, et qu'elle regagne pour son malheur. La clef de
l'histoire de la papauté est en ce siècle décisif. La lutte
des clémentins et des urbanistes est la page d'histoire la
plus importante à étudier pour quiconque veut concevoir
l'histoire de l'Église latine sur un plan philosophique.

Le gouvernement civil, à l'ombre de cette grande et
glorieuse royauté française que nulle autre n'a égalée,
fait d'immenses progrès. Philippe de Valois, après Philippe le Bel, traite le pape d'hérétique et menace de le
faire « ardre ». Au pouvoir ecclésiastique le roi de France
oppose un droit égal, venant aussi de Dieu; aux conciles,
il oppose les états généraux; aux officialités et à l'inquisition, la justice séculière ; aux écoles épiscopales et monastiques, les universités et leurs colléges; aux bibliothèques latines des chapitres et des abbayes, des collections profanes rendues quelquefois publiques, et où les
livres en langue vulgaire sont nombreux. En tête de ce
grand mouvement brille le nom de Philippe le Bel, qu'à
l'étranger on appela *Filippo il Grande*. M. Le Clerc fit, à
beaucoup d'égards, l'apologie du souverain qui, par un

appel hardi à la France, porta le coup mortel à la papauté des Grégoire et des Innocent. Avec Philippe le Bel, le budget fit son entrée dans le monde; cette entrée ne pouvait être aimable, un concert de malédictions devait l'accueillir. L'opinion superficielle a pour habitude d'accepter volontiers les bienfaits de l'État et de tonner contre les charges imposées par l'État. Les procédés financiers de Philippe le Bel furent odieux; mais jamais mesure fiscale n'est populaire. Le procès des templiers fut un échafaudage d'iniquités, de subtilités, de barbaries; mais, qu'on y songe, supprimer une milice de célibataires, détenant en mainmorte une portion considérable de la richesse nationale, et devenue sans objet depuis la perte de la terre sainte, était sûrement une excellente idée. Or les principes du temps ne laissaient au roi qu'un moyen pour supprimer cette milice : c'était de prouver qu'elle était imbue d'hérésie, accusation qui ne pouvait se soutenir que par des tortures et des faux témoins. Les vieilles institutions s'arrangent d'ordinaire de telle façon qu'on ne peut les atteindre sans être violent.

Les belles ordonnances des successeurs de Philippe le Bel prouvent bien que le règne de ce prince fut l'avénement d'une grande génération d'hommes d'État. M. Le Clerc crut devoir être beaucoup plus sévère pour les Valois. Son patriotisme si profond ne pouvait pardonner à la dynastie brillante, mais frivole, qui, par sa vanité et son étourderie, faillit perdre la France telle que l'avait faite le génie de la première branche des Capétiens. Naturellement il admettait une exception pour l'honnête Charles V. Il montra les solides résultats du travail littéraire de ce règne pour la prose politique française et

pour le bon sens public. En somme, malgré toute sorte
de décadences, la France était grande encore. Des princes
du sang, hommes aimables, gens d'esprit, amateurs éclairés, faisaient de Paris le centre de la mode. Le conseil
du roi, le parlement, comptaient de sages clercs, et inauguraient le règne d'une haute classe administrative éclairée; le ministre a désormais un rôle distinct; le roi
n'est plus seulement entouré de nobles et de moines;
l'esprit gallican se renforce; la judicature s'améliore. Si
la noblesse est fort abaissée, si elle manque déplorable-
ment à ses devoirs, la bourgeoisie, la nation suivent un
progrès lent mais sûr. Tandis que, dans les fabliaux du
xiiie siècle, le roturier est toujours lâche, avare, ridicule
en amour, ordurier, n'ayant de goût que pour de sottes
et honteuses histoires, maintenant le bourgeois, l'auteur
du *Ménagier de Paris* par exemple, est bien plus délicat,
plus noble qu'un gentilhomme comme Latour-Landry.
Le fils d'un roturier arrive à tout par l'instruction. La
littérature du tiers état commence. Les principes les plus
nets de ce que nous appelons le libéralisme et même la
Révolution sont hautement proclamés. Un chancelier de
France, Miles de Dormans, évêque de Beauvais, voulant
calmer, en 1308, une sédition parisienne, crie tout haut :
Etsi centies negent reges, regnant suffragio populorum.
Le mot de « tyran » devient français. Grâce à l'Université, Paris est la ville de la doctrine, la ville des livres,
sinon la ville du génie. Les fondations de collèges, qui
ne furent jamais plus nombreuses qu'en ce siècle, sont
une cause puissante d'affranchissement pour la bourgeoisie; on arrive à être chef d'ordre, évêque, cardinal, pape
même par l'Université. Nicolas Oresme, Étienne Marcel,

Robert Le Coq sont des caractères d'un genre nouveau, auxquels les siècles antérieurs du moyen âge n'ont rien à comparer. Ils font revivre ces types perdus de l'orateur politique, du publiciste, du tribun populaire, que la France n'avait jamais connus jusque-là.

Voilà des résultats qui consolent l'historien de ne trouver guère en ce xiv⁰ siècle que des écrivains sans art, des poëtes médiocres et une langue qui périt. D'ailleurs les âges de décadence d'une littérature sont souvent ceux où elle exerce le plus d'influence sur les étrangers. De même que l'art italien, au temps des Rosso et des Primatice, rayonnait plus hors de l'Italie qu'au temps de Raphaël, de même le xiv⁰ siècle, qui vit la fin de la littérature française du moyen âge, fut justement l'époque où les compositions françaises firent le tour du monde et furent le plus traduites ou imitées. M. Le Clerc saisit cette occasion pour présenter dans toute sa force la thèse qu'il avait déjà plusieurs fois exposée, savoir la priorité de la littérature française du moyen âge. Ce fait général que toutes les littératures modernes de l'Europe ont commencé par être tributaires de la nôtre, il l'établit d'une façon décisive pour l'Angleterre, l'Allemagne, la Flandre, la Suède et l'Islande, l'Espagne et l'Italie, même dans une certaine mesure pour la Grèce, c'est-à-dire pour presque tous les pays chrétiens qui eurent au moyen âge une littérature. Oui, ces noms tant vantés de Chaucer, de Wolfram d'Eschenbach, sont des noms de « translateurs », de gens qui passèrent leur vie à exploiter les inventions de nos poëtes. Cette poésie chevaleresque et romantique du moyen âge qui enchantait Walter Scott vient toute du français. Cette charmante littérature ita-

lienne elle-même, ces œuvres exquises de Pétrarque, de
Boccace, de l'Arioste, sortent directement de notre poésie
provençale, de nos chansons de geste ou d'aventures, de
nos lais, de nos fabliaux. La mise en œuvre fut d'ordinaire supérieure aux originaux, M. Le Clerc ne le nia
jamais, il le montra même admirablement : une des
meilleures pages qu'il ait écrites est celle où il explique,
par une étude ingénieuse des autographes de Pétrarque,
les raisons qui privèrent nos vieux poètes de toute science
délicate en fait de style; mais l'invention, ou plutôt l'art
de frapper les sujets, de les rendre populaires, de les
faire accepter, ne saurait leur être refusée. Ils ont fourni
la matière poétique à l'Europe entière jusqu'à Shak-
speare, jusqu'à Cervantès, jusqu'au Tasse; ils n'ont été
réellement détrônés que par le goût du temps de Louis XIV.
Toute l'analyse de la littérature italienne du xive siècle
que fit à ce sujet M. Le Clerc est un chef-d'œuvre. Les
rapports de Pétrarque et de Boccace avec la France, et
en particulier avec Paris, la façon dont ces habiles écrivains bénéficièrent d'un passé littéraire glorieux que la
France ne soutenait plus, sont exposés dans la perfection.

M. Le Clerc ne porta-t-il pas cependant quelque exagération en sa thèse? N'accorda-t-il pas à la France des
dons de création qui ne lui appartiennent pas au même
degré en tous les genres? Ne tomba-t-il pas quelquefois
dans un défaut trop habituel à ceux qui écrivent l'histoire
littéraire, l'amour-propre national? Fit-il assez grande la
part de la Provence, alors bien peu française? Mit-il assez
haut les dons du génie, qui change en or tout ce qu'il
touche? Ne prit-il pas quelquefois à l'égard des littéra-

tures étrangères, en particulier de la littérature italienne,
un ton de rivalité dont la vraie critique doit être exempte ?
Cela peut être. Et d'abord, il ne vit pas que nos grandes
épopées du moyen âge étaient à quelques égards germaniques de génie, que jamais la Gaule pure ni la Gaule
transformée par Rome n'eussent produit de tels chants ;
il n'essaya pas d'analyser le composé ternaire qu'on
appelle « France », pour voir duquel de ses trois com-
posants sortaient ces œuvres admirables. — Sans doute,
toute production du moyen âge, art gothique, scolastique,
chanson de geste, naît en France ; mais qu'était cette
France où naissaient de si beaux fruits ? Un pays dominé
par la grande féodalité germanique. Le don particulier
du sol français est justement que toutes les plantes,
même exotiques, y prospèrent mieux que dans leur sol
natal. Quand est-ce que commence vraiment la littérature
propre de notre pays ? Quand l'esprit gaulois prend-il le
dessus sur la lourde couche germanique qui l'écrasait et
le rendait grave malgré lui ? Entendue de la sorte, la
littérature française commence avec la première chanson
narquoise, avec le premier fabliau grivois. Alors la chanson de geste devient un genre ennuyeux ; elle se sauve
quelque temps par l'ironie : on continue de chanter
Charlemagne, mais pour violer sa majesté, pour la tourner en dérision ; puis on passe à des genres de littérature mieux appropriés au vrai goût national. M. Le Clerc
ne reconnut peut-être point suffisamment l'étendue de ce
que nos poëtes empruntèrent. L'originalité bretonne des
romans du cycle d'Arthur ne se montra jamais à lui ; il
ne vit pas que, avec ces nouveaux sujets, un genre nouveau
d'imagination et de sentiment s'introduit dans notre litté-

rature. Ce sont là des omissions d'importance secondaire.
Les parties positives de la thèse de M. Victor Le Clerc
sont toutes vraies. Avant de posséder des littératures
nationales, l'Europe latine eut une littérature commune,
un art commun que tous adoptèrent : cette littérature,
cet art, où l'initiative germanique avait une très-grande
part, naquirent sur le sol français; cela est hors de
doute, et c'est là ce qui permet de dire qu'avant la renaissance italienne du xve et du xvie siècle, il y eut au
xiie siècle une vraie renaissance française, éminemment
créatrice, originale, dont le règne de Philippe-Auguste
peut être considéré comme le point culminant, et par
laquelle nous avons été les maîtres de l'Italie. Hélas!
bientôt les choses devaient changer de face. Avec la
chanson de Roland et *Guillaume d'Orange*, nous étions à
deux pas de la grande épopée; avec des poëmes tels que
Huon de Bordeaux et *Baudoin de Sebourg*, nous tou-
chions à l'Arioste; il ne fallait pour arriver au but qu'un
peu de travail, quelques exigences délicates de la part du
public, du sérieux de la part des trouvères. Nous man-
quâmes le but après l'avoir presque atteint; l'histoire de
notre première littérature fut l'histoire d'un triste avorte-
ment. Voilà ce que produisirent l'inquisition, la routine,
une dynastie médiocrement douée, l'esprit borné d'une
noblesse sans distinction ni goût du beau, de funestes
guerres mettant en question l'existence même de la
nation.

Tel est l'ensemble de ce que M. Victor Le Clerc fit pour
l'histoire littéraire, et encore nous omettons d'importants
labeurs, ses notices sur Daunou, sur Fauriel, et les soins
qu'entraînaient ses devoirs d' « éditeur », la distribution

du travail, la coordination et la révision des manuscrits de ses confrères, auxquels il faisait toujours d'importantes additions, la correction des épreuves, la rédaction des préfaces, des index et de ces belles tables bibliographiques dont les bénédictins nous ont donné le modèle, la réimpression du tome XI de l'ancienne collection, lequel était devenu introuvable et auquel, tout en respectant scrupuleusement le texte des bénédictins, il fit en appendice de précieuses annotations. En même temps il provoquait par tous les moyens qui étaient à sa disposition la recherche des textes nouveaux. Il dirigeait pour une grande part le vaste travail d'enquête que le gouvernement du roi Louis-Philippe, avec une libéralité qu'on ne peut assez reconnaître, faisait faire sur nos antiquités littéraires. Il contribuait largement aux travaux des comités historiques établis près le ministère de l'instruction publique, et à ceux du conseil de la Société de l'histoire de France. Nommé par M. Villemain président de la commission chargée de faire exécuter le *Catalogue général des manuscrits des bibliothèques des départements*, il revit le premier volume de cette grande collection, y fit des rectifications considérables et y inséra, sur un important ouvrage grammatical dont la bibliothèque de Laon possède le manuscrit, un mémoire où se retrouve le latiniste consommé. L'Imprimerie impériale, lors de l'Exposition universelle de 1855, ayant résolu de donner comme spécimen de ce qu'elle savait faire un texte de l'*Imitation de Jésus-Christ*, M. Le Clerc dirigea et surveilla cette magnifique édition. Il y ajouta de précieuses notes sur l'âge et l'origine du livre, qu'il attribuait à la plus belle époque du moyen âge, et qu'il croyait être sorti, pour

la plus grande partie du moins, d'une plume française.
Sans vouloir trancher la question, M. Le Clerc osait dire
que, quand un bon paléographe voudrait la traiter d'a-
près les manuscrits et en s'aidant des résultats acquis sur
l'histoire littéraire du moyen âge, il arriverait à des résultats définitifs.

III.

Jamais carrière fut-elle mieux remplie? Et cependant
nous n'avons dit encore que la moitié de la vie de notre
savant confrère. Son passage au décanat de la Faculté
des lettres fut marqué en traits non moins durables que
son passage dans la commission de l'*Histoire littéraire*.
Il porta dans ces fonctions sa parfaite droiture, son dévouement sans bornes au bien et au vrai. Les examens
pour la licence et le doctorat devinrent, grâce à lui, de
très-solides épreuves, qui élevèrent sensiblement le niveau des études universitaires. Jusque-là, les thèses pour
le doctorat, à très-peu d'exemples près, étaient d'insignifiantes compositions, dénuées de toute valeur le lendemain du jour de la soutenance. Par l'influence de
M. Le Clerc, les thèses devinrent des livres; il ne fut
plus permis de se renfermer dans le cercle commode des
redites et des lieux communs; apporter à la Faculté
quelque chose de nouveau fut une condition de rigueur.
Au début de la carrière universitaire, si souvent fermée
aux recherches de la science pure, l'usage plaça ainsi

pour le professeur l'obligation de se livrer au moins une
fois à l'examen approfondi d'une question importante.
L'approbation de M. Le Clerc, la recommandation dont
il accompagnait son rapport au ministre fut la porte de
toute vie consacrée à l'enseignement élevé. M. Cousin, à
qui M. Le Clerc laissait en général la direction des thèses
philosophiques, établit la même règle pour les études
qui relevaient de lui. Ainsi se forma cette remarquable collection de monographies, qui ont renouvelé
chez nous l'histoire littéraire et philosophique. Tout y
figure, l'antiquité dans ce qu'elle a de moins connu, le
moyen âge, vers lequel le savant doyen se plaisait particulièrement à conduire les jeunes travailleurs, l'Orient
même dans une certaine mesure, les littératures modernes enfin pour leurs questions les plus délicates. La
part de M. Le Clerc en ces travaux était grande : il
indiquait le sujet, fournissait les renseignements sur les
sources, revoyait et corrigeait les essais des candidats.
Le jour de la soutenance était une vraie fête de l'esprit.
Dans une chétive salle d'entre-sol, que la fidélité de
M. Le Clerc aux anciens usages ne permit jamais de
changer, se groupait autour d'une table toute la noble
Sorbonne d'alors, MM. Cousin, Villemain, Fauriel,
Saint-Marc Girardin, Guigniaut, Patin, Damiron, Ozanam, Egger. La belle et souriante figure de M. Le Clerc,
animée par la discussion, semblait au milieu de ce cercle
illustre une apparition des temps anciens. Sa parole, tour
à tour grave et enjouée, intervenait à chaque instant
dans la dispute pour la soutenir, la diriger, quelquefois
la passionner. Sa verve intarissable, son érudition étin-
celante, faisaient la suite, et, si j'ose le dire, la trame de

ces belles argumentations. Il y portait un mélange singulier d'agrément et d'austérité, un tact exquis, une manière
de louer et de blâmer si fine, si juste, si heureuse, que
même ses sévérités les plus vives étaient respectueusement
acceptées. De tels actes publics pouvaient durer six
heures sans que l'on s'en fatiguât. On sortait de ces
brillantes séances vivement excité aux travaux solides;
c'était là pour la jeunesse studieuse la meilleure des
écoles.

La fermeté de M. Le Clerc pour maintenir les droits et
les libertés du corps enseignant égalait son zèle pour
conserver la force des études. Dans le conseil académi-
que de Paris, dans le conseil général de l'instruction
publique, ses vues furent toujours sages et libérales. En
1848, sans toucher à la politique ni profiter en rien
d'une révolution qu'il n'avait certes pas appelée, il évita
l'esprit de réaction, accueillit les espérances du temps.
Un jour qu'un de ses confrères à l'Institut s'exprimait
sur les questions brûlantes avec beaucoup de violence:
« Vous venez de prouver, cher confrère, lui dit-il, qu'on
peut être honnête sans être modéré. » Il se montra sympathique aux efforts de quelques jeunes écrivains de l'Université qui, dans un recueil appelé *la Liberté de penser*,
eurent le courage d'exprimer des opinions sincères avec
beaucoup de franchise. M. Le Clerc fut peut-être le seul
homme chez qui la révolution de 1848 ne laissa aucune
trace, qui se retrouva le lendemain ce qu'il avait été la
veille. La même chose était arrivée à M. Daunou, lequel
sortit des prisons de la Terreur aussi confiant dans les
principes qu'il l'était en 1789. Quand vint le triomphe
complet de la réaction, M. Le Clerc résista de toute

sa force, défendit les jeunes gens qui s'étaient compromis, et ne négligea rien pour contre-balancer les efforts systématiques que l'on fit pour détruire l'Université. Un homme de moindre autorité eût été emporté par la force des temps. M. Le Clerc ne recula pas; on le respecta, et, au milieu de l'abaissement général, la Sorbonne resta ce qu'elle avait été auparavant. S'il ne se fit pas plus de mal en ces années, c'est en grande partie à M. Le Clerc qu'on le doit. Il s'exprimait sur la nouvelle loi de l'instruction publique de la manière la plus vive; il la regardait comme devant amener la destruction des études, et il ne cessa de protester que quand le mal eut été en partie réparé.

Il allait ainsi vers la vieillesse, soutenu par ses nobles études, entouré d'anciens amis, M. Hallays-Dabot, M. Viguier, et d'une jeunesse laborieuse qui cherchait à réjouir ses dernières années. Il suivait avec une sollicitude paternelle ceux qu'il avait choisis ; leurs succès étaient les siens. A l'Académie des inscriptions et belles-lettres en particulier, il voulait des jeunes gens; il pensait que les académies ne doivent pas être des sénats servant de retraite aux savants émérites, et que l'Académie des inscriptions, cumulant le double héritage de l'ancienne Académie et des bénédictins, doit l'être moins qu'aucune autre. Son autorité dans la compagnie était de premier ordre; nulle parole n'était plus écoutée que la sienne. Par son influence dans les élections, par les sujets de prix qu'il fit proposer et qui presque tous se rapportaient à ses études favorites, il laissa dans ce grand corps un souvenir qui ne s'effacera pas.

Ce qui caractérisa M. Le Clerc, ce fut la faculté de

s'améliorer sans cesse. Il fut continuellement en progrès sur lui-même. Ses idées s'élargissaient chaque jour. Les préjugés qu'il avait puisés dans sa première éducation contre la critique allemande s'étaient presque effacés. Ses études approfondies sur les poëmes et les chroniques du moyen âge lui avaient fait comprendre l'essence de l'histoire populaire. Dans certaines questions, surtout dans celles qui touchent à l'authenticité des ouvrages anciens, il n'abandonna jamais tout à fait les habitudes un peu confiantes de notre vieille école; mais la bonne foi, l'amour de la vérité, l'amenèrent, en ses derniers temps, à rendre justice au génie critique de l'Allemagne et aux patientes recherches que les universités des pays germaniques ont portées dans toutes les branches du savoir. Ce fut surtout en trouvant les savants allemands si zélés pour notre vieille littérature du moyen âge, si empressés à reconnaître sa priorité, si dégagés de ces préjugés de vanité nationale qui l'avaient choqué chez les Italiens, chez les Espagnols, qu'il rendit les armes et reconnut la justesse de leurs méthodes. Cela était d'autant plus méritoire que les opinions universitaires étaient, si l'on ose ainsi dire, sa religion; les abandonner dut être pour lui le plus difficile des sacrifices: il le fit à la vérité.

Il pratiquait une tolérance absolue. Sa philosophie était celle de ses auteurs favoris, l'éclectisme de Cicéron tempéré par la réserve de Montaigne: il était sceptique, nonseulement à l'égard de la religion révélée, mais à l'égard de toute philosophie dogmatique. Il ne s'interdisait pas de sourire discrètement de l'espèce d'orthodoxie philosophique qu'il vit essayer de fonder. Dans les thèses phi-

losophiques, il accueillait volontiers par quelque léger
sarcasme les prétentions des jeunes gens à démontrer
l'indémontrable ; mais la sincérité touchante de M. Damiron, sa vie si pure, le frappaient de respect. Les jeunes ecclésiastiques, d'un autre côté, trouvaient chez lui
la réception la plus empressée. Un moment, quand il
put espérer que l'école des Carmes, sous la direction de
l'abbé Cruice, renfermait un germe de bonnes études, il
encouragea les efforts qui s'y faisaient. Un de ses amis
les plus chers était Ozanam ; il ne partageait pas ses
convictions religieuses, mais il aimait son goût pour les
lettres, sa chaleur de cœur, sa belle imagination. Le
ferme jugement, la solide connaissance de l'antiquité et
la droiture de M. Havet, qu'il choisit pour son suppléant,
obtenaient de lui la même sympathie.

La vie de famille se borna pour lui au culte de sa
mère. Déjà parvenu à la vieillesse, il avait pour elle la
respectueuse obéissance d'un enfant. Sa bonne et fidèle
nature semblait le destiner à d'autres affections et à d'autres devoirs. Sous les préoccupations de l'érudit passionné, il put dissimuler plus d'un regret ; mais il eût
cru trahir sa mère en contractant des liens en dehors
d'elle. Pour elle il dérogea même à ses habitudes les plus
chères ; il quitta sa Sorbonne et acheta une maison de
campagne au Plessis-Gassot, près d'Écouen. Après la mort
de madame Le Clerc, il donna la maison à la commune
pour servir d'école. Hélas ! il avait compté sans « cette
administration que l'Europe nous envie ». Pour accomplir cette donation, il eut à traverser tant d'enquêtes,
de papiers de justice, de formalités, qu'il eut peine à en
sortir.

Sa vie était d'une extrême sobriété, ses mœurs furent toujours d'une pureté austère. Logé sous les combles de la Sorbonne, il habitait en quelque sorte au milieu des livres, qui débordaient de toutes parts. Cette belle cour, avec ses majestueux pavillons et ses nobles portiques, ces vieux escaliers, avec leurs rampes formées de poutres massives, qu'ont foulés tant de laborieuses générations, étaient pour lui l'univers. Ennemi de tous les changements matériels, il contribua beaucoup à en écarter le marteau destructeur. Il n'allait pas dans le monde, le commerce de l'antiquité lui suffisait; ses sorties se bornaient à se promener seul dans quelque allée du Luxembourg. Il quittait le moins possible sa solitude, peuplée par le souvenir de tous les âges et embellie par les fleurs les plus exquises de toute littérature. On respirait en montant chez lui l'étude et la gravité. Sa porte était ouverte à tous; sa figure sérieuse, qui paraissait ressuscitée d'un autre siècle, aurait bientôt écarté l'importun et l'oisif. Au premier coup d'œil, il pouvait sembler sévère; mais quiconque aimait l'étude le trouvait bientôt plein d'aménité, de bonhomie et de finesse.

Il fut le dernier des sages à l'ancienne manière, et plaise au ciel que ceux qui souriront de tant de simplicité nous fassent une France comme celle de ces pédants d'autrefois! Son désintéressement allait jusqu'aux attentions les plus délicates. Il ne mettait pas de bornes à sa charité. Outre la somme considérable qu'il remettait chaque année au curé de Saint-Étienne du Mont, sa domestique avait ordre de ne refuser aucun mendiant. Plusieurs pauvres honteux du quartier vivaient de ses aumônes. Ses amis furent plus d'une fois chargés par lui de porter à des misères cachées des secours dont l'origine devait toujours rester inconnue.

Son patriotisme était profond; il n'entrait pas dans les divisions des partis. Tout gouvernement devenait à ses yeux légitime dès qu'il faisait le bien. Un jour qu'on parlait devant lui des serments de fidélité: « Ah! quand donc, dit-il, aurons-nous aussi un gouvernement qui nous soit fidèle? » Son bonheur était de contribuer à la gloire de la France. Sous le vieillard de soixante-dix ans, on sentait encore l'enfant reconnaissant pour la société qui l'avait élevé, lui avait donné des titres de noblesse et une tradition à continuer.

Les premières atteintes de la vieillesse vinrent pour M. Le Clerc vers 1857. Une attaque de diplopie inspira dès lors à ses amis certaines inquiétudes. Quelques parties de son grand discours sur le xiv° siècle n'étaient qu'ébauchées. Il craignit un moment de ne pouvoir le terminer, et prit des mesures avec le plus jeune de ses confrères pour que, s'il venait à mourir, l'ouvrage fût achevé et publié dans l'esprit qui avait présidé à sa rédaction. Le discours parut au commencement de 1863. Ce fut pour M. Le Clerc un moment de vive satisfaction. Il eut même encore le temps de revoir ce grand ouvrage et d'en faire une édition séparée, hors de la collection de l'Académie[1]. Le travail de cette révision le fatigua beaucoup; il n'y survécut que deux mois. Le vendredi, 27 octobre 1865, M. Le Clerc assista pour la dernière fois à la commission de l'*Histoire littéraire*; il lut sa notice sur Guillaume de Nangis. Quelques jours après, il

1. Deux volumes grand in-8°, chez Michel Lévy.

fut frappé chez son libraire d'un coup subit, dont l'extrême gravité ne tarda pas à être reconnue. Il garda néanmoins presque toute sa conscience, exprima le désir que M. Hauréau lui succédât dans la commission de l'*Histoire littéraire* comme membre et comme éditeur, et fit prier M. le ministre de l'instruction publique de venir recevoir de lui quelques indications et quelques papiers qu'il jugeait utiles pour le bien de l'enseignement public. Il expira le 12 novembre 1865, à l'âge de soixante-seize ans.

L'amitié et la reconnaissance dictèrent ses dernières volontés. Il légua toute sa fortune à l'associé et au continuateur de celui à qui il devait son éducation. La suite montra qu'il avait bien placé ses sympathies. M. Hallays-Dabot fit don à la bibliothèque de la Sorbonne de la bibliothèque de son savant ami. Grâce aux sages mesures prises par M. Léon Renier, bibliothécaire de l'Université, cette précieuse collection aura son catalogue distinct et restera ainsi un trésor pour l'histoire littéraire. Par une décision de M. le ministre de l'instruction publique, l'appartement de l'illustre doyen a été rattaché au local de la même bibliothèque, sous le nom de *Salles Victor Le Clerc*. L'image de notre savant confrère, déjà placée au milieu des jeunes gens laborieux qui fréquentent ce lieu d'étude, présidera à leurs travaux et sera pour eux un encouragement à bien faire. Qu'ils ne s'attendent pas aux récompenses de cette vie heureuse et honorée. L'âge d'or des bons esprits est passé, notre siècle dur et borné n'accueille guère que ceux qui l'amusent, le flattent ou le trompent. L'obligation où l'État se trouvera de plus en plus de n'appeler à ses fonctions que

des hommes contre lesquels personne n'ait d'objection,
c'est-à-dire des hommes médiocres, changera tout à fait
la situation de ceux qui se vouent aux travaux de l'esprit avec l'amour pur de la vérité. Il est vrai que, quand
on a cet amour, on se console facilement de n'avoir pas
d'autre récompense.

DISCOURS

PRONONCÉ A·LA SÉANCE PUBLIQUE

DE L'ACADÉMIE DES INSCRIPTIONS ET BELLES-LETTRES

POUR LES ANNÉES 1870 ET 1871

PRÉSIDÉE

Par MM. Ernest Renan et Léopold Delisle.

MESSIEURS,

Des désastres comme notre patrie n'en connut jamais
vous ont empêchés, l'année dernière, de remplir un
devoir auquel je ne crois pas que vous ayez manqué une
seule fois, depuis la résurrection de notre vieille Académie au sein de l'Institut de France. Malgré la salutaire
pensée qui porta beaucoup de bons citoyens à faire tous
leurs efforts pour entretenir le mouvement de la vie
dans les organes moraux de la ville assiégée, vous ne
pouviez, au milieu de tant de douleurs, inviter le public
à une réunion qui, tout austère qu'elle est, emprunte aux
récompenses que vous distribuez un certain air de fête.

Votre voix, d'ailleurs, n'aurait atteint qu'une bien faible
partie du public qui s'intéresse à nos recherches. Mais,
si vos communications avec le monde savant ont été
interrompues, vos travaux intérieurs n'ont pas cessé
d'être actifs. Durant ces deux funestes années, vous n'avez
pas omis de tenir une seule de vos séances hebdomadai-
res, et, dans des siècles, l'érudit qui parcourra vos registres ne remarquera, à tant de dates lugubres dont le
souvenir restera maudit, aucun indice des troubles, des
terreurs du dehors. Vos doctes discussions, les mémoires
lus dans votre sein, ont offert le même intérêt que d'ordinaire; rien dans vos comptes rendus ne portera la trace
d'une année de larmes et de sang. Une seule fois, le 26
mai de cette année, quelques heures après que le dernier
obus tombait sur le bâtiment où vous êtes, votre procès-
verbal semble un peu ému. Vous étiez sept, messieurs,
venus à travers l'incendie pour savoir si quelque chose
de ce dont nous vivons, de ce que nous aimons, existait
encore. Votre président de 1871, que rien n'avait pu
décider à quitter une ville où l'attachaient votre mandat
et la conservation du dépôt confié à sa garde, vous adressait ces paroles :

« Sous le régime de terreur que nous avons subi pendant
plus de deux mois, l'Académie des inscriptions n'a jamais
cessé de se réunir, et chacune de nos séances a été remplie
de lectures, de communications qui prouvaient que, au milieu
de nos malheurs, vous n'avez jamais douté ni de l'avenir du
pays, ni de l'utilité de la science. Enfin l'heure de la délivrance a sonné; depuis avant-hier, le drapeau de la France
a repris sa place sur le palais dont la nation a doté l'Institut,
et qui serait aujourd'hui un monceau de ruines, si le cou-

rage de nos libérateurs n'avait pas déjoué les plans des misérables qui ont tout mis en œuvre pour anéantir avec Paris
les monuments de notre histoire et les trésors d'art et de
science qui appartiennent moins encore à Paris qu'à la France
et à l'humanité tout entière. Le cours de vos travaux n'aura
donc pas été interrompu; mais aujourd'hui que la lutte n'est
pas encore terminée, que les ruines de tant d'édifices fument
autour de nous et que nous avons à pleurer la mort de tant
de victimes, vous jugerez sans doute à propos de nous associer au deuil public en levant la séance et en vous ajournant
à la semaine prochaine. »

Ce courage, cette fermeté au milieu de la tempête, vous
les puisez, messieurs, dans la haute philosophie qu'inspirent vos études, et dont le résumé pratique est de faire
à chaque jour, à chaque instant, son devoir. Vos recherches ne sont pas pour vous le jouet frivole des heures
de loisir, le luxe des années prospères. Vous y attachez
un sens élevé, je dirai presque religieux. Vos patientes
analyses, vos scrupuleuses enquêtes, vos précautions minutieuses contre l'erreur, procèdent de la conviction que
la connaissance aussi exacte que possible de la vérité sur
le passé de l'humanité est un intérêt de premier ordre,
et qu'aucun des labeurs qu'on s'impose pour atteindre ce
but n'est perdu. L'histoire est le fruit de l'étude immédiate des monuments; or les monuments ne sont pas
abordables sans les recherches du philologue ou de
l'archéologue. Chaque face du passé suffit à elle seule
pour remplir une studieuse existence. Une langue ancienne et souvent à peine connue, une paléographie
spéciale, une chronologie péniblement dressée, voilà plus
qu'il n'en faut pour absorber les efforts de l'investigateur le plus zélé, si de laborieux artisans n'ont préa-

lablement consacré de longs travaux à extraire les blocs
de la carrière et à les assembler. Un seul résultat certain,
en ces délicates matières, suppose des vies obscurément
employées, des séries de patients efforts continués quelquefois pendant des siècles.

Bien loin que les travaux spéciaux soient le fait d'esprits
peu philosophiques, ces travaux sont donc réellement les
plus importants pour la science et ceux qui supposent la
plus solide philosophie. Comme le demi-dieu des fables
antiques qu'il fallait torturer si l'on voulait obtenir ses
réponses, la vérité dans la science historique est fugace,
glissante, difficile à saisir. Les esprits formés par une
longue discipline sont seuls aptes à cette lutte contre les
mille chances d'erreurs qui entourent chacun de nos pas
dans le domaine de l'antiquité. Le respect de l'histoire
consiste-t-il à s'interdire toutes ces perplexités, à poser en
règle qu'il ne faut pas toucher aux versions convenues,
aux thèmes reçus et devenus populaires? Vous n'en
croyez rien, messieurs; vous pensez que le culte le plus
éclairé qu'on puisse rendre à la vérité est la peine qu'on
se donne pour la trouver. Oui, vos procédés exacts et
sûrs, vos doutes discrets, vos discussions ardentes, obstinées, sont le meilleur hommage à la majesté du passé,
et permettez-moi d'ajouter le meilleur exemple des facultés nouvelles que réclame la patrie. Tout se tient dans
la culture intellectuelle; la discipline de l'esprit va d'une
seule pièce; une nation qui désormais négligera telle ou
telle des grandes applications de la raison humaine en
portera bien vite la peine. L'esprit critique, ces procédés
dont vous tenez école, et qui consistent surtout dans la
fine appréciation des indices, dans l'investigation sagace,

dans l'art savant des marches indirectes vers le résultat
qu'on ne peut atteindre de front, dans l'habitude de ne
rien négliger, dans la capacité de tenir à la fois beaucoup
de choses fixées sous le regard, toutes ces aptitudes qui
font l'homme judicieux, perspicace, sont devenues les
maîtresses parties de l'esprit humain, celles qui font la
destinée des nations.

Ce n'est pas seulement par vos méthodes, c'est surtout
par l'esprit de vos grandes publications, de ces vastes
collections dont vous êtes les continuateurs séculaires, que
vous protestez contre le principal défaut de notre temps,
je veux dire le dédain du passé, l'insouciance de la
tradition, l'oubli de cette vérité que nous sommes l'aboutissant de siècles entiers de dévouements et de sacrifices.
Conservateurs jaloux et sévères des monuments du passé
de la France, vous voyez mieux que personne les périls
que font courir à la civilisation l'ignorance, la présomp-
tion, l'étourderie (pour laquelle on cesse d'être indulgent
quand on la voit presque toujours doublée d'égoïsme),
l'intrusion dans les grandes affaires humaines des vues
irréfléchies d'une politique superficielle, qui n'admet
aucune chaîne des morts aux vivants, aucune obligation
entre le dernier initié qui reçoit le flambeau de la vie
et les divins initiateurs qui l'allumèrent. Mieux que personne, vous savez que la théorie la plus fausse de la
société humaine est celle de l'égoïsme étroit, où l'homme
est conçu comme un être sans racines dans le passé,
sans liens avec l'avenir. Plébéiens ou patriciens, nous
sortons tous d'un passé; tous nous avons des ancêtres.
La famille obscure ou illustre qui nous a nourris, l'école
qui nous a élevés, l'église où nous eûmes la révélation du

33

monde idéal, l'institution libérale, fruit de notre vieille
et bienveillante société française, qui a offert un abri à
nos timides essais, la patrie, enfin, qui, pour le plus
déshérité, est un héritage de gloire, un legs d'honneur,
sont autant de traditions que les naïfs enfantillages d'une
vanité juvénile ne remplaceront jamais. Certes, c'est mal
entendre le respect du passé que de se croire obligé, par
égard pour les morts, de condamner les vivants à l'im-
mobilité. Mais, de même que la piété filiale n'a jamais
empêché personne de suivre librement la voie que sa
conscience ou son devoir lui traçaient, de même, le
respect de l'histoire n'a jamais entravé un pays dans la
voie de ses légitimes développements. La civilisation est
une œuvre de raison lente et de science profonde, à
laquelle on ne travaille utilement qu'en prenant un solide
point d'appui sur des assises antérieures. Deux conditions
seront éternellement requises pour le progrès : avant tout,
posséder derrière soi un passé que l'on respecte ; en
second lieu, faire consister le respect à développer ce
passé, à tirer de lui ce qu'il contenait de juste et de
fécond.

C'est la confiance de travailler ainsi à quelque chose
d'éternel qui vous soutient et justifie l'ancienne devise
de notre compagnie : *Vetat mori*. Ce qui est bon est
toujours bon, et si, pour cultiver la science et l'art, nous
devions attendre le calme, nous attendrions longtemps
peut-être. La science est comme le devoir ; elle ne chôme
jamais. Dédaignant les malentendus et peut-être les railleries des esprits superficiels, vous allez déclarer par vos
récompenses qu'ils n'ont pas perdu leur temps pour la
patrie, ces laborieux investigateurs qui, répondant à votre
appel, se sont plongés, durant les tristes jours que nous

venons de traverser, dans des recherches ardues. Vous
proclamerez ainsi la vérité la plus nécessaire à l'heure où
nous sommes, la valeur du travail sérieux et des fortes
combinaisons de l'esprit, l'urgente nécessité de se garder
de la routine et des préjugés, le prix de la haute culture, même quand elle n'a pas d'applications immé-
diates, enfin la préférence que méritent les travaux les
plus modestes, quand ils sont sérieux, sur les travaux
hâtifs, superficiels, présomptueux, entrepris sans études
spéciales et sans amour de la vérité.

LETTRE

SUR

LA LIBERTÉ DE L'ENSEIGNEMENT SUPÉRIEUR.

———————

AU DIRECTEUR GÉRANT DU *JOURNAL DES DÉBATS*.

Paris, le 4 juillet 1875.

Monsieur et ami,

Vous me demandiez, il y a quelques jours, comment il se fait que, partisan de la liberté en toute chose, je trouve la loi nouvelle sur l'enseignement supérieur pleine d'inconvénients et de dangers. Votre question m'a touché. Permettez-moi d'y répondre en peu de mots.

Oui, certes, s'il est quelque chose qui doive être libre, c'est l'enseignement supérieur, puisque cet enseignement s'adresse à des esprits déjà formés, doués de discernement et capables de n'admettre une assertion que si elle est accompagnée de bonnes preuves. Mais la liberté n'est pas la désorganisation. L'art dramatique a ses lieux naturels d'exercice, ce sont les théâtres; la musique a ses

endroits d'exécution, ce sont les conservatoires et les salles
de concert; les courses ne se peuvent commodément
exécuter sans hippodrome. Le lieu où se donne l'enseignement supérieur, c'est l'Université. Dans le sein de
l'Université, la liberté doit être entière; toutes les opinions
doivent se produire; aucune ne doit être privilégiée.
Mais prétendre donner les exercices universitaires en
dehors des universités, c'est comme de prétendre donner
de brillantes courses en dehors de Longchamps et de
Chantilly, ou renouveler l'art dramatique avec de petits
théâtres de société.

L'Université est la lice, le grand champ clos de l'esprit humain. L'État doit être propriétaire de cette lice,
en régler la police extérieure, en faire les frais généraux; puis, quand le champ de bataille est préparé et
que la loyauté du combat est bien assurée, il l'ouvre à
l'éternelle dispute, sans lui-même y prendre part. Voilà
la féconde conception qui, confusément éclose vers la fin
du XIIe siècle sur la montagne Sainte-Geneviève, a produit l'Université de Paris et, *ad instar studii Parisiensis*,
toutes les universités du monde. L'Allemagne, surtout
dans les temps modernes, en a tiré les plus précieux fruits.

Mais, me direz-vous, les temps sont changés. L'Université de France, créée par Napoléon Ier, n'a rien de
commun avec les universités d'autrefois; l'administration
centralisée de l'instruction publique a produit un complet abaissement des études en province, et la liberté
elle-même s'est aussi mal trouvée que possible d'un tel
régime. En pratique, pour donner satisfaction aux justes
réclamations de la liberté et pour relever les études, que
feriez-vous en dehors de ce que l'on a fait?

Ce que je ferais, le voici :

Et d'abord je supprimerais ce déplorable barbarisme d'*Université de France*, assemblage de mots tout à fait incohérents. L'essence d'une université est de résider dans une ville, d'y avoir son existence indépendante. « Université d'Oxford », « université de Tubingue » sont des mots qui se comprennent. Mais qui jamais a entendu parler d' « université d'Allemagne », d' « université d'Angleterre ? » Il faut revenir à ce vieux système des universités distinctes et rivales que la France a inauguré autrefois, qu'elle a eu le tort d'abandonner, et qui est aujourd'hui celui de toutes les nations civilisées.

Organisons d'abord l'Université de Paris. Cela sera bien facile, puisque Paris possède les cinq facultés qui sont les parties intégrantes de toute université. Il suffira de réunir par un lien réel les facultés des lettres, des sciences, de médecine, de droit, de théologie. Le corps ainsi constitué aura ses conseils, ses assemblées, son recteur annuel, désigné par un roulement analogue à ce qui se pratique dans les universités étrangères. Il n'y a pas une seule des facultés de Paris qui ne renferme des professeurs éminents ; mettons que l'une ou l'autre de ces facultés paraisse faible, incomplète, on y devrait adjoindre quelques hommes de mérite supérieur. Cela fait, il s'agirait d'ajouter au corps de professeurs ainsi constitué une annexe indispensable, sans laquelle tout institut d'enseignement est défectueux, illibéral, fermé, avec laquelle au contraire la porte est ouverte à tous les progrès : je veux parler de ce que l'on appelle en Allemagne le *Privat-docentisme*, et de ce que nous appellerons l'enseignement supérieur libre. Le mécanisme d'un tel en-

seignement est d'un grande simplicité; je demande cependant qu'on veuille bien ne pas négliger une seule des
conditions qui vont suivre, car une seule de ces conditions omise suffit pour faire d'une chose excellente une
chose inutile ou nuisible.

L'enseignement libre des facultés consistera en ceci,
c'est que toute personne munie de garanties qui sont à
déterminer (contentons-nous provisoirement du grade de
docteur), et qui désirera faire dans l'une des cinq facultés un cours analogue à ce que l'on y enseigne, n'aura
qu'à se présenter devant le doyen de cette faculté, à lui
exposer son désir, à lui indiquer le titre et le programme
du cours qu'il veut faire. Le lendemain, sans avoir consulté aucune autorité supérieure, le doyen doit lui assigner une salle et une heure; il devra, de plus, pourvoir
à l'affichage dans les conditions réglementaires, et veiller
à ce que les appariteurs touchent pour le professeur libre
la rétribution de ses élèves, rétribution fixe, la même
pour tous, à laquelle il ne sera pas loisible au professeur
libre de renoncer. Non-seulement tous les élèves de la
faculté pourront suivre de tels cours; ils pourront n'en
pas suivre d'autres; au jour de l'examen, nulle recherche ne sera faite à cet égard. Le seul fait de l'inscription
sur le registre de la faculté devra être constaté.

Mais, dira-t-on, les cours libres étant payés par les
élèves, et les cours ordinaires, salariés par l'État, étant
gratuits, le professeur libre enseignera dans des conditions désavantageuses. Il n'en sera rien si, comme je le
pense, les cours des professeurs ordinaires, salariés par
l'État, doivent être également soumis à la rétribution.
Au lieu de verser d'une façon indistincte le prix de son

inscription dans les caisses de l'État, il faut que l'élève
paye directement son professeur, soit ordinaire, soit libre.
Il en résultera pour le professeur ordinaire un supplément bien légitime à des traitements devenus tout à fait
insuffisants, et pour le professeur libre une entrée de carrière modeste ou brillante en proportion de ses succès.

La main sur la conscience, quel est l'ami le plus timoré
de la liberté qui puisse dire que, dans un tel système, tout
le monde n'est pas parfaitement libre? Prenons l'opinion
la plus susceptible, celle qui s'imagine le plus volontiers
être lésée dans ses droits, l'opinion catholique : de quoi
peut-elle se plaindre? D'abord, dans l'obtention des chai-
res ordinaires, rétribuées par l'État, personne ne sera
exclu apparemment parce qu'il est catholique. Nous avons
vu plus d'une carrière gênée faute d'une orthodoxie
suffisante ; nous n'en avons vu aucune à laquelle l'orthodoxie du sujet ait été un obstacle. Mais supposons que les
pasteurs catholiques trouvent que dans une Faculté les opinions contraires aux leurs ont trop le dessus, que les
leurs ne sont pas suffisamment représentées, le remède
est bien simple : qu'ils lancent comme professeurs libres
dans le sein de ladite Faculté deux ou trois jeunes docteurs, défenseurs des idées orthodoxes. Les élèves auront
parfaitement le droit d'aller à leurs cours et même de
n'aller qu'à ces cours, puisqu'au jour de l'examen on ne
demande aucun compte à l'élève des professeurs qu'il a
entendus. Un tel système ne vaudrait-il pas beaucoup
mieux que des cours d'apologétique chrétienne à huis
clos dans des Facultés fermées ? Je suppose, de nos jours,
dans le parti catholique, un homme du mérite d'Ozanam.
Est-ce qu'il n'aimerait pas bien mieux professer à la

Sorbonne, au risque d'avoir pour collègues des personnes
d'une opinion entièrement opposée à la sienne, que d'u-
ser son talent dans un enseignement sans sonorité, sans
publicité, donné au fond d'un établissement public qui,
en arborant hautement le drapeau d'un parti, s'enlève
par là presque toute autorité ?

Ce qui importe à la jeunesse qui suit les cours de l'enseignement supérieur, c'est d'entendre des voix très-di-
verses, d'assister au choc des opinions; ce qu'on doit retirer de ces luttes, c'est moins un ensemble de doctrines
fixes (il n'y en a guère de telles dans les hautes régions
de l'esprit humain) que l'exercice intellectuel, la gymnas-
tique, en quelque sorte, qui est le fruit de la discussion.
De là résultent pour l'esprit un éveil, une élasticité, une
ductilité, un affinage qui se retrouvent dans toutes les
applications et font les nations intelligentes, sagaces, avi-
sées.

De là résulte en même temps pour la jeunesse un souvenir qui laisse dans l'âme une trace ineffaçable. C'est
la joie d'avoir été ainsi pendant trois ou quatre années
spectateur et partie dans la grande bataille de l'esprit
humain, qui fait que le temps d'université reste pour
tous les Allemands une sorte de paradis au début de la
vie, si bien qu'au travers des carrières les plus ingrates,
l'ancien élève de Heidelberg ou de Gœttingue se reporte
avec délices à « ces beaux jours d'Aranjuez » où il n'a
été occupé que de recherches désintéressées, où il a connu
des grands hommes, reçu leurs leçons, respiré leur esprit.
Ce fonds intellectuel et moral suffit comme provision de
voyage à une existence tout entière, et constitue le lest
de convictions sérieuses dont aucune vie ne saurait se

passer. Il s'y joint une confraternité entre tous ceux qui
ont participé en même temps à ces études, à ces discussions. Comme autrefois ceux qui avaient disputé ensemble sur les bottes de paille de la rue du Fouarre,
en se rencontrant au bout du monde se serraient la main
et disaient : *Fuimus simul in Garlandia* [1] ; de même
toutes les classes libérales d'une société ainsi élevée trouvent dans ce passage en une commune lice quelque
chose qui les rapproche et domine toutes les diversités
d'opinions. Au contraire, que fera-t-on avec ces universités isolées les unes des autres où l'élève n'entendra
qu'une voix ? On fera deux Frances ayant non-seulement
des opinions différentes (ceci serait de peu de conséquence),
mais des éducations différentes, des gloires différentes,
des souvenirs différents. Entre elles, ce n'est pas la discussion que l'on prépare, c'est la séparation ; or la discussion est bonne, car elle oblige chaque opinion à se
surveiller, à se préciser ; la séparation est mauvaise, car
chacun alors s'enfonce dans son sentiment, sans égard
pour la part de vérité que peut renfermer l'avis des autres.

Que si l'on songe que, autour de cette Université de
Paris, ainsi élargie et rajeunie, existeraient librement,
sans en faire partie, le Collège de France, le Muséum,
l'École des Chartes, l'École des Hautes Études, tous les
établissements de science libre, qui offriraient aux personnes studieuses de merveilleuses incitations, je dis que
rien ne serait comparable à ce grand centre intellectuel ;
que du monde entier les idées viendraient, comme autrefois, au XIIIᵉ siècle, pour avoir l'honneur d'y faire leurs

1. Le clos de Garlande (rue Galande).

preuves; que l'Église plus que personne profiterait de cette grande liberté, qui lui permettrait d'exposer au grand jour et sans une ombre d'entrave ce qui lui paraît la vérité. Avec un tel régime, qui songerait à relever des prétentions comme celles que l'on reproche tant aux protestants du xvie siècle, à demander des places de sûreté, des parlements mi-partis? Qui ne préférerait au système du statut personnel la grande et bonne loi de l'esprit humain, la libre discussion, sans autre juge du combat que l'opinion éclairée?

Ce qu'il serait possible de réaliser en une année à Paris, on pourrait, l'année suivante, l'organiser à Lyon, puis dans cinq ou six autres grandes villes. Il faudrait procéder avec lenteur afin de n'avoir pas la main forcée par les sujets médiocres. Il faudrait surtout s'imposer pour règle de ne pas dépasser dans toute la France le chiffre de sept ou huit universités. Le trop grand nombre de ces établissements est leur mort. Mieux vaut de beaucoup l'absence d'université que l'existence d'une université faible, l'université faible devenant une école de paresse et de médiocrité, qui gâte les autres écoles du même genre. Il est bien entendu que chacune de ces universités n'existerait que quand elle serait dotée de toutes les facultés essentielles. Ceci est capital; on fait du feu avec cinq ou six bûches, on n'en fait pas avec une ou deux. Nos pauvres facultés de province, égrénées, isolées les unes des autres, sont la plus faible invention qui soit sortie de l'administration de l'instruction publique en notre siècle.

C'est surtout quand le réseau des sept ou huit universités serait ainsi achevé dans la France entière que la liberté serait complète, absolue. Certes, elle serait déjà très-suffisante dans une seule université constituée sur le modèle que nous tracions tout à l'heure. Mais que serait-ce quand la France posséderait sept ou huit corps enseignants, également complets, opposés les uns aux autres, nécessairement rivaux, et qui, avec le temps, arriveraient à représenter des doctrines et des méthodes différentes ? C'est alors que vraiment les jeunes gens, les familles, pourraient choisir avec la plus entière liberté l'école qui leur convient. Chacune de ces universités aurait naturellement ses maîtrises particulières, ses excellences ; chaque opinion élirait de préférence dans l'une d'elles son domicile, sa forteresse ; on irait de l'une à l'autre, pour compléter les parties défectueuses de l'une par les parties excellentes de l'autre. Il s'établirait une concurrence pleine de fécondité. L'excellent usage qui existait au moyen âge et au XVIᵉ siècle, qui existe encore en Allemagne, de faire passer successivement les jeunes gens par plusieurs universités, se rétablirait pour le plus grand bien des études. Ces divisions, en effet, remarquez-le, ne sont pas de celles qui rendent les citoyens ennemis les uns des autres, étrangers les uns aux autres. Elles créent, au contraire, des liens profonds, car elles n'ont qu'une seule cause, la recherche de la vérité ; et au-dessous d'elles s'étend la base commune des institutions françaises, des gloires françaises, de l'esprit français.

Toutes ces vues sont trop loin d'une réalisation pour que j'aborde deux ou trois graves objections de détail, en particulier les mesures à prendre à l'égard de ces malheureuses facultés de province, dont le sort, dans toutes les hypothèses, est bien compromis, et la difficulté résultant de nos Écoles spéciales, École polytechnique, École

normale, dont l'existence est difficilement compatible avec
une université véritable, puisque ces établissements souti-
rent à la faculté des lettres et à la faculté des sciences leurs
auditeurs naturels. On résoudrait la plupart des difficultés
par ce principe que l'université enseigne tout l'ensemble
de la science théorique, laissant aux écoles d'application,
aux séminaires de toute sorte, le soin de former des
sujets en vue d'une certaine pratique. Je n'ai voulu indiquer ici qu'une seule idée fondamentale, c'est que la
liberté de l'enseignement supérieur ne consiste pas dans
le droit pour le premier venu de pérorer à tout venant.
Elle consiste en ce que le cadre des universités soit assez
large et assez flexible pour que toute idée sérieuse trouve
moyen de s'y faire une place sans effort. Certes, je veux
que les cours libres, soit isolés, soit réunis en groupes,
aient le droit d'exister, si bon leur semble ; mais je pense
que, à côté d'une Université organisée comme je disais
tout à l'heure, de tels cours ne chercheraient guère à se
constituer. Pourquoi louer une salle, faire des frais généraux, quand l'État, moyennant un minimum de garanties, vous offre lui-même ses salles, ses affiches, ses appariteurs ?

Et qu'on ne dise pas que c'est là une imitation de l'é-
tranger. C'est le retour à nos propres méthodes, que nous
avions désertées et que l'étranger plus sage que nous a
gardées et développées. Je le répète, ce système n'est pas
autre chose que celui de notre vieille Université du
XIIIᵉ siècle, que le monde entier a imitée. Ce qui carac-
térisait ce corps admirable, du temps de saint Louis,
par exemple, c'est qu'il n'était point fermé. Les professeurs ne constituaient pas un ordre à part, distinct des

élèves; l'élève, dès qu'il avait sa *licentia docendi*, enseignait à son tour. Mais c'est là de l'archéologie. Je m'arrête. Puissent les nouvelles institutions que l'on rêve amener dans l'avenir des fruits comparables à ceux que produisit autrefois le grand principe : « Tout s'enseigne dans l'Université; tout s'y enseigne librement! »

Agréez, monsieur et ami, l'assurance de mes sentiments les plus affectueux.

FIN.

TABLE DES MATIÈRES[1]

[1]. La date entre parenthèses indique l'année où l'article a été publié.

IMPRIMERIE CENTRALE DES CHEMINS DE FER. — A. CHAIX ET Cⁱᵉ,
RUE BERGÈRE, 20, A PARIS. — 13918-7

www.ingramcontent.com/pod-product-compliance
Lightning Source LLC
Chambersburg PA
CBHW070353030726
47504CB00001B/170